아동 건강교육

박인숙 · 이은주 · 노승옥 · 류혜숙 · 박혜숙 · 이혜영 · 조은미 공저

CHILDREN'S HEALTH EDUCATION

JMK

머리말

영유아기는 인간의 성장발달 시기 중에서도 매우 중요한 시기입니다. 즉, 지적인 발달과 함께 신체성장 그리고 일생을 살아가는 생활습관이 형성되는 매우 중요한 시기입니다.

그동안 유아교육과와 보육학과에서는 〈아동건강〉, 〈아동간호〉, 〈아동건강교육〉 등의 과목을 아동간호를 전공한 교수와 유아교육을 전공한 교수가 강의하였습니다. 그러나 아동간호를 전공한 교수는 유아교육기관과의 연계가 어렵고, 유아교육을 전공한 교수는 간호와의 연계가 어려웠던 것이 현실이었고, 이는 비단 교수반의 어려움이 아니라 이러한 어려움을 안고 수업을 진행함으로써 학생들에게도 이해가 가지 않는 부분들이 생기면서 큰 부담이 되어 왔습니다.

이런 문제점을 해결하고자 유아교육과 간호학을 전공한 교수들이 모여서 유치원 정교사 자격증과 보육교사 자격증을 취득함에 있어서 필요한 교재가 되도록 영유아를 교육하는 데 학생이 반드시 알아야 할 내용을 선정하고, 가능한 한 전문적인 용어는 배제하고 이해하기 쉬운 용어를 사용하였습니다.

또한 외국의 양육환경과 우리나라의 양육환경이 다름을 인식하여 외국 교재보다는 우리나라의 현실을 많이 반영하여 교수와 학생, 어린이집 운영자에게 실제적인 도움이 되고자 노력하였습니다.

건강관련 전문지식, 기술, 양육환경이 매우 빠른 속도로 변화하는 이 시점에서 본 서가 교수와 학생, 그리고 유아교육기관들에게 유용한 교재가 되기를 바라며, 미처 수록하지 못한 부분이나 미흡한 부분에 대해서는 계속 현명한 조언을 부탁드립니다.

또한 〈아동건강교육〉 교재가 나오기까지 애쓰신 모든 저자들과 처음부터 끝까지 긴 시간 성심으로 성원해 주신 JMK 김재민 사장 이하 임직원 여러분에게 깊은 감사를 드립니다.

2015년 8월

저자 일동

차 례

01장

영유아기 건강의 개념

01장 영유아기 건강의 개념

1. 영유아기 건강의 개념

1) 영유아 건강교육의 개념 및 중요성

일반적으로 건강하다는 말은 개인의 신체적 상태에 질병이 없는 정상적인 상태를 의미한다. 그러나 최근에는 보다 구체적이고 적극적인 의미로 신체적 상태를 넘어서 정신적 상태까지 영역을 넓혀 포괄적인 의미를 담고 있다. 세계보건기구(WHO)의 정의에 의하면, 건강하다는 것은 성장 · 발육이 저해되지 않고 순조롭게 진행되는 상태로서 단순히 질병에 감염되지 않았거나 허약하지 않다는 것만을 의미하는 것이 아니라 신체적 · 정신적 · 사회적 모든 인간 발달의 측면에서 아무런 문제가 없는 상태를 의미한다(정미라, 배소연, 이영미, 2008). 이러한 설명은 건강에 대한 의식 변화를 잘 보여 준다. 즉, 과거에는 건강이란 신체적 · 정신적으로 질병이나 장애가 없고, 스스로 정상적인 활동을 할 수 있는 상태를 의미했다. 그러나 오늘날에는 사회적 영역이 더 커짐에 따라 사회가 각 개인의 건강에 대해 더 많은 것을 요구하고 있기 때문이기도 하다.

따라서 건강교육은 건강과 교육의 합성어로, 새로운 지식을 얻거나 이미 알고 있는 지식을 새롭게 이해하여 새로운 태도를 개발하거나 기존에 가지고 있는 태도를 강화, 수정하여 새로운 건강행위를 하도록 노력하는 것이다. 즉 이미 활용하고 있는 행동을 수정하여 올바른 건강행위를 실천하게 하는 것을 의미한다(박노예, 1993). 건강전문가들은 유아기에 중요하게 다루어져야 할 건강교육 대상으로 적당한 영양섭취 및 비만예방, 안전교육, 치아위생, 전염병 관리 및 예방접종,

휴식과 수면, 운동 등(Urbano, 1992)을 많이 지적한다. 이외에도 청결관리와 위생개념에 대한 교육 등을 들 수 있다.

특히 영유아기는 부모를 떠나 사회생활을 처음으로 시작하는 시기로 유아 교육기관에서의 건강교육이 큰 비중을 차지하게 되었다. 영유아의 건강교육은 영유아가 유아 교육기관에 다니는 동안 건강하고 행복하게 생활할 수 있도록 배려해주고 도와주는 일이 되어야 할 것이다(정미라, 배소연, 이영미, 2008). 영유아는 발달단계의 특성상 스스로 건강의 유지 및 관리가 어렵다.

또한 모험심과 호기심이 많은 영유아들은 자신의 신체적 특성을 간과하고 행동하는 경향이 있어 성인의 도움이 많이 필요하다. 따라서 교사의 적극적인 관심과 노력이 필요하다. 이렇듯 유아 교육기관에서 실시하는 건강교육은 가정에서 미처 파악하지 못한 영유아의 특성에 따라 체계적인 건강교육이 가능할 것이다(박승주, 2013). 이처럼 영유아는 그 생애 주기적 특성으로 인해 타 연령대에 비해 교육기관에서의 건강관찰 등 건강관리가 한층 중요하다고 볼 수 있다.

영유아기의 건강교육은 바람직한 식생활 습관, 규칙적인 운동, 건전한 몸가짐 등과 같이 한 인간의 평생 삶에 영향을 미치는 생활습관의 기초를 형성하는 데 도움이 된다. 따라서 영유아기의 건강교육은 모든 교육에 앞서 우선적으로 이루어져야 하며 모든 교육활동의 기초가 되어야 한다. 결정적 시기 동안 내 · 외적인 환경적 경험에 의해 획득된 특성은 전 생애에 걸쳐 영향을 미치기 때문에 보다 풍부한 환경의 경험이 제공되어야 한다. 또한 유아 교육기관에서는 유아로 하여금 스스로 건강을 유지, 증진할 수 있도록 영유아 자신을 튼튼한 개인으로 가치 있게 생각할 수 있게 하고 신체를 스스로 보호하도록 해야 한다. 왜냐하면 건강에 대한 긍정적인 태도가 건강을 지키기 위한 행동을 이끄는 요인이기 때문이다(이연섭, 1984). 영유아 건강교육의 중요성은 그 영향력이 타 연령대에 비해 훨씬 크고, 이후 영유아 스스로의 건강관리 태도에 미치는 영향력 또한 크기 때문이다.

영유아기는 건강교육에 결정적인 시기이다(Kolbe, 2005). 영유아 건강교육이 중요시 되고 있는 이유는 다음과 같다. 첫째, 영유아기는 건강 생활습관이 형성되는 시기이다. 최근 잘못된 생활습관으로 인한 생활습관병이라는 개념이 등장하고 있는데 이는 신체활동의 감소, 불규칙한 식생활, 스트레스 등으로 인해 생기는 만성질환들로부터 나타나는 것으로 이를 예방하기 위해서 영유아기부터 건강 생활습관을 형성하도록 하는 것이 필요하다(김명, 김옥수, 조미숙 외, 2008; 박순영, 이종인, 김희경, 2007). 둘째, 영유아의 건강은 학업 성취도에 영향을 주게 된다. 세계보건기구(World Health Organization, 1986)에서는 학습이 효과적으로 이루어지기 위해서는 건강이 필수적이며, 영양결핍, 감염성 질환, 신체 · 정신적인 문제들이 학업 성취도에 영향을 준다고 하였다. 셋째, 영유아의 건강한 발달을 위한 최적기를 놓치면 이에 대한 교정을 하는 것에 어려움이 따른다. 영유아기에 형성된 건강생활 습관을 이후에 변화시키는 것은 생활습관이 형성되기 이전에 건강교육을 실시하여 올바른 습관의 형성을 돕는 것보다 더 많은 시간, 노력, 비용이 요구된다. 이와 같이 영유아기는 건강 생활습관이 형성되는 시기이며, 이후 수정을 하는 것에는 어려움이 따르는데, 영유아의 건강상태는 이후의 학업 성취 정도에도 영향을 줄 수 있으므로 건강교육이 특히 필요하다.

결론적으로, 건강교육이란 신체적 · 사회적 · 정서적 측면을 성장시키고 조화시킴으로써 개인의 지적 발달과 함께 균형잡힌 전일체(全一體)로서의 인간을 육성하는 자원이라고 정의할 수 있다. 이와 같은 맥락에서 건강한 사람이 된다는 것은 교육에서 이상적 목표로 추구해 온 전인적 성장을 이루는 것과 다르지 않다. 특히 영유아의 건강한 발달을 위해서는 신체 건강, 영양, 정신건강, 안전의 각 차원들을 포괄적으로 다루는 교육이 필요하다.

영유아기는 심신의 급속한 성장과 발달이 이루어지는 시기로 4세까지는 성장과 발육이 왕성하게 일어나며, 4~6세까지는 인지능력과 함께 신체활동이 급격히 증가한다. 또한 영유아기는 질병과 안전사고의 발생률이 높은 시기이다. 태어나면서 어머니에게 받은 면역능력이 소실되고 스스로 면역력을 형성해야 하는 과도기이며, 신체적으로 미성숙하여 자신의 신체를 자유롭게 조절할 수 있는 능력이나 건강을 유지하는 데 필요한 지식이나 기술 등의 발달이 미흡하기 때문이다. 부모로부터 받은 유전적 특성에 의해 성장과 발달, 건강의 여부가 기본적으로 결정되지만 환경 역시 유아의 건강에 중요한 영향을 미친다. 영유아는 기후와 날씨, 집, 물과 영양, 공기 등의 물리적인 요인과 세균, 동 · 식물 그리고 다른 사람들의 영향을 받는다. 생물학적 요인뿐 아니라 Bronfenbrenner가 제시한 바와 같이 주위의 인접한 구조에서 확산된 구조의 생태계인 가족, 이웃, 학교, 지역사회, 국가, 관습 등의 사회 · 문화적 환경에 의해서 영향을 받는다(Berns, 1997). 적절한 환경은 유전적 요인을 변화시키기도 한다. 그러므로 영유아를 건강하게 키우기 위해서는 적절한 환경을 조성해 주는 것이 더 중요하다.

영유아기는 일생을 통하여 성장 발달의 가장 중요한 시기이자 인간 행동의 기초적인 습관형성기이므로 도움과 교육을 통해 적극적 지도와 조기발견 및 치료 그리고 건강한 생활습관을 길러주어, 민주시민의 기틀을 형성해 주고 나아가 문화생활까지 가능하게 해야 한다(고진양, 1993; 정경자, 1984). 영유아기에 습관을 바르고 순조롭게 습득하면 신체적인 건강에 좋은 기초가 될 뿐 아니라 정신건강에도 많은 영향을 끼치게 되며, 도덕적인 면에서도 크게 도움이 된다.

그러나 영유아는 자신의 건강을 스스로 관리할 수 없다. 자신의 건강문제를 확인하고 이에 대하여 적절한 행동을 취하는 데 능동적이지 못하며, 면역계의 불완전한 발달과 외부와의 접촉 증가로 인하여 감염성 질환에 대한 감수성이 높다(홍경자, 1993). 또한 영유아들은 자신의 능력을 시험하고 싶어 하고 또래들로부터 인정받고자 하는 욕구가 강하여 위험한 상황이나 사건에 도전하는 경향이 있어 상해와 감염 위험에 노출되는 기회가 증가된다. 때로는 이러한 사고나 감염의 결과로 인하여 일생의 건강한 생활에 지장을 받기도 한다(김일옥, 1998). 따라서 가정에서의 부모와 유아 교육기관에서의 교사의 관심과 세심한 지도가 반드시 필요하다. 아울러 영유아기 건강은 이후의 발달에 지속적인 영향을 주기 때문에 다른 발달단계에 비해 강조되어야 하며, 유아교육기관은 효과적인 건강교육을 다수의 유아들에게 제공할 수 있다는 점에서 효과적인 건강교육의 장이될 수 있다(유은영, 2011). 이러한 특성으로 인해 유아 교육기관이 갖고 있는 영유아 건강관리 기능의 중요성은 매우 크다고 볼 수 있다.

일생을 통하여 가장 중요한 시기인 영유아기에 건강 유지를 위한 적극적인 지도와 질병이나 신체의 결함을 조기발견하고 지도해 줌으로써 건강한 생활습관을 길러주는 것이 가정과 유아 교육기관에서 할 일이다.

2) 영유아 건강교육의 필요성

건강한 생활을 실천하기 위해서는 건강에 관한 충분한 지식과 정보를 토대로 건강에 대한 생각과 태도를 변화시키며 건강을 증진, 유지, 회복하는 데 도움이 될 수 있는 행동양식을 배워야 한다. 이를 위해 건강교육이 요구된다. 건강교육은 건강을 발전시키는 데 필요한 지식, 태도, 행동의 발달을 통하여 삶의 질을 유지 · 향상시키는 것을 목표로 한다(Seefeldt & Barbour, 1986).

미국건강교육협회(American Association for Health Education)에서는 개인의 건강행동에 적극적으로 영향을 미치기 위해, "건강과 관련된 지식과 태도, 기술과 행동을 증진시키는 것"을 건강교육이라고 정의하였다. 건강교육은 예방에 초점을 두기 때문에 개인과 가족, 지역사회와 국가의 건강 상태를 향상시키고, 조기 사망을 감소시키며, 의료비 지출 및 사회 경제적 비용을 감소시키고, 삶의 질을 향상시킬 수 있기 때문에 중요하다고 지적하였다. 이러한 건강교육은 전 생애에 걸쳐 지속되어야 하나 영유아기의 건강교육은 더욱 중요하다(이순형, 2008; 이순형, 김지현, 2011). 영유아기는 인간행동의 기초적인 형성기로서 육체적 · 정신적 성장이 빠른 시기로 이 시기 동안의 도움의 제공과 교육은 영유아가 바람직한 사회구성원으로 살아가는 데 크게 영향을 미친다.

영유아기의 건강교육은 바람직한 식생활 습관, 규칙적인 운동, 건전한 몸가짐 등과 같이 한 인간의 삶에 영향을 미치는 생활습관의 기초를 형성하는 데 도움이 된다.

따라서 영유아기의 건강교육은 모든 교육에 앞서 우선적으로 이루어져야 하며, 모든 교육활동의 기초가 되어야 한다. 영유아 교육은 유아가 부모의 보호를 떠나 최초의 사회생활을 시작하는 시기로 안전사고, 전염병 감염, 기타 질병 등 건강 보호 측면에서 성인의 관심이 고조되고 있다. 또한 '생후 2년이면 말문이 트인다'는 발달이 빠르게 일어나며 민감하고 효과적으로 이루어지는 결정적 시기가 있음을 보여준다.

결정적 시기 동안 내 · 외적인 환경적 경험에 의해 획득된 특성은 전 생애에 걸쳐 영향을 미치기 때문에 보다 풍부한 환경 경험이 결정적 시기 동안 제공되어야 한다. 어려서부터 올바른 건강습관의 형성과 보건에 대한 일관성 있고 계통적인 교육은 개인이 건강한 삶을 누릴 수 있도록 할 뿐만 아니라, 나아가 국가 번영에 기여할 수 있기 때문에 건강교육은 대단히 중요하다. 스스로 건강을 유지 · 증진할 수 있도록 유아 교육기관에서는 영유아 자신을 가치 있게 생각하며 신체를 스스로 보호하도록 해야 한다. 건강에 대한 긍정적인 태도는 건강을 지키기 위한 행동을 이끄는 요인이기 때문이다(이연섭, 1984). 건강교육 목적은 건강을 발달시키는 데 필요한 지식, 태도, 행동의 발달을 통하여 영유아들의 삶의 질을 유지, 향상시키는 것이다. 이는 영유아들이 자신의 건강에 영향을 미칠 수 있는 것을 인식하고 긍정적인 의사결정을 내리며 자신의 건강을 책임질 수 있는 것을 의미한다. 단순히 건강 지식을 가진다고 지킬 수 있는 것이 아니라 이미 알고 있는 지식을 실천하려는 태도가 중요하다. 그러므로 건강교육은 영유아가 얻은 지식에 대해 긍정적인 태도를 갖고 꾸준히 실천하도록 하는 것을 포함한다(이혜인, 2008).

3) 영유아 건강교육의 목적 및 목표

건강에 관한 사람들의 관심이 증가함에 따라 그 의미도 과거 질병의 개념에서 신체적 · 정신적 · 사회적 안녕의 상태를 유지하는 예방적 의미로 변화되었다. 따라서 예방적 차원에서 건강을 유지하기 위해서는 질병이 발생한 후 그에 대한 치료방안을 찾기보다는 개인이 자신의 건강과 관련된 여러 가지 요소를 스스로 통제하며, 이를 위해 필요한 지식이나 기술, 태도 등을 학습하고 실천해야 한다(정미라, 배소연, 이영미, 2012). 사후처치격인 치료가 아니라 예방을 위해서는 일상생활이나 식습관 등과 건강과의 연관성을 알아야 하므로 반드시 학습이 선행되어야 한다. 이론을 아는 것으로 그치는 게 아니라 이를 체득하여 습관화하기 위해서는 학습내용을 제대로 소화해 내야 한다는 전제가 따른다. 이를 위해서는 연령대별로 체계적인 교육 시스템이 필요하다.

이를 위해 우리나라 표준 보육과정 및 누리과정에서는 건강교육의 기본 성격을 건강하고 안전한 생활습관을 형성함으로써 영유아의 심신을 조화롭게 발달시키기 위한 것으로 규정하였다. 특히 청결, 영양, 질병예방, 휴식 등을 통해 신체 건강을 유지하고, 정신건강을 도모하기 위한 건강한 생활습관을 가지게 하며, 주변에서 발생할 수 있는 위험을 예방하고 대처하는 데 필요한 지식과 기술 및 태도를 기르는 데 중점을 둔다(교육과학기술부, 보건복지부, 2013; 보건복지부, 2013).

또한 정미라, 배소연, 이영미(2012)는 건강교육의 목적을 건강에 관한 충분한 지식, 정보를 토대로 행동양식을 변화하여 개인, 가족, 사회의 일원으로써 건강에 대한 책임을 갖도록 하는데 있으며, 이순형 · 이성옥 · 만하영 외(2009)는 건강을 유지, 보호, 증진시키는 데 필요한 사항을 이해시키고, 바람직한 생활습관, 규칙적 운동, 건전한 몸가짐과 같이 일생에 영향을 미치는 생활습관을 형성하는 것으로 제시하였다. 김영심 · 강영욱 · 조남숙 외(2010)는 건강교육은 개인 또는 사회의 일원으로서 자신의 건강에 관해 책임감을 갖도록 지식, 태도, 기술을 갖추도록 함으로써 개인 스스로 건강능력을 갖추도록 하는 데 목적이 있으며, 조경자 · 이현숙(2010)은 건강을 발달시키는 데 필요한 지식, 태도, 행동을 발달시키고, 영유아의 삶의 질을 유지, 향상시키도록 하는 데 목적이 있다고 제시하였다.

즉, 영유아 건강교육은 영유아들이 건강에 관한 올바른 지식, 태도, 기술을 바탕으로 건강증진 행위를 하는 것을 의미하며, 영유아들의 일상생활에서 접하는 신체건강, 영양, 정신건강, 안전의 측면을 포괄한다. 뿐만 아니라 영유아들은 주변에서 접하는 건강 문제를 해결하기 위해 건강 정보를 찾고 이를 바탕으로 건강을 증진시킬 수 있는 행동을 하는 것이 필요하다고 하였으며 이와 같은 건강소양 함양이 건강교육의 궁극적인 목적이라고 할 수 있다(유은영, 2011). 다만, 영유아의 경우 아직까지 학습능력에 한계가 있어 이러한 건강관련 지식이나 태도, 기술을 어떠한 학습 도구를 사용하여 효과적으로 전달할 것인가의 문제가 남는다. 이것이 성인과는 다른 영유아 건강교육의 가장 큰 차이점으로 볼 수 있다.

만 3~5세 유아를 위한 공통과정인 '3~5세 연령별 누리과정'의 신체 운동 · 건강능력은 자신의 신체를 긍정적으로 인식하고 즐겁게 신체활동에 참여함으로써 유아기에 필요한 기본 운동능력을 기르고, 건강하고 안전한 생활을 실천하는 바른 태도를 기르기 위한 영역이다. 5범주 중 건강하게 생활하기 범주에서는 일과 중 유아의 건강 상태와 신체 리듬을 고려하여 규칙적인 생활을 하게 하는 데 주안점을 두고 있으며, 스스로 이 닦기, 손 씻기, 주변을 깨끗이 하기, 바른 식생활과 옷 입기 등의 기본생활습관을 실천하는 데 초점을 두고 있다. 또한 안전하게 생활하기 범주에서는 사전에 안전사고를 예방할 수 있도록 하는 것에 중점을 두고 있으며, 유아가 스스로 위험 상황을 정확히 인식하고 대처할 수 있도록 지속적인 교육과 훈련을 하는 것에 주안점을 두고 있다 (교육과학기술부 3~5세 연령별 누리과정 교사용 지침서, 2013).

유아 교육기관에서 실시하는 건강교육은 유아가 심신의 발달에 있어 가장 중요한 시기이므로 가정 다음으로 유아의 건강 생활습관을 형성시킬 수 있는 곳으로 부모 교육을 통해 건강관리에 대한 올바른 지식을 가정에 전달할 수 있기 때문에 그 중요성이 높다. 따라서 유아기 건강교육은 그 일생을 통해 건강의 기초를 마련하는 중요한 시기에 주어지는 것이므로 결국, 건강한 삶을 영위할 수 있는 기반을 마련해 주는 계기가 된다. 인간이 건강하게 살아가기 위해서는 어렸을 때 가정에서부터 시작해서 평생토록 건강교육이 이루어져야 하며, 특히 유아 교육기관에서의 건강교육은 한 인간의 성격 및 습관이 형성되는 기초가 이루어지는 유아기 영유아를 대상으로 하기 때문에 매우 중요하다고 할 수 있다(교육과학기술부, 2008).

한편, 보건복지부의 표준 보육과정에서는 기본생활 영역을 통해 건강교육을 강조하고 있다. 기본 생활 영역의 내용 범주는 '건강한 생활', '안전한 생활' 그리고 '바른 생활'로 구성되어 있다. 그중 '건강한 생활'의 목표는 청결과 위생, 수면과 휴식, 바른 식생활, 의생활 및 심신의 건강을 바탕으로 발달을 촉진하는 것이다. 만 2세 미만과 만 2세의 목표는 청결과 위생, 수면과 휴식, 바른 식생활, 의생활과 심신의 건강을 바탕으로 발달을 촉진하고 건강을 증진하는 것이고, 만 3~5세의 목표는 청결과 위생, 수면과 휴식, 바른 식생활과 의생활로 발달을 촉진하고 기초적인 건강관리를 실천하여 질병을 예방하고 건강을 증진하는 것이다(여성가족부, 2007). 유아는 표준 보육과정에 의해 기본적인 청결 및 위생습관, 휴식, 바른 식생활, 건강검진 및 예방접종의 중요성에 대한 인식을 통해 유아 자신의 건강의 중요성을 인식하고 질병을 예방하고 건강을 관리하는 방법을 터득하게 된다. 또한 공동생활에 적극적으로 참여하면서 내 · 외적 스트레스를 적절하게 해소하는 경험을 하게 된다. 최근 우리 사회는 심화되는 저출산, 가족구조의 변화 및 가족구성원의 역할 변화로 인하여 유아 교육기관에 대한 건강 및 안전에 대한 요구가 높아지고 있으며, 유아 교육기관이 가정과 연계하여 유아의 건강행동이 습관화될 수 있도록 지속적으로 지도하는 것을 중요시 한다. 유아의 교사에 대한 의존도는 높아지고 부모의 자녀 양육 경험은 부족한 만큼 유아 교육기관의 가정과의 연계는 보다 중요해지고 있다.

2. 영유아 건강관리

1) 영유아 건강관리의 구성요소

유아 교육기관에서의 영유아 건강관리로 유정은(2001)은 물리적 환경, 인적 환경, 프로그램의 세 가지 요소 모두가 일정 수준 이상으로 보완되어야만 가능하다고 보았으며, 조경자, 이현숙(2010)은 인적 환경, 물리적 환경, 교육과정, 운동, 개인적 위생 등의 요인을 고려해야 한다고 하였다. 건강관리의 내용으로는 질병의 예방을 위한 건강관리와 예방접종 내용, 적절한 영양공급을 위한 식단 작성, 안전사고를 대비한 안전시설 운영과 점검 및 적절한 건강교육 등을 포함한다(임숙재, 1984; 차현정, 2001). 이은주(2011)는 교사의 인식과 수행에 관한 연구에서 교사의 건강관리 역할을 일반적 건강관리, 환경 및 위생관리, 휴식 및 수면관리, 바른 식생활 관리, 전염성 질환 및 예방관리, 건강교육자로 제시하였다.

2) 교사의 영유아 건강관리 인식과 수행

교사는 영유아들의 건강을 관리하는 데 필요한 지식과 기술을 지녀야 하며(조경자 외, 2010), 영유아의 성장과 발달의 각 단계에 따른 정신적, 육체적, 사회적인 건강문제를 연구하여 교육과정에 포함시켜야 한다. 또한 부모와 협력하여 영유아 건강에 관련된 정보, 유아 교육기관에서 이루어지는 부모의 인식을 증진시키고, 나아가 영유아의 건강뿐만 아니라 영유아가 속해 있는 가족의 건강에까지도 긍정적인 영향을 줄 수 있어야 한다(이혜경, 1999).

유아 교육기관에서 건강관리를 위해 교사는 건강관찰 실시 및 건강진단을 계획하는 역할, 질병을 예방하고 관리하는 역할, 아픈 영유아를 간호하는 역할, 사고의 대응 및 응급처치를 수행하는 역할 등을 수행해야 하며 이러한 역할을 수행할 수 있는 자질을 갖추고 있어야 한다. 그런데 교사가 이러한 자질을 갖추기 위해서는 우선 교사 양성 교육과정에 건강관리 관련 과목이 개설되어 있어야 한다. 예비 교사들이 유아 교사로서 갖추어야 할 전문적인 자질을 함양하는 것은 바로 교사 양성 교육과정을 통해 이루어지기 때문이다(이은화, 이경우, 1995).

그러나 실제로 우리나라의 유아교육 양성과정 교육과정 중에는 영유아 건강관리를 위한 과목을 개설하지 않은 경우도 있으며, 개설된 경우에도 대부분 전공필수가 아닌 전공 선택으로 개설되어 예비 유아교사들이 이를 수강하지 않은 경우가 많다(정경자, 1984). 유아교사 양성과정에서 예비 유아 교사들이 유아 교육기관에서의 건강관리에 대한 지식을 배우고 있다고 보기에는 무리가 있다. 또 교사가 된 이후에 전문지식을 배울 수 있는 현직 교육의 기회는 많이 있으나 영유아 건강과 관련된 내용은 거의 다루지 못하고 있어(황춘자, 1991)유아 교사들은 유아교사 양성과정이나 유아교사 재교육과정에서 유아의 건강관리에 관한 내용을 배울 수 있는 기회를 거의 갖지 못하고 있다고 볼 수 있다.

유아 교사는 영유아 건강관리를 위한 역할을 잘 수행하기 위해서 영유아 건강과 관련된 여러가지 지식을 습득해야 한다. 먼저, 유아 교육기관에서는 위생관리를 철저히 하여 기관을 청결하게 유지하며, 영유아들의 건강관리를 위해 키, 몸무게 측정과 소아과, 치과, 안과, 이비인후과 등의 건강진단을 정기적으로 실시해야 하고, 안전사고에 대비한 응급처치를 위한 비상약품을 항상 준비하고, 교사가 약의 사용법을 바르게 알고 있으며, 아픈 영유아를 간호하는 역할을 해야 한다(이기숙, 1997).

유아 교육기관은 영유아의 건강 생활습관을 형성하고 질병을 조기에 발견할 수 있는 곳이며, 부모교육을 통해 건강 및 건강관리에 대한 올바른 지식을 가정에 전할 수 있기 때문에 그 역할의 중요성이 매우 크므로 유아 교육기관은 가정과 긴밀한 협조체제를 통하여 영유아들이 영유아기의 생활을 건강하고 행복하며 최대한의 학습 경험을 할 수 있도록 그들의 건강을 보호, 유지, 증진할 의무와 책임이 있다(황보민, 1995).

유아 교사가 알아야 할 지식 중 건강 여부를 관찰하기 위해 표정, 병색의 유무, 행동특징, 청결유무를 살펴보아야 한다(이기숙, 1997). 즉 이러한 유아 관찰의 지식을 기초로 하여 유아 교사는 아픈 영유아를 식별해 낼 수 있다. 또 유아 교사는 아픈 영유아를 식별해 내고 긴급할 때에 적절한 행동을 취할 수 있어야 한다(김성희, 허혜경, 1997).

우리나라의 전염병 예방법에는 전염병 발생 시 신고와 등록의무, 건강진단, 예방접종, 환자관리에 대하여 법적으로 규제 조항을 두고 있으므로 유아 교사는 법정 전염병에 대한 지식을 알고 관리를 철저히 해야 한다(문수재, 안홍석, 이영미, 1994).

또한 유아 교사는 영유아의 건강을 관리하기 위하여 일반적인 영유아의 전염병을 식별할 수 있어야 하며, 기본적인 응급처치에 대한 지식과 기술을 익혀 두고, 영유아기학대 및 방치 등을 나타내는 징조에도 민감해야 할 것이 요청된다.

유아 교사는 영유아가 걸리기 쉬운 전염성 질환의 원인을 바르게 이해하여 일상생활에서 이를 예방할 수 있는 환경을 조성해 주고, 영유아에게 발생할 수 있는 안전사고의 원인을 바르게 이해하고 이를 예방할 수 있는 안전한 환경을 조성해주며, 필요한 경우 정확한 방법으로 응급처치를 해주어야 한다(배소연, 1997). 유아 교사는 여러 가지 응급상황에 맞는 적절한 응급처치 방법을 잘 알고 있어야 하며 이를 수행하기 위해서 인공호흡법과 심장 마사지 방법(조경자 외, 2010),맥박측정, 호흡측정 방법(이미라, 이은숙, 1997), 붕대 감는 법, 환자 이동하는 법, 지혈법, 소독법(이기숙, 1997) 등에 대해 알고 있어야 한다.

또한 유아 교육기관에서 생활하는 동안 유아에게 가장 흔히 나타나는 질병으로는 갑자기 고열이 나거나 갑자기 설사하는 경우가 많기 때문에 유아 교사는 이에 대한 적절한 지식을 갖고 있어야 하며, 부모의 취업으로 유아들이 아픈 상태로 유아 교육기관에 오는 경우가 종종 있으므로 유아 교사는 부모들이 약을 투약하기를 의뢰하는 경우에 대해 이에 대한 지식을 갖고 있어야 한다(이혜경, 1999).

유아 교사는 부모의 부탁으로 유아에게 약을 투약하게 되는 경우에 복용법, 복용시간, 알레르기가 의심되는 경우, 약의 복용을 잊어버린 경우, 약의 보관방법, 투약방법 등에 대해 알고 있어야 한다(이미라 외, 1997). 저장방법에 관한 표기 내용을 항상 숙독하여야 하고 투약과 관련된 투약한 날짜와 시간, 투약한 교사진의 이름과 유아의 이름에 대해 문서화된 기록(투약일지)을 남겨야 한다(조경자 외, 2010).

유아기는 성장발육이 급속히 진행되는 시기로 충분한 영양공급은 일생 동안의 성장발달에 결정적인 영향을 미친다. 유아기 영양결핍은 신체적인 성장뿐만 아니라 정신적 성장발달에도 영향을 주며, 식사습관도 유아기에 거의 형성되기 때문이다(임재택, 1985). 유아가 유아 교육기관에서 보내는 시간이 일일 4시간 이하인 경우에는 간식 1회를 제공해야 하며 9시간 이상일 경우에는 2회의 간식과 식사를 제공해야 한다(이은화 외, 1995).특히 식사시간은 영양적인 면에서 뿐만 아니라 심리적인 면에서도 중요한 역할을 한다. 그러므로 유치원에서의 점심시간이 친구들과 즐거운 이야기를 나누면서 언어적인 상호작용의 기회도 갖게 해 준다(이영자, 1998).

마지막으로 유아 교육기관에서의 유아 건강관리를 위한 역할을 정리하면 첫째, 유아들에게 건강교육을 실시해야 하며, 둘째, 건강 서비스를 제공하고, 셋째, 건강한 환경구성을 해주어야 한다는 것이다(이혜경, 1999). 건강교육을 위해서는 위생습관 지도, 영양교육 실시, 치아 건강관리 등에 대한 교육을 해주며 건강 서비스를 위해서는 유아들이 아플 때 쉴 수 있는 공간을 마련하여야 하고, 응급상황 시 필요한 구급약품 상자를 구비하고 있으며, 유아 상해보험에 가입하고, 정기적인 건강진단을 실시해야 한다. 건강한 환경구성을 위해서는 위생관리를 통해 여러 가지 교육 자료 및 교재 · 교구와 시설을 청결히 유지해야 하며 유아 교육기관에서 유아들의 건강관리를 위해 이러한 조건들을 갖추어야만 유아들은 안전하고 건강하게 자랄 수 있을 것이다.

정책의 변화로 사회복지가 강화되면서 유아 교육기관과 서비스에 대한 가정과 사회의 요구가 변화되어 유아 교육기관의 교육과 보호는 영유아 건강관리의 중요한 부분이 되고 있다(정미섭, 2002; 조갑출, 1994). 전 미국 유아교육협회 NAEYC(National Association for the Education of Young Children)는 교육과 보호의 측면에서 볼 때 건강, 안전, 영양관리는 다른 무엇보다도 우선적으로 고려해야 할 사항이라 하였으며, 안전하고 건강한 환경의 보존이 교육과 보호의 가장 본질적인 것임을 표방한다(www.naeyc.org). 따라서 교육과 보호에서 무엇보다 건강이 우선적인 내용으로 강조되어야 하며, 이는 궁극적으로 영유아의 건강과 발달을 지원하는 서비스에 의해 가능하다(임숙재, 1984; 한경자, 2001). 이와 같은 영유아 건강관리의 중요성은 관련 법규에서도 살펴볼 수 있다.

영유아보육법 시행규칙(1999)에서, 보육시설의 장은 보호, 교육, 영양, 건강, 안전, 부모에 대한 서비스, 지역사회와의 교류 등 각각에 대한 기본 원칙을 준수한 보육을 하도록 의무화되어 있다. 영양은 충분하고 균형 있는 영양공급 및 바른 식습관을 가질 수 있도록 도와주어야 하는 것이며, 건강으로는 영유아의 신체적 · 정서적 건강을 위한 예방적 서비스를 제공하고 현재 가지고 있는 건강 문제를 발견하여 치료하게 해줌으로써 영유아와 그 가족 및 지역사회의 건강을 증진시키는 것이고, 안전은 영유아 스스로가 자신의 안전을 보호할 수 있는 능력과 기술을 가지도록 지도하는 것이다. 또한 건강관리에 대한 세부 사항에서 보육시설의 장은 건강검진 횟수를 연 1회 이상 실시하여야 하며, 영유아의 건강진단 결과 건강이 좋지 아니한 영유아기에 대하여는 보호자와 협의하여 치료를 위한 필요한 조치를 취하여야 하며 전염성 질환으로 밝혀지거나 의심되는 영유아는 시설로부터 격리시켜야 한다. 유아 교육기관 안의 안전한 장소에 응급조치를 위한 비상약품 및 간이 의료기구를 비치하여야 한다. 조리실 · 화장실 · 침구 등에 대한 정기적인 소독을 실시하고, 부패되기 쉬운 음식물 관리에 철저를 기하여야 한다고 명시함으로써 보육에서의 영유아 건강관리에 대한 책임을 규명하고 있다.

어린이집 이용실태에 관한 선행연구(신지현, 1998; 현온강, 조은경, 1995)에서, 어린이집을 이용하는 어머니는 영유아의 영양과 건강 및 안전관리를 가장 우선적으로 요구하고 있었으며, 정인숙(1998)의 연구에서는 어린이집을 이용하는 부모들의 영양 및 건강관리에 대한 요구가 시간이 지남에 따라 점점 증가하고 다양화되며, 요구 수준 또한 점차 높아지고 있는 것으로 나타났다. 오희경(1995)의 연구에 따르면, 어린이집을 이용하는 어머니 68.8%가 교사의 역할로 유아의 신체적, 심리적 안전과 보호를 요구하고 있는 것으로 나타나 보육에 있어 교육, 지능개발보다는 아이의 안전과 보호에 중점을 두었으면 하는 요구가 더 많은 것으로 조사되었다.

특히 만 1세 미만의 영아기는 모체로부터 물려받은 수동면역이 점차 떨어지지만 아직 면역체계가 미숙하고 저항력이 약하므로 호흡기 질환이나 위장질환 등 감염성 건강 문제가 빈발하는 시기이다. 따라서 영아보육은 교육보다는 육아 및 성장을 위한 건강관리에 보다 중점을 두는 차별화된 보육 서비스를 제공하고 건강지도를 해야 하므로 건강전문 인력의 참여가 요구되고 있다(조갑출, 1994).

이러한 요구는 어린이집을 이용하고 있는 부모에게도 나타나고 있으며 특히 간호사 상주에 대해 대다수의 부모가 필요하다고 인식하고 있는 것으로 나타났다(신지현, 1998). 그러나 현실적으로 어린이집 영유아 건강 및 안전에 대한 책임은 교사의 업무로 되어 있으며, 교사는 일상 업무뿐만 아니라 건강, 안전관련 영역에 대한 전문적 지식과 함께 예방교육과 더불어 돌발 상황에 대처하는 능력까지 요구되고 있는 실정이다(유정은, 2001).

그러므로 유아교사는 일반적 건강관리자, 환경 및 위생관리자, 휴식 및 수면관리자, 바른 식생활관리자, 전염성 질환 및 예방관리자, 건강교육자로서의 역할을 인식하고 수행해야 한다. 교사는 일반적 건강관리자로서 유아의 간단한 건강 및 질병을 관찰하고 체크리스트를 작성하고, 투약을 기록으로 남기며, 비상연락망을 확보하여야 한다. 환경 및 위생관리자로서 교실환기, 교구소독, 청결한 수건 관리를 하며, 휴식 및 수면관리자로서 휴식과 수면의 시간과 공간을 확보하며, 바른 식생활 관리자로서 손 씻기,편식 및 영양지도, 알레르기 대처, 식사 시 태도 및 적절한 상호작용을 해야 한다. 전염성 질환 및 예방 관리자로서 전염성 질환과 증상을 알고 예방교육을 하며, 학부모에 대한 교육, 의심 영유아에 대한 대처, 관련 연수를 받아야 하며, 건강교육자로서 유아 수준을 고려한 건강교육 실시, 바깥놀이의 활성화, 영유아 주변 청결과 유아가 건강에 관심 갖도록 환경을 구성하여야 한다.

3) 교사의 영유아 건강관리 요구

영유아의 성장과 발달 단계에 따라 필요한 내용을 교육과정에 포함시켜 건강관리를 하기 위해 교사는 필요한 지식과 기술을 지녀야 한다(조경자 외, 2010). 건강 여부를 관찰하기 위해 표정, 병색의 유무 행동특징, 청결 유무를 살펴 전염병을 식별하고, 기본 응급처치에 대한 지식과 기술을 익히며, 영유아기학대 및 방치의 징조에도 민감해야 한다(이기숙, 1997). 또한 부모들이 약을 투약하기를 의뢰하는 경우에 대해 이에 대한 지식을 갖고 있어야 한다(이혜경, 1999).

교사는 영유아 건강교육을 통해 위생습관, 영양교육, 치아 건강관리와 안전교육을 실시하여야 한다. 가정에서의 사고와 유아 교육기관에서의 사고율을 비교한 Kopjar, Branko. & Wickizer, Thomas(1996)는 유아 교육기관이 가정보다 더 안전하지 않음을 제시하여 유아 교육기관에서의 안전교육의 중요성을 강조한 바 있다.

응급상황에 맞는 적절한 응급처치 방법을 잘 알고 이를 수행하기 위해서 인공호흡법과 심장마사지 방법(조경자 외, 2010), 맥박측정, 호흡측정 방법(이미라 외, 1997), 붕대 감는 법, 환자 이동하는 법, 지혈법, 소독법(이기숙, 1997) 등에 대해 알고 있어야 한다.

교사는 또한 교육자료 및 교재 · 교구와 시설을 청결히 유지하여 건강한 환경을 구성하고, 유아들이 아플 때 쉴 수 있는 공간을 마련하며, 응급상황 시 필요한 구급약품 상자를 구비하며, 유아 상해보험에 가입하고, 정기적인 건강진단을 실시해야 한다(이혜경, 1999). 교사들은 영유아의 건강관리를 위해 건강관리에 대한 지식과 유아를 지도할 수 있는 능력을 갖추어야 한다. 이러한 건강관리 능력은 교사교육과 건강관리 전문가의 도움을 받아 형성될 수 있으며, 이를 통해 교사의 건강관리 수행역량이 강화될 수 있다.

02장

영유아기 성장과 발달

02장 영유아기 성장과 발달

1. 영유아의 성장과 발달

발달은 인간의 생명이 시작되는 수정의 순간에서부터 죽음에 이르기까지의 전 생애를 통해 이루어지는 모든 변화의 양상과 과정을 의미한다. 발달적 변화의 과정에는 신체 · 운동 · 사고 · 언어 · 성격 · 사회성 · 정서 · 도덕성 등 인간의 모든 특성들이 포함된다.

종래에는 영유아기과 청소년을 대상으로 하여 긍정적인 변화만을 포함시키는 관점이 일반적이었으나, 최근에는 노년기에도 분석, 통합, 추론, 문제해결 능력 등의 긍정적인 변화가 지속된다고 생각하는 관점이 부각되면서 성인기와 노년기를 포함하여 인간의 전 생애를 연구대상으로 보는 생애론적 관점이 지배적이다.

발달과 밀접하게 관련되는 개념으로서 성장과 성숙을 들 수 있다. 과거에 '성장'이라는 개념은 주로 양적인 변화인 신체적 특성의 긍정적인 변화를 뜻하는 개념으로 받아들여져 왔으나, 근래에 와서 성장과 발달이라는 용어를 서로 혼용해서 사용할 정도로 동일한 개념으로 간주되고 있다. 이에 반해 '성숙'은 유전인자가 발달과정을 방향 짓는 기제로 질적인 변화를 뜻한다. 따라서 개념상으로는 성숙은 환경의 영향과는 전적으로 무관한 유전적 특성에 의해 이루어지는 발달적 변화에 국한된다. 개념상으로는 환경에 전혀 영향을 받지 않는 특성으로 개념화되고 있으나 실제적으로 이것이 가능하냐는 것에 대한 논란이 되고 있다.

발달은 성숙과 성장의 개념을 포함하고 있으며, 학습을 통해 발달의 촉진이 가능하지만, 개개인의 성숙도에 따라서 환경을 해석하고 학습하는 능력이 다르게 나타난다.

1) 발달의 원리

발달은 개체가 선천적으로 갖고 있는 유전과 환경의 상호작용을 통해 이루어진다. 부모로부터 받은 유전인자는 환경의 영향을 받아 그 잠재력을 발휘할 수 있으며 환경 또한 유전인자가 제한하는 범위 내에서만 발달에 영향을 미친다. 영유아발달에 관한 연구 결과에 의하면 발달과정에는 발달 원리가 적용되고 있다. 이러한 유전과 환경의 상호작용에 의한 영유아 발달원리를 살펴보면 다음과 같다(김재은, 1984; 이옥형, 1997, 서의정 외, 2012).

(1) 발달은 총체적으로 이루어진다.

신체 발달과 인지 발달, 정서 발달, 사회성 발달은 서로 밀접하게 영향을 주고받으면서 영유아의 발달을 이끌고, 각 발달영역에서 유전과 환경은 각기 또는 함께 독특한 영향을 미치게 된다. 영유아 발달은 각기 분리된 것이 아닌 서로 연결되어 총체적으로 진행된다. 영유아는 전인적으로 성장하기 때문이다.

(2) 발달과정에는 일정한 순서가 있다.

발달은 일정한 순서로 진행되는데, 예를 들어 신체 발달의 경우 기어 다니고 난 후 걷고 달리기를 할 수 있다. 언어 발달의 경우 울음으로 의사표현을 하다 쿠잉과 옹알이를 거쳐 한 단어 시기, 두 단어 시기를 거치면서 간단한 문장을 사용하여 의사소통을 하다 점차 복잡한 문장을 사용하게 된다.

(3) 발달은 일정한 방향으로 진행된다.

발달 진행 방향에는 세 가지 원리가 있는데 머리에서 발끝 방향으로 발달이 진행되는 두미 발달의 원리, 몸 안쪽에서 바깥쪽으로 발달하는 근원 발달의 원리, 일반적인 기능에서 특수한 기능으로 발달이 진행되는 세분화 발달의 원리가 있다.

(4) 발달은 계속적으로 이루어지나 그 속도는 일정하지 않다.

인간은 수정되면서부터 죽을 때까지 계속 발달하는데 그 발달 속도는 일정하지 않다. 예를 들어, 키는 출생 후 1년간 급격히 발달하지만 영유아기에는 발달속도가 느려지고 청년기에 다시 급속한 발달을 이룬다. 유아기에는 어휘습득 속도가 매우 빨라 언어발달이 급격히 일어나고, 청년기에는 추상적 사고능력과 논리적인 문제해결력이 향상된다.

(5) 발달에는 개인차가 있다.

인간의 발달 순서는 일정하지만 각 개인의 발달 특성과 발달 속도는 다르다. 월령이 같은 12개월 영아 간에도 차이가 있어 어떤 영아는 걷고 다른 영아는 아직 기어 다닌다. 또한 어떤 영아는 한 단어를 말하고 다른 영아는 옹알이를 하기도 한다. 발달이 빠르게 진행되는 아이, 느리게 발달하는 아이, 초기에 빠른 발달을 보이는 아이, 후반기에 성장 속도가 가속화되는 아이도 있다. 또한 각 개인의 발달 특성에도 차이가 있다. 각 개인에 따라 창의성이 발달된 아이, 언어발달이 돋보이는 아이, 운동능력이 발달한 아이, 사교성이 잘 발달된 아이 등 개인차가 크다.

(6) 발달에는 누적성의 원리가 있다.

영유아기 발달은 기존의 발달을 근거로 이루어져서 초기 발달이 후기 발달이 영향을 준다. 발달의 과거, 현재, 미래가 서로 연결되어 있는 것이다. 영유아의 독립심은 신뢰감이 형성된 후에 발달 가능하며, 그림 그리기는 긁적거리기를 한 후에 가능하며, 말하기는 옹알이를 한 후에 할 수 있다. 따라서 영유아기에 결핍된 경험은 이후의 발달에 큰 영향을 미치게 된다.

(7) 발달에는 결정적 시기가 있다.

영유아기 어느 시기에나 발달이 이루어지는 것은 아니다. 결정적으로 발달하는 과정에서 특정 사건이나 경험의 유무가 발달에 절대적인 영향을 미쳐 그 시기를 놓치면 영구적으로 그 발달에 결함을 초래할 수 있다는 '발달의 결정적 시기'가 있다.

동물 생태학자 로렌츠(Lorenz)는 발달의 결정적 시기를 각인 현상을 통해 최초로 증명하였다. 로렌츠의 관찰 실험에 의하면 갓 부화한 새끼 오리는 13시간 이내에 처음 본 물체를 따라다니는 반응을 보였으며, 이 특정 시간이 지나면 어떤 대상에 대해서도 각인 현상을 보이지 않았다. 이러한 결정적 시기는 영유아의 발달에도 적용된다. 예를 들어, 대인관계 발달에 필수적인 신뢰감 형성은 생후 1년간 주 양육자와의 친밀한 관계를 통해 이루어지며 이 시기에 신뢰감 형성이 되지 않으면 사회 전반에 대한 불신감을 갖게 되는 등의 심각한 결함을 일으킬 수 있다.

2) 발달 단계

일반적으로 영유아발달은 단계로 나누어 설명한다. 세부적인 발달단계는 태내기, 영아기, 유아기, 영유아기, 청년기 5단계로 나누고 있다.

첫 번째 태내기는 수정부터 출생까지 대략 9달 동안의 기간이다. 이 시기 동안 하나의 세포가 뇌와 여러 기관 및 조직을 이루어 완벽한 하나의 조직으로 성장한다.

두 번째 영아기는 출생부터 약 18~24개월까지의 시기로 성인에게 절대적으로 의존하는 시기이다. 많은 심리학적 활동들, 예를 들면 말하는 능력, 감각과 신체적 활동을 협응하는 능력, 상징으로 사고하는 능력, 다른 사람을 모방하고 그들로부터 배우는 능력 등이 생기기 시작하는 시기이다.

세 번째 유아기는 만 24개월부터 만 5~6세까지의 발달적 시기를 일컫는데 때로 이 시기는 학령전기로 불리기도 한다. 이 기간 동안 어린 아이들은 무엇이든 스스로 하는 법, 다른 사람들을 돌보는 법을 배우게 되고, 학교적응에 필요한 기술(지시 따르기, 글자 알아보기 등)을 발달시키며, 많은 시간을 또래들과 노는 데 보낸다. 보편적으로 초등학교 진학과 동시에 유아기는 끝나는 것으로 인지한다.

네 번째 영유아기는 대략 만 6~7세부터 만 11살까지의 시기로 학령기라 하기도 한다. 이 시기, 영유아기는 읽기, 쓰기, 산수에 필요한 기초 능력을 습득하고 더 넓은 세상과 문화에 노출된다. 성취가 이 시기의 가장 중요한 화두이며, 자기 통제가 증가하는 시기이다.

다섯 번째로 청년기는 영유아기에서 초기 성년기로 전환되는 시기로 대략 만 10~12세에 시작되어 만 18~22세에 끝나는 발달시기를 말한다. 청년기는 빠른 신체적 변화–키와 몸무게의 극적인 성장, 신체 윤곽의 변화, 가슴의 확장, 음모, 수염, 변성기의 출현 등과 같은 성적 특성의 발달–로 시작된다. 독립을 추구하고 자기정체성을 찾으려고 하는 것이 이 발달 시기의 주요한 특성이다. 가족과의 시간보다 가족 밖에서 점점 더 많은 시간을 보내려 하며, 보다 추상적이고 논리적, 이상적 사고를 하게 된다.

3) 발달 이론

(1) 성격발달 이론

가. 프로이드의 정신분석 이론

정신분석 이론에서 발달은 기본적으로 무의식적이며 상당 부분 정서에 의해 채색된다고 본다. 정신분석 이론가들은 행동이 단지 표면적인 특성일 뿐이며 발달을 진정으로 이해하기 위해서는 행동의 상징적 의미와 정신의 깊은 내적 작용을 분석하는 것이 필요하다고 강조한다. 정신분석 이론가들은 또한 부모와의 초기 경험이 발달의 상당 부분을 만든다고 주장한다. 이런 특성들이 프로이드가 주장한 정신분석 이론의 강조점이다.

프로이드 이론에서 프로이드는 성격은 세 가지 구조, 즉 본성(id), 자아(ego), 초자아(superego)를 갖는다고 제안했다. 본성은 본능들로 구성되는 프로이드적 성격구조로, 이는 개인의 정신적 에너지의 저장소이다. 프로이드의 견해에서 본성은 전체적으로 무의식적이라 현실과의 접촉이 없다. 영유아가 현실에서 필요나 금지를 경험하게 될 때 성격의 새로운 구조인 자아가 출현한다. 자아는 현실의 요구를 다루며, 의사결정을 위해 이성을 사용하기 때문에 성격의 실행기관이라 불린다. 본성과 자아는 도덕성을 갖지 않는다. 둘 다 어떤 것이 옳고 그른지에 대해 설명하지 않는다. 프로이드식 성격구조의 마지막은 초자아로 이는 성격의 양심기관이며 어떤 것이 옳고 그른지를 고려하는 부분이다. 초자아는 우리가 종종 우리의 "의식"을 언급하는 것으로 생각하면 된다.

환자들의 이야기를 듣고 분석하면서 프로이드는 환자들의 문제가 초기 삶의 경험에서 비롯되었다고 확신하게 되었다. 그는 영유아가 성장하면서 기쁨과 성적 충동의 초점이 입에서 항문으로 그리고 결국 생식기로 옮겨 간다고 생각했다. 결과적으로 인간은 5개의 심리성적 발달단계인 구강기, 항문기, 남근기, 잠복기, 그리고 생식기를 겪는다고 보았다. 성인이 된 우리의 성격은, 프로이드의 주장에 의하면, 각 단계의 기쁨의 근원과 현실 사이의 갈등을 어떻게 해결해 왔는지에 의해 결정된 것이다. 프로이드 이론은 많은 정신분석 이론가들에 의해 상당 부분 수정되어 왔다. 많은 현대적 정신분석 이론가들은 프로이드가 성적 본능을 지나치게 강조했다고 주장하며 개인 발달의 결정인자로 문화적 경험을 보다 강조한다. 무의식적 사고는 여전히 주요한 주제로 남아 있으나 대부분의 현대적 정신분석가들은 의식적 사고가 프로이드가 그랬던 것보다 실은 더 큰 역할을 한다고 강조한다.

나. 에릭슨의 사회성 발달 이론

에릭 에릭슨은 프로이드의 공로를 인정했지만 프로이드가 인간 발달의 중요한 측면에 대해 잘못 판단했다고 주장했다. 한 예로 에릭슨은 프로이드가 주장한 것처럼 우리 인간이 심리성적 단계가 아닌 심리사회적 단계를 거쳐 발달한다고 말했다.

프로이드에 의하면 인간 발달의 주요 동기는 당연히 성적 본능이나 에릭슨에 의하면 그것은 사회적 본능이며 다른 사람들과 관계를 맺고자 하는 욕구를 반영한다. 프로이드에 의하면 우리의 기본적 성격은 생의 초기 5년 안에 결정되고, 에릭슨에 의하면 발달적 변화들은 인생 전반에 걸쳐 일어난다. 따라서 프로이드는 앞서 기술했던 초기 경험이 훨씬 더 중요하다고 주장하는 반면 에릭슨은 초기 경험과 후기 경험 양자 모두의 중요성을 강조했다.

에릭슨 이론에서는 우리가 인생을 살아가는데 있어 표 2-1과 같이 8개의 발달 단계로 이루어진다. 각 단계에서 개인은 반드시 해결되어야 하는 위기와 더불어 독특한 발달적 과제를 직면하게 된다. 에릭슨에 따르면, 이 위기는 재앙이라기보다 인간의 취약성 증가와 향상된 잠재력에 의해 나타나는 전환점이다. 개인이 이 위기들을 보다 성공적으로 해결할수록 그의 발달은 보다 더 건강하게 된다. **신뢰 대 불신 단계**는 에릭슨의 첫 번째 심리사회적 단계로 생의 첫 1년에 경험하게 된다. 영아기 신뢰감을 획득함으로써 세상은 좋은 곳이며 살아가기 좋은 곳이란 평생의 기대를 형성하는 단계이다. 주 양육자에 대한 신뢰를 획득한 후에 영아는 자기 행동은 자기 자신의 것이라는 사실을 발견하기 시작한다. 그래서 영아들은 **독립심 혹은 자율성**을 주장하기 시작한다. 만약 영아가 심하게 저지되거나 혹독하게 벌을 받으면 그들은 **수치감이나 회의감**을 발달시킬 수 있는데, 이는 영아가 후반이나 걸음마기(1~3세경)에 나타난다. 에릭슨의 세 번째 발달단계인 **주도성 대 죄책감**은 유아기에 생긴다. 유치원에 다니는 유아들이 더 넓어진 사회적 세계를 만나게 되면서 그들은 적극적이고 목적적인 행동을 요구하는 새로운 도전에 직면한다. 유아들은 자기 신체, 행동, 장난감, 그리고 자기 애완동물에 대한 책임감을 가질 것을 요구받는다. 그로 인해 주도성을 갖는다. 그러나 만약 무책임하거나 지나치게 두려움을 느끼게 만들면 죄책감이 생길 수 있다. **근면성 대 열등감**은 프로이드의 네 번째 발달단계로 대략 초등학교 학령기에 생긴다. 영유아기의 근면성은 풍부한 새로운 경험과 접촉하게 한다. 영유아기의 중기와 후기 영유아기로 접어들면서 그들의 에너지는 지식과 지적 기능을 통달하는데 집중된다. 유아기 말 무렵에 확장되는 상상의 세계에서보다 더욱더 학습에 열정적이 되는 시기가 바로 이때이다.

이 시기의 위기는 영유아기의 열등감–무능력하고 생산적이지 못하다는 느낌–을 발달시킬 수 있다는 점이다. 청년기 동안 개인은 자신이 누구인지, 무엇 때문에 존재하는지, 인생에서 어디로 가고 있는지를 찾는 일에 직면하게 된다. 이것이 에릭슨의 다섯 번째 단계인 **정체성 대 정체성 혼란**이다. 청년들은 많은 새로운 역할과 성인의 지위, 예를 들면 직업, 사랑 등에 부딪치게 된다. 만약 그들이 건강한 방식으로 그 역할들을 탐색하고 인생에서 따라야 할 긍정적인 길에 도착하게 되면 그들은 긍정적인 정체감을 획득할 것이다. 만약 부모가 청년에 대한 정체감을 강요하고 청년이 많은 역할들을 적절하게 탐색하지 못한 채 긍정적인 미래의 길을 규정해 버리면 정체감 혼란이 지배하게 된다. **친밀감 대 고립감**은 에릭슨의 여섯 번째 발달 단계로 개인이 성인기 초기에 경험한다. 이 시기에 개인은 친밀한 여러 관계를 형성하는 발달적 과제에 직면한다. 에릭슨은 자기 자신을 찾되 타인에게서 잃어버린 자신을 찾는 것이 친밀감이라고 기술했다. 만약 성인기 초기에 타인과 건강한 우정 및 친밀한 관계를 형성하면 친밀감이 성취될 것이나 그렇지 않으면 고립감이라는 결과를 얻게 될 것이다. **생산성 대 침체감**은 에릭슨의 일곱 번째 단계로 성인기 중기에 나타난다. 에릭슨에게 있어서 생산성은 주로 젊은 세대가 유용한 삶을 발달시키고 이끌 수 있도록 돕는 일에 대한 관심을 의미한다. 다음 세대를 돕기 위해 아무 것도 하지 못했다는 느낌은 침체감이다. **통합감 대 절망감**은 에릭슨의 여덟 번째이자 마지막 발달단계로 성인기 후반에 경험한다. 이 단계에서는 한 개인이 과거를 반성한다. 수많은 다른 길을 통해 그 개인의 대부분의 영역 혹은 발달의 모든 이전단계에서 긍정적인 관점을 발달시켜왔을지 모른다. 만약 그렇다면, 자기 자신에 대한 회고는 인생을 잘 보낸 것으로 드러날 것이고 만족감을 느낄 것이다. 즉, 통합감이 획득될 것이다. 그러나 그 개인이 이전 단계들에서 많은 것을 부정적으로 해결해 왔다면, 아마 그 회고는 회의감과 침울함을 유발할 것이다. 이것이 에릭슨이 기술한 절망감이다. 에릭슨이 말한 각 단계는 신뢰감과 같이 "긍정적"인 축과 불신감과 같은 "부정적"인 축을 갖는다. 각 단계의 위기에서 건강한 해결책은 긍정적인 축이 지배하는 것이지만 어느 정도의 부정적인 측면에의 노출이나 집행은 불가피할 때도 있다고 에릭슨은 말하고 있다.

표 2-1 에릭슨의 사회성 발달이론

연령	발달단계	특징
0~1	신뢰감 대 불신감	어린이의 요구에 어머니나 양육자가 적절히 반응하면 어린이는 세상에 대한 신뢰감을 형성하지만 요구가 무시되거나 거부당하면 불신감이 형성된다.
2~3	자율성 대 수치심, 회의감	어린이 스스로 먹고 입고 배설하는 경험을 통해 자율성이 발달한다. 그러나 이런 활동에서 실패 경험을 많이 하면 수치심과 회의감을 갖게 된다.
4~5	주도성 대 죄책감	어린이가 목표를 설정하고 계획을 세워 활동하는 가운데 주도성을 갖게 된다. 그러나 어린이의 주도적 활동이 저지되면 죄책감이 형성된다.
6~11	근면성 대 열등감	어린이가 인지적 기술과 사회적 기술을 충분히 익히면 근면성을 형성하나 그렇지 못할 경우에는 열등감을 갖게 된다.
12~18	정체감 대 역할 혼미	자신에 대한 통찰과 자아상을 찾기 위한 고민의 해결에 성공하면 자아 정체감이 형성되지만 실패하면 역할 혼미를 경험한다.

• 성인전기: 친밀감 대 고립감 • 성인기: 생산성 대 침체감 • 노인기: 통합감 대 절망감

(2) 인지 이론

정신분석 이론이 무의식을 강조하는 반면에, 인지 이론은 의식적인 사고를 강조한다. 세 가지의 대표적인 인지 이론은 피아제의 인지발달 이론, 비고츠키의 사회문화적 인지 이론, 그리고 정보처리 이론이다.

가. 피아제의 인지발달 이론

피아제 이론에 의하면 유아는 세계에 대한 이해를 능동적으로 구성하며 발달의 네 단계를 거쳐 이룬다고 한다. 피아제의 이론에서 발달의 네 단계는 적응과 조직화의 두 과정을 통해 이루어진다. 세상을 살아가는 감각을 형성하기 위해 우리는 경험을 조직한다. 예를 들어, 덜 중요한 생각으로부터 중요한 생각을 분리하고 하나의 생각과 다른 생각을 연결한다. 관찰과 경험을 조직화하는 것에 덧붙여 새로운 환경의 요구에 적응하고 조절한다(Brneds, 2008; Carpendale, Muller, & Bibok, 2008). 피아제(piaget, 1896~1980)는 또한 네 단계를 거쳐 세상을 이해하게 된다고 하였다. 피아제의 각 발달단계는 연령에 따라 변화할 뿐만 아니라 세상을 이해하는 방식이 질적으로 다르게 사고하는 것으로 구분할 수 있다. 피아제의 인지 발달의 네 단계는 다음과 같다(그림 2-1 참조).

감각운동기는 출생에서부터 만 2세까지에 해당되는 피아제의 첫 번째 단계이다. 이 단계에서 영아들은 보는 것과 같은 감각적 경험과 신체적, 운동적 행동의 협응에 의해 세상에 대한 이해를 구성하기 때문에 감각운동기라 한다. **전조작기**는 대략 2~7세까지의 시기로 피아제의 두 번째 단계이다. 이 단계에서 유아는 감각 정보와 신체적 행동을 단순하게 연결하는 것으로부터 이를 넘어 세상을 언어, 심상, 그림으로 표상하기 시작한다. 그러나 피아제에 의하면 취학 이전의 유아는 이전에 직접 신체적으로만 조작할 수 있었던 것을 정신적으로 조작하기 위해서 정신적 행동

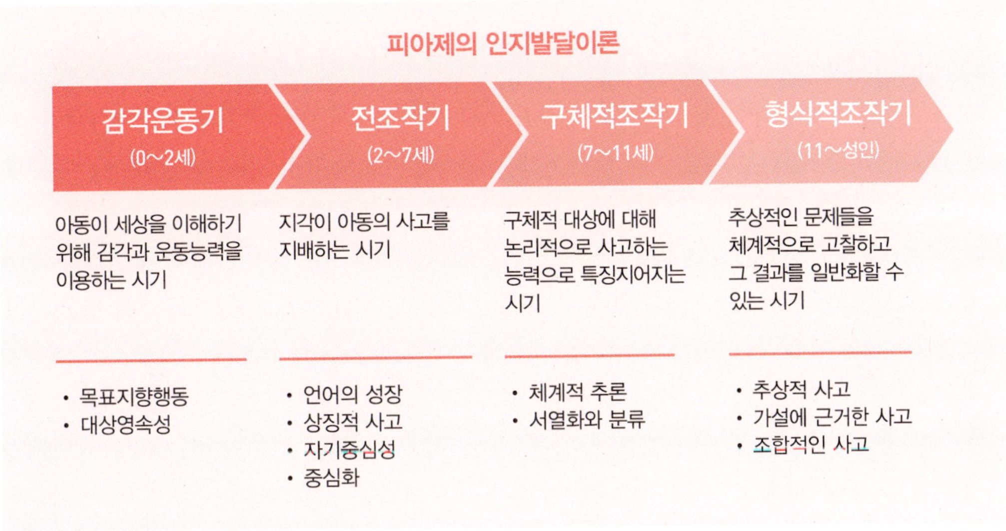

그림 2-1 피아제의 인지발달 이론

을 내면화 할 수 있어야 하는데, 유아기에는 조작적으로 형성하는 능력이 여전히 부족하다. 예를 들어, 실제로 막대를 움직이지 않고서도 두 개의 막대의 길이를 비교할 수 있다면 구체적 조작능력이 형성되는 것이다. **구체적 조작기**는 대략 7~11세 무렵에 해당되는 피아제의 세 번째 단계이다. 이 단계에서는 영유아가 사물을 이용해 조작할 수 있고 특정 혹은 구체적 조작기의 영유아들은 100원짜리 동전 네 개를 두 줄로 놓았을 때 한 줄은 멀리 떨어뜨려 길게 늘어놓아도 개수가 같다는 것을 안다. 그러나 이 발달단계에서 추상적으로 일 대 일 대응을 완전하게 하기는 어렵다. **형식적 조작기**는 11~15세 사이에 나타나게 되며 성인기까지 지속되는 피아제의 네 번째이자 마지막 단계이다. 이 단계에서는 형식적 경험과 생각을 추상적으로 하게 되고 좀 더 논리적이 된다. 사고가 좀 더 추상적이 됨으로써 청소년들은 이상적인 환경에 대한 심상을 발달시킨다.

나. 비고츠키의 사회문화적 인지 이론(vigotsky's sociocultural cognitive theory)

피아제와 마찬가지로 러시아의 발달학자인 레프 비고츠키(Lev Vygotsky, 1896~1934)는 유아는 능동적으로 지식을 구성한다고 주장했다.

피아제와는 달리 비고츠키는 인지발달이 단계별로 이루어지는 것이 아니며 인지발달에서 사회적 상호작용과 문화가 좀 더 중요한 역할을 한다고 보았다. 비고츠키의 이론은 문화와 사회적 상호작용이 인지발달을 이끄는가의 방식에 초점을 맞춘 사회문화적 인지 이론이다.

비고츠키는 유아의 발달이 사회적이고 문화적인 활동들과 불가분의 관계에 있다고 기술했다. 그는 기억, 주의집중, 추론의 발달이 언어, 수학적 체제, 그리고 기억 전략 등과 같이 사회적으로 학습되는 과정을 포함한다고 주장했다. 예를 들면, 셈하기를 배울 때 어떤 문화에서는 유아들이 컴퓨터를 활용하고, 또 다른 문화에서는 구슬을 이용한다. 비고츠키에 의하면 좀 더 능력 있는 성인이나 또래와의 사회적 상호작용은 그들의 인지발달에 필수불가결한 것이다. 이러한 상호작용을 통해 유아들은 서로에게 도움을 주게 될 그리고 그들이 속한 사회의 문화에서 살아갈 수 있게 할 도구를 사용하는 것을 배운다. 예를 들어, 만약 당신이 유아에게 읽기를 꾸준히 가르친다면 당신은 유아의 읽기 능력을 향상시킬 뿐 아니라 그들의 문화에서 읽기가 중요한 활동이라는 것을 전달하게 된다. 이러한 관점에서 지식은 개인 내에서 발생되는 것이 아니라 다른 사람과 책과 같은 문화 내의 사물을 통해 구조화되는 것이다. 이것은 지식이 협동적인 활동에서 다른 사람이나 상호작용을 통해 가장 잘 발달할 수 있다는 것을 의미한다.

다. 정보처리 이론

초기의 컴퓨터들의 많은 요인들은 정보처리이론을 발달시켰다. 심리학자들은 컴퓨터로 논리 연산이 수행된다면 인간의 정신이 어떻게 작용하는가에 대해 무엇인가 알게 될 수 있을지 관심을 보이기 시작했다. 그들은 컴퓨터의 하드웨어와 두뇌 사이에서 그리고 컴퓨터의 소프트웨어와 인지 사이에서 유사한 점을 끌어내었다. 이런 사고의 회로는 개인들이 정보를 처리하고, 그것을 감독하며, 그에 대한 전략을 짜는 것을 강조하는 정보처리 이론을 발생시키는 데 도움을 주었다. 피아제의 이론과는 다르지만 비고츠키의 이론과 유사하게 정보처리 이론을 발달 단계로 묘사하지 않는다. 대신 이 이론에 의하면 개인은 복잡한 지식과 기술을 단계적으로 획득하여 점진적으로 정보를 처리하는 능력을 증가시키며 발달한다(Halfird, 2008; Vallotton & Fischer, 2008). 유아의 정보처리를 선도적으로 이끈 로버트 지글러(Robert Siegler, 2006)는 사고가 정보처리라고 진술했다. 즉 개인이 정보를 인식하고, 부호화하고, 표현하고, 저장하고, 수정할 때 그들이 사고한다. 지글러는 처리할 정보를 위한 학습된 훌륭한 전략이 발달의 중요한 측면이라는 것을 강조한다. 예를 들면, 더 능숙하게 읽게 되려면 읽은 내용의 소재와 주제를 파악하는 것을 할 수 있어야 한다.

(3) 행동주의 이론

20세기 초에 프로이드가 환자의 무의식적 정신에 그들의 유아기 경험이 반영된다고 한 이래, 파블로프(Ivan Pavlov)와 왓슨(John B. Watson)은 통제된 실험실 상황에서 세밀한 행동 관찰을 수행했다.

그들의 작업은 직접적으로 관찰하고 측정이 가능한 것만 과학적으로 연구할 수 있다는 입장을 취하고 있는 행동주의(behaviorism)의 기초를 제공했다. 행동주의의 전통과 달리 발달은 환경에서 경험을 통해 학습할 수 있는 관찰 가능한 행동이라는 신념이 자라났다(Chance, 2008; Klein, 2009). 행동주의와 사회인지 이론은 파블로프의 고전적 조건형성, 스키너의 조작적 조건형성, 그리고 반두라의 사회인지 이론의 세 부류로 살펴볼 수 있다.

가. 파블로프의 고전적 조건형성

1900년대 초에 러시아의 심리학자 이반 파블로프(Ivan Pavlov, 1927)는 개가 음식을 먹을 때 자연적으로 침을 흘리는 것을 알고 있었다. 그는 개가 음식이 주어지기 전에 다양한 시각과 청각 자극에 대해 침을 흘리는 것에 주목했다. 예를 들면, 음식이 주어지기 전 벨소리를 들려주는 것으로 음식과 종소리를 하나로 짝지었을 때, 음식이 없이 벨소리만 울리는 것으로 개에게 침을 흘리도록 했다. 이러한 실험과 함께 파블로프는 관련 없는 자극(종소리)이 다른 자극(음식)에 의해 원래의 반응이 발생하도록 하는 능력을 획득한다는 고전적 조건형성(classical conditioning)의 원리를 발견했다.

20세기 초에는 왓슨이 고전적 조건형성이 인간에게도 발생한다는 것을 확인했다. 그는 앨버트라는 어린 소년이 흰쥐에 공포감을 갖는 과정을 보여 주었다. 앨버트가 쥐와 노는 동안 그의 머리 뒤에서 큰 소음을 들려 주었다. 쥐에 대해 떠올리게 되면 동시에 소음이 어린 앨버트를 울게 만들었다. 큰 소음과 흰쥐를 여러 차례 짝짓고 난 후 앨버트는 소음이 없어도 쥐만 보이면 울기 시작했다(Watson & Rayner, 1920). 앨버트는 쥐와 공포로 고전적 조건형성이 이루어진 것이다. 유사하게, 우리가 갖고 있는 공포 중 많은 경우는 고전적 조건형성의 결과일 수 있다. 치과의사에 대한 공포는 고통으로부터 학습된 것이고, 운전의 공포는 교통사고에 의한 것일 수 있으며, 높은 곳에 대한 공포는 영아기에 높은 의자에서 떨어졌기 때문이고, 개에 대한 공포는 개에게 물렸던 경험에 의한 것일 수 있다.

나. 스키너의 조작적 조건형성

고전적 조건형성은 공포와 같이 무의식 중에 많은 반응을 발달시키는 방법을 설명하였지만, 스키너(B. F. Skinner)는 행동의 다른 형태의 발달을 설명하는 조건형성의 또 다른 형태를 주장했다. 스키너(1938)에 의하면, 조작적 조건형성(Operant conditioning)을 통하여 행동 후 산출물의 결과를 바꿈으로서 행동유발 가능성에 변화를 가져올 수 있다고 주장했다. 처벌 자극은 행동의 재발을 감소시키는 반면 보상 자극은 행동을 더 잘 일어나게 한다. 예를 들면, 누군가 영유아가 어떤 행동을 한 후에 미소지었다면, 영유아를 불쾌하게 바라보았을 때보다 그 영유아는 좀 더 그 행동을 하려고 하게 될 것이다.

스키너에 의하면 이러한 보상과 처벌은 발달을 구체적으로 설명한다. 예를 들어, 스키너의 접근에 따르면 수줍은 사람들이 부끄러움을 학습하게 된 것은 그들이 성장하는 동안 경험한 것의 결과 때문이라고 주장한다. 환경이 변화되는 것이 수줍은 사람을 좀 더 사교성 있게 만드는데 도움을 준다고 하는 것은 이에 따른 것이다. 또한 스키너의 발달의 주된 연구 관심은 행동이지 사고나 감정이 아니다. 그는 발달이 보상이나 처벌에 의해 발생되는 행동 변화의 패턴으로 구성되어 있다는 것을 강조했다.

(4) 사회인지 이론

어떤 심리학자들은 발달이 학습되고 환경적 상호작용에 의해 강하게 영향을 받는다는 행동주의자들의 견해에 동의한다. 하지만 스키너와는 달리 사회인지 이론가들은 발달을 이해하는데 인지가 또한 중요하다고 주장한다. 사회인지 이론은 발달에서 행동, 환경, 그리고 인지가 주된 요소라는 입장을 취한다.

미국인 심리학자 앨버트 반두라(Albert Bandura, 1925~)는 사회인지 이론의 선구자이다. 반두라(2001, 2007, 2008, 2009)는 인지적 과정이 환경과 행동을 결정하는 데 중요하다고 강조한다. 그의 초기 연구들은 다른 사람이 하는 것을 관찰함으로써 학습하는 모방이나 모델링으로 불리는 관찰학습에 연구 초점을 두고 있다. 예를 들면, 어린 소년이 그의 아버지가 화가 나서 소리를 지르는 것을 관찰하고 후에 그의 아버지의 행동과 같은 특성을 보이며 또래와 같은 다른 사람에게 공격적인 행동을 하게 될 수 있다. 한 소녀는 권위적이고 빈정대는 그녀의 선생님의 스타일을 적용해 그녀의 어린 남동생에게 "너는 너무 느려. 어떻게 이렇게 느려터질 수가 있니?" 하고 말할지 모른다. 사회인지 이론은 사람들이 다른 사람의 행동을 관찰함으로써 행동, 사고, 느낌을 폭넓게 획득하게 되고 이러한 관찰은 유아 발달의 중요한 부분을 형성한다고 강조한다.

(5) 동물행동학 이론

미국 발달 심리학자들은 생태학의 영역에서 선구자였던 유럽 동물학자들이 탐구했던 발달의 생물학적 기초에 관심을 갖기 시작했다. 동물행동학은 동물의 본능이나 습성, 행동특성들에 생물학적인 영향이 지대하다는 것을 강조하고 진화, 결정적 시기(민감기) 등을 비교하고 분석하는 생물학의 한 분야이다. 생태학자들에 의하면 이것들은 오랫동안 개인에게 영향을 주어온 어떤 경험들의 존재나 부재 동안의 특별한 시간대이다.

유럽의 동물학자인 콘레드 로렌츠(Konrad Lorenz, 1903~1989)는 동물행동학을 부각시키는 데 일조했다. 그의 가장 잘 알려진 관찰실험에서 로렌츠(1965)는 부화되자마자 어미를 따르는 거위의 행동을 연구했다.

실험에서 로렌츠는 한 거위가 낳은 알을 두 집단으로 분리했다. 한 집단은 어미 거위에게 되돌려 놓아 부화시켰다. 또 다른 집단은 인큐베이터에서 부화시켰다. 첫 번째 그룹의 새끼 거위들은 예측한 대로 부화하자마자 그들의 어미를 따랐다. 하지만 부화하자마자 로렌츠를 본 두 번째 집단에서는 로렌츠가 어미가 아닌데도 어디를 가나 새끼 거위들이 따라다녔다. 로렌츠는 두 집단의 새끼 거위들에게 표시를 한 후 상자 밑에 넣었다. 어미 거위와 "엄마" 로렌츠는 옆에 서고 박스를 들췄다. 각 그룹의 새끼 거위들은 즉시 그들의 "엄마"에게 갔다. 로렌츠는 이렇게 처음으로 본 움직이는 물체에 애착하는 것을 포함하는, 제한된 결정적 시기(민감기) 내에 빠르게 선천적 특성에 의해 학습되는 과정을 '각인(imprinting)'이라고 명명했다.

초기에 동물행동학 연구와 이론은 인간의 삶의 기간 동안 사회적 관계의 본질에 대해 거의 설명하지 못했고 인간에 대한 연구도 극히 드물었다. 어떤 행동이 발달의 매우 초기에 특정한 기간인 결정적 시기(민감기) 동안 일어나면 획득된다는 동물행동학자들의 관점은 일반적인 발달의 관점에서는 과장되게 보인다.

그러나 존 보울비(John Bowlby, 1969, 1989)는 동물행동학 이론을 인간 발달에 중요하게 적용했다. 보울비는 생애 첫 해 이상 양육자에게 애착하는 것은 인생에 걸쳐 중요한 결과를 나타낸다고 주장했다. 그의 관점에서 만약 애착이 긍정적이고 안정되면 영유아기와 성인기에 바람직한 발달을 하기 쉬울 것이라는 것이다. 만약 애착이 부정적이고 안정되지 못하다면, 인생 주기는 최적의 발달을 이룰 수 없을 것이다. 따라서 이러한 관점에서 생의 첫 해는 사회적 상호관계의 발달에 결정적 시기인 것이다.

(6) 생태학적 이론

동물행동학 이론은 생물학적 측면을 강조하는 반면, 생태학적 이론은 환경적인 측면을 강조한다. 유아의 발달 이해를 위한 중요한 시사점을 지닌 생태학적 이론 중의 하나는 유리 브론펜브레너(Urie Bronfenbrenner, 1917~2005)에 의해 정의되었다.

브론펜브레너의 생태학적 이론(1986, 2000; Bronfenbrenner & Morris, 2006)은 발달이 여러 환경 체계의 영향을 반영한다는 입장으로 그림 2-2와 같이 설명하고 있다.

- **미시체계**(Microsystem)
  개인적인 생활환경을 의미한다. 개인의 가족, 또래, 학교, 이웃과 일터 등이 포함된다. 미시체계에서는 부모, 또래, 선생님들과 같은 사회적 행위자들과 가장 직접적인 상호작용이 일어난다.
- **중간체계**(Mesosystem)
  미시체계 간의 관계나 맥락 간의 연결이 일어나는 체계이다. 가족에서 경험이 학교 경험과 관련되고, 학교 경험이 종교단체의 경험과 관련되고, 가족 경험이 또래 경험과 관련되는 것을 예로 들 수 있다. 즉 부모에게 거부당한 영유아는 교사들과 긍정적인 관계를 발달시키기 어려울 수 있다.
- **외체계**(Exosystem)
  개인이 능동적 역할을 갖지 않고 개인의 인접한 맥락에서 사회적 세팅 사이에 연결이 되는 체계이다. 예를 들면, 집에서 남편이나 자녀의 경험이 어머니의 직장에서 경험에 의해 영향을 받을 수 있는 것. 어머니는 승진하여 더 많은 출장을 다녀야 하고 이것이 남편과의 갈등을 증가시키고 자녀와의 상호작용 패턴을 변화시킬 수 있다.
- **거시체계**(Macrosystem)
  개인이 속한 사회의 문화를 의미한다. 문화는 행동 패턴, 신념, 그리고 한 집단에 속해 있는 사람들의 대대손손 이어져 오는 모든 다른 문화적 부산물에 의한다.

• **시간체계**(Chronosystem)

사회역사적 상황뿐 아니라 환경적 사건들의 양식과 삶의 과정에 변화를 주는 체계를 의미한다(Schaie, 2007). 예를 들면, 이혼은 하나의 변화이다. 연구자들은 자녀에게 이혼의 부정적 영향이 이혼의 첫 해 동안 절정에 이르는 경우가 많다는 것을 발견했다(Hetherington, 2006). 이혼 2년 후에는 가족의 상호작용이 덜 혼란스럽고 더 안정된다. 사회역사적 상황의 예를 들면, 지난 삼십 년 동안 직업을 갖는 여성이 어떻게 증가해 왔는가 하는 것을 알아보는 것이다.

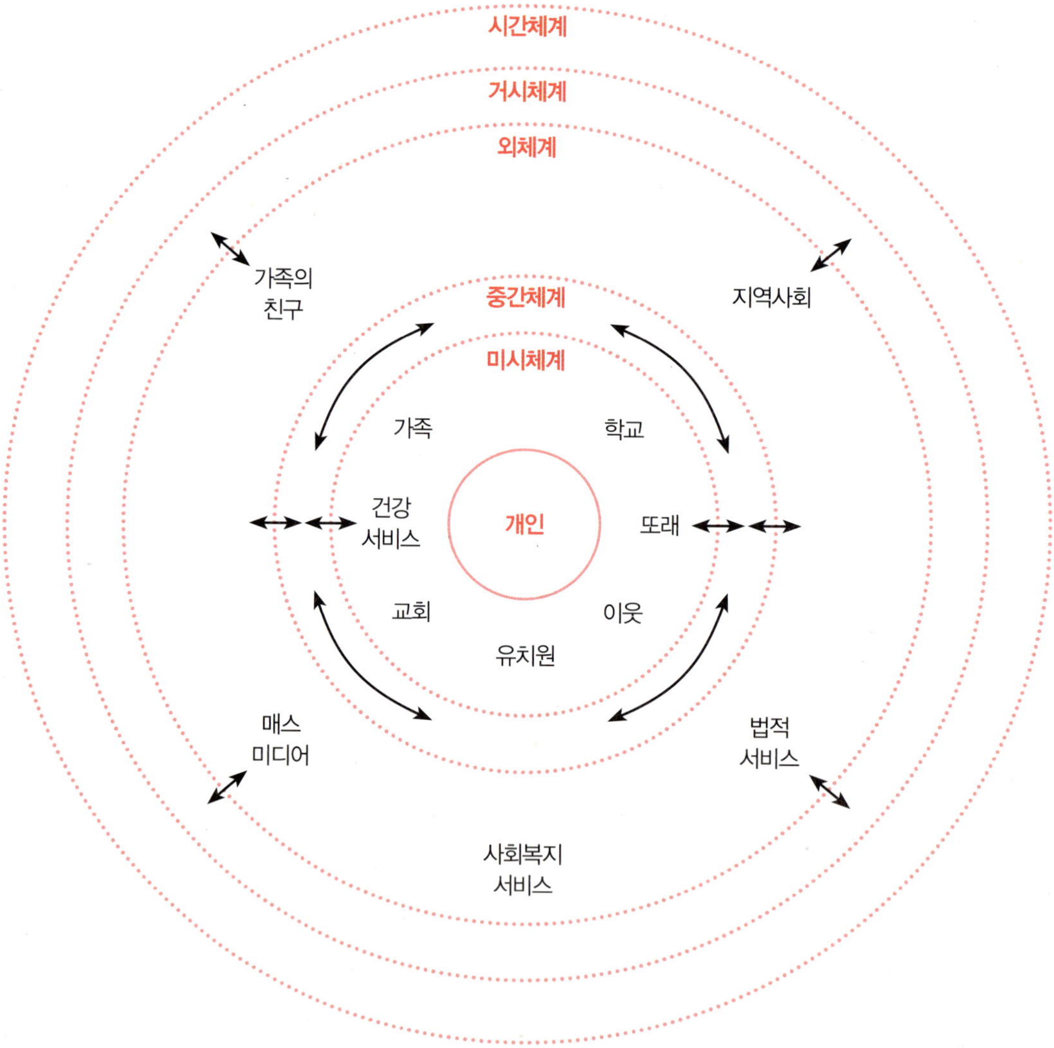

그림 2-2 브론펜브레너의 생태학적 체계

2. 영유아의 성장과 발달 과정

영유아 교육을 위해서는 그들의 발달과정 및 특성에 대해 이해하는 것이 무엇보다 중요하다. 이 장에서는 발달의 개념, 태내발달, 영아, 유아의 각 시기에 따른 발달영역별로 즉 신체, 인지, 정서, 사회성 발달로 나누어 특성을 살펴보고자 한다.

1) 영아기 발달

출생에서 만 24개월까지를 영아기라고 부르며, 이 시기는 인간발달에 있어서 가장 급속하게 성장이 되는 시기이다.

(1) 신체 및 운동기능 발달의 특징

가. 신장과 체중

일반적으로 출생 시 신생아의 평균 신장은 남아가 50.8cm, 여아가 50.1cm이며, 몸무게는 남아가 3.4kg, 여아가 3.3kg이다(대한소아과학회, 2002).

출생 후 2년 동안 영아는 급속하게 성장한다. 첫 3개월 동안 체중은 2배로 불어나며, 만 1세가 되면 3배가 된다. 만 2세가 되면 성인이 되었을 때의 신장의 반이 자라며, 출생 시 체중의 4배가 된다.

나. 뇌의 발달

출생 시 신생아 뇌의 무게는 성인의 25%에 불과하지만 출생 이후 급격한 변화가 일어나 생후 첫 1년 사이에 성인 뇌의 66%, 2세경에는 약 75%, 5세 말에는 90%가 형성된다.

뇌 각 부위의 발달속도 또한 다르다. 출생 시에는 각성, 반사기능, 소화, 호흡, 배설 등 주로 생물학적 기능을 담당하는 뇌간과 중뇌가 먼저 발달하는데, 출생 당시에는 운동 영역의 발달이 가장 앞서 있으며, 다음으로 감각 영역, 시각 영역, 청각 영역의 순으로 발달한다. 만 2세가 되면 운동 영역과 감각 영역의 발달 정도가 비슷해지며, 언어 생성 영역과 문제 해결 영역은 영유아기기, 청소년기까지 계속적으로 발달하는 경향을 보인다.

두뇌 발달에 미치는 환경적 영향을 살펴보면 태아기 동안의 만성적 영양 결핍은 치명적인 두뇌 손상을 가져올 수 있으며, 관심과 애정 등의 돌봄을 받지 못하고 자라난 영유아의 뇌는 그 또래 정상아의 뇌보다 20~30% 정도 더 작다는 것이 발견되어 양육 환경에서의 지속적인 경험 및 자극의 중요성이 입증되었다.

다. 반사 및 운동기능발달

① 반사행동

신생아는 여러 가지 선천적인 반사기능을 가지고 태어난다. 이들 반사기능은 인간의 생존에 필요하며 지속적으로 유지되는 생존반사와 종 특유의 반사기능이면서도 생후 일정기간이 지나면 사라지는 원시반사로 구분된다(Shaffer, 1993; 송명숙, 1997).

생존반사에는 숨 쉬는 호흡반사, 갑작스런 자극이 다가오면 눈을 감는 눈 깜빡이기 반사, 광선의 강도에 반응하는 동공반사, 자극을 주는 쪽으로 입을 돌리는 입술 내밀기 반사, 빨기 반사, 삼키기 반사 등이 포함된다.

원시반사에는 바빈스키 반사(Babinski reflex), 모로 반사(Moro reflex), 잡기반사(grasping reflex)가 포함된다. 바빈스키 반사는 발바닥을 간질이면 발가락을 부채살처럼 펴는 반사로서 생후 8개월에서 1년 사이에 사라진다. 모로 반사는 큰소리가 나거나 몸이 불안정하게 되어 놀라면 등을 구부리고 손과 발을 앞으로 뻗는 반사이며, 생후 6~7개월에 사라진다. 잡기반사는 손바닥에 물체를 대면 꼭 쥐는 반사로서, 생후 3~4개월에 의도적으로 잡는 행동이 대치되면서 사라진다. 이들 세 원시적 반사가 정상적으로 나타나고 사라지는 것은 영아기 신경계 발달의 정상성 여부를 진단하는 중요한 기준이 된다.

② 운동기능의 발달

영아는 걷거나 팔을 조절할 수 있는 능력이 없는 무력한 존재로 태어난다. 그러나 일정한 계열적 순서에 따라 발달한다. 3~4개월이 되면 몸을 뒤집을 수 있으며, 6개월경에 도움 없이 앉을 수 있다. 8개월경에 혼자 일어설 수 있고, 10~11개월경에는 가구 등을 붙잡고 걸을 수 있다. 12~13개월이 되면 비로소 도움 없이 걸을 수 있게 된다.

이러한 특징은 평균적인 것이며 개인에 따라 개인차가 나타나지만, 어느 영아나 동일한 순서를 거치게 된다.

출생 시 영아는 소근육을 전혀 조절하지 못하지만, 표 2-2와 같이 점차적으로 정교해져서 물건을 잡고 필기도구를 사용하여 그림을 그릴 수 있게 발달한다.

(2) 인지발달

인지발달은 세상을 지각하고 인지적으로 표상하는 방법의 발달을 나타내는 것으로 영유아기 동

표 2-2 영아의 소근육 발달(Santrock, 2001)

출생~6개월	
2개월	• 딸랑이를 거칠게 잡는다.
2개월 반	• 한 물체에서 다른 물체를 볼 수 있다.
3~4개월	• 단순한 방법으로 딸랑이를 가지고 놀고 눈으로 움직이는 공을 따라갈 수 있다.
4개월	• 입으로 물건을 가져갈 수 있다.
4~5개월	• 두 개의 사물을 잡을 수 있다.
5개월	• 한 손에서 다른 손으로 물체를 옮길 수 있다.
5~6개월	• 앉아 있는 동안 눈으로 물체를 좇을 수 있다.
6~12개월	
6개월	• 어른의 움직임을 눈으로 좇는다. 딸랑이를 계속 잡고 있다.
6개월 반	• 사물을 조작하고 탐구한다. 딸랑이를 손을 뻗어 잡는다.
7개월	• 물건을 잡으려고 줄을 당길 수 있다.
7개월 반~8개월 반	• 엄지와 다른 손가락으로 물건을 잡는다.
8~9개월	• 테이블의 장난감을 잡기 위해 손을 계속 뻗는다. 숟가락을 두드린다. 컵 속에 숨겨진 장난감을 찾는다.
10개월	• 숟가락으로 컵을 두드린다.
10개월 반~11개월	• 엄지와 다른 네 손가락으로 콩을 잡는다. 장난감 차를 민다.
11~12개월	• 용기에 3개 이상의 물건을 넣는다.
12~18개월	
	• 블록을 쌓는다.
	• 큰 종이에 커다란 크레용으로 끄적거리기를 한다.
	• 어른의 무릎에 앉아 책을 2~3페이지씩 넘긴다.
	• 연필을 쥐고 종이에 그리기를 한다.
18~24개월	
	• 연필로 곡선을 그린다.
	• 양손으로 문손잡이를 돌린다.
	• 병마개를 돌린다.
	• 큰 지퍼를 열고 닫을 수 있다.

안에는 영유아를 둘러싼 주변 세상에 대해 인지하는 능력이 급격하게 발달한다.

영아기는 피아제의 인지발달이론의 감각운동기에 해당하는 시기로 이 시기 동안에는 대상영속성의 개념과 인과관계의 개념을 습득함으로써 인지개념을 발달시키기 시작한다. 대상영속성은 어떤 사물이나 사람은 비록 눈앞에서 사라졌다 하더라도 계속 존재한다는 사실을 인식하는 것이고 인과관계는 어떤 사건은 다른 사건을 일으킨다는 것을 인지하는 것이다.

감각운동기 동안 발달의 진행방식을 보면 대부분의 영아들이 말을 하기도 전에 인지적 성장이 상당히 이루어진다는 것을 알 수 있는데, 이러한 성장은 피아제가 말한 "순환반응"을 통해서 일어나는 것이며, 영아들이 우연하게 발견한 흥미롭게 재미있는 사건들을 재현하는 방식을 이 순환반응을 통해 배우게 되는 것이다.

피아제가 말한 감각운동기는 6개의 하위단계로 구성된다.

가. 반사운동기(출생~1개월)

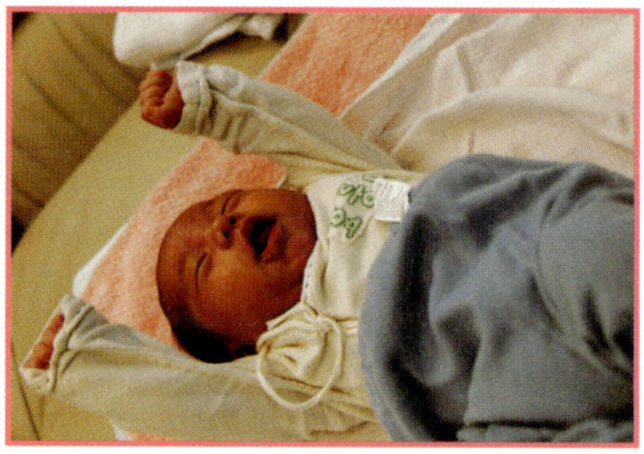

출생 직후부터 영아는 입에 닿는 것은 무엇이든지 빨고, 손에 닿는 것은 무엇이든지 잡으며, 소리가 나는 쪽으로 고개를 돌리는 등 일련의 반사 기능에 의존하여 반복적으로 연습함으로써 세상에 대한 이해를 넓혀간다. 이 시기 영아는 무엇이든지 빨고 잡아 보는 반복적인 과정을 통해 젖꼭지의 크기에 따라 입술모양을 조정하거나 딸랑이의 모양이나 크기에 따라 잡는 방식을 순응하는 초보적인 조절이 일어나기도 한다.

나. 1차 순환반응기(1~4개월)

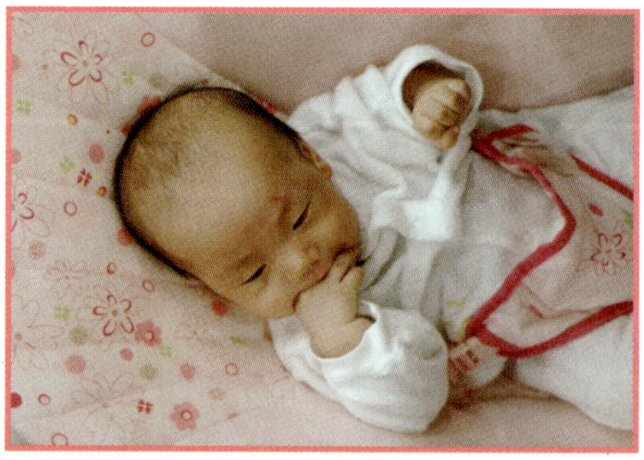

이 단계에서 영아는 반사기능들이 감각 운동적 도식으로 정교화 된다. 예를 들어, 1개월 된 영아가 딸랑이를 잡는 방식과 4개월 된 영아가 잡는 방식을 비교해보면, 잡는 방식에 있어서 4개월 된 영아가 좀 더 정교화된 것을 알 수 있는데, 이 시기의 영아들은 손에 닿는 물건을 되는대로 잡거나 빠는 단편적인 반사기능으로부터 잡고 빠는 방식을 물체의 모양과 크기에 따라 다양하게 조절함으로써 감각 운동적 도식이 보다 숙련되고 정교화된 것을 볼 수 있을 것이다.

또한, 개개의 독립적인 도식인 잡거나, 보거나, 빠는 단편적인 반사기능들이 상호 결합되어, 물건을 잡아서 보는 잡기-보기 도식, 물건을 잡아서 입으로 가져가는 잡기-빨기 도식 같이 개개의 도식이 통합되어 큰 단위의 도식을 이루게 된다.

다. 2차 순환반응기(4~8개월)

이 시기 영아는 최초로 환경 내에 있는 사물이나 사건에 관심을 보이며 이를 탐색하는 행동을 하게 된다. 영아는 우연히 행한 어떤 행동으로 환경 내의 변화가 일어나는 것이 흥미로워 계속해서 반복적으로 행동을 하는 것을 볼 수 있다. 예를 들어, 영아가 침대에 누워서 손을 흔들다가 우연히 공중에 매달린 모빌을 건드려서 모빌이 움직이는 것을 본 후로 자신이 일으킨 환경변화가 흥미로워 손으로 계속해서 장난감을 치게 되는 것을 볼 수 있는데, 이것을 이차 순환반응이라고 부르며, 이러한 행동은 우연적이며 처음부터 목적적이거나 의도적이지 못하다.

라. 2차 순환 반응의 협응기(8~12개월)

이 시기 영아는 먼저 자신이 원하는 목표를 지각하고, 그것을 어떻게 성취할까를 찾게 되는 의도적인 행동을 보인다. 이것은 수단과 목표를 구분하는 능력을 포함하는데, 예를 들어, 아기가 좋아하는 장난감을 베개로 가렸을 때, 아기는 장난감을 잡으려고 베개를 치우는 의도적인 행동을 함으로 목표를 성취한다.

이처럼 이 시기 영아의 행동은 수단과 목표를 결합하는 최초의 의도적인 문제 해결 행동이며 실질적인 지적행동이라고 볼 수 있다.

마. 3차 순환 반응기(12~18개월)

이 시기에 영아는 2차순환 반응 협응기에서 획득한 수단-목표관계를 단순히 반복하거나 다소 변형시키는 것이 아니라 적극적인 탐색과 시행착오 과정을 통해 새로운 원인과 결과 간의 관계를 탐색한다. 예를 들면, 블록을 가지고 놀던 영아가 블록을 우연히 떨어뜨려 떨어지는 속성에 흥미를 갖고 반복해서 떨어뜨리는 대신에 블록을 다른 높이와 각도에서 떨어뜨려보기도 하고 다른 블록을 밀치거나 나란히 세워보거나 다른 장난감을 떨어뜨려 떨어지는 양상의 차이를 살펴보는 것과 같다. 이런 행동을 통해 영아는 사물을 탐색하고 속성을 파악하여 새로운 도식들을 형성하게 된다.

바. 내적 표상기(18개월~2세)

이 시기 영아의 인지 발달은 전조작기로 이행하는 중요한 질적 변화를 겪게 된다. 이전까지의 영아는 직접적인 행동에 의해서만 사물에 대한 인지작용이 가능하지만 이 시기에 와서는 눈앞에 없는 사물이나 사태들을 내재적으로 표상하는 심상을 형성하여 문제를 해결할 수 있는 능력이 발달한다. 예를 들어, 피아제가 자신의 16개월 된 딸 Lucienne를 대상으로 한 실험에서, 피아제는 딸이 좋아하는 가느다란 시곗줄을 성냥갑 속에 넣어 버렸다. 영아는 성냥갑 틈새로 손가락을 넣어 시곗줄을 꺼내려고 몇 번 시도해 보았으나 실패하였다. 그러자 영아는 자신의 입을 몇 번 열었다 닫았다 하더니, 성냥갑을 열어 시계를 꺼내었다. 피아제는 이 실험과정에서 영아가 입을 열었다 닫았다 하는 것은 성냥갑의 구조를 내재적으로 표상하고 있음을 반영하는 것으로 생각하였다.

또한 이 시기에는 영아가 내적인 심상이 가능해짐으로써 영아가 모델의 행동을 그 자리에서 즉각적으로 모방하지 않고 모델의 행동을 기억해 두었다가 일정한 시간이 지난 후에 자발적으로 재현하는 모방인 지연모방이 가능해진다.

(3) 언어발달

영아의 언어발달은 개인차가 있기는 하지만, 신체발달이나 인지발달과 마찬가지로 일정한 발달 순서에 의해서 일어나며, 크게 언어 이전 단계와 언어단계로 나뉜다.

언어 이전 단계의 영아는 주로 울음에서 재롱떨기, 쿠잉(생후 약 1개월이 되면 나타나는 것으로 비교적 기분이 좋은 것 같이 보일 때 울음이 아닌 소리를 산출하는 것), 옹알이, 우연적인 모방 및 의도적인 모방에 이르는 일련의 순서로 진행되는 다양한 소리를 내며 의사소통을 한다.

출생 초기 영아는 자기의 욕구를 표현할 수 있는 유일한 의사소통 수단인 울음을 통해서 의사표현을 하며, 생후 2개월 정도에 영아의 울음이 음색과 강도가 다른 울음으로 분화된다. 4~5개월에 옹알이가 나타나서 8~9개월까지 지속된다.

생후 1년쯤 되면 영아는 처음으로 유의미한 단어를 말할 수 있으며, 이 단어는 단순한 하나의 단어가 아니라 얼굴표정이나 몸짓 등의 행동을 통해서 문장의 기능을 수행하기도 한다. 영아는 점차적으로 한 단어 문장에서 두 단어, 세 단어 문장으로 발달한다. 표 2-3은 언어발달의 일반적 경향을 보여 주고 있다.

(4) 정서 및 사회성발달

영아는 태어나면서 기본적인 정서를 가지고 태어나지만 아직은 미분화된 상태이며 영아기를 거치면서 점차 분화된 정서를 경험하게 된다. 영아는 출생 시부터 다른 기질적 특성을 가지고 태어나며, 출생 후 1년 사이에 부모(주양육자)와 영아 사이에 정서적 유대감인 애착을 형성하게 된다. 이러한 애착형성을 통해 영아는 사회적 관계를 맺는 기초를 형성한다.

표 2-3 언어발달과정의 일반적 경향(김희진 외, 2004)

평균 개월	언어발달의 특성
출생 직후	• 모든 언어에서 사용되는 언어를 구별함
2개월	• 'ㅇ' 같은 모음으로 된 즐거운 듯 한 목울림 소리를 냄
4개월 이후	• 성인과 영아가 함께 같은 곳에 주의를 집중하고, 성인은 영아가 바라보는 것에 대한 이름을 말해 주기도 함
6~8개월	• 목울림 소리에 자음이 더해지면서 옹알이를 하게 되고, 같은 음절을 반복하는 것을 즐김 • 옹알이할 때 모국어에서 사용하는 음절을 많이 사용해서 반복함 • 점차 까꿍 놀이 같은 간단한 놀이를 할 수 있음 • 모국어에서 사용되는 소리에 민감해짐
8~12개월	• 손가락으로 가리키기, 보여 주기 등의 몸짓을 사용함으로써 타인에게 영향력을 행사하고 의사소통의 수단으로 사용함 • 단어에 대한 이해를 하기 시작함 • 모국어에 있는 장단/고저에 민감해짐 • 모국어의 내부구조(문법의 기초)를 인식하기 시작함
12개월	• 타인도 알아들을 수 있는 첫 단어를 사용함
13~18개월	• 까꿍 놀이 같은 번갈아 하는 게임에 적극적으로 참여함으로써 의사소통의 패턴과 규칙을 익힘 • 과잉축소 및 과잉확장의 실수를 자주 범함
18~24개월	• 어휘가 급속히 증가해 50~200개의 단어를 사용함
20~26개월	• 2개의 단어를 결합하여 사용하는 두 단어 시기가 시작됨
26~36개월	• 어휘가 급속히 증가함 • 점차 모국어의 문법에 맞는 말을 하게 됨 • 점차 효율적인 의사소통 기술을 활용함

가. 정서발달

인간의 발달 수준에 따라 쾌감, 불쾌감, 좋음, 싫음, 애정, 분노와 같은 감정들을 포함하는 여러 가지 정서적 경험들이 존재한다.

영아기에 정서의 분화가 이루어지며, 대체적으로 불쾌가 쾌감보다 빨리 분화된다. 출생 후부터 이루어지는 영아의 정서분화과정을 살펴보면, 먼저 출생 시의 영아는 정서가 전혀 분화되지 않은 채 산만한 흥분상태만 존재한다. 생후 2개월이 되면 영아는 근원적 흥분상태에서 쾌, 불쾌의 두 가지 방향으로 정서가 분화된다. 영아가 쾌감을 느낄 때는 긴장을 풀고 잘 웃으며 환경에 대해 만족스러운 반응을 나타낸다. 그러나 불쾌감을 느낄 때는 근육에 긴장을 일으키고 울기 시작한다. 생후 5~6개월에는 불쾌감이 분노, 혐오, 공포로 분화되고 1세가 되면 쾌감이 득의, 애정으로 분화된다. 생후 18개월이 되면 불쾌감에서 질투의 정서가 분화되고 24개월경에는 쾌감에서 기쁨의 정서가 분화된다.

Izard(1982)의 연구에 의하면, 관심, 불안, 혐오 등은 출생 시에 나타나며, 사회적 미소는 4~6주 사이에, 분노, 놀람, 슬픔은 3~4개월에 나타난다고 하였다. 더불어 공포는 5~7개월 사이에, 부끄러움과 수줍음은 6~8개월에 나타나며 수치심과 죄의식은 2세 때까지 나타나지 않음을 밝혔다.

나. 기질

출생 시부터 영아는 각기 다른 정서적 반응을 나타낸다. 어떤 영아는 조금만 배가 고파도 자지러질 듯 울지만 어떤 영아는 아주 느리고 순한 울음소리를 낸다. 또한 어떤 영아는 조용하고 행동이 느린 반면, 어떤 영아는 활기차고 행동이 민첩하다. 이러한 행동은 영아의 각기 다른 기질의 차이에서 비롯된 것인데, 여기서 말하는 기질이란 환경자극에 따른 한 개인의 정서적 반응 유형과 행동양식의 차이를 말하는 것이다.

Chess와 Thomas는 기질적 특성에 따라 표 2-4와 같이 영아를 순한(easy), 까다로운(difficult), 반응이 느린(slow to warm up) 영아로 구분하였다(Chess & Thomas, 1977; Thomas & Chess, 1991).

표 2-4 기질 유형

유형	특성
순한 영아	규칙적인 생리적 리듬을 가지며 일반적으로 긍정적 정서를 보이며 새로운 상황에 쉽게 적응한다.
까다로운 영아	생리적인 리듬이 불규칙하고 자주 울며, 새로운 상황에 대한 적응이 다소 시간이 걸리며 어려워한다.
반응이 느린 영아	활동성이 적고 다소 적응성이 덜어지며 낮은 강도의 정서를 보여준다.

Chess와 Thomas의 연구에 의하면, 연구대상 영유아기의 순한 영아가 40%, 까다로운 영아가 10%, 반응이 느린 영아가 15%였으며, 나머지 35%는 여러 기질적 특성이 혼합되어 있어 세 가지 중 어느 하나에도 속하지 않았다. 이러한 영아기의 기질은 지속적으로 유지되는 것으로 나타났다.

영아의 기질은 양육자와의 관계에 영향을 미치며, 양육자와의 양육태도 또한 영아의 기질을 변화시킬 수 있으므로, 양육자는 영아의 기질에 민감하게 반응할 수 있도록 양육환경을 조성하여 기질과 양육환경간의 조화를 이루는 것이 중요하다.

다. 애착

애착이란 출생 후 1년 동안에 영아와 양육자 간의 강한 정서적 유대감을 의미하는 것으로 초기에 양육자와 어떠한 관계를 형성하였느냐에 따라 안정애착을 형성하기도 하며 불안정애착을 형성하기도 한다. 생의 초기에 형성된 이러한 애착은 인지적 · 사회적 · 정서적 발달과 밀접하게 관련되기 때문에 발달의 중요한 토대가 된다.

애착발달은 3단계로 이루어지며, 첫째 애착형성 이전 단계는 출생~3개월의 시기로 특정 한 사람의 양육자에 대해 일관적인 선호를 보이지 않으며 대부분의 사람에게도 비슷하게 반응한다.

둘째, 애착형성 단계로 3~8개월 사이에 나타나는데 생후 3개월이 되면 몇몇 사람의 친숙한 성인에게 사회적 반응을 나타내며, 생후 5개월경에 친숙한 대상과 낯선 대상 간의 구분이 생기고 6, 7개월경이 되면 본격적인 애착관계가 시작된다. 셋째, 분명한 애착 단계로 6, 8개월~18, 24개월 사이에 나타나는 것으로 영아는 특정 대상에 대한 강한 집착을 보이며 애착 대상과 떨어질 때에도 분리불안을 보인다. 낯가림이 서서히 나타나며, 분리불안은 6~8개월경에 나타나서 10~12개월경에 절정을 이루다가 2세경에 소멸된다.

Ainsworth(1979)는 낯선 상황 실험을 통해 3가지 유형의 애착 상태로 분류하였고, 최근 Main과 Solomon(1990)이 불안정-혼돈 애착을 첨가하며 애착 유형이 크게 4가지로 구분되고 있다.

① **안정애착**: 영아와 양육자 간에 밀접한 애정 관계를 이루며, 탐색을 위한 안전 기지로 양육자를 이용하는 애착유형

② **불안정 회피 애착**: 분리불안을 거의 보이지 않으며 양육자와의 재결합에도 별 관심을 기울이지 않는 불안정 애착 유형

③ **불안정 저항 애착**: 분리불안을 보이면서도 양육자와의 재결합에 괴로워하는 불안정 애착 유형

④ **불안정 혼돈 애착**: 양육자에 대한 영아의 두려움, 혼란스런 얼굴 표정, 회피와 저항의 애착 행동을 나타내는 영아와 양육자 간의 관계

2) 유아기 발달

유아기는 만 2세에서부터 초등학교 입학기 이전까지의 시기에 해당된다. 이시기는 영아기에 비해 성장 속도는 완만하지만 꾸준한 신체 운동 발달이 이루어지며, 인지능력의 발달이 활발하고 상상과 환상이 풍부해지는 특성을 보인다. 또한 자신을 둘러싼 주변 환경에 대한 탐색이 활발해지고 많은 어휘를 습득하여 다른 사람들과의 의사소통 또한 활발하게 일어난다.

(1) 신체 및 운동기능발달

가. 신체발달

영아기만큼은 아니지만 신장과 체중이 꾸준히 증가한다. 유아는 매년 약 5~6cm 정도씩, 몸무게는 약 2~3kg 정도씩 증가한다. 6세가 되면 키는 남아는 115.8cm, 여아는 114.7cm 정도가 되며 몸무게는 남아는 21.41kg, 여아는 20.58kg 정도가 되며, 키와 몸무게의 성장비율은 유아기가 되면 점차 감소하는 현상을 보인다.

유아기에는 남아와 여아의 몸통이 길어지면서 점차적으로 팔다리가 길어지고 체지방이 감소한다. 또한, 유아는 머리가 몸에 비해 아직도 상당히 크지만 유아기 말이 되면 대부분의 유아들은 머리가 더 이상 커 보이지 않게 된다. 배가 나오고 살집이 통통했던 유아들은 이 시기를 지나면서 대부분 말라보이며, 남녀 모두 비슷하게 직선적이고 평면적인 체형을 보인다. 한편 대부분의 유아는 자신의 몸이나 가족 또는 또래의 몸에 관심을 가지고 비교하며 신체가 어떻게 기능을 하는지에 대해 호기심을 가진다.

나. 운동발달

이 시기 유아는 신체적 안정성, 이동 능력, 조작적 능력이 발달하여 신체를 이용한 다양한 활동을 수행할 능력을 갖게 된다.

이 시기에는 대근육과 소근육의 발달에 따라 미끄럼틀 타기, 정글짐 오르내리기, 공 던지기, 공차기, 훌라후프 돌리기, 자전거 타기, 사다리 오르기, 그네 타기, 시소 타기 등의 운동놀이를 할 수 있게 되고 또 이를 즐기게 된다. 이들 신체 활동놀이를 통해 또한 또래와의 협동이나 규칙 지키기 등을 통해 사회적 관계를 형성하기도 한다. 신체활동놀이를 지도하기 위해서는 유아의 신체발달 및 운동능력을 세밀히 관찰하고, 유아와 개별적으로 상호작용을 하면서 놀이경험을 확장시키며, 유아의 안전을 위해 놀이규칙을 정하고 잘 지키도록 하는 것이 좋다.

(2) 인지발달

피아제의 이론에 의하면 유아기를 전조작기라고 명명하였다. 2세부터 7세에 해당되는 시기로 상징과 심상을 사용하고 여러 개념들이 발달하는 인지능력은 증가하지만 이 시기 특유의 직관적 사고의 한계가 있다.

가. 가상놀이

가상놀이란 가상적인 사물이나 상황을 실제 사물이나 상황으로 상징화하는 놀이이다. 예를 들면, 나무토막으로 총을 쏘는 흉내를 내거나 베개를 업고 다니는데 이는 나무토막이나 베개를 가지고 단순히 놀이를 한다기 보다는 유아의 머릿속에 있는 총이나 아기라는 표상을 나무토막이나 베개라는 상징물을 통해 재현하고 있는 것이다. 또한 이러한 가상놀이는 영유아기의 상상력과 창의성을 기르는 가치 있는 인지적 수단이다. 이 시기의 유아는 나무토막이 총이 아니고, 베개가 유아가 아니라는 것을 알고 있다. 즉 유아가 사용하는 상징과 실제 대상의 차이를 알고 있다는 뜻이며 은유적 기능이다.

가상놀이는 영유아기의 사회성과 사회인지적 능력의 발달을 촉진하여 자신과 타인을 구별하고 타인의 입장을 이해하며, 사회적 역할과 상호작용을 연습할 수 있는 중요한 기회를 제공한다.

나. 자기중심적 사고

이 시기 유아의 인지적인 두드러진 특징 중의 하나인 자기중심적 사고는 모든 것을 자신의 입장에서만 보고, 타인의 관점, 생각, 감정, 지각을 고려하지 못하고 자신과 동일하다고 믿는 것이다. 예를 들어, 유아들이 친구의 생일선물로 자신이 좋아하는 것을 준다든가 자신이 슬프면 다른 사람도 슬플 것이라고 생각하는 것이다. 이러한 자기중심적 사고의 특성은 자기중심적 시각 조망, 자기중심적 언어 사용에서도 나타난다. 자기중심적 시각 조망이란 자신이 보는 것과 동일하게 타인도 지각할 것이라는 정신적 조작을 의미하며, 자기중심적 언어는 듣는 사람이 자신이 하는 말을 이해할 수 있는가의 여부를 고려하지 않은 채 자신의 생각만을 전달하는 것을 말한다. 이러한 자기중심적 언어는 7세부터 급격히 감소하여 사회화된 언어를 사용할 수 있게 된다. 자기중심적 사고는 다른 사람의 관점을 수용하는 능력이 제한되어 있음을 의미하는 것으로 이기주의와는 구별된다.

다. 직관적 사고

직관적 사고는 대상이 갖는 단 한 가지의 두드러진 지각적 속성으로 대상이나 사물을 판단한다는 것이다. 즉, 겉으로 드러나는 두드러진 특성만으로 사물을 판단하는 것을 말하며, 이러한 사고는 중심화의 경향으로 유아의 반응이 지각적으로 편향되어 있음을 의미하는데, 유아에게 중요한 것은 사물이 바로 그 순간에 어떻게 보이는가 하는 것이다.

이 시기 유아는 어떤 대상의 외양이 바뀌어도 그 양적 속성이나 실체는 바뀌지 않는다는 보존개념을 이해하지 못하며, 유목포함 조작이나 서열화도 아직 가능하지 않다.

라. 물활론적 사고

유아기 초기의 가장 현저한 특성인 물활론적 사고란 모든 사물은 살아 있고 각자의 의지에 따라 움직인다는 사고로 이 시기의 유아의 그림을 보면 태양과 꽃이 웃거나 울고 있으며, 유아가 책상 모서리에 부딪혀 넘어진 이유를 책상이 일부러 자기를 넘어뜨렸다고 생각하여 손바닥으로 책상을 때리면서 "때찌"라고 말하기도 하는 특성을 나타낸다.

모든 사물이 살아 있다고 생각하는 유아는 연령이 증가함에 따라 움직이는 것만 살아 있다고 생각하고 다음에는 스스로 움직이는 것만 생명이 있다고 생각한다. 8세쯤 되면 비로소 동물과 식물에만 생명이 있다는 것을 알게 된다.

마. 도덕적 실재론

이 시기의 유아는 규칙이란 지키지 않으면 벌을 받기 때문에 절대적으로 지켜야 하는 것이며 동기나 과정보다도 행위의 결과여부에 따라 잘못한 정도를 판단하며, 규칙은 변할 수 없으며 반드시 지켜야 하는 것으로 믿는 경향을 보인다. 따라서 이 시기의 유아는 잘못이 크면 클수록 의도와 관계없이 벌이 더 커야 하며 더 나쁘다고 생각한다.

(3) 언어발달

유아기의 가장 중요한 상징적 표현의 수단은 언어이다. 유아들은 언어습득을 통해 사고와 추론 기술을 발달시킨다. 언어는 유아로 하여금 추상적 개념을 습득하여 개념이나 도식으로 조직할 수 있도록 해주고 이를 저장한 후에 다양한 상황에서 사용할 수 있는 정보로 전환하도록 돕는다.

2세경부터 유아는 기본적인 의사소통 기술과, 대상과 사회적 상황에 맞추어 자신의 언어를 적절하게 사용하는 화용론적 능력을 발달시킨다. 의사소통을 할 때는 교대로 말을 하고, 말할 때는 상대방을 쳐다보면서 말을 해야 하며, 멀리 있는 사람과 이야기할 때는 목소리를 크게 해야 하거나 다가가야 한다는 것을 알게 된다. 그러나 유아기에는 정보를 탐지하는 것이 아직 미숙하기 때문에 의사소통에서의 문제가 발생하기도 한다. 문장의 의미보다는 자신의 해석에 더 집중하므로 언어적인 모호성 같은 것은 잘 탐지하지 못한다.

3세 유아가 사용하는 단어의 수는 제한되어 있으나 두 단어 이상의 문장을 사용하며, 자신이 원하는 것, 하고 있는 일, 자신의 소유물 등에 관하여 표현할 수 있다. 또한 의문문과 부정문을 사용하나 문법에 맞지 않는 불완전한 문장을 구사한다.

3~4세쯤 되면 유아의 어휘 사용량은 약 1,000개까지 증가한다. 두 단어를 조합하여 문장을 만드는 전보식 언어를 사용하며, 어휘가 폭발적으로 증가하면서 사물의 이름을 많이 알게 되고 호기심과 질문이 많아진다. 그리고 의도적으로 문법을 가르치지 않아도 일반적으로 유아는 기본적인 문법 구조를 습득해 가며 점차적으로 성인의 언어와 비슷해지는 경향을 보인다. 의문문과 부정문도 사용하지만 때로는 문법이 맞지 않는 불완전한 문장을 사용하며, 말할 때 몸짓을 크게 하고 질문이 많으며, 우스운 소리나 말놀이 자체를 즐기기도 한다.

유아기가 끝날 무렵이면 거의 완전한 문장을 말할 수 있으며, 다른 사람과 적절히 의사소통을 할 수 있다. 5세 유아가 사용하는 문장의 형태와 문장의 이해력은 성인과 유사하며, 글자, 소리,

단어의 변별이 가능하다. 의사소통에 거의 불편이 없을 만큼 어휘 수가 증가하며, 쓰기와 읽기의 기본 기술을 습득할 수 있다. 지각 능력과 변별력의 발달로 문자 및 동화책에 관심을 보이기 시작하며 스스로 읽기도 하고 아는 글자를 찾아보는 행동도 보인다.

(4) 정서 발달

유아기는 다양한 정서가 나타나는 시기이며, 영아기보다 정서가 분화되어 있어 쉽게 인식할 수 있다. 유아기에는 정서상태의 지속시간이 짧다는 특징이 있어 웃다가 금방 화를 내기도 한다. 이 시기에는 정서표현이 폭발적이고 격렬하게 표현되기도 하는데 약 4세쯤 되면 이러한 표현은 감소된다.

유아기에는 정서를 표현하는 방법을 배우는 것이 중요하며, 자신과 다른 사람의 정서를 이해하고 긍정적이고 생산적인 방식으로 정서를 표현하는 것을 배워야 한다. 유아의 정서발달을 촉진하기 위해서는 정서적으로 안정된 환경을 조성해 주고 정서이해능력을 향상시킬 수 있도록 또래집단과 정서적으로 풍부한 상호작용을 하거나 이야기 나누기를 하도록 지도한다. 또한 또래 간의 상호작용을 통해 감정조절 능력을 향상시키고 정서표출을 위한 다양한 놀이 활동을 제공하며, 유아의 정서표현 양식을 인정하고 존중할 뿐만 아니라 적절한 정서표현의 모델을 보여 준다.

(5) 사회성 발달

사회적 행동은 사회의 구성원으로서 갖추어야 할 규범이며, 유아는 사회화 과정을 통해 사회가 가지고 있는 가치를 내면화하면서 이를 습득하게 된다.

유아기는 영아기에 비해 대인 관계의 폭이 넓어지고 다양해지는 시기이다. 성장하면서 생활 범위가 가정뿐만 아니라 유아교육기관, 그리고 사회로 점차 확대되며 이러한 가정과 유아교육기관의 새로운 경험은 유아의 사회성 발달을 위한 자연스러운 기회가 된다. 특히 또래와의 풍부한 경험은 사회성 발달의 중요 요인이므로 또래와 잘 어울릴 수 있는 환경을 조성해 주어야 한다. 그리고 이 시기에는 집단생활의 교육적인 의의가 특별히 강조되는 시기라고 할 수 있다. 이 시기에 주로 맺게 되는 사회적 관계는 부모와의 관계, 형제 관계, 또래 관계 등이다.

가. 우정의 시작

유아기에는 다른 사람에 대한 이해가 발달하기 시작하나 아직 성숙한 우정을 형성하지 못한다. 이 시기의 유아들은 타인의 관점을 이해하지 못하므로 친구로부터 자신이 원하는 것만을 생각하며, 친구의 외모가 멋있거나 무엇을 잘해주기 때문에 좋아한다고 하기도 한다. 또한 이 시기의 유아는 에너지와 활동정도가 비슷하고 같은 활동에 참여하는 동성의 친구와 친한 경향이 있다.

나. 사회적 행동

사회적 행동이란 다른 사람과 원만한 관계를 가지며 주변 환경에 잘 대처하는 행동을 말한다. 친 사회적 행동이란 긍정적인 사회적 행동, 즉 도움주기, 나누어 갖기 등 사람들 사이의 우호적인 관계를 촉진시키거나 유지시키는 행동을 말한다. 친사회적 행동은 유아기에도 가능한데 2~3세경의 유아도 다른 유아를 도와주거나 장난감을 나누어 주기도 하고 위안을 주려고 노력한다. 친사회적 행동은 연령의 증가와 함께 발달한다.

이 시기의 유아는 주도성이 강해지면서 점차로 독립심과 자신감을 얻게 된다. 흔히 미운 3살, 제1반항기라 불리는 이 시기 동안 유아는 "싫어", "안 해"라는 말을 주로 사용하며, 반항하는 행동을 보이기도 하고, '나'에 대한 의식이 강해 자기 스스로 결정하고 행동하려고 한다.

이 시기에는 성역할을 인식하게 되며, 여아는 여자다운 것, 남자는 남자다운 것을 선택하고 행동하여, 색, 놀이유형 등에서 남녀에 다른 차이가 현저하게 나타난다.

03장

누리과정 및 보육과정에서의 건강교육

03장 누리과정 및 보육과정에서의 건강교육

본 책의 1장에서 건강의 개념과 중요성에 대해서 언급하였듯이, 건강은 우리의 행복한 삶을 영위하기 위해서 가장 기초가 되는 것이고, 이렇듯 중요한 건강을 지키기 위해 꼭 필요한 것이 바로 건강교육이다. 건강교육은 바람직한 건강생활습관, 규칙적인 운동, 건강관리 등 영유아가 건강을 유지하는 데 필요한 건강 관련 지식이나 태도를 습득하도록 지도하는 일을 의미한다.

영유아기는 기본생활습관, 성격, 행동양식 등이 형성되는 시기이며, 이때 형성된 것은 성인기까지 지속된다. 건강교육도 예외가 아니며, 영유아기에 형성된 건강에 관한 지식과 태도, 그리고 행동은 성인기까지 지속되는 것이다. 즉, 영유아기는 한 인간의 현재와 미래의 건강을 위한 지식과 태도, 행동을 습득하도록 도와주는 최적의 시기인 것이다.

건강교육을 실시하기에 좋은 시기인 영유아기를 위해 본 장에서는 영유아 건강교육의 목표와 내용, 방법 그리고 표준보육과정과 누리과정에서의 건강교육, 마지막으로 건강교육의 실제에 대해서 소개하고자 한다.

1. 영유아 건강교육의 목표 및 내용, 방법

1) 영유아 건강교육의 목표

과거에는 건강교육이 질병 예방 위주의 소극적 개념이었지만 지금은 질병 예방은 물론 건강유지 및 증진까지 포괄하는 광범위한 개념으로 바뀌었다. 즉 건강교육은 국민의 건강을 유지 · 지속 ·

향상시키기 위한 예방적인 역할을 함으로써 궁극적으로 의료적인 비용을 최소화하여 개인은 물론 국가 경제의 절감 효과를 가져올 수 있다는 점에서 미래를 열어 가는 데 중요한 요소라 할 수 있다(임미혜, 채혜선, 이순자, 안경일, 심은희, 2013).

따라서 미국건강교육표준기구(Joint Committee on National Health Education Standards)는 건강교육의 목표를 '개인이 자신의 건강을 증진시키기 위하여 필요한 건강과 관련된 정보를 습득하고, 해석하며, 이를 이해할 수 있는 능력을 갖출 수 있도록 하는 것'으로 규정하였다. 또한 미국유아교육협회(National Association for the Education of Young Children: NAEYC)에서도 '건강한 생활습관을 형성하기 위해서는 유아기에 개인의 건강과 관련된 경험과 학습을 함으로써 건강에 관한 기본적인 정보를 이해하고 이를 실천할 수 있는 능력을 기르는 것이 중요하다'고 밝히고 있다(정미라 외, 2007).

우리나라도 표준보육과정과 누리과정을 통해 건강교육의 목표를 제시하고 있으며, 먼저 표준보육과정의 목표를 표 3-1에서 제시하였다.

표 3-1 표준보육과정의 영역 및 연령별 보육목표

범주	0~1세	2세
기본 생활	건강하고 안전한 일상생활을 경험한다.	건강하고 안전한 생활습관의 기초를 마련한다.
신체 운동	감각 및 기본 신체운동 능력을 기른다.	감각, 신체조절 및 기존 운동 능력을 기른다.

다음으로 만 3, 4, 5세 누리과정 중 영유아기건강교육과 관련이 있는 신체운동 · 건강의 목표는 기본 운동 능력과 건강하고 안전한 생활 습관을 기르는 것이고, 이를 달성하기 위한 하위목표는 다음과 같다.

① 감각 능력을 기르고 자신의 신체를 긍정적으로 인식한다.
② 신체를 조절하고 기본 운동능력을 기른다.
③ 신체활동에 즐겁게 참여한다.
④ 건강한 생활습관을 기른다.
⑤ 안전한 생활습관을 기른다.

2) 영유아 건강교육의 내용

앞서 소개한 영유아 건강교육의 목표를 달성하기 위해 어떠한 내용으로 건강교육을 실시할 것인지에 대해서 알아보고자 한다. 먼저 미국건강교육표준기구(Joint Committee on National Health Education Standards)에서 제시한 여덟 개의 건강교육 내용은 다음과 같다.

① standard 1: 어린이들이 건강증진 및 질병예방과 관련된 개념들을 이해하여야 한다.

• 건강한 행동이 개인건강에 영향을 준다는 것을 인식시킴
• 건강에는 다양한 영역이 있다는 것을 이해시킴
• 전염성 질병들을 예방하는 방법을 설명함
• 유아기에 흔히 입을 수 있는 부상을 예방하는 방법에 대해 설명함
• 건강관리를 하는 것이 왜 중요한지에 대해 자세히 설명함

② standard 2: 가족, 또래친구들, 문화, 대중매체 등이 건강한 행위에 미치는 영향을 어린이들이 분석할 수 있어야 한다.
• 가족이 개인의 건강수칙과 건강행위에 영향을 미친다는 것을 인식시킴
• 학교가 개인의 건강수칙과 건강행위를 지원하기 위해 할 수 있는 것이 무엇인지를 인식시킴
• 대중매체가 건강행위에 어떻게 영향을 미칠 수 있는지를 설명함

③ standard 3: 어린이들이 건강을 향상시키는 데 유용한 정보, 상품 및 서비스에 접근하는 능력을 보여줄 수 있어야 한다.
• 건강을 증진시켜 줄 수 있는 신뢰할 수 있는 어른이나 전문가들을 알려줌
• 학교와 사회의 건강도우미들을 정확히 찾아내는 방법을 확인시켜 줌

④ standard 4: 어린이들이 건강을 향상시키거나 건강상의 위험을 피하거나 감소시키는 데 사용되는 사람 간의 의사소통 기술을 보여줄 수 있어야 한다.
• 필요, 요구, 감정 등을 표현하는 건전한 방법을 예를 들어서 보여줌
• 건강을 향상시키기 위해 듣는 기술을 예를 들어서 보여줌
• 원치 않은 상황, 위협받는 상황, 위험한 상황에 대처하는 법을 예를 들어서 보여줌
• 위협받거나 피해를 입을 때 믿을 수 있는 어른에게 말하는 법을 예를 들어서 보여줌

⑤ standard 5: 어린이들이 건강을 증진시키기 위해 의사를 결정하는 기술을 사용하는 능력을 보여줄 수 있어야 한다.
• 건강과 관련된 결정이 필요한 상황을 명확히 이해시킴
• 건강과 관련된 결정을 각자가 개별적으로 해야 할 상황과 도움이 필요한 상황 사이의 차이점을 구별하여 설명함

⑥ standard 6: 어린이들이 건강을 향상시키기 위해 목표를 설정하는 기술을 사용하는 능력을 보여줄 수 있어야 한다.

• 단기간의 개인 건강 목표를 확인시키고 목표를 달성하기 위해 행동을 취할 수 있도록 함
• 개인 건강 목표를 달성하기 위해 도움이 필요할 때 조력해 줄 수 있는 사람이 누구인지 확인시켜 줌

⑦ standard 7: 어린이들이 건강을 증진시키는 행동을 하고 건강상의 위험을 피하거나 감소시킬 수 있는 능력을 보여줄 수 있어야 한다.
• 개인 건강을 유지하거나 향상시키기 위한 건강수칙과 건강행위를 예를 들어가며 보여줌
• 건강상의 위험을 피하거나 감소시킬 수 있는 방법을 예를 들어가며 보여줌

⑧ standard 8 : 어린이들이 개인의 건강을 지킬 수 있는 능력을 보여줄 수 있어야 한다.
• 개인의 건강을 향상시킬 것을 요구함
• 건강을 위해 긍정적인 선택을 하도록 또래 친구들을 격려함

미국 건강교육증진협회는 건강교육에 포함되어야 할 내용을 다음의 10가지로 제시하고 있다. ① 개인의 건강, ② 정신건강, ③ 가족생활, ④ 영양, ⑤ 질병 예방, ⑥ 안전, ⑦ 지역사회와 관련된 건강, ⑧ 학대, ⑨ 소비자로서의 건강, ⑩ 환경과 관련된 건강이 그것이다(정미라 외, 2009).

최문수 외(2007)는 영유아기 건강교육에 포함되어야 할 내용을 다음의 11가지로 제시하고 있다. ① 성장과 발달, ② 신체적인 유사성과 차이, ③ 가족, ④ 감정의 표현, ⑤ 영양, ⑥ 치아건강, ⑦ 개인적인 위생상태, ⑧ 안전, ⑨ 신체적 건강, ⑩ 장애에 대한 인식, ⑪ 환경적 건강이 그것이다.

이성은 외(2012)는 영유아기 건강교육에 포함되어야 할 내용을 다음의 9가지로 제시하고 있다. ① 나와 건강교육, ② 신체기능과 건강교육, ③ 신체변화와 건강교육, ④ 깨끗한 몸과 건강교육, ⑤ 휴식과 건강교육, ⑥ 주변과 건강교육, ⑦ 예방접종과 건강교육, ⑧ 나의 가족과 건강교육, ⑨ 우리의 이웃과 건강교육이 그것이다.

임미혜 외(2012)는 영유아기 건강교육에서 다루어야 할 내용을 다음의 6가지로 제시하고 있다. ① 개인의 건강, ② 정신건강, ③ 영양, ④ 질병 예방, ⑤ 안전교육, ⑥ 지역사회 및 소비자로서의 건강이 그것이다.

또한 조경자, 이현숙(2010)은 ① 개인위생, ② 건강습관, ③ 영양, ④ 안전으로, Robertson(2009)은 ① 신체 건강, ② 영양, ③ 안전으로, Marotz(2013)는 ① 신체건강, ② 영양, ③ 정신건강, ④ 안전의 네 가지로 건강 교육내용을 분류하였고, 최근에는 유아건강교육의 내용을 신체건강, 영양, 안전, 정신건강의 네 가지로 범주화하고자 하는 움직임이 나타나고 있다(조형숙 · 유은영, 2011).

정미라 외(2009)가 제안한 영유아기 건강교육 관련내용을 살펴보면 다음의 표 3-2와 같다.

표 3-2 영유아기건강교육 관련내용

구분			
걸음마기	• 신체의 부분	• 성장과 발달	• 영양적 식품
	• 오감각	• 우정	• 자기존중감과 긍정적 자아 개념
	• 협동	• 일상생활에서의 운동	• 안전한 행동
	• 긍정적인 상호작용이나 다른 사람들과 함께 지내기 등의 사회적 기술		
	• 자조기술(이 닦기, 손 씻기, 목욕하기, 화장실 가기, 옷 입기 등)		
유아기	• 성장 · 발달	• 치아건강	• 독극물 예방
	• 청결과 정리정돈	• 올바른 자세	• 식품과 영양
	• 수면의 가치와 휴식방법	• 가족	• 운동활동
	• 질병관리와 예방	• 매너	• 환경적 건강과 안전
	• 안전과 사고예방(가정, 놀이터, 교통, 독극물, 화재 등)		
	• 지역사회에서 우리를 도와주는 사람들		
	• 정신건강(긍정적인 자아인식, 감정 · 책임감의 증가, 스트레스에 대한 대처법 등)		

위의 내용을 종합하면 영유아 건강교육에 꼭 포함되어야 할 내용으로는 임미혜 외의 내용을 기초로 다섯 가지를 들 수 있다(임미혜 외, 2013).

첫째, 개인건강이다. 영유아가 자신의 신체를 인식하고, 자신의 행동이 그들의 정상적인 발달과 건강을 유지하는 데 직접적인 영향을 준다는 점을 인식해야 한다는 내용이 포함되어야 한다. 즉, 건강을 유지하고 증진시키기 위해서 영유아 스스로가 건강하고 긍정적인 생활습관을 형성하는 것은 꼭 필요한 일이다. 따라서 영유아가 스스로 건강한 생활습관을 형성할 수 있도록 도와주고, 개인의 건강을 유지하기 위한 책임이 자신에게 있음을 인식시켜야 할 것이다. 예를 들어 "왜 감기에 걸린 것 같니?", "무엇 때문에 설사를 하는 걸까?" 등의 질문을 통해 아픈 원인을 개인이 알고 스스로 건강을 유지하도록 하는 것이다.

둘째, 정신건강이다. 최근에는 신체적인 건강 못지않게 정신건강에 대한 관심과 중요성이 매우 높이 인식되고 있다. 정신건강의 교육목적은 영유아가 긍정적 자아개념을 가지고 자신의 감정을 바르게 인식하고 표현할 수 있는 능력을 기르는 것이다. 따라서 영유아의 정신건강을 증진시키기 위해서 교사나 부모는 정서적인 문제가 발생하지 않도록 예방하고 가능한 한 감정을 자유롭게 표현하는 기회를 제공하며, 자신의 감정을 적절히 조절하는 방법을 가르치는 것이 중요하다. 영유아들의 정신건강을 위협하는 요소는 스트레스이므로 영유아들이 받을 수 있는 스트레스를 감소시켜 주고, 스트레스를 해소할 수 있는 바람직한 방법을 찾도록 도와주어야 한다. 예를 들어 유아교육기관과 가정에서는 영유아가 신체운동을 할 수 있도록 적당한 시간 동안 바깥놀이를 할 수 있는 기회를 제공하거나 펀치를 가지고 놀면서 스트레스를 해소하는 데 도움을 줄 수 있다.

셋째, 영양이다. 영유아가 몸은 작으나 체중과 신장의 급속한 증가, 그리고 신진대사가 활발하여 성인에 비해 단위 체중에 대해 비율적으로 다량의 영양소를 필요로 한다(신은수, 강금지, 유희정, 2008). 또한 영유아기는 올바른 식습관이 형성되는 기초 단계이므로, 식품에 대한 선호도가 분명해지고, 자신의 건강과 영양섭취를 위해 적절한 식품을 선택하는 데 필요한 기본적인 영양 지식이나 태도를 배울 필요가 있다. 따라서 영유아가 다양한 종류의 식품을 알고, 자신의 건강유지를 위해 필요한 영양소가 들어간 음식을 선택할 수 있는 능력을 길러 주는 데 도움이 되는 내용을 영양과 관련지어 교육시킬 수 있다.

영유아에게 간식시간과 점심시간 등을 포함한 일과 활동에서 영양교육을 실시할 수 있으며, 식품에 관한 이야기 나누기나 관찰, 실험, 그리고 다양한 요리활동 등을 통해 식품과 우리 몸, 영양의 관계에 대해 알려주는 것도 좋다.

넷째, 질병 예방이다. 이는 건강한 생활습관이 질병을 예방한다는 사실을 이해하고, 건강한 생활습관을 실천할 수 있게 하기 위한 것이다. 즉, 많은 종류의 질병은 우리의 생활방식이나 태도를 청결과 위생을 우선하도록 변화시킴으로써 예방할 수 있다.

특히 감염성 질병은 놀잇감이나 기구를 소독하고 병원균을 감염시키는 인자와의 접촉을 피함으로써 예방할 수 있으므로 손 씻기를 강조하고 청결하고 건강한 물리적 환경을 가정과 유아교육기관에서 신경써야 한다. 예를 들어 손 씻기를 하루 8번(주로 하루 일과 중 언제 손을 씻으면 좋은지를 이야기함), 40초 이상(40까지 수를 세지 못하는 아이들을 위해 대개는 천천히 10까지, 또는 5까지 두 번을 세라고 지도)할 경우 우리가 걸릴 질병의 80%를 예방할 수 있음을 인지시키는 것도 좋은 방법이다.

다섯째, 안전교육이다. 영유아가 겪게 되는 불의의 부상이나 사망을 줄이기 위해 가장 중요한 것이다. 영유아에게 일어나는 안전사고를 예방하기 위한 방법으로는 성인의 철저한 사전 대책 수립과 감독을 통한 안전한 환경을 구성하고, 사고를 유발할 수 있는 행동을 교육을 통해 변화시키는 것이다. 교통안전, 운동안전, 놀이안전, 재해안전, 화재 및 화상안전, 전기안전, 동 · 식물 안전, 약물 오 · 남용안전, 환경 및 공해안전, 신변안전 등으로 구분해 실시할 수 있다.

3) 영유아 건강교육의 방법

영유아를 위한 대부분의 교육이 그렇듯이 건강교육 또한 교사가 주입식으로 지식을 전달해 주는 방법보다는 영유아가 생활하는 일상 속에서 경험한 다양한 활동들을 통해 건강을 유지하고 증진시키는 데 필요한 건강생환습관을 형성하는 것이 가장 좋은 방법이다. 이러한 과정 속에서 영유아는 자연스럽게 건강에 필요한 지식과 기술, 태도를 형성하게 되며, 이것이 기초가 되어 그들이 건강한 성인으로 성장하는데 크나큰 발판이 되는 것이다. 특히 건강교육은 일시적인 교육보다 꾸준히, 반복적으로 진행하는 것이 효과적이므로 교사는 자신들이 지도하는 영유아가 일상생활 속에서 건강교육 내용과 관련된 활동을 매일 반복적으로 실시할 수 있도록 지도하는 것이 좋다.

교사가 영유아 건강교육을 하기 위해서 고려해야 할 점은 다음과 같다(이선경 · 고은님, 2009).

① 건강교육은 영유아기의 발달에 적합한 내용으로 구성해야 하며 발달단계에 따라 체계적으로 접근하고 연속성을 가지고 계획해야 한다. 예를 들어, 자기조절 능력이 성숙되었을 때 배변훈련을 실시하여야 한다. 준비되지 않았을 경우 잘못된 방식으로 습관을 익히게 되므로 주의를 기울여야 한다.

② 건강교육은 연간 계획 하에 월간, 주간의 계획을 구체화해야 한다. 예를 들어, 채소와 과일 등 식물이 자라는 계절에는 몸에 좋은 음식과 연관된 활동을 포함하는 등 일상적 경험을 바탕으로 연중 흥미로운 활동이 계획되어야 한다.

③ 건강교육은 자연스럽게 일과 속에서 건강 관련 활동이 나타나도록 계획해야 한다. 예를 들면, 정기검진이 있을 때, 어린이 유괴사건이나 집단 식중독 사고가 발생했을 경우 등의 상황을 적절히 활용한다.

④ 건강교육활동을 계획할 때 동화 듣기, 간식 및 점심시간, 극놀이, 화장실 가기, 요리하기, 현장학습 등 다양한 영역별 활동을 통합하는 것이 효과적이다. 다른 영역과의 통합은 주제와 관련된 여러 상황이나 활동을 연관시켜 영유아기의 건강습관 형성과 실제 생활에 적용하는 데 유리하다.

⑤ 건강교육은 감각적이고 구체적인 자료를 마련하여 영유아가 직접 경험하고 활동할 수 있도록 계획되어야 한다. 책, 야외학습, 동영상, 교구, 역할놀이 코너의 관련 소품 등을 배치하며, 영유아 자신과 관련된 실제적인 예를 바탕으로 활동을 진행할 때 더 큰 흥미와 호기심을 가지고 받아들일 수 있다.

⑥ 건강교육 활동 계획 시 대 · 소집단 활동을 통하여 직접적으로 실시할 수 있다. 구조화된 놀이나 학습활동으로 건강교육활동이 이루어지도록 한다.

⑦ 건강교육활동 계획 시 활동 주제에 따라 흥미 영역을 구성하여 자유선택활동을 계획할 수 있다. 흥미 영역은 계절, 주제, 행사 및 요구 등에 따라 재구성한다.

⑧ 건강교육활동 계획 시 유치원 및 어린이집과 가정의 협력을 바탕으로 하며 교육목표와 내용, 접근에 일관성이 있어야 한다. 왜냐하면 건강과 관련된 경험, 건강습관, 건강 관련 지식과 경험은 가정의 문화와 부모의 태도에 영향을 받기 때문에 기관과 가정의 협력 · 지지관계가 필수적이다.

⑨ 건강교육활동은 지역사회의 자원을 통합하는 건강정책을 통해 치밀하게 계획되고 시행되어야 한다. 교사, 부모, 영양사, 정신건강전문가, 특수전문요원, 지역사회의 다양한 자원들이 참여할 때 보다 효과적으로 이루어질 수 있다(치과 등 병원, 식당, 소방서 등).

영유아를 위한 건강교육을 실시할 수 있는 다양한 방법을 정미라 외(2012)의 내용을 참고해서 정리하면 다음과 같다.

(1) 주제 선정에 따른 통합적 접근방법

주제 선정에 따른 통합적 접근방법은 한 가지 주제를 선정하고 주제에 맞는 교육내용을 다양한 활동으로 함께 접근하는 것이다. 즉, 건강교육과 관련된 주제 하나를 정한 후 그 주제를 영유아가 접근하기에 가장 좋은 다양한 영역과 영역의 활동 유형을 선정하여 통합적으로 교육시킴으로써 건강교육을 다양하고 쉬운 방법으로 접근하는 것이다.

예를 들어 '맛있는 음식과 영양'이라는 주제로 건강교육에 관한 교육을 실시할 때, 이야기 나누기 시간에는 우리 몸에 필요한 영양분을 알아보고, 흥미 영역 중 수 · 조작 영역에서는 요리도구 패턴을 찾기, 과학영역에서는 음식을 측정해보기, 미술영역에서는 음식 관련 명화 감상하기, 요리 영역에서는 다양한 음식 만들기(샌드위치, 나물, 김치 등), 그리고 동화 듣기, 동극, 바깥놀이, 게임, 현장 학습 등의 활동을 다양하게 진행할 수 있다.

이러한 과정을 통해서 영유아는 실제 상황에서 건강한 생활을 유지하는 데 필요한 지식과 기술, 태도를 자연스럽게 기를 수 있는 것이다.

(2) 역할 놀이

역할 놀이는 영유아가 관심이나 흥미 있는 주제를 중심으로 가상적인 상황에서 역할을 맡아 놀이하는 것이다. 영유아는 이 활동을 통해 다양한 역할을 수행해보고 상황을 직 · 간접적으로 경험함으로써 문제해결능력을 증진시킬 수 있으며 상상력과 창의력을 키울 수 있다. 또한 타인의 입장을 이해하고 배려하는 계기가 되기도 한다.

역할 놀이가 활발히 이루어지기 위해서는 선지식이 중요하므로, 영유아의 일상과 밀접한 관련이 있고 경험한 적이 있는 내용을 선정하는 것이 좋은데, 예를 들면 병원 놀이나 소방서 놀이, 119 구조대 놀이, 교통 경찰관 놀이, 환경 지킴이 놀이, 위급한 상황(유괴, 안전사고나 재해 등) 시 대처 놀이, 운동선수 놀이 등이 있다.

(3) 건강 교육에 적절한 상황

상황에 근거한 건강교육이란 유아교육기관에서 정기적인 신체검사를 실시하거나 사회에서 발생하는 건강 관련 사건이 이슈가 될 때(식중독 등의 유행병, 유괴, 안전사고, 세월호 참사, 메르스 등의 감염병), 또는 간식이나 점심시간 등과 같은 실제 상황을 이용하여 건강교육을 실시하는 것이다. 이 방법은 영유아들이 직 · 간접적인 경험에 기초하여 진행되는 활동이기 때문에 그들의 동기를 유발시키기에도 용이하고, 실제로 현실에서 일어나는 사건과 연결시키므로 이해도가 높고 공감대를 형성시키는 데는 좋으나, 영유아에게 필요한 모든 건강교육의 내용을 상황에 근거해서 다루기에는 어려움이 있다.

현장에서 가장 접근하기 쉽고 매일 진행할 수 있는 상황 관련 교육 예로는 간식과 점심시간을 들 수 있다. 이 시간의 전 · 후에 갖는 손 씻기와 칫솔질, 급식 시간에 이루어지는 음식과 관련된 지식과 기술, 태도 관련 건강교육이 좋은 예가 될 수 있을 것이다. 또한 최근에 큰 이슈가 되었던 '세월호 참사 사건'을 계기로 안전사고나 위험한 상황 대처하기 등의 교육을 실시하고, 메르스 등의 감염병이 발생할 경우 손 씻기와 면역력을 키워주는 교육을 실시한다면 영유아의 이해도를 높이고 관련 지식, 기술, 태도를 습득하는 데 좋을 것이다.

(4) 현장 학습

현장 학습이란 유아교육기관 밖의 장소를 방문하여 영유아가 직접 감각을 통한 실제 경험을 할 수 있게 함으로써 학습의 효과를 높이기 위한 방법이다. 예를 들어 '질병 예방하기' 소주제에 대해서 알아볼 때 유아교육기관과 연계되어 있는 병원이나 보건소 등을 견학하여 질병의 종류, 원인, 치료하는 다양한 방법과 기관, 예방하는 습관 등을 쉽게 이해할 수 있는 것이다. 이외에도 유아교육기관에서 건강교육을 위해 방문하는 현장 학습장으로는 소방서, 교통 공원, 시장이나 마트, 전시관 등이 있다.

특히 교사는 현장 학습을 잘 진행하기 위해서 사전에 현장 학습을 나갈 장소와 일정, 그리고 절차에 대한 철저한 계획이 필요하다. 또한 현장 학습을 나가기 전에 학습장에 대한 설명을 통해 보고자 하는 곳의 선지식을 심어주고, 현장에서의 학습을 보다 쉽게 이해하고 받아들이도록 해야 하며, 현장 학습 후에는 현장에서의 경험을 확장시킬 수 있는 다양한 활동을 전개함으로써 영유아가 현장 학습을 통해 풍부한 경험을 쌓을 수 있는 계기를 마련해 주는 것이 좋다.

(5) 부모교육

영유아의 발달에 있어서 가장 많은 영향을 미치는 존재가 부모라는 사실은 누구나가 잘 아는 사실이고, 부모가 가지고 있는 건강에 관한 신념이나 태도 등은 영유아의 건강에 중요한 영향을 미친다. 따라서 유아교육기관에서는 가정과 잘 연계한 일관성 있는 건강 교육을 실시하기 위하여 부모교육을 지속적으로 실시하여야 하는데, 가정통신문을 통한 부모교육이나 원에 방문해서 직접 이루어지는 부모교육, 그리고 영유아의 건강교육을 위한 좋은 현장 학습장의 정보를 제공하는 것 등이 있다. 예를 들면, 영유아 건강을 위해 꼭 알아야 하는 건강관련 자료를 가정통신문으로 매주 제공할 수 있고, 이 시기에 가장 큰 고민인 아이들의 편식을 줄이기 위한 요리 정보를 제공할 수 있다. 부모에게 직접 교육을 통해 필요한 정보를 제공하고 싶을 경우 부모교육을 원에서 진행하는 등의 방법이 있다. 또한 지역사회에서 진행하는 건강교육관련 정보(보건복지부, 질병관리본부, 한국보육진흥원 사이트 참고)도 좋은 방법이 될 것이다.

2. 표준보육과정에서의 건강교육

1) 제3차 표준 보육과정

보육은 영유아를 건강하게 하고 안전하게 보호 · 양육하며 영유아의 발달 특성에 적합한 교육을 제공하는 사회복지서비스로서, 0~1세, 2세를 위한 제3차 표준보육과정은 심신이 건강하고 행복한 사람, 자율적이고 창의적인 사람, 자신과 타인을 존중하고 배려하는 사람, 자연과 우리 문화를 사랑하는 사람, 다양성을 인정하는 민주적인 사람을 추구하고 있다.

제3차 표준 보육과정 중 영유아기건강교육과 관련이 있는 영역은 기본 생활 영역과 신체 운동 영역이고, 아래의 내용과 표는 제3차 표준보육과정(보건복지부 고시, 2013)을 정리한 것이다.

(1) 기본 생활 영역

기본생활 영역은 일생의 기초이며 일상생활의 기본이 되는 건강, 영양, 안전에 관한 지식과 기술을 습득하고 건강하고 안전하게 생활하는 태도를 기르기 위한 영역이다. 이를 위해 기본생활 영역은 '건강하게 생활하기', '안전하게 생활하기'의 두 가지 내용범주로 구성되어 있다.

'건강하게 생활하기'에서는 건강, 영양, 위생적인 생활을 강조하며 영아기 신체의 청결과 위생, 수면과 휴식, 건강한 일상생활을 위한 올바른 습관을 기르도록 하여 발달을 촉진하고 심신을 건강하게 한다.

'안전하게 생활하기'에서는 안전사고 예방, 대처 능력의 향상을 강조하며 영아가 안전하게 놀이하는 방법과 위험한 상황을 알고 위험한 상황에 처하게 되었을 때 침착하고 적절하게 대처하며 자신의 안전뿐만 아니라 타인의 안전을 배려하는 안전생활을 습관화하도록 한다.

이러한 내용을 정리하여 기본생활 영역의 연령별 보육목표를 다음의 표 3-3에서 제시하였다.

표 3-3 기본생활 영역의 연령별 보육목표

0~1세 보육과정	2세 보육과정
건강하고 안전한 일상생활을 경험한다. 1. 건강하고 편안한 일상생활을 경험한다. 2. 안전한 생활을 경험한다.	건강하고 안전한 생활습관의 기초를 마련한다. 1. 건강한 생활습관의 기초를 경험한다. 2. 안전한 생활습관의 기초를 경험한다.

위의 2가지 하위목표를 달성하기 위해 2개의 내용범주와 내용을 다음의 표 3-4에서 제시하였다.

표 3-4 기본생활 영역의 연령별 내용

내용 범주	0~1세 보육과정	2세 보육과정
건강하게 생활하기	• 몸을 깨끗이 하기 • 즐겁게 먹기 • 건강한 일상생활 하기	• 몸을 깨끗이 하기 • 바르게 먹기 • 건강한 일상생활하기 • 질병에 대해 알기
안전하게 생활하기	• 안전하게 지내기 • 위험한 상황에 반응하기	• 안전하게 놀이하기 • 교통안전 알기 • 위험한 상황 알기

기본생활 영역의 각 연령집단별 보육내용을 연령, 발달, 개인차 등을 고려하여 각각의 수준으로 나누어 제시한 내용은 다음의 표 3-5에 제시하였다.

표 3-5 기본생활 영역의 연령별 세부 내용

<table>
<tr><th rowspan="2">내용 범주</th><th colspan="5">0~1세 보육과정</th><th colspan="3">2세 보육과정</th></tr>
<tr><th>내용</th><th>1수준 세부내용</th><th>2수준 세부내용</th><th>3수준 세부내용</th><th>4수준 세부내용</th><th>내용</th><th>1수준 세부내용</th><th>2수준 세부내용</th></tr>
<tr><td rowspan="6">건강하게 생활하기</td><td>몸을 깨끗이 하기</td><td colspan="4">• 몸이 깨끗해졌을 때 기분이 좋음을 안다.
• 도움을 받아 손을 씻는다.
• 도움을 받아 이를 닦는다.</td><td>몸을 깨끗이 하기</td><td colspan="2">• 스스로 손과 몸 씻기를 시도한다.
• 스스로 이 닦기를 시도한다.</td></tr>
<tr><td rowspan="3">즐겁게 먹기</td><td>편안하게 안겨서 우유(모유)를 먹는다.</td><td>이유식에 적응한다.</td><td>고형식에 적응한다.</td><td>다양한 음식을 먹어 본다.</td><td rowspan="3">바르게 먹기</td><td colspan="2" rowspan="3">• 음식을 골고루 먹는다.
• 도구를 사용하여 스스로 먹는다.
• 정해진 자리에서 먹는다.</td></tr>
<tr><td colspan="2"></td><td colspan="2">도구로 음식을 먹어 본다.</td></tr>
<tr><td colspan="4">즐겁게 먹는다.</td></tr>
<tr><td rowspan="2">건강한 일상생활 하기</td><td colspan="4">• 수면을 충분히 취한다.
• 편안하게 쉰다.
• 하루 일과에 편안하게 참여한다.</td><td>건강한 일상생활 하기</td><td colspan="2">• 일과에 따라 규칙적으로 잠을 잔다.
• 정해진 시간에 알맞게 휴식한다.
• 하루 일과에 즐겁게 참여한다.</td></tr>
<tr><td colspan="2"></td><td colspan="2">배변 의사를 표현한다.</td><td></td><td>정해진 곳에서 배변한다.</td><td>화장실에서 배변한다.</td></tr>
<tr><td rowspan="3">안전하게 생활하기</td><td rowspan="2">안전하게 지내기</td><td colspan="3">• 안전한 상황에서 놀이한다.</td><td>놀잇감을 안전하게 사용한다.</td><td rowspan="2">안전하게 지내기</td><td colspan="2">놀이기구나 놀잇감을 안전하게 사용한다.</td></tr>
<tr><td colspan="4">• 안전한 장소에서 놀이한다.
• 차량 승하차 시 장구를 착용한다.</td><td colspan="2">안전한 장소에서 놀이한다.</td></tr>
<tr><td>위험한 상황에 반응하기</td><td></td><td>위험하다는 말에 반응을 보인다.</td><td colspan="2">위험하다고 알려주면 주의한다.</td><td>교통안전 알기</td><td>교통수단의 위험을 안다.</td><td>교통수단의 위험을 알고 조심한다.</td></tr>
</table>

표 3-5 기본생활 영역의 연령별 세부 내용(계속)

내용범주	0~1세 보육과정					2세 보육과정		
	내용	1수준 세부내용	2수준 세부내용	3수준 세부내용	4수준 세부내용	내용	1수준 세부내용	2수준 세부내용
안전하게 생활하기						위험한 상황 알기	위험한 상황과 위험한 것을 안다.	위험한 상황과 위험한 것을 알고 조심한다.
							위험한 상황 시 어른의 지시에 따른다.	

기본생활 영역은 '건강하게 생활하기'와 '안전하게 생활하기'의 2개 내용범주로 나뉜다. 0~1세 보육과정은 1 · 2 · 3 · 4수준, 2세 보육과정은 1 · 2수준으로 구분되어 있으며, 2세 영아의 개인차에 따라 0~1세의 4수준을 적용할 수도 있다.

'건강하게 생활하기'의 내용을 살펴보면, 0~1세 영아들은 가정에서와 같이 편안한 신체적 심리적 안정감을 토대로 기본적인 신뢰감을 형성하게 된다. 따라서 이 시기의 영아들에게 보육교사는 청결, 영양, 배설, 수면, 휴식 등 기본적인 신체적 욕구를 충족시켜주면서, 심리적 안정감을 증진시킬 수 있는 상호작용을 통해 영아의 건강한 심신의 발달을 격려해야 한다.

2세경이 되면 영아들은 자율성이 발달하는 시기이므로 일상생활에서 스스로 자기 일을 해보는 데 관심이 많고 자조적인 행동을 많이 보인다. 따라서 보육교사는 이 시기의 영아들이 스스로 주변을 정돈하고 손 씻기, 이 닦기, 바르게 먹기, 규칙적으로 수면과 휴식 등을 수행했을 때 격려하기 등을 통하여 기본생활습관을 형성하도록 돕는다. 또한 영아에게 예방접종의 중요성을 설명해주고 건강에 관심을 갖도록 지도한다.

'안전하게 생활하기'의 내용을 살펴보면, 0~1세 영아들은 안전한 상황과 위험한 상황에 대한 인식이 아직 발달하지 않았기 때문에 보육교사는 일상생활, 놀이상황 등에서 안전사고를 예방하기 위해 지속적으로 영아를 관찰하고 영아가 위험한 상황에 놓이지 않도록 해야 한다. 또한 영아는 위험하다는 말에 반응할 수 있으므로 위험하다고 알려줌으로써 위험상황에 주의할 수 있도록 지도한다.

2세경이 되면 영아들은 안전에 대한 인식이 보다 발달하고 위험상황에 대한 인식과 주의력이 더욱 증진된다. 따라서 보육교사는 이 시기의 영아들이 안전한 장소에서 놀잇감을 안전하게 사용할 수 있도록 하고 교통수단의 위험에 조심할 수 있도록 지도한다. 또한 위험한 상황에 조심하도록 하고 나아가 위험한 상황에서 어른의 지시에 따를 수 있도록 지도한다.

영아기는 발달이나 성숙이 급속히 진행되는 시기이며, 일상생활의 기본 습관과 태도를 형성하는 중요한 시기이다. 이 시기의 신체적 건강은 인간 성장 발달의 기초가 되고, 이때 형성된 습관과 태도는 일생동안 지속되는 경향이 있으므로 영아가 건강하고 안전하게 생활하여 올바른 습관을 형성하는 것은 매우 중요하다. 따라서 기본생활 영역의 목표를 달성하기 위해서는 영아에게 건강 · 영양 · 안전에 관한 지식을 단순히 주입시키려 하기보다는 안전하고 위생적인 보육환경과 각 영아의 발달수준에 맞는 보육내용을 제공하고, 일상생활 속에서 건강하고 안전한 생활을 경험할 수 있도록 도와주어야 한다.

(2) 신체 운동 영역

신체운동 영역은 '감각과 신체 인식하기', '신체조절과 기본운동하기', '신체활동참여하기'의 세 가지 내용범주로 구성되어 있다. '감각과 신체인식하기'에서는 영아가 감각능력을 기르고 감각기관을 활용하며 자신의 신체를 긍정적으로 인식하도록 한다.

'신체조절과 기본운동하기'에서는 영아기 협응력과 신체조절능력을 기르고 신체 균형감각을 익히며 이동운동, 제자리운동 등의 기본운동능력을 습득하여 자신의 신체를 유연하고 활발하게 움직이는 의자와 능력을 키우도록 한다.

'신체활동 참여하기'에서는 영아기 신체활동을 할 때 적극적으로 참여하고 다양한 기구를 활용하여 안전하고 즐겁게 신체활동을 하는 경험을 통해 기초 체력을 형성하고 생활하면서 규칙적으로 운동할 수 있도록 한다.

이러한 내용을 정리하여 기본생활 영역의 연령별 보육목표를 다음의 표 3-6에서 제시하였다.

표 3-6 신체운동영역의 연령별 보육목표

0~1세 보육과정	2세 보육과정
감각 및 기본 신체운동 능력을 기른다. 1. 감각기능을 발달시키고 자신의 신체를 탐색한다. 2. 대 · 소근육을 조절하고 걷기 등의 능력을 기른다. 3. 규칙적으로 신체활동에 참여한다.	감각, 신체조절 및 기본 운동 능력을 기른다. 1. 감각능력을 기르고, 자신의 움직임을 탐색한다. 2. 안정된 자세로 대 · 소 근육을 조절하고 기본운동능력을 기른다. 3. 규칙적으로 신체활동에 참여한다.

위의 3가지 하위목표를 달성하기 위해 3개의 내용범주와 내용을 다음의 3-7표에서 제시하였다.

표 3-7 신체운동영역의 연령별 내용 체계

내용 범주	0~1세 보육과정	2세 보육과정
감각과 신체 인식하기	• 감각적 자극에 반응하기 • 감각기관으로 탐색하기 • 신체탐색하기	• 감각능력 기르기 • 감각기관 활용하기 • 신체를 인식하고 움직이기

표 3-7 신체운동영역의 연령별 내용 체계(계속)

내용 범주	0~1세 보육과정	2세 보육과정
신체조절과 기본운동하기	• 신체 균형잡기 • 대근육 조절하기 • 소근육 조절하기 • 기본운동하기	• 신체 균형잡기 • 대근육 조절하기 • 소근육 조절하기 • 기본운동하기
신체활동에 참여하기	• 몸 움직임 즐기기 • 바깥에 신체 움직이기 • 기구를 이용하여 신체활동 시도하기	• 신체활동에 참여하기 • 바깥에서 신체활동하기 • 기구를 이용하여 신체활동하기

신체운동 영역의 각 연령집단별 보육내용을 연령, 발달, 개인차 등을 고려하여 각각의 수준으로 나누어 제시한 내용은 다음의 표 3-8에 제시하였다.

표 3-8 신체운동영역의 연령별 세부 내용

<table>
<tr><th rowspan="2">내용 범주</th><th colspan="5">0~1세 보육과정</th><th colspan="3">2세 보육과정</th></tr>
<tr><th>내용</th><th>1수준 세부내용</th><th>2수준 세부내용</th><th>3수준 세부내용</th><th>4수준 세부내용</th><th>내용</th><th>1수준 세부내용</th><th>2수준 세부내용</th></tr>
<tr><td rowspan="3">감각과 신체 인식 하기</td><td>감각적 자극에 반응하기</td><td colspan="4">• 시각, 청각, 촉각, 후각, 미각으로 자극을 느낀다.
• 시각, 청각, 촉각, 후각, 미각으로 자극에 반응한다.</td><td>감각능력 기르기</td><td colspan="2">다양한 감각적 차이에 반응한다.</td></tr>
<tr><td>감각기관으로 탐색하기</td><td colspan="4">감각기관으로 주변 환경을 탐색한다.</td><td>감각기관 활용하기</td><td colspan="2">감각기관으로 주변 환경을 탐색한다.</td></tr>
<tr><td>신체 탐색하기</td><td>손과 발 등을 바라보며 탐색한다.</td><td colspan="3">주요 신체부분의 움직임을 탐색한다.</td><td>신체를 인식하고 움직이기</td><td colspan="2">• 신체 각 부분의 명칭을 안다.
• 신체 각 부분의 움직임을 탐색한다.</td></tr>
<tr><td rowspan="3">신체 조절과 기본 운동 하기</td><td>신체 균형 잡기</td><td>몸의 균형을 잡기 위한 자세를 시도한다.</td><td>붙잡고 서 있기 등의 자세를 취한다.</td><td colspan="2">안정되게 서 있기 등의 자세를 시도한다.</td><td>신체 균형 잡기</td><td colspan="2">안정된 자세를 취하려고 시도한다.</td></tr>
<tr><td>대근육 조절하기</td><td>뒤집기 등 몸을 조절하여 위치를 바꾼다.</td><td colspan="3">누웠다가 앉기 등 몸의 움직임을 조절한다.</td><td>대근육 조절하기</td><td colspan="2">팔, 다리, 목, 허리 등 움직임을 조절한다.</td></tr>
<tr><td>소근육 조절하기</td><td>보이는 물체에 손을 뻗는다.</td><td colspan="3">눈과 손을 협응하여 소근육을 활용해 본다.</td><td>소근육 조절하기</td><td colspan="2">눈과 손을 협응하여 소근육을 조절해 본다.</td></tr>
<tr><td rowspan="2">신체 조절과 기본 운동 하기</td><td rowspan="2">기본운동 하기</td><td>배밀이 등 이동운동을 시도한다.</td><td>기기, 걷기 등 이동운동을 시도한다.</td><td colspan="2">걷기 등 이동운동을 시도한다.</td><td rowspan="2">기본운동 하기</td><td colspan="2">걷기, 계단 오르기 등 이동운동을 한다.</td></tr>
<tr><td colspan="2">팔 다리 뻗기, 흔들기 등 제자리 운동을 시도한다.</td><td colspan="2">서 있기, 앉기 등 제자리 운동을 시도한다.</td><td colspan="2">제자리에서 몸을 움직여 본다.</td></tr>
</table>

표 3-8 신체운동영역의 연령별 세부 내용(계속)

내용 범주	0~1세 보육과정					2세 보육과정		
	내용	1수준 세부내용	2수준 세부내용	3수준 세부내용	4수준 세부내용	내용	1수준 세부내용	2수준 세부내용
신체 활동에 참여하기	몸 움직임 즐기기	몸을 활발히 움직인다.		몸의 움직임을 다양하게 시도한다.		신체활동에 참여하기	신체활동에 자발적으로 참여해 본다.	
	바깥에서 신체 움직이기	규칙적으로 바깥환경을 경험한다.		규칙적으로 바깥에서 신체활동을 한다.		바깥에서 신체활동하기	규칙적으로 바깥에서 신체활동을 한다.	
	기구를 이용하여 신체 활동 시도하기		간단한 기구를 이용하여 신체활동을 시도한다.			기구를 이용하여 신체활동하기	간단한 기구를 이용하여 신체활동을 한다.	

신체운동 영역의 각 연령집단별 보육내용은 연령, 발달, 개인차 등을 고려하여 각각의 수준으로 나누어 제시하였다. 0~1세 보육내용은 1 · 2 · 3 · 4 수준, 2세 보육내용은 1 · 2 수준으로 구분하였고, 0~1세를 담당하고 있는 보육교사는 개인의 발달적 차이 및 월령 차이를 고려하여 1 · 2 · 3 · 4 수준을 융통성 있게 적용하면 된다.

'감각과 신체 인식하기'의 내용을 살펴보면, 0~1세는 감각이 발달하는 시기이며, 여러 가지 감각적 경험을 통해 주변 환경과 자신의 신체를 탐색하게 된다. 따라서 이 시기의 영아들에게 보육교사는 시각, 청각, 후각, 미각의 감각적 자극을 경험할 수 있도록 배려해 준다. 특히 영아기 초기에는 자신의 몸에 관심을 보이며 자신의 몸이 좋은 놀잇감이 되므로, 영아가 신체를 움직일 때 신체 부분이나 움직임에 대해 언어로 표현해 줌으로써 자연스럽게 자신의 신체를 탐색할 수 있도록 한다. 2세 영아들은 보다 발달된 감각기관으로 물체의 특성과 차이를 탐색할 수 있으므로 보육교사는 보다 다양한 감각적 자극을 제공할 수 있다. 또한 2세 영아들은 신체 각 부분의 기본적인 명칭을 알고 점차 신체 각 부분을 움직이는 활동을 통하여 신체 각 부분이 어떻게 움직일 수 있는지를 인식하게 된다. 보육교사는 신체에 대한 여러 자료와 다양한 활동을 통해 신체 탐색이 이루어질 수 있도록 지원한다.

'신체조절과 기본운동하기'의 내용을 살펴보면, 0~1세 영아들은 머리를 가누고, 앉고 서고 걷는 등의 신체 운동 발달이 빠르게 이루어지는 시기이다. 영아의 기본 운동능력은 신체조절력과 균형감의 습득을 토대로 이루어진다. 이 시기의 신체 발달은 매우 빠르지만 개인차가 심하므로 보육교사는 영아의 발달적 개인차에 맞추어 지도해야 한다. 간단한 신체놀이를 반복함으로써 운동능력과 협응력의 발달을 지원한다. 또한 2세 영아들은 안정된 걷기는 가능하나, 동작기술이나 조절 능력은 여전히 미숙하고 개인차도 크다. 따라서 보육교사는 영아용 정글짐이나 탈것 등 대근육 발달이나 신체조절력과 균형 감각을 증진할 수 있는 놀이 기구를 제공한다. 아울러 구슬 꿰기 등의 조작교구를 제공함으로써 소근육 발달과 눈과 손의 협응력을 기르도록 지원한다.

'신체활동에 참여하기'의 내용을 살펴보면, 0~1세 영아들에게 보육교사는 자유롭게 몸을 움직일 수 있는 개방된 공간을 제공하고 영아가 다양한 움직임을 시도해 보도록 격려한다. 잡고 걸을 수 있도록 벽을 따라 설치된 봉, 밀고 끄는 차, 승용 놀잇감, 영아용 그네, 계단이 있는 큰 스펀지 블록 등을 제공함으로써 영아의 신체활동을 지원하며 안전을 위하여 반드시 보육교사가 지켜보아야 한다. 2세 영아들에게도 자유롭게 신체를 움직일 수 있는 적절한 공간과 기본적인 신체운동을 할 수 있는 규칙적인 시간을 제공한다. 보육교사는 영아의 움직임에 적절히 반응함으로써 신체활동을 격려하고, 신체활동 후에는 간단한 휴식시간을 마련하여 신체 리듬의 조절을 돕는다.

영아기의 신체운동 능력은 각 연령 간의 수준 차이가 클 뿐 아니라 같은 연령 내에서도 개인차가 크고, 또한 개인이 가지고 있는 운동능력 내에서도 더 발달된 능력과 덜 발달된 능력이 있을 수 있다. 따라서 가능한 자신의 능력 범위 내에서 다양하게 신체를 움직이도록 하고, 이를 통해 기본적인 운동능력이 충분히 습득되었을 때 다음 활동을 진행해야만 발달에 도움을 주게 되고, 영아 자신도 성취감과 만족감을 갖게 된다. 따라서 신체운동 영역의 목표를 달성하기 위해서는 영아들이 하루 일과 속에서 다양한 감각 경험을 통하여 주변 환경을 탐색하고 이를 통해 다양한 운동능력을 습득하여 어린이집 내의 다양한 놀이시설과 기구를 사용함은 물론, 기본운동이나 다양한 신체활동을 통하여 영아의 기초 체력이 형성되도록 도와주어야 한다.

3. 누리과정에서의 건강교육

1) 누리과정

앞으로 살펴볼 내용과 표는 만 3~5세 누리과정(교육과학기술부 · 보건복지부, 2012)을 정리한 것이다.

만 3~5세 연령별 누리과정은 심신의 건강과 조화로운 발달을 도와 바른 인성을 갖춘 민주시민의 기초를 형성하는 것을 목적으로 두고 있다. 영유아기건강지도와 관련된 신체운동 건강 영역의 목표는 "기본운동능력과 건강하고 안전한 생활습관을 기른다"이며, 하위목표는 다음과 같다.

① 감각능력을 기르고 자신의 신체를 긍정적으로 인식한다.
② 신체를 조절하고 기본 운동능력을 기른다.
③ 신체활동에 즐겁게 참여한다.
④ 건강한 생활습관을 기른다.
⑤ 안전한 생활습관을 기른다.

위의 5가지 하위목표를 달성하기 위해 '신체 인식하기, 신체 조절과 기본 운동하기, 신체 활동에 참여하기, 건강하게 생활하기, 안전하게 생활하기' 등 5개의 내용범주가 제시되어 있고, 그에 따른 14개의 내용이 제시되어 있다. 이 내용은 만 3~5세 모두에게 공통으로 적용되는 것이다. 구체적인 연령별 내용 체계, 내용 및 세부 내용은 표 3-9, 표 3-10과 같다.

유아가 신체 조절 능력과 기본 운동 능력을 기르고 건강한 생활 습관을 통해 질병에 대한 면역력을 키울 수 있도록 하며, 안전 관련 위험요소를 예방하고 위험에 적절히 대처하는 능력을 기르도록 한다. 이를 위해 신체 운동 · 건강 영역에서는 만 3, 4, 5세를 위한 5개의 내용 범주를 제시하였다. 범주의 내용을 보면 다음의 표 3-9와 같다.

표 3-9 신체 운동 · 건강 영역의 만 3, 4, 5세 내용 체계

내용 범주	내용
신체인식하기	• 감각능력 기르고 활용하기 • 신체를 인식하고 움직이기
신체조절과 기본운동하기	• 신체조절하기 • 기본운동하기
신체활동에 참여하기	• 자발적으로 신체활동에 참여하기 • 바깥에서 신체활동하기 • 기구를 이용하여 신체활동하기
건강하게 생활하기	• 몸과 주변을 깨끗이 하기 • 바른 식생활하기 • 건강한 일상생활하기 • 질병예방하기
안전하게 생활하기	• 안전하게 놀이하기 • 교통안전 규칙 지키기 • 비상시 적절히 대처하기

신체운동 · 건강 영역의 목표에 따른 5개의 내용 범주와 14개의 내용은 총 33개의 세부내용으로 제시되어 있으며 다음의 표 3-10과 같다. 만 3~5세까지 연령별 세부내용이 다른 것은 3개이고, 만 3~5세의 내용이 공통인 것이 5개이며, 만 3세의 내용은 다르나 만 4세와 5세의 내용이 공통인 것이 대부분이다.

표 3-10 신체운동 · 건강 영역의 연령별 세부 내용

내용 범주	내용	3세 세부 내용	4세 세부 내용	5세 세부 내용
신체 인식 하기	감각능력 기르고 활용하기	감각적 차이를 경험한다.	감각적 차이를 구분한다.	감각으로 대상인 사물의 특성과 차이를 구분한다.
		감각기관을 인식하고, 활용해 본다.	여러 감각기관을 협응하여 활용한다.	

표 3-10 신체운동 · 건강 영역의 연령별 세부 내용(계속)

<table>
<tr><th>내용 범주</th><th>내용</th><th>3세 세부 내용</th><th>4세 세부 내용</th><th>5세 세부 내용</th></tr>
<tr><td rowspan="2"></td><td rowspan="2">신체를 인식하고 움직이기</td><td>신체 각 부분의 명칭을 알고, 움직임에 관심을 갖는다.</td><td colspan="2">신체 각 부분의 특성을 이해하고 활용하여 움직인다.</td></tr>
<tr><td colspan="3">자신의 신체를 긍정적으로 인식하고 움직인다.</td></tr>
<tr><td rowspan="4">신체 조절과 기본 운동 하기</td><td rowspan="3">신체 조절하기</td><td>• 신체 균형을 유지해 본다.
• 공간, 힘, 시간 등의 움직임 요소를 경험한다.
• 신체 각 부분의 움직임을 조절해 본다.</td><td colspan="2">• 다양한 자세와 움직임에서 신체균형을 유지한다.
• 공간, 힘, 시간 등의 움직임 요소를 활용하여 움직인다.
• 신체 각 부분을 협응하여 움직임을 조절한다.</td></tr>
<tr><td colspan="3">눈과 손을 협응하여 소근육을 조절해 본다.</td></tr>
<tr><td></td><td></td><td>도구를 활용하여 여러 가지 조작운동을 한다.</td></tr>
<tr><td>기본운동 하기</td><td>• 걷기, 달리기 등 이동운동을 한다.
• 제자리에서 몸을 움직여 본다.</td><td colspan="2">• 걷기, 달리기, 뛰기 등 다양한 이동운동을 한다.
• 제자리에서 몸을 다양하게 움직인다.</td></tr>
<tr><td rowspan="5">신체 활동에 참여 하기</td><td rowspan="3">자발적으로 신체활동에 참여하기</td><td>신체활동에 자발적으로 참여한다.</td><td colspan="2">신체활동에 자발적이고 지속적으로 참여한다.</td></tr>
<tr><td colspan="3">다른 사람과 함께 하는 신체활동에 참여한다.</td></tr>
<tr><td></td><td>자신과 다른 사람의 운동능력의 차이에 관심을 갖는다.</td><td>자신과 다른 사람의 운동능력의 차이를 이해한다.</td></tr>
<tr><td>바깥에서 신체활동 하기</td><td colspan="3">규칙적으로 바깥에서 신체활동을 한다.</td></tr>
<tr><td>기구를 이용하여 신체활동 하기</td><td colspan="3">여러 가지 기구를 이용하여 신체 활동을 한다.</td></tr>
<tr><td rowspan="8">건강하게 생활하기</td><td rowspan="2">몸과 주변을 깨끗이 하기</td><td colspan="2">손과 이를 깨끗이 하는 방법을 알고 실천한다.</td><td>스스로 몸을 깨끗이 하는 습관을 기른다.</td></tr>
<tr><td>주변을 깨끗이 한다.</td><td colspan="2">주변을 깨끗이 하는 습관을 기른다.</td></tr>
<tr><td rowspan="3">바른 식생활 하기</td><td colspan="2">음식을 골고루 먹는다.</td><td>적당량의 음식을 골고루 먹는다.</td></tr>
<tr><td>몸에 좋은 음식에 관심을 갖는다.</td><td>몸에 좋은 음식을 알아본다.</td><td>몸에 좋은 음식을 선택할 수 있다.</td></tr>
<tr><td>바른 태도로 식사한다.</td><td colspan="2">음식을 소중히 여기고 식사예절을 지킨다.</td></tr>
<tr><td rowspan="2">건강한 일상생활 하기</td><td>• 규칙적으로 잠을 자고, 적당한 휴식을 취한다.
• 하루 일과에 즐겁게 참여한다.</td><td colspan="2">• 규칙적으로 잠을 자고, 적당한 휴식을 취한다.
• 하루 일과에 즐겁게 참여한다.</td></tr>
<tr><td>스스로 화장실에서 배변한다.</td><td>바른 배변 습관을 가진다.</td><td>규칙적인 배변 습관을 가진다.</td></tr>
<tr><td>질병 예방하기</td><td>• 질병의 위험을 알고 주의한다.
• 날씨에 맞게 옷을 입는다.</td><td colspan="2">• 질병을 예방하는 방법을 알고 실천한다.
• 날씨와 상황에 알맞게 옷을 입는다.</td></tr>
</table>

표 3-10 신체운동 · 건강 영역의 연령별 세부 내용(계속)

내용 범주	내용	3세 세부 내용	4세 세부 내용	5세 세부 내용
안전하게 생활하기	안전하게 놀이하기	놀이기구나 놀잇감, 도구를 안전하게 사용한다.		놀이기구나 놀잇감, 도구의 바른 사용법을 알고 안전하게 사용한다.
		• 안전한 놀이장소를 안다. • TV, 인터넷, 통신기기 등을 바르게 사용한다.	• 안전한 장소를 알고 안전하게 놀이한다. • TV, 인터넷, 통신기기 등의 위해성을 알고, 바르게 사용한다.	
	교통안전 규칙 지키기	교통안전 규칙을 안다.	교통안전 규칙을 알고 지킨다.	
		교통수단을 안전하게 이용한다.		
	비상시 적절히 대처하기	• 학대, 성폭력, 실종, 유괴 상황을 알고 도움을 요청한다. • 재난 및 사고 등 비상 시 적절하게 대처하는 방법을 안다.	• 학대, 성폭력, 실종, 유괴 상황시 도움을 요청하는 방법을 알고 행동한다. • 재난 및 사고 등 비상시 적절하게 대처하는 방법을 알고 행동한다.	

4. 건강교육의 실제

1) 이야기 나누기

■ **활동명: 발효 음식**

• 활동 목표: 우리나라의 발효음식의 종류를 안다.
　발효음식의 효능을 말할 수 있다.
　우리 몸에 좋은 발효음식에 관심을 갖는다.

• 준비물: 메주가 되는 과정 동영상, 발효음식과 사진, 3가지 상자

• 활동 방법

① 콩 사진 막대인형이 등장하여 두부와 메주로 변신한다(또는 PPT나 프레지로 작업).
- 친구들, 나는 콩맨이야. 너희들이 주문을 외우면 내가 다른 걸로 변신하는 마술을 보여 줄게.
- 메주를 본 적이 있니?

② 메주가 만들어지는 과정의 동영상을 본다.
- 메주가 어떻게 만들어지는지 잘 보았나요?
- 메주는 무엇을 만드는데 사용되는 거지요?

③ 메주를 통해 발효의 뜻을 이야기 나눈다.
- 발효라는 말을 들어본 적이 있나요?
- 음식에 우리 몸에 좋은 하얀 곰팡이가 낀 것을 본 적이 있나요?

④ 메주를 가지고 만드는 발효 음식 세 가지(된장, 고추장, 간장)를 알아본다.

– 메주로 만들 수 있는 양념이 있는데 아나요?

– 어떤 것들이 있는지 상자 속에 들어있는데 맞춰 보도록 해요.

– 상자 안의 양념을 냄새를 맡아서 맞출 수 있겠나요?

– 양념을 손으로 만져보니까 느낌이 어때요?

– 모양과 색깔은 어떤가요?

– 이것을 어떤 요리에 사용하는지 아나요?

⑤ 세 가지 양념의 효능을 알아본다.

– 된장을 먹으면 우리 몸에 왜 좋을까요?

: 우리 몸 안에 쌓인 나쁜 것(노폐물, 독소)을 없애 주고, 피를 맑게 해 줘요.

– 고추장을 먹으면 우리 몸에 왜 좋을까요?

: 우리 몸에 좋은 영양분이 많고, 살을 빼게 도와주고, 간을 튼튼하게 해 주며 피곤하지 않게 도움을 준대요.

– 간장을 먹으면 우리 몸에 왜 좋을까요?

: 위를 튼튼하게 해 주고, 우리 몸에 있는 좋지 않은 것을 없애 준대요.

⑥ 오늘의 활동을 평가해 본다.

– 오늘 배운 발효음식에는 무엇이 있었나요?

– 된장의 좋은 점은 무엇이었죠?

– 고추장의 좋은 점은 무엇이었죠?

– 간장의 좋은 점은 무엇이었죠?

– 우리 몸에 좋은 발효 음식에는 어떤 것이 있는지 관심을 갖고 부모님들과 알아보도록 해요.

• 확장 활동

① 세 가지 양념 외에 우리가 자주 먹는 발효 음식을 찾아본다.

② 메주를 실제로 만들어 본다.

2) 수 · 조작

■ 활동명: 영양소 밥상 차리기

• 활동 목표: 다섯 가지 영양소에 대해서 안다.
다섯 가지 영양소가 골고루 들어간 밥상을 차릴 수 있다.
다섯 가지 영양소에 관심을 갖고, 영양소가 풍부한 음식에 감사하는 마음을 갖는다.

• 준비물: 다양한 식품 사진, 밥상 판, 다섯 가지 영양소 관련 자료

• 활동 방법

① 아침에 먹은 음식에 대해서 이야기 나눈다.
- 친구들, 아침에 무엇을 먹고 왔나요?
- 이렇게 다양한 음식들 속에는 무엇이 들어있을까요?

② 다섯 가지 영양소에 대해서 이야기 나눈다.
- 영양소라는 말을 들어본 적이 있나요?
- 어떤 영양소가 있나요?
- 탄수화물, 단백질, 지방, 비타민, 무기질이 우리 몸에 왜 필요한지 아나요?
- 각 영양소가 많이 들어있는 식품 사진들을 볼까요?
  : 탄수화물은 쌀, 빵, 국수, 감자 등에 많고, 친구들이 놀 수 있도록 힘을 만들어 준대요.
  : 단백질은 고기, 계란, 콩 등에 많고, 생각주머니를 크게 해 주고, 근육과 머리카락, 손톱, 발톱이 자라도록 도와준대요.
  : 지방은 참기름, 버터, 마요네즈, 견과류(호두, 잣, 아몬드)에 많고, 우리 몸을 춥지 않게 해 주고, 몸속의 중요한 것(기관)들을 보호해 준대요.
  : 비타민은 과일과 채소에 많고, 감기에 걸리지 않고 아프지 않게 도와주고 눈을 잘 볼 수 있도록 도와준대요.
  : 무기질은 미역이나 멸치, 조개에 많고, 뼈를 튼튼하게 해 주고 키를 크게 도와준대요.

③ 실제로 영양소가 골고루 들어간 음식을 가지고 상을 차려 본다.
- 다섯 가지 영양소가 어떤 음식에 많이 들어 있는지 잘 알겠나요?
- 선생님이 먼저 밥상을 차려 볼테니 친구들은 맞는지 잘 보도록 해요.
- 나누어 준 밥상 판에 모둠 친구들과 이야기를 해서 다섯 가지 영양소가 풍부한 음식들로 밥상을 차려 보도록 해요.

④ 차린 밥상을 소개한다.
- 모둠끼리 차린 밥상을 앞에 가지고 와서 발표해 보도록 해요.
- 다섯 가지 영양소가 골고루 들어가 있나요?

⑤ 준비한 사진 음식 말고 영양소가 풍부한 음식에 대해서 이야기 나눈다.
- 오늘 선생님이 준비한 음식 말고도 좋은 음식이 많은데, 알고 있는 게 있나요?
- 그 음식에는 어떤 영양소가 들어 있을까요?

⑥ 오늘 배운 내용을 평가한다.
- 다섯 가지 영양소에는 무엇이 있었나요?
- 영양소가 골고루 들어간 음식들로 밥상을 차렸는데 어땠나요?
- 오늘 저녁 식사를 할 때 밥상에 차려진 음식을 보고 다섯 가지 영양소가 골고루 들어가

있는지 부모님과 알아본 후 내일 선생님께 이야기해 주세요.

- 확장 활동

① 집에서 전날 먹은 저녁 식사 메뉴를 알아 오기(글, 그림 또는 사진).

② 부모님께 차려 드리고 싶은 밥상 그려 보기.

3) 요리

■ **활동명: 야채전**

- 활동 목표: 야채의 중요성에 대해서 안다.
  요리 순서를 생각하며 야채전을 만들 수 있다.
  우리 몸에 좋은 야채에 대해서 감사함을 느낀다.
- 준비물: 여러 가지 야채(호박, 당근, 양파, 쪽파, 파프리카, 깻잎, 부추 등), 식용유, 물, 접시, 빵칼, 도마, 소금
- 활동 방법

① 다양한 야채를 보여 주며 이야기를 나눈다.
- 우리 친구들, 야채를 알고 있나요?
- 선생님이 가지고 온 야채가 무엇인지 맞추어 볼까요?
- 어떻게 생겼나요? 만져 보니 느낌은? 냄새는?

② 야채의 중요성에 대해서 이야기를 나눈다.
- 야채를 좋아하는 친구들이 있나요?
- 왜 야채를 먹어야 할까요?

③ 야채를 이용한 음식에 대해서 알아본다.
- 야채를 이용해서 만든 음식 중 우리 친구들은 무엇을 좋아하나요?
- 야채가 들어간 음식 중 친구들이 싫어하는 것은 무엇이 있나요?

④ 재료를 탐색하고, 야채전을 어떻게 만들어야 하는지 이야기를 나눈다.
- 야채전을 먹어 본 친구들이 있나요?
- 선생님이 준비한 야채가 무엇인지 아는 친구 있나요?
- 만져 보고, 냄새도 맡아 보아요. 느낌이 어떤가요?
- 야채전을 맛있게 만들려면 어떻게 해야 할까요?
- 야채전을 하려면 무엇이 필요하지요?

⑤ 요리 순서도를 보면서 야채전 만드는 과정을 알아본다.
- 제일 먼저 어떤 일을 해야 하나요?
- 다양한 야채를 잘게 썰어서 볼에 넣어요. 자신이 썰고 싶은 야채를 가지고 가요.

– 야채를 모두 썬 후에는 밀가루와 물을 볼에 부은 후 저어 준다.

– 소금으로 간을 한 후 후라이팬에 기름을 두르고 전을 지진다.

⑥ 야채전을 접시에 담아 놓는다.

⑦ 맛을 보며 이야기 나눈다.

– 오늘 무슨 요리를 했나요?

– 우리는 야채를 좋아하지 않는데 왜 먹어야 한다고 했죠?

– 평상시 좋아하지 않는 야채로 전을 만들었는데 맛이 어땠나요?

– 우리 주위에 있는 많은 야채를 가지고 다음에는 어떤 요리를 친구들과 하고 싶은지 알아 본 후 선생님께 이야기해 주세요.

• 확장 활동

① 야채전에 넣으면 좋을 야채 알아보기.

② 야채를 이용한 다양한 요리 알아보기.

4) 게임

■ **활동명: 일회용품 찾기 게임**

• 활동 목표: 일회용품이 무엇인지를 안다.

일회용품과 일회용품이 아닌 것을 분류할 수 있다.

일회용품의 사용을 줄이기 위해 노력한다.

• 준비물: 일회용품 관련 사진 자료와 실물 자료(나무젓가락, 플라스틱 포크와 숟가락, 종이컵, 과자 봉지, 일회용 도시락, 비닐 장갑, 일회용 면도기 등), 일회용품이 아닌 실물자료(포크와 숟가락, 젓가락, 컵, 도시락, 면도기, 장바구니), 점수판, 쓰레기통 2개

• 활동 방법

① 일회용품에 관한 짧은 동화를 들려준다.

– 오늘 윤아는 엄마, 아빠와 놀이동산에 놀러 가기로 했어요. 윤아는 빨리 놀이기구를 타고 싶어서 아침 일찍부터 일어나서 준비를 했고, 엄마는 맛있는 김밥과 과일을 챙기느라 바쁘셨어요. 그런데 이것저것 가져갈 짐이 많아지자 엄마가 한번 쓰고 버릴 수 있는 일회용 도시락에 김밥과 과일을 넣고, 나무젓가락, 일회용 컵을 챙기셨어요.

– 동화 잘 들었나요?

– 동화 속에는 일회용품이 나왔었는데 무엇인지 알겠나요?

② 일회용품이 무엇인지에 대해서 이야기를 나눈다.

– 일회용품이 무엇인지 아나요?

– 주위에서 볼 수 있는 일회용품에는 어떤 것들이 있나요?

- 일회용품은 왜 사용하는 것 같나요?
- 일회용품을 모든 사람들이 사용한다면 지구는 어떻게 될까요?

③ 일회용품이 썩는데 걸리는 시간을 알려준다.

- 다양한 일회용품이 많은데, 이것들이 땅 속에서 썩는데 오랜 시간이 걸린데요.
- 우유팩, 나무젓가락, 일회용 컵, 플라스틱, 비닐 모두 적게는 몇 개월에서 몇 백년이 걸린대요.
- 우리가 사는 지구를 아프지 않게 해야 우리 몸도 건강할 수 있겠죠?

④ 일회용품을 찾는 게임을 하는 방법을 알려 준다.

- 여러 가지 일회용품과 일회용품이 아닌 물건들을 가지고 왔어요.
- 앞의 매트에 이 물건들을 섞어 놓을 거예요.
- 선생님이 신호를 하면 모둠 친구들끼리 출발해서 일회용품을 앞에 놓여있는 쓰레기통에 버려 주면 되요.
- 선생님이 음악을 트는 동안 많은 일회용품을 쓰레기통에 넣는 모둠이 이기는 거예요.

⑤ 게임을 끝낸 후 친구들의 쓰레기통을 확인한다.

- 쓰레기통에 일회용품이 들어가 있는지 알아보고, 맞으면 친구들이 "쓰지 않을 거예요"라고 외쳐 줄까요?

⑥ 게임을 한 후에 활동을 평가한다.

- 게임은 어땠나요?
- 일회용품이 무엇인지를 잘 알겠나요?
- 일회용품을 줄이기 위해서 친구들이 할 수 있는 일은 무엇이 있을까요?
- 일회용품을 사용하지 않기 위해서 우리 모두 노력해 보아요.

• 확장 활동

① 집에 있는 일회용품 알아보기

② 일회용품을 대체할 방법 토론하기

5) 과학

■ 활동명: 하루 동안 마셔야 하는 물의 양

• 활동 목표: 물의 중요성을 안다.
물의 하루 권장량이 어느 정도인지를 측정할 수 있다.
물을 하루 권장량만큼 마시려고 노력한다.

• 준비물: 하루 물 권장량이 표시된 판, 다양한 컵(어린이용 컵, 어른용 컵, 일회용 컵 등), 1리터 정도의 물을 담을 수 있는 투명 비이커나 그릇, 또는 500ml 생수 2개

• 활동 방법

① 물의 중요성에 대해서 이야기를 나눈다.

– 수수께끼를 낼게요. 맞추어 보아요.

: 이것은 우리랑 굉장히 가까운 곳에 있고, 우리 몸에 꼭 필요한 거예요. 색깔은 투명하고, 모양도 없어요. 어떤 사람들은 이것을 자주 마시지만 거의 마시지 않는 사람도 있어요. 이것이 없으면 사람들은 모두 죽게 될 거예요.

– 물을 왜 마셔야 하는지 아나요?

: 우리 몸의 70%(몸을 세 부분으로 나누었을 때 두 부분 정도)가 물이래요. 물이 부족하게 되면 피들이 서로 잘 움직이지 못하게 되어 몸이 아프게 되고 우리가 먹은 나쁜 것들이 몸속에 쌓이게 되어서 암이라는 무서운 병에도 걸린대요. 감기도 잘 걸리게 되고 자주 피곤해진대요. 또 얼굴이랑 손 등이 쭈글쭈글해지고 주름이 생긴대요. 우리 몸의 나쁜 것들을 몸 밖으로 나오게 하는데 가장 쉬운 방법이 물을 마시는 거예요.

② 물을 어느 정도 마시는지에 대해서 알아본다.

– 물을 좋아하는 친구가 있나요?

– 친구들은 하루 동안 물을 몇 잔이나 마시나요?

③ 하루 동안 마셔야 하는 물의 양을 알려 준다.

– 친구들이 마셔야 하는 하루 동안의 물의 양이 정해져 있대요.

– 컵으로 몇 번을 마셔야 할까요?

– 컵의 크기에 따라서 다르지만 대개 물컵으로 5번 정도를 먹어야 한대요.

– 1리터가 어느 정도인지를 그림으로 보여줄게요.

④ 비이커에 표시되어 있는 만큼의 물을 컵을 이용해서 측정하거나, 물이 든 500ml 생수병 2개에 물감을 탄 후, 유아가 잘 보이도록 활동한다.

– 비이커에 하루 동안 마셔야 하는 물의 양인 1리터를 표시해 놓았어요.

– 또는 생수병의 물을 몇 개의 컵에 따를 수 있는지 해 볼까요?

– 친구들이 컵으로 표시된 곳까지 물을 부어볼 수 있겠나요?

– 몇 번을 부었는지도 같이 세어 보아요.

⑤ 오늘의 활동을 평가한다.

– 오늘 무엇을 해 보았지요?

– 물을 왜 마셔야 하는지 알겠나요?

– 하루 동안 마셔야 하는 물의 양도 알겠나요?

– 권장량만큼 물을 마실 수 있겠나요?

• 확장 활동

① 부모님이 하루 동안 마시는 물 컵의 수(8컵 정도가 적당)를 알아보기.

② '하루 동안 마신 물' 책에 원에서 마신 물의 컵 만큼 색칠하고, 집에서 마셔야 하는 물의 양도 써 보기.

6) 역할놀이

■ **활동명: 도와주세요**

• 활동 목표: 낯선 사람이 자신을 데리고 가려고 할 때 대처하는 방법을 안다.
유괴의 위험 상황에서 대처하는 행동을 할 수 있다.
역할놀이 상황에서 맡은 역할을 즐긴다.

• 준비물: 낯선 사람 얼굴 사진 가면과 모자, 사탕과 아이스크림, 장난감 사진

• 활동 방법

① 유괴 관련 동영상을 보여주거나 간단한 동화를 들려준다.

– 선생님이 보여준 동영상은 어떤 이야기였나요?

: 친구가 엄마랑 놀이터 갔다가 엄마가 놀고 있으라며 잠깐 집에 갔었요. 그런데 어떤 아저씨가 와서 아이스크림 사 줄 테니까 같이 가자고 해서 따라갔어요.

– 우리 친구들은 이 친구가 어디를 갔을 것 같나요?

– 엄마를 다시 만났을까요?

② 유괴가 무엇인지에 대해서 이야기를 나눈다.

– 우리 친구들 중에도 이런 경험을 한 친구가 있나요?

– 유괴라는 말을 들어본 적이 있나요?

– 낯선 사람은 누구를 말하는 걸까요?

③ 유괴의 위험 상황 시 대처하는 방법을 알아본다.

– 낯선 사람들은 친구들이 예쁘다며 좋아하는 것을 사 준다고 하고, 낯선 사람들이 어려움에 처해서 도와 달라고 하기도 하며, 엄마나 아빠가 빨리 데리고 오라고 했다면서 친구들을 다른 곳으로 데리고 간대요. 이럴 때 어떻게 해야 할까요?

– 대처하는 방법을 동영상으로 보도록 해요.

④ 역할극을 해 본다.

– 동영상을 잘 보았나요?

– 낯선 사람들이 친구들을 데리고 가려고 할 때 어떻게 해야 하지요?

: "안돼요", "싫어요"를 큰소리로 외쳐요.

– 그런 행동을 역할극으로 해 보죠.

– 처음에는 선생님이 낯선 사람을 맡을 거예요. 도와 달라고 도움을 청할 친구가 있나요?

– 이번에는 낯선 사람과 도움을 청할 친구를 누가 해 볼 거예요?

⑤ 역할극을 평가한다.

– 오늘 무엇을 해 보았나요?

– 친구들이 맡은 역할은 즐거웠나요?

– 낯선 사람이 친구들을 데리러 가려고 할 때 어떻게 행동해야 하는지 잘 알겠나요?

• 확장 활동

① 유아에게 낯선 사람이 아닌 분을 부모님께 여쭤보기.

② 매일 유괴되는 영유아의 수 알아보기.

04장

영유아의 건강한 기본생활습관

04장 | 영유아의 건강한 기본생활습관

'세 살 버릇 여든까지 간다' 라는 속담이 있다. 영유아기는 자신의 건강, 안전, 바른 생활에 대한 전반적인 지식, 기술, 태도 등을 배우고 익히며 올바른 습관을 형성하면서 자조기술(self help skill)이 발달하는 시기이다. 또한 영유아기는 건강한 기본생활습관을 형성하는 데 매우 중요한 시기로 배우고 익히면서 반복적인 경험이 필요하기 때문에 시간이 오래 걸린다. 한번 형성된 생활습관은 성인이 되어서도 변화하기 힘들기 때문에 처음부터 일관성 있게 지속적으로 형성되는 것이 필요하다. 따라서 이 시기에 좋은 습관을 형성하는 것은 매우 중요하다.

이러한 영유아의 기본생활습관은 부모는 물론 교사도 함께 노력하여 영유아들이 건강한 기본생활습관을 형성하도록 지도해야 한다. 이 장에서는 치아 건강관리, 손 씻기, 식생활 습관, 배변훈련, 수면습관을 중심으로 살펴본다.

1. 치아 건강관리

영유아기는 처음 치열이 형성되고 영구치열로 교환되는 시기이다. 이때 아이들은 특히 단 것을 즐겨 먹게 되고 그러면서 쉽게 충치를 형성한다. 만 3세 미만의 영유아들에게서 가장 많은 충치는 일명 '우유병 충치'이다. 일반적으로 위쪽 앞니 4개에서부터 시작하는데 우유병을 입에 물고 잠드는 습관이 있거나 모유를 먹인 경우, 이유가 늦은 경우, 우는 아이를 달래기 위해 고무젖꼭지에 꿀이나 시럽을 발라 자주 먹인 경우에 많이 나타난다.

충치는 치아가 입안에 나온 후 2~3년 내에 가장 많이 발생한다. 젖니는 만 12개월부터 36개월 사이, 영구치는 만 6세부터 8세 사이에 가장 취약하다. 일단 충치가 생기면 그 치아는 평생에 걸쳐 점차 손상된다. 그러므로 무엇보다 중요한 것은 예방이다. 유치 때부터 양치질을 습관화할 수 있도록 지도해 주고 정기적인 불소도포가 필요하다. 영구치 어금니가 나는 초등학교 입학시기에는 치아의 홈을 매워 주는 치료도 도움이 된다. 또 이 시기에는 아이들의 부정교합에 대해서도 관찰해야 한다. 부정교합이란 이가 바르게 물리지 않아 발음장애, 성장장애 등에 영향을 미친다. 부정교합 여부는 초등학교 5~6학년 정도 영구치열이 완성되는 시기에 알 수 있다.

올바른 치아 건강을 위해 주의할 점을 살펴보면 다음과 같다(대한치과의사협회, 2010).

첫째, 생후 6개월부터 아이의 이를 닦아 주어야 한다. 생후 6개월이 되면 이가 나기 시작하는데, 치아가 입안에 나오는 순간부터 이를 닦아주기 시작하여야 한다. 생후 24개월까지 영유아 스스로 이를 닦을 능력이 없으므로 부모가 거즈를 이용하여 이를 닦아주어야 한다. 자주 닦아줄수록 좋으며, 적어도 하루 한 번 꼭 닦아주어야 한다.

둘째, 생후 12개월이 지나면 우유병을 물고 잠을 자는 습관을 중단시켜야 한다. 자는 동안 입안에 고여 있는 분유성분이나 이유식은 영유아의 치아를 썩게 하는 주범이다. 우유병을 물고 잠들지 못하도록 하되, 여의치 않을 때는 우유병에 우유 대신 보리차를 먹이도록 한다. 이것도 여의치 않으면 잠이 드는 즉시 우유병을 입에서 빼고 거즈를 이용하여 입안을 닦아 주도록 한다.

셋째, 무분별한 간식섭취를 줄여야 한다. 영유아의 손이 닿는 곳에 설탕이 든 과자를 방치하는 것은 충치를 발생시키는 매우 큰 원인이다. 간식은 정해진 시간 동안만 먹게 하고, 자주 입안에 설탕이나 과자를 물고 있지 않도록 지도하여야 한다.

넷째, 생후 12개월이 지나면 치과에서 구강검진을 받도록 한다. 젖니는 생후 6개월부터 나기 시작하고, 치아우식증이 가장 많이 발생하는 시기는 만 3세 이전이다. 흔히 영유아가 치통을 호소하는 경우에 치과에 방문하게 되는데 이때는 이미 치아가 상당히 손상된 후이기 때문에 진료기간도 길어진다. 영유아들이 사탕이나 과자를 입에 물고 있지 않도록 조심하여야 한다.

다섯째, 만 12개월부터 만 36개월까지는 수시로 영유아의 입안을 들여다보아야 한다. 경제적 이유에서건 시간적 이유에서건 정기적인 치과방문이 어렵다면 부모뿐 아니라 교사도 수시로 영유아의 입속을 제대로 보아야 한다. 충치의 증세가 조금이라도 보이면 빨리 치과의사의 검진을 받도록 한다.

여섯째, 아이와 같이 자기 전 이를 닦는 습관을 기른다. 생후 24개월이 지나면 유아로 하여금 칫솔을 손에 쥐게 하여 이 닦기와 친숙해지도록 한다. 충치를 예방하려면 자기 전 이닦기가 매우 중요한데 가능하면 부모가 유아와 함께 이를 닦음으로써 자연스럽게 이 닦기가 습관화될 수 있도록 한다. 부모의 이 닦는 모습을 보면서 같이 이를 닦으면 아이들도 즐겁게 이 닦는 습관을 형성할 수 있다.

일곱째, 올바른 칫솔 사용법을 익히게 한다. 유아들이 스스로 칫솔질을 하도록 지도해야 한다. 가장 올바른 칫솔 방법인 회전법을 교육 통해 식사 후와 잠자기 전에 칫솔질을 하는 습관을 길러준다. 유아들의 유치가 충치에 이환되었을 경우 이를 방치하게 되면 음식물을 씹을 수가 없어 영양결핍이 오게 된다. 또한 아파서 한쪽으로 씹거나 우물우물 삼키게 되면 안면근육 운동이 균형을 잃게 되어 얼굴 모양이나 치열이 삐뚤어지며 이는 자아존중감에 영향을 미치기도 한다.

따라서 영유아의 치아를 잘 보존하려면 1년에 반드시 2번 정도 정기검진을 받고 음식물 섭취 후 바로 칫솔질을 하는 습관을 길러주도록 하며 특히 잠자기 전 칫솔질이 중요함을 인식시켜야 한다. 영유아의 충치나 잇몸질환을 조기에 치료하게 되면 치아의 건강과 더불어 소화기 또한 건강하게 되며 치열이 삐뚤어지는 것도 최대한 예방할 수 있게 된다. 무엇보다 요즘 즐겨먹는 설탕이 든 음식과 인공음료를 피하도록 해주는 것이 영유아의 치아건강에 중요하다.

이 닦기 방법을 살펴보면 그림 4-1과 같다.

올바른 이 닦기를 위해서는 우선 연령과 치아 상태에 맞는 칫솔과 치약을 선택하는 것이 중요하다. 원칙적으로 영아들의 칫솔질은 치아가 나오면 바로 시작해야 한다. 하지만 치아의 수가 많지 않을 경우에는 골무처럼 생긴 영아용 칫솔을 사용하는 것이 좋고, 어금니가 나오면 유아용 칫솔을 사용하는 것이 바람직하다.

치약은 불소 함유량을 정확히 확인하고 화학성분 첨가 여부도 꼼꼼히 살펴야 한다. 만 3세 이

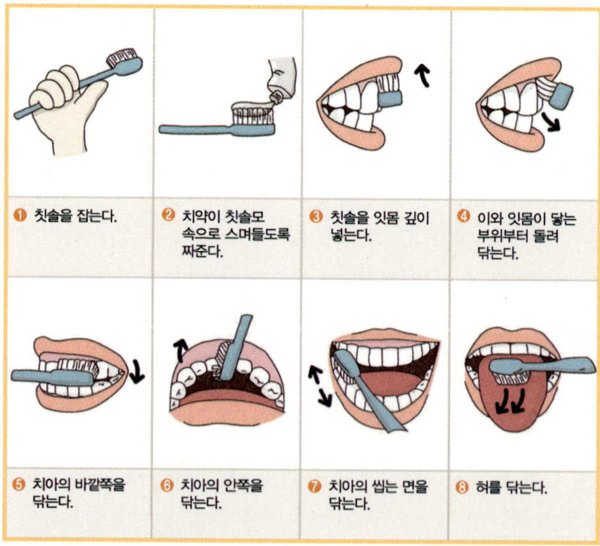

그림 4-1 이 닦는 방법

〈출처〉 식품의약품안전처. 영양식생활교육.

전 영아는 치약을 삼킬 수 있으므로 불소가 없는 치약을 사용하고, 만 3세 이후부터는 불소 농도가 600ppm 이하인 것이 좋다. 치약에는 충치를 예방해주는 불소 성분, 음식물 찌꺼기를 닦아주는 연마제, 거품이 나서 잘 닦이게 하는 계면활성제, 변질을 막아주는 보존제, 치약의 제형을 유지해 주는 결합제, 적당한 습도를 유지하게 하는 습윤제 등 많은 화학성분이 함유되어 있다. 따라서 연약한 영유아들이 사용하는 치약은 일반 치약보다 화학성분이 적고, 특히 불소의 함유량이 적은 것으로 선택해야 한다(조연정, 2013).

치아 건강을 위해서는 당류가 많이 함유된 음식과 음료수, 입안에서 당류로 변할 수 있는 탄수화물, 그리고 입안에서 쉽게 씻겨 나가지 않는 음식을 피하는 것이 좋다. 유산균발효유는 영양에는 좋으나 산도가 높아 유아들의 입에서 오래 남아 충치를 유발하는 데 영향을 미친다. 반면에 섬유소가 많이 함유된 야채와 과일, 산을 알칼리로 중화시키는 우유, 생선, 달걀 등의 음식들은 충치를 예방하는 데 도움이 된다.

2. 손 씻기

손은 각종 세균과 바이러스를 전파시키는 주요 원인이 되고 있다. 오염된 물질을 만진 손은 세균을 옮기게 되는데 자신의 몸속뿐 아니라 다른 사람에게도 전달될 수 있다. 손을 씻는 30초 동안 약 6만 마리의 세균이 제거된다고 한다(질병관리본부, 2014). 몸과 주변을 깨끗이 하는 것 중 가장 중요한 일은 손을 깨끗이 씻는 것이다(정미라, 배소연, 이영미, 2012).

올바른 손 씻기 습관은 유아교육기관에서 중요하게 인식하여 영아기부터 하루 일과에 포함되고 있다. 손 씻기는 특정 시간에 지도하는 것이 아니라 일상생활에서 자연스럽게 손 씻기를 할 수 있도록 한다. 특히 영유아가 유의하여 손을 씻을 수 있도록 유아교육기관뿐 아니라 가정에서도 다음과 같은 경우에는 손을 씻도록 성인이 모델이 되어 지도한다.

- 화장실을 이용한 후
- 기침, 재채기, 코 풀기를 하고 난 후
- 요리활동을 하기 전과 후
- 미술 활동을 한 후
- 음식을 먹거나 마시기 전
- 동물을 만진 후
- 바깥 놀이를 한 후

유아교육기관에서는 영유아들과 접하는 모든 성인들도 자주 손을 씻어야 한다. 유아교육기관에서 반드시 손을 씻어야 하는 경우는 다음과 같다(김혜경, 2012).

- 음식을 준비하거나 먹기 전
- 동물을 만진 후
- 요리활동 하기 전과 후
- 영유아나 교사가 코를 풀거나 재채기를 한 후
- 변기 사용 후, 기저귀 갈아 주기 전과 후, 영유아의 변기 사용 후
- 영유아에게 약을 먹이기 전과 후
- 바깥놀이를 한 후
- 쓰레기통 사용 후

특히 식사 전후에 손을 씻는 습관도 건강한 생활을 위해 반드시 필요하다. 손을 깨끗이 씻는 것만으로도 식중독 등 각종 질병의 70% 이상을 예방할 수 있다. 영유아들이 위생적으로 손 씻기를 할 수 있도록 올바른 방법을 익히는 것도 중요하다. 올바른 손 씻기 방법은 다음과 같다.

① 적절한 온도의 흐르는 물에 손을 적신다.
② 가급적 물비누를 사용하여 거품을 낸다.
③ 양손 깍지를 끼고 손가락 사이를 비벼 닦는다.
④ 손등과 손바닥을 문지른다.
⑤ 손가락을 돌려 닦는다.
⑥ 손톱으로 문지른다.
⑦ 흐르는 물로 깨끗이 헹군다.
⑧ 종이 타월로 물기를 닦는다.
⑨ 종이 타월로 수도꼭지를 잠근다.

그림 4-2 손 씻는 방법
〈출처〉 식품의약품 안전처. 영양식생활교육

3. 식생활 습관

영유아의 식생활 습관이란 음식의 기호, 음식에 대한 태도, 식사 태도 등 개인이 가진 식생활 관련 습관의 총체적인 양상을 말한다. 식생활 습관은 학습과정을 통해 습득한 식생활 행동의 체계에 의해 의식적이기 보다 거의 자동적으로 반복되는 것이다(문혁준 외, 2013).

영유아기는 식사 습관, 기호 음식, 식사 예절 등이 형성되는 시기이므로 올바른 식생활 습관을 익히는 것은 매우 중요하다(강문희, 2000; 문혁준 외, 2013). 유아교육기관에서는 식사 시간이나 간식 시간에 식생활 습관 지도가 가능하다. 잘못된 식사 태도 및 식사 예절이 일시적으로 나타날 수도 있지만 오랫동안 지속되고 반복된다면 빠른 시간에 수정되어야 한다. 영유아기에는 편식, 식욕부진, 비만 등의 문제가 생기기 쉬우므로 영유아 발달의 특징을 고려하여 좋은 식생활 습관이 형성될 수 있도록 지도한다.

1) 올바른 식생활 습관

올바른 식생활 습관이란 영유아가 적절한 영양소 섭취를 위해 올바른 식사 태도 및 식사 예절을 익혀 습관화 하는 것을 의미한다. 올바른 식생활 습관의 중요성을 살펴보면 다음과 같다(주영은 외, 2011).

첫째, 올바른 식생활 습관은 영유아의 건강 문제에 영향을 미치기 때문이다. 만약 영유아가 비스듬한 자세로 식사를 한다고 가정하자. 이 자세는 고정화되어 영유아의 신체발달에 영향을 미친다. 또한 영유아가 자신이 좋아하는 음식만 먹는다고 가정하면 영양의 불균형을 초래하게 되어 영유아의 건강에 영향을 미치게 된다. 따라서 영유아의 올바른 식생활 습관은 신체발달 뿐 아니라 영양적 측면에서도 건강을 유지할 수 있어야 한다.

둘째, 올바른 식생활 습관은 영유아의 사회적 관계 형성에 영향을 미친다. 예를 들어, 영유아가 항상 소리를 크게 내면서 식사를 한다고 하자. 영유아기에 형성된 이러한 습관은 성인이 된 이후에도 나타나 다른 사람들에게도 불쾌감을 주게 된다. 그러므로 영유아가 식사예절을 익혀 사회성 측면에서도 건강한 인간관계를 유지할 수 있어야 한다.

셋째, 올바른 식생활 습관은 영유아의 긍정적 자아개념을 형성한다. 영유아가 식사를 하기 전에 상차림을 돕는다고 생각해 보자. 영유아가 식사 준비를 도움으로써 칭찬이나 격려를 받게 될 것이다. 또한 젓가락과 숟가락을 사용하여 음식물을 흘리지 않고 식사를 할 경우, 바르게 먹는 것에 대해 기쁨을 느끼고 성취감을 느끼게 된다. 그러므로 영유아가 식사 준비 및 식사 태도를 통해 스스로에 대한 긍정적인 자아개념을 갖도록 한다.

넷째, 올바른 식생활 습관은 영유아가 자원의 중요성을 인식함으로써 환경보호에 관심을 갖도록 한다. 영유아가 음식을 다 먹지 않고 남겼다고 생각해 보자. 음식을 남기는 것이 습관화가 되면 많은 양의 음식을 버리게 되며 결국 깨끗하지 않은 환경에 영향을 미친다. 그러므로 영유아가 감사한 마음으로 음식을 먹을 수 있도록 습관화 하는 것이 필요하다.

따라서 식생활 습관 지도는 어려서부터 시작하여야 하며 올바른 지도와 관리가 요구된다. 이를 위해서는 영유아의 식품 기호도를 충분히 이해하고 결핍되기 쉬운 영양소의 보충, 바람직한 식습관을 형성하여야 한다. 잘못된 식습관 중 큰 비중을 차지하고 있는 편식 지도도 매우 중요하다(최지영, 2012).

그림 4-3 음식을 먹는 아이

Tip 식탁에 앉기 싫어하는 영유아

(종종 아이를 쫓아 다니면서 음식을 먹이는 상황을 보는 경우가 있다.)

- 부모는 아이에게 좋다고 생각하는 음식을 먹이려고 하고 또 아이는 이를 거부하는 데에서 비롯된다. 처음에는 단순히 음식을 거부하는 것으로 시작되지만, 차츰 음식거부를 아이가 원하는 것을 얻고자 하는 수단으로 이용하게 되는 것이 문제가 된다.
- 이러한 연결고리가 뿌리를 내리게 되면 음식거부 현상이 더욱 심해지고 또 이를 교정하기가 무척 어려워진다. 이러한 상황을 방지하기 위해서는 새로운 음식을 줄 때는 편안한 분위기에서 시도한다. 아이가 관심을 두지 않으면 계속 시도하기 보다는 뒤로 미루었다가 또 다시 시도해 보는 인내가 필요하다.
- 계속 식사를 거부하고 딴전만 부리더라도 굳이 아이와 다툴 필요는 없다. 식사시간이 지나면 아이에게 주고자 하는 음식을 식탁 한 구석에 따로 차려 놓고 식탁을 치우는 것도 한 방법이다. 아이가 배가 고파지면 스스로 식탁에 접근하여 먹게 되기 때문이다.
- 아이가 원하는 것을 얻기 위해 음식거부를 그 수단으로 이용하려는 눈치가 보일 때에는 음식거부와는 별개로 다루어야 한다. 아이에게 음식을 먹이기 위해 요구를 들어주게 되면 이러한 행동이 더욱 굳어지기 때문이다.

〈출처〉 이상일(2002). 영유아영양. 경기: 교문사.

2) 편식

편식은 어떤 특정한 음식만을 좋아하고 즐겨먹는 것을 의미한다. 편식은 특히 영유아기 전반에 걸쳐 중요한 영양문제로 지적되고 있다. 편식으로 인해 골고루 먹지 않고 특정한 식품만을 섭취하며, 다양한 식품을 섭취하지 않을 경우 영양장애를 초래할 수 있다. 영유아기는 식욕과 식품의 기호가 불안정하여 식품의 성분, 조직, 맛에 대한 개인적인 차이가 많으며 쉽게 변할 수 있는 시기이다. 영유아의 편식은 아직 고정된 것이 아니고 유동적이므로 교정이 가능하다.

식품을 좋아하고 싫어하는 일이 다소 있어도 이로 인해 영양소 섭취의 균형이 깨지거나 건강이나 성장에 장애를 초래하는 등의 심각한 영양문제를 일으키지 않는다면 큰 문제는 아니다. 영양상 별 의미가 없는 종류의 편식은 심신의 발달 또는 건강상태에 거의 영향을 미치지 않으므로 건강 및 발육 장애가 없으면 굳이 교정하지 않아도 된다고 할 수 있다. 편식과 식품 선호 현상의 구분은 명확하지 않다. 그러나 음식을 좋아하고 싫어하는 감정이 강하거나 영양적으로 불균형하여 발육과 성장 및 영양상태가 매우 뒤떨어지는 경우에는 편식이라고 할 수 있다.

(1) 편식의 원인

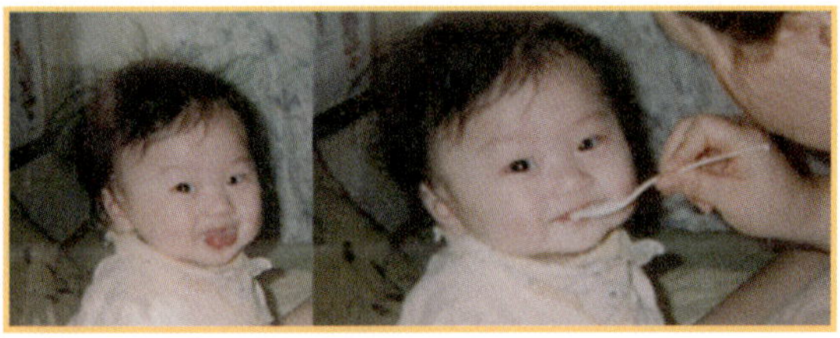

그림 4-4 이유식을 먹는 영아

영유아들은 어떤 음식에 대한 기호가 뚜렷한 경향이 있다. 이러한 식습관이 편식과 연결되어 문제가 되기도 한다. 편식은 특정 식품에 대한 혐오감에서 생기는 경우가 많다. 어떤 음식 섭취 중 좋지 않았던 경험이 있을 경우, 예를 들어 가시가 걸렸거나 먹기 싫은 음식을 먹고 체한 적이 있는 경우 편식으로 연결되기도 한다. 또한 육류의 경우 동물이 불쌍해서 먹지 않으려는 경우도 있다. 이러한 편식의 원인을 자세히 살펴보면 다음과 같다(정미라 외, 2012).

가. 이유기의 미각상 및 촉각상 이유

편식이 생기는 원인으로 미각발달과 촉감과 관련되는 경우가 있다. 이유기에 단맛만 먹게 되면 다른 맛을 익힐 기회가 없어져 편식의 원인이 되기는 한다. 이유기에 새로운 맛의 이유식을 주면 뱉어버리는 행동을 보이기도 하나, 이것은 혀 근육의 발달이 미숙한 경우도 있다. 이유기에 아기가 싫어하는 촉감은 채소이므로 차음에 아기는 채고 이유식을 뱉어버리기 쉽다. 이 시기에 이유식을 잘못하게 되면 성장한 후에도 채소를 싫어하게 된다. 이유기의 훈련은 어머니의 역할이 매우 중요하다. 익숙하지 않은 맛을 뱉는 경우에는 인내심을 가지고 반복적으로 조금씩 먹이는 연습을 통해 새로운 맛이나 촉감에 적응되도록 해야 한다.

나. 심리적 원인

영유아기에는 어떤 식품의 맛과 향, 혀의 촉감 등에 익숙하지 않기 때문에 심리적으로 위축감이 생길 수 있다. 영유아기에는 향에 예민한 반응을 나타내기 때문에 향이 강한 양파, 파, 미나리, 쑥갓 등을 싫어하기도 하나 성장하면서 변화된다. 그러나 먹기 싫을 때 먹을 것을 강요당하거나 구토, 복통 등의 좋지 않은 경험, 동물에 대한 동정 등이 심리적인 원인으로 나타나 편식을 하는 경우도 있다.

다. 사회 · 경제적 원인

영유아의 성장 지역이 식품 유통에서 제한을 받은 환경이라면 성장기에 경험할 수 있는 식품의 종류가 제한적이므로 편식이 생길 수 있다. 또한 경제적으로 어려운 환경에서 다양한 식품을 경험하지 못하게 되어 편식이 생기기도 한다. 그러나 이러한 경우에는 일시적이며 환경이 변화되면 새로운 음식에 익숙해지기도 한다.

라. 가정의 식사환경

편식의 원인 중 가장 큰 원인은 가정의 식사환경이다. 영유아의 식생활은 부모와 함께 생활하고 모방을 통해서 식사의 기호도 형성된다. 가족 중에 특히 어머니의 식품 기호도가 가족의 식생활에 영향을 미친다. 대부분 가정에서 영유아만을 위한 특별한 음식을 준비하기보다는 가족들이 먹는 음식의 일부를 주게 되므로 가족들의 식단에 불균형이 있으면 자연스럽게 영유아의 편식으로 연결된다. 또한 잔소리를 하거나 야단을 맞으면서 식사를 하게 되면 먹는 것에 부담을 느끼게 되고 그 때 먹었던 음식에 대한 부정적인 감정이 생기기도 한다. 따라서 즐겁게 식사하는 환경도 매우 중요하다.

요약하면, 이유식의 지연, 이유기 때 다양한 음식을 먹지 않은 경우, 이유기 이후의 편중된 식사, 즉 이유식 식품 선택의 단조로움, 식재료의 제한, 일률적인 조리법 등이 영유아의 편식을 조장하게 된다. 또한 먹는 일을 강요당하거나, 구토, 복통 등 식품에 관한 불쾌한 경험이나 기억이 있을 때, 사회 · 경제적으로 식품 선택의 기회가 제한되고 식품구매의 제한 등으로 다양한 식품

표 4-1 영유아들이 좋아하는 식품과 싫어하는 식품의 예

좋아하는 식품	싫어하는 식품
• 딸기우유, 초코우유, 바나나우유, 요구르트, 사과, 귤 등 • 단 것, 부드러운 것 • 입안에서 씹어 먹기 좋은 것 • 입안에 넣기 쉬운 크기의 것 등	• 냄새가 강한 채소 미나리, 파, 양파, 쑥갓 등 • 매운 음식 고추, 겨자 등이 많이 든 음식 • 돼지고기, 생선 등

을 접하지 못한 경우, 그리고 부모와 형제들의 편식 등 가족의 식습관과 어머니의 양육태도는 영유아 편식의 원인이 되고 있다.

부모나 교사가 다음과 같은 사항에 관심을 갖고 영유아의 편식을 예방하고 지도해야 한다.

- 낯선 음식은 처음에 양을 적게 하여 맛을 경험하게 한다.
- 어린이가 싫어하는 반찬은 양을 점차로 조금씩 늘린다.
- 음식을 지나치게 권하지 않으며, 조리방법을 바꾸어 보도록 한다.
- 냄새, 맛, 외관 등으로 인하여 싫어하는 경우는 다른 식품에 섞어 조리한다.
- 식사 시간에는 적당한 공복 상태가 되게 한다.
- 식사는 정해진 시간에 정해진 장소에서 하도록 한다.
- 식사 도중에 책을 읽거나 TV 시청 등의 행동은 하지 않도록 한다.
- 편식을 하면 건강이 나빠진다는 것을 설득시키는 노력도 중요하다.
- 편식의 문제를 다룬 그림책이나 비디오 등을 이용하여 교육한다.
- 친구들과 같이 어울려서 식사하게 하고, 즐거운 식사 환경을 만든다.

Tip 밥 안 먹는 아이를 위한 식생활 지침서

1. 씹기 운동하기

식사 시간마다 지속적인 씹기 운동을 통해 아이가 음식을 잘 씹어서 삼킬 수 있도록 해 주어야 한다.

- 20번 씹고 삼키기
- 먹기 좋은 크기로 반찬 만들기

2. 함께 먹고 함께 일어나기

아이가 혼자가 아닌 가족과 함께 식사를 끝내는 성공 경험을 갖게 하는 것이 무엇보다 중요하다. 절대로 혼자 남아서 먹지 않도록 한다.

- 아무리 적은 양이라도 아이가 먹을 수 있는 양만큼만 덜어 주기
- 아이와 함께 먹고 함께 일어나기 혹은 아이가 먼저 먹고 일어날 수 있도록 하기

3. 음식에 대한 즐거움 맛보기

아이가 음식에 대한 즐거움을 맛보기 위해서는 즐거운 식사 분위기를 경험하는 것이 중요하다.

- 가족과 함께 즐겁게 식사하기
- 친구들을 집으로 초대해서 즐거운 식사 시간 만들기
- 엄마가 음식을 만들 때 작은 것이라도 아이가 참여할 수 있도록 하기

4. 화법 바꾸기(부담이 되는 말 하지 않기)

아이가 부담을 갖지 않도록 엄마의 화법을 긍정적으로 바꾸는 것이 중요하다.

- 식사 시간에 다짐의 말, 부담을 주는 말 삼가기
- 먹는 '양'이 아니라 먹는 '방법'에 대해서 묻기

5. 아이에게 칭찬과 보상 해 주기

공부나 놀이 과정에서 칭찬을 기대하고 있는 아이, 잘하는 것을 끄집어내서 칭찬한다.

- 아이와 놀아 줄 때 반드시 시선을 맞추며 얘기하기.
- 작은 것부터 칭찬하기.
- 공부 이외의 동적인 놀이 하기.

6. 아빠와 함께 해 주기

엄마는 아이들 양육으로 인해 지칠 수 있고, 아이는 엄마와 아빠의 고른 관심이 필요하다.

- 엄마는 자신을 위한 시간을 갖기.
- 아빠와 함께 주 1회 이상 놀기.
- 가족들이 아이와 함께 놀아주고 식사하기.

〈출처〉 EBS다큐프라임 〈아이의 밥상〉제작팀(2011). 아이의 식생활.

3) 비만

국민건강영양조사 결과 우리나라의 어린이 비만 유병률은 1997년 5.8%에서 2005년 9.7%, 2013년 15.3%로 3배 정도까지 증가했다. 영유아의 비만은 성인비만과 마찬가지로 고지혈증, 지방간, 고혈압과 당뇨병 같은 성인병을 조기에 유발할 뿐 아니라 60% 이상이 성인비만으로 이어져 현재는 일종의 질병으로 간주하고 있다. 보건사회연구원의 '청소년 비만의 사회경제적 비용' 연구에 따르면 소아 · 청소년 비만으로 인한 사회경제적 비용은 약 1조 3638억 원에 달하는 것으로 나타났다.

영유아의 비만은 무엇보다 환경적 영향이 크기 때문에 가정, 학교, 지역사회 모두가 함께 노력해야 할 문제이다. 개인의 식습관, 신체활동 뿐 아니라 부모의 소득 수준, 친구 관계, 학교 주변 환경 등도 영향을 미친다. 친구들의 놀림, 뚱뚱함에 대한 부끄러움 등은 영유아의 정신적 스트레스가 되고 있다. 이로 인한 자신감의 결여 및 정서 발달 장애가 초래될 수도 있으므로 부모나 교사의 관심과 지도가 필요하다.

영유아비만이란 같은 연령, 성별을 갖는 영유아의 정상 기준치와 비교함으로서 평가할 수 있다. 비만증은 대개 같은 신장을 갖는 영유아의 표준 체중보다 20% 이상 더 나갈 때를 말한다. 비만 영유아의 대부분은 다른 아이에 비해 키가 약간 큰 편이다. 가슴 부위에 지방이 증가하고 배가 나오고 옆구리에 살이 불룩 나올 수 있다. 그리고 불룩 나온 배와 허벅지에 피부줄(튼살)이 나타날 수도 있다. 체중이 증가하고 배가 나오면 순발력이 떨어져서 운동을 잘 못하고 조금만 움직여도 숨이 차고 땀을 많이 흘리게 된다. 또한 잘 움직이지 않으려고 하면서 운동 부족은 더 심해지고 체중은 더욱 늘어나게 된다.

가. 영유아 비만의 진단(어린이 급식관리지침서, 2013)

신체계측의 판정기준치는 질병관리본부와 대한소아과학회(2007)에서 만든 소아 · 청소년 신체발육표준치를 활용한다. 영유아의 비만도는 체질량지수 성장곡선을 이용하거나 성별 신장별 표준체중을 이용한다.

ㄱ) 체질량지수(BMI)를 이용한 비만 판정

- 비만의 판정기준으로 가장 많이 사용되는 지표는 체질량지수(BMI)이다.
- 그러나 영아에서는 적합하지 않으므로 일반적으로 2세 이상에서 사용한다.
- 체질량지수(BMI)는 체중(kg)/(신장(m))^{2}의 식으로 사용하여 계산한다.
- 체질량지수는 무엇보다 간단하게 계산할 수 있다는 장점이 있다. 이런 이유로 성인에서는 많이 사용된다. 그러나 어린이에게는 연령에 따른 신장, 체중, 신체조성의 변동이 있기 때문에 성인처럼 체질량지수를 쉽게 적용할 수 없다.
- 어린이의 체질량지수 값으로 비만을 평가할 때 백분위수를 이용한다. 백분위수란 전체 집단을 변수 값의 크기에 따라 정렬한 뒤 100등분하였을 때 몇 번째에 해당하는지를 나타내는 값이다. 소아발육표준치 중 체질량지수의 성별 · 연령별 추정 백분위수나 성별연령별 체질량지수 곡선에 의거하여 표 4-2와 같이 평가한다.

표 4-2 체질량지수(BMI) 백분위를 이용한 비만도 평가 기준

구분	기준
과체중 위험군	성별, 연령별 체질량지수 85~95 백분위수 1년간 체질량지수가 3~4 이상 증가한 경우
비만군	성별, 연령별 체질량지수 95백분위수 이상

ㄴ) 성별 · 신장별 표준체중을 이용한 비만 판정

- 신장과 체중을 측정한다.
- 표준체중은 대한소아과학회와 질병관리본부에서 발표한 한국 소아 · 청소년 신체발육 표준치(2007)를 근거로 성별 · 신장별 표준체중을 확인하다.
- 비만도는 실제 체중을 표준체중으로 나누고 곱하기 100을 하여 산출한다.
- 비만 판정 평가기준은 표 4-3과 같다.

표 4-3 성별 · 신장별 표준체중을 이용한 비만도 평가기준

구분	기준
경도비만	성별 신장별 표준체중의 120~129%
중등도비만	성별 신장별 표준체중의 130~149%
고도비만	성별 신장별 표준체중의 150% 이상

표 4-4 어린이의 연령별 체질량지수 추정백분위수: 남아

연령		백분위수									
		3rd	5rd	10rd	25rd	50rd	75rd	85rd	90rd	95rd	97rd
	개월										
2세	0~1	14.01	14.38	14.94	15.88	16.91	17.94	18.49	18.86	19.41	19.77
	1~2	14.01	14.36	14.90	15.81	16.83	17.84	18.38	18.76	19.30	19.66
	2~3	14.00	14.34	14.87	15.75	16.74	17.74	18.28	18.65	19.20	19.56
	3~4	14.00	14.33	14.83	15.70	16.67	17.65	18.19	18.56	19.10	19.46
	4~5	13.99	14.31	14.80	15.64	16.59	17.57	18.10	18.47	19.01	19.37
	5~6	13.99	14.29	14.77	15.58	16.52	17.48	18.01	18.38	18.93	19.29
	6~7	13.98	14.27	14.74	15.53	16.45	17.40	17.93	18.30	18.85	19.21
	7~8	13.97	14.26	14.71	15.48	16.38	17.33	17.86	18.22	18.77	19.14
	8~9	13.97	14.24	14.68	15.43	16.32	17.26	17.78	18.15	18.74	19.08
	9~10	13.96	14.23	14.65	15.39	16.26	17.19	17.71	18.08	18.64	19.02
	10~11	13.96	14.21	14.62	15.34	16.20	17.12	17.65	18.02	18.59	18.97
	11~12	13.96	14.20	14.59	15.30	16.14	17.06	17.59	17.96	18.54	18.93
3세	0~1	13.94	14.18	14.57	15.26	16.09	17.00	17.53	17.91	18.49	18.89
	1~2	13.94	14.17	14.55	15.22	16.04	16.95	17.48	17.86	18.45	18.86
	2~3	13.93	14.16	14.52	15.18	15.99	16.90	17.43	17.82	18.42	18.83
	3~4	13.92	14.14	14.50	15.15	15.95	16.85	17.39	17.77	18.38	18.81
	4~5	13.91	14.13	14.48	15.11	15.90	16.81	17.35	17.74	18.36	18.79
	5~6	13.91	14.12	14.46	15.08	15.87	16.77	17.31	17.71	18.34	18.78
	6~7	13.90	14.11	14.44	15.05	15.83	16.73	17.27	17.68	18.32	18.78
	7~8	13.89	14.09	14.42	15.03	15.80	16.69	17.24	17.65	18.31	18.77
	8~9	13.88	14.08	14.40	15.00	15.76	16.66	17.22	17.63	18.30	18.78
	9~10	13.88	14.07	14.39	14.98	15.74	16.64	17.20	17.61	18.29	18.78
	10~11	13.89	14.06	14.37	14.96	15.71	16.61	17.18	17.60	18.29	18.80
	11~12	13.86	14.05	14.36	14.34	15.69	16.59	17.16	17.59	18.30	18.81

표 4-4 어린이의 연령별 체질량지수 추정백분위수: 남아(계속)

연령		백분위수									
		3rd	5rd	10rd	25rd	50rd	75rd	85rd	90rd	95rd	97rd
	개월										
4세	0~1	13.85	14.04	14.34	14.92	15.68	16.57	17.15	17.58	18.30	18.83
	1~2	13.84	14.03	14.33	14.90	15.65	16.56	17.14	17.58	18.31	18.86
	2~3	13.83	14.04	14.32	14.89	15.64	16.55	17.13	17.58	18.33	18.88
	3~4	13.82	14.00	14.31	14.87	15.62	16.54	17.13	17.58	18.34	18.92
	4~5	13.81	13.99	14.30	14.86	15.61	16.54	17.13	17.59	18.37	18.95
	5~6	13.80	13.98	14.29	14.85	15.60	16.53	17.14	17.60	18.39	18.99
	6~7	13.79	13.98	14.28	14.87	15.60	16.53	17.14	17.61	18.42	19.03
	7~8	13.78	13.97	14.27	14.84	15.59	16.54	17.15	17.63	18.45	19.07
	8~9	13.78	13.96	14.26	14.83	15.59	16.54	17.17	17.65	18.48	19.12
	9~10	13.77	13.95	14.25	14.83	15.59	16.55	17.18	17.67	18.52	19.17
	10~11	13.76	13.94	14.24	14.82	15.59	16.56	17.20	17.70	18.56	19.22
	11~12	13.75	13.93	14.24	14.82	15.60	16.58	17.22	17.73	18.60	19.28

※ 연령별 체질량지수 추정백분위수는 2세부터 18세까지 각각 남아용과 여아용이 있으므로 해당되는 소아 · 청소년 발육표준치(2007) 자료를 참조 바람.

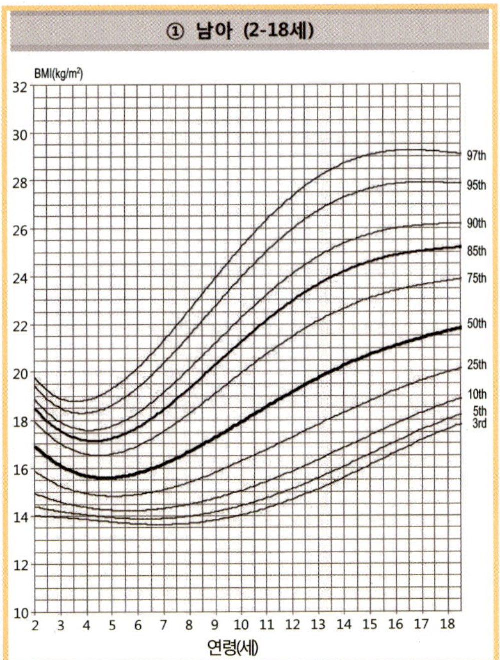

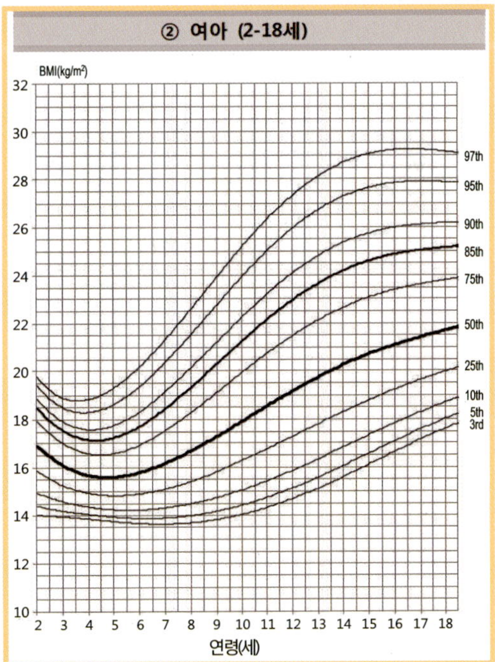

그림 4-5 어린이의 연령별 체질량지수(BMI) 곡선

표 4-5 어린이의 성별 · 신장별 표준체중

신장(cm)	남아	여아	신장(cm)	남아	여아	신장(cm)	남아	여아	신장(cm)	남아	여아
44~45	2.64	2.47	80~81	11.14	10.79	116~117	21.40	20.99	152~153	45.92	45.71
45~46	2.71	2.62	81~82	11.37	11.03	117~118	21.85	21.40	153~154	46.80	46.64
46~47	2.81	2.80	82~83	11.60	11.27	118~119	22.31	21.83	154~155	47.68	47.57
47~48	2.91	2.99	83~84	11.83	11.51	119~120	22.79	22.27	155~156	48.57	48.50
48~49	3.10	3.19	84~85	12.05	11.76	120~121	23.28	22.72	156~157	49.46	49.42
49~50	3.27	3.39	85~86	12.28	12.00	121~122	23.78	23.19	157~158	50.36	50.33
50~51	3.46	3.60	86~87	12.50	12.24	122~123	24.30	23.67	158~159	51.26	51.23
51~52	3.67	3.81	87~88	12.73	12.48	123~124	24.83	24.16	159~160	52.16	52.12
52~53	3.89	4.03	88~89	12.96	12.73	124~125	25.28	24.68	160~161	53.06	52.99
53~54	4.12	4.25	89~90	13.18	12.97	125~126	25.93	25.20	161~162	53.97	53.85
54~55	4.37	4.48	90~91	13.41	13.22	126~127	26.51	25.75	162~163	54.87	54.68
55~56	4.62	4.71	91~92	13.64	13.46	127~128	27.10	26.31	163~164	55.77	55.48
56~57	4.87	4.94	92~93	13.87	13.71	128~129	27.70	26.89	164~165	56.67	56.25
57~58	5.14	5.17	93~94	14.10	13.96	129~130	28.32	27.48	165~166	57.57	56.98
58~59	5.40	5.41	94~95	14.34	14.21	130~131	28.95	28.09	166~167	57.47	57.57
59~60	5.67	5.64	95~96	14.58	14.46	131~132	29.59	28.72	167~168	59.36	58.32
60~61	5.95	5.88	96~97	14.82	14.71	132~133	30.25	29.37	168~169	60.25	58.93
61~62	6.22	6.12	97~98	15.07	14.97	133~134	30.92	30.04	169~170	61.14	59.47
62~63	6.50	6.36	98~99	15.33	15.23	134~135	31.61	30.72	170~171	62.05	59.96
63~64	6.77	6.60	99~100	15.59	15.49	135~136	32.31	31.42	171~172	62.90	60.39
64~65	7.05	6.85	100~101	15.85	15.76	136~137	33.05	32.14	172~173	63.77	60.74
65~66	7.33	7.09	101~102	16.13	16.03	137~138	33.74	32.88	173~174	64.63	61.02
66~67	7.60	7.34	102~103	16.41	16.31	138~139	34.48	33.63	174~175	65.49	
67~68	7.87	7.58	103~104	16.70	16.59	139~140	35.23	34.40	175~176	66.33	
68~69	8.14	7.83	104~105	16.99	16.88	140~141	35.99	35.19	176~177	67.18	
69~70	8.41	8.05	105~106	17.30	17.17	141~142	36.76	36.00	177~178	68.01	
70~71	8.67	8.33	106~107	17.62	17.47	142~143	37.55	36.82	178~179	68.83	
71~72	8.93	8.57	107~108	17.94	17.78	143~144	38.35	37.66	179~180	69.65	
72~73	9.19	8.82	108~109	18.28	18.10	144~145	39.15	38.51	180~181	70.45	
73~74	9.44	9.07	109~110	18.63	18.42	145~146	39.97	39.97	181~182	71.25	
74~75	9.70	9.31	110~111	18.99	18.76	146~147	40.79	40.25	182~183	72.04	
75~76	9.94	9.56	111~112	19.36	19.10	147~148	41.63	41.14	183~184	72.82	
76~77	10.19	9.81	112~113	19.74	19.46	148~149	42.47	42.04	184~185	73.59	
77~78	10.43	10.05	113~114	20.14	19.82	149~150	43.32	42.95	185~186	74.35	
78~79	10.67	10.30	114~115	20.55	20.20	150~151	44.18	43.86			
78~80	10.90	10.54	115~116	20.97	20.59	151~152	45.05	44.79			

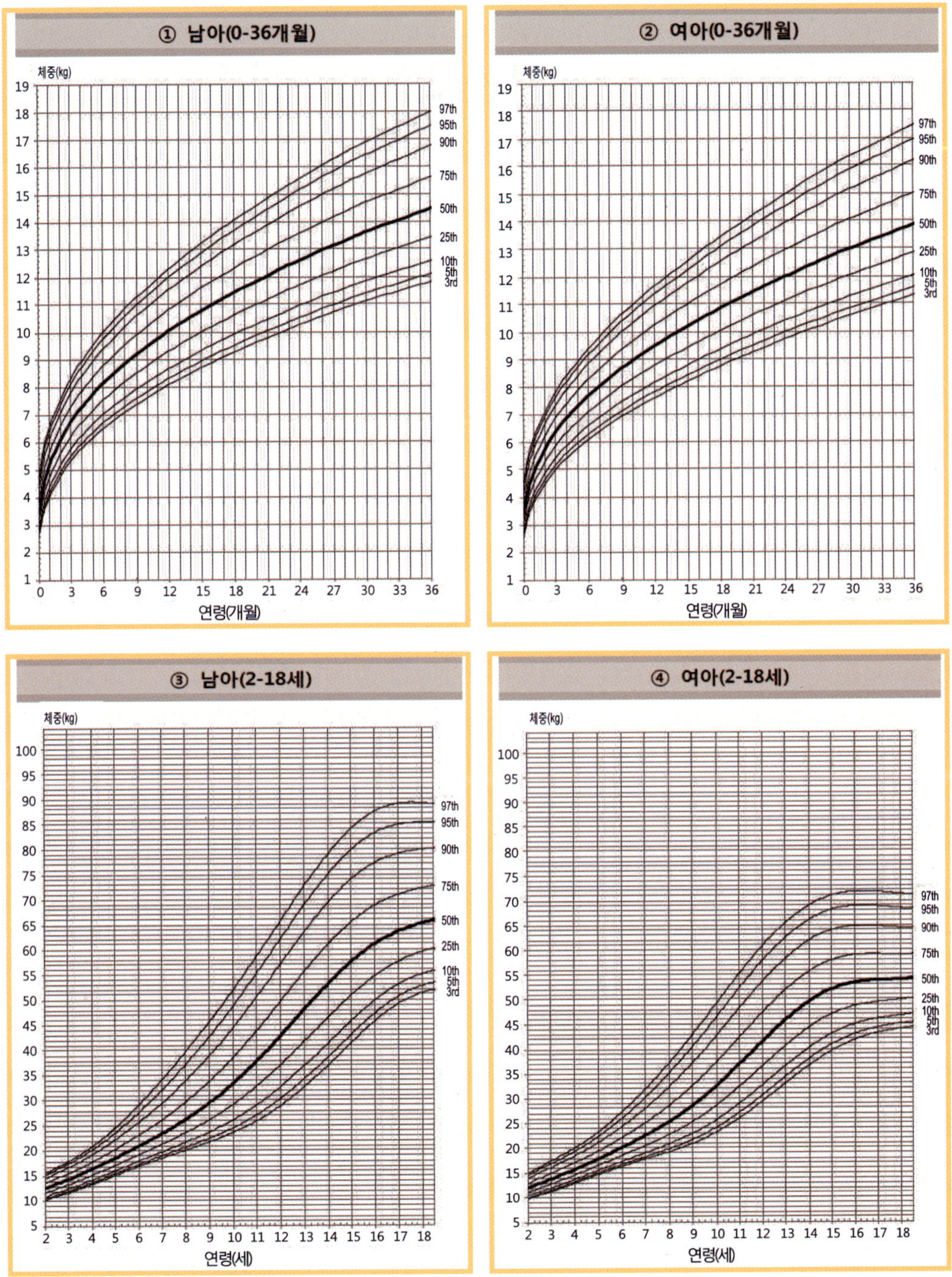

그림 4-6 어린이의 연령별 체중곡선

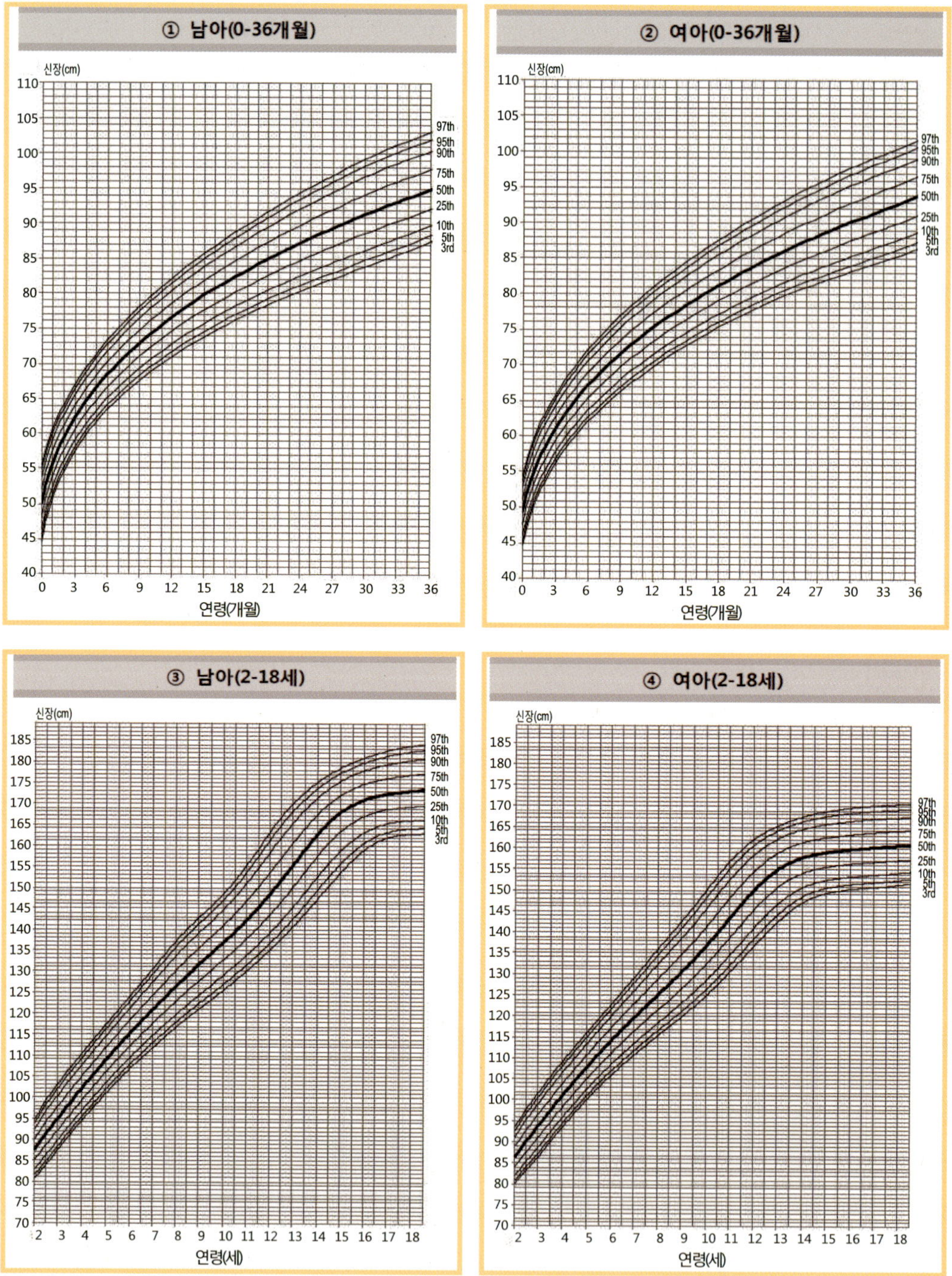

그림 4-7 어린이의 연령별 신장곡선

나. 영유아기 비만관리 예방과 관리 원칙

정상아에 비해 비만아들은 정서적으로 열등감, 불만, 슬픔 등 각종 스트레스 요소를 먹는 것을 통하여 욕구불만을 해소시키려 하며 식욕절제에 어려움을 보인다. 영유아기에 바람직한 식습관과 규칙적인 운동으로 비만을 조기에 예방하며 개선할 수 있는 방안을 찾아야 할 것이다. 비만 예방 및 관리 원칙을 살펴보면 다음과 같다.

- 영아기: 출생 시 저체중인 경우와 과체중인 경우에 비만한 성인이 될 위험이 높다. 또한 출생 시 체중과 관계없이 체중 증가 속도가 빠르면 비만이 발생할 위험이 높다.
- 유아기: 유아비만은 아동과 가족이 비만 치료의 필요성을 느끼지 않은 경우가 많다. 유아비만은 학동기 비만으로 이어질 가능성이 높다. 그러나 이 시기는 활동량이 많고 식사와 활동 조정이 비교적 쉽기 때문에 비만관리가 효과적이다.
- 아동기 및 청소년기: 아동기에 비만하면 사춘기까지 지속될 위험이 증가할 뿐 아니라, 사춘기에 비만하면 비만 관련 합병증을 동반할 위험이 높고 성인비만으로 이행될 가능성이 증가한다. TV 시청과 컴퓨터 사용 시간을 줄이면서 식사와 운동을 병행한 프로그램이 효과가 있었다는 보고가 있다. 성장시기별 비만관리 원칙은 표 4-6과 같다.

표 4-6 성장시기별 비만관리 원칙

연령	구분 및 관리방안			
영아기 (0~2세)	고위험군	• 출생 시 체중이 2.5kg 미만이거나 4.0kg 이상인 신생아 • 체중 증가율이 빠른 영아		
	관리원칙	• 비만예방을 위해 모유수유가 중요하며 • 고형식 이유식을 일찍 시작하지 않도록 하며 • 단맛을 내는 이유식을 피함		
유아기 (3~5세)	고위험군	• 체지방 반동이 일찍 시작되거나 • 텔레비전 시청 시간이 긴 유아 • 수면 시간이 짧은 유아 등		
	관리원칙	경도비만	중등도비만	고도비만
		비만도를 20%이하로 낮추는 데 목표를 두지만 신장이 자라므로 감량보다는 체중을 유지하는 것이 목표	식사와 운동 상담을 실시함. 합병증 동반 유무를 확인하고, 합병증이 동반되어 있으면 감량이 필요.	
아동기 (6~11세)	관리원칙	경도비만	중등도비만	고도비만
		신장은 정상적으로 성장하되 체중은 유지함. 집단관리 프로그램을 활용.	합병증 동반 유무를 확인하고 합병증이 동반되어 있지 않으면 체중을 유지하여도 되지만, 합병증이 동반되어 있으면 체중 감량이 필요.	합병증 동반 유무를 확인하여야 하며, 합병증 유무에 상관없이 체중 감량이 필요하고, 전문가의 관리가 필요.
사춘기 (12~18세)	관리원칙	비만 관련 합병증을 확인하여 합병증이 동반되어 있으면 치료를 병행하도록 지도함.		

〈출처〉 대한비만학회(2006). 소아 · 청소년 비만관리지침서.

경도비만인 경우에는 체중 감량보다는 체중 유지를 목표로 한다. 식사를 심하게 제한하여 체중을 급속히 감량하지 말고 현재 체중을 유지하면서 자연적인 키 성장에 따라 현재의 체중이 바람직한 체중이 되도록 한다. 체중조절에는 열량섭취량의 조절과 활동량의 증가가 필수이다.

비만 예방 및 관리에는 어린이집, 유치원 등의 유아교육기관뿐 아니라 가족의 역할이 중요하다. 영유아와 부모에게 모두 열량, 포화지방, 당분 및 염분 함량이 높은 고열양 · 저영양 식품을 배제하고 성장에 필요한 영양소를 골고루 함유하고 있는 식품이나 음식을 선택하는 방법을 교육한다. 비만아 및 비만 예방을 위해 주의할 점은 다음과 같다.

- 식사와 간식은 정해진 시간에 식탁에서만 먹게 한다.
- 음식은 천천히 먹게 한다.
- 눈에 띄는 곳에 특히 지방과 당 함량이 많은 과자류 등을 두지 않는다.
- 과자나 사탕 등 먹는 것으로 보상하지 않는다.
- 즐겁게 많이 움직일 수 있도록 유도한다.

다. 영유아 비만 치료

영유아 비만의 치료는 식이 요법, 운동 요법, 행동 교정 요법, 심리 요법 등으로 구성된다. 치료 프로그램은 영유아의 나이에 따라 실시하기에 적합해야 한다. 또한 정상적인 성장을 유지할 수

Tip 패스트푸드의 문제점

1. 영양의 불균형
패스트푸드의 주원료는 동물성 단백질, 지방, 정제된 설탕, 소금, 화학조미료이고 영유아의 성장과 대사에 필요한 비타민과 미네랄을 섭취할 수 있는 녹황채소가 결여되어 있어 영양상의 불균형을 초래할 수 있다.

2. 무기질의 불균형
과도한 함유량은 성장기 영유아의 뼈를 약하게 만든다.

3. 칼로리가 높아 영유아 비만을 초래할 확률이 매우 높음
4. 착색료, 보존제, 화학조미료, 글루타민산 등 다량의 식품첨가물 함유
5. 황색포도상구균 등 식품 취급자로부터 세균 감염 등의 위생상 문제
6. 외국에 매우 비싼 로열티를 지급
7. 1회용 포장용기 사용으로 인한 막대한 쓰레기 문제

〈출처〉 서울특별시육아종합지원센터

있어야 하며, 가족들의 이해와 협력이 없으면 실패하기 쉽다. 영유아 비만에서 약물이나 수술과 같은 치료 방법은 사용하지 않는 것이 원칙이다.

- 식이 요법: 식이 요법의 목적은 영유아 및 가족들에게 균형 있는 건강한 식이 섭취를 하도록 하고 바람직한 식습관을 갖도록 하는 데에 있다. 성장을 위하여 필요한 열량의 결정과 영양소의 배분이 중요하며, 따라서 영양사와의 상담이 필수적이다. 무리한 체중 감량은 바람직하지 않으며, 과잉 섭취하고 있는 잘못된 식사량과 식습관의 교정이 더욱 중요하다. 경도 비만아의 경우는 체중을 유지하는 것만으로도 신장의 증가에 의하여 비만도가 정상화될 수 있다. 중등도 및 고도 비만아의 경우는 집중적이고 지속적인 식이 요법이 필요하다.
- 운동 요법: 운동은 체중 감소, 심폐 기능의 항진, 감소된 체중의 유지 효과가 있다. 이를 위해서는 달리기, 등산, 에어로빅, 자전거 타기, 줄넘기, 수영 등의 유산소 운동(산소를 소모하는 운동)이 권장된다. 최소한 일주일에 3~5번, 하루 30~40분 정도 시행하는 것이 바람직하다. 영유아는 비만을 조절하겠다는 동기가 부족한 경우가 많으므로 무조건적인 운동 요법보다는 재미가 있고 가족이나 친구들과 함께 하는 운동을 선택하여 꾸준히 실천하는 것이 중요하다. 또한 비만에 따른 무릎, 고관절, 발목의 부하를 최소화할 수 있는 운동이 필요하다.
- 행동 교정 요법: 비만을 초래하는 부적절한 식이 습관과 생활 습관을 찾아내어 서서히 장기간에 걸쳐 조직적으로 교정하는 것을 목표로 한다. 처음에 두세 가지 나쁜 습관을 수정하고 어느 정도 정착이 되면 다른 습관을 교정하는 식으로 진행한다. 가족 전체의 참여가 중요하며, 체중 변화보다는 행동 변화에 관심을 가지고 격려해 주는 것이 필요하다.
- 심리 요법: 심리적인 안정감을 갖도록 도와주는 것이 중요하다. 정서적인 불안, 열등감, 소외감, 자아상의 분열 등이 있을 때에는 소아정신과 의사의 도움을 받는 것이 좋다.

4. 배변 훈련

배변 훈련은 방광과 괄약근을 통제할 수 있는 신체적 능력과 언어로 자신의 의사를 표현할 수 있는 언어적 능력이 발달하는 생후 15~18개월 이후에나 가능하다. 발달의 특성상 개별적인 차이가 있으므로 배변 훈련은 개인마다 시기가 다르다.

대소변 가리기는 18~24개월 사이에 시작하여 만 3~4세가 되어야 완전해지므로 배변 훈련을 일찍 시작하였다고 반드시 배변 훈련이 일찍 끝나는 것은 아니다. 또한 대소변을 잘 가리던 영유아들도 여러 가지 요인들로 인해 실수를 하기도 한다는 것을 알아야 한다. 이때 심한 심리적 압박으로 인해 부정적인 영향을 받지 않도록 유의하여 지도해야 한다.

점점 영유아들이 가정이 아닌 유아교육기관에서 보내는 시간이 많아짐에 따라 이러한 배변 훈련은 부모와 교사가 함께 잘 협조하여 지도할 필요가 있다. 개월에 따른 대소변 가리기의 발달적 특성을 살펴보면 다음과 같다(정미라, 배소연, 이영미, 2012; 조운주, 최일선, 2013).

- 0~6개월: 6개월까지 영아는 방광에 소변이 쌓이면 반사적으로 소변을 배설하지만, 소변보는 간격은 점차 1~2시간 정도로 길어진다.
- 6~10개월: 6개월 이후에 영아의 방광은 점차 커져서 어느 정도 소변을 참을 수 있다.
- 10~18개월: 10개월이 지나면서 영아는 신경 및 뇌가 발달하여 방광의 감각을 느낄 수 있다. 또한 젖은 기저귀나 옷을 만지면서 불편함을 표현한다.
- 18~24개월: 방광이 좀 더 커져서 보다 많은 양의 소변을 모을 수 있다. 이 시기에는 대변이 나오는 느낌을 인식할 수 있어 배변 훈련을 시작할 수 있는 시기이다. 또한 대소변에 관계된 간단한 용어를 이해하고 사용한다.
- 24~30개월: 소변이 마려워도 어느 정도 참을 수 있을 만큼 방광의 통제 능력이 발달한다. 또한 용변의 의사를 표현하고 화장실에 가야겠다는 것을 말한다.
- 30~36개월 이상: 밤에도 소변을 보지 않거나 잠깐 동안 소변을 참을 수 있을 정도로 방광 통제 능력이 발달한다.

소변을 가리는 단계를 제시하면 다음과 같다(국가건강정보포털, 2010).

- 1단계: 소변 보는 간격과 시간을 관찰한다.

  소변 가리기는 소변 보는 간격을 생각해서 변기나 화장실로 유도하는 것부터 시작된다. 대개 아침에 일어난 후에 소변을 보기 쉬우므로 잠에서 깨어나면 바로 소변을 보도록 유도한다.
- 2단계: 소변을 보기 전 증후를 관찰한다.

  아이마다 어떤 표정을 짓거나, 조급해 진다거나, 혹은 성기를 만지거나 하는 징후가 있으므로 잘 관찰하도록 한다. 특히 남자 아이들은 고추가 커지므로 쉽게 관찰 할 수 있다.
- 3단계: 2~3시간 간격으로 아이를 살펴 쉬를 유도한다.

  대개 2~3세가 되면 낮에는 소변을 가리지만 밤중에는 싸게 된다. 이때는 자기 전이나 잠들고 한 시간 뒤에 깨워 소변을 누이면 차츰 밤 중 소변의 습관을 줄일 수 있다. 남자아이의 경우에는 2~3세부터 변기에 서서 누게 해도 좋다.
- 4단계: 기저귀를 팬티로 대체한다.

  소변을 가리기 시작하면 기저귀를 채우지 않는 것이 좋다. 팬티를 입히게 되면 오줌이 팬티를 통해 흘러내리게 되므로 소변보는 것을 확실하게 인식하게 된다. 그렇다고 너무 빨리 기저귀를 벗기는 것도 바람직하지 못하다.

대변을 가리는 단계를 제시하면 다음과 같다(국가건강정보포털, 2010).

- 1단계: 영아의 배변 시간, 배변 동작을 잘 관찰 한다.
  대개 아침이나 식사 후가 변 보기에 가장 편한 시간이다. 힘을 주면서 배가 아픈 듯이 불안해하고 흥분하며 몹시 보채는 경우도 있다.
- 2단계: 변기에 앉히고 힘 주는 동작을 같이 한다.
  변기는 따뜻하게 해주고 엉덩이는 빠지지 않는 적당한 크기여야 한다. 또한 아기의 발이 항상 바닥에 닿는 것이 중요하기 때문에 아기 변기를 이용하는 것이 좋다. 만일 성인 변기에 앉는 것을 원한다면 반드시 적당한 크기의 받침대를 아기 발밑에 놓아주어야 한다. 또한 배변 시 "응가, 응가" 하면서 영유아가 힘 줄 때 같이 힘 주는 동작을 하는 것도 좋다.
- 3단계: 성공하면 칭찬해 준다.
  대변보는 것에 성공하면 엉덩이를 깨끗이 닦아 주고 잘 했다고 칭찬해 주거나 아이가 가장 좋아하는 보상을 해 주는 것도 좋다. 성인의 칭찬과 더불어 배변 후 뱃속도 편안해져 좋은 기분을 알게 된다. 이런 기분 좋은 배변이 기억에 남아 이후에도 변의를 느끼거나 배변을 조절하는 데 있어 충분히 좋은 반사 작용을 하게 된다.
- 4단계: 실수해도 야단 쳐서는 안 된다.
  3~5분 쯤 변기에 앉혔는데도 변을 보지 않으면 "조금 있다 누자" 하면서 아무 일 없던 것처럼 옷을 입혀 다시 놀게 한다. 변기에서 내려와 다른 장소에서 변을 봤다고 해서 야단치는 일은 피해야 한다.

배변 훈련은 영유아가 배설을 해야 하는 위치를 알고, 뒷정리를 할 수 있는 것까지 포함되어 지도한다. 배변 훈련의 중요성에 대해 살펴보면 다음과 같다(주영은, 성영화, 이숙자, 2011).

첫째, 배변 훈련은 영유아기 이후의 발달에 영향을 미친다. 프로이드는 2~3세가 되면 영아는 항문기에 접어들어 배설을 통해 쾌감을 느낀다고 하였다. 이 시기 영아의 발달과업은 배변 훈련을 잘 완수해 내는 것이다. 이때 배변 훈련이 잘 이루어지지 않거나 이로 인해 지나치게 스트레스를 받게 되면 이후 성격형성에 영향을 미치기 때문에 영아의 배변 훈련은 매우 중요하다.

둘째, 배변은 건강을 나타내는 신호이다. 배변을 언제, 어떻게, 얼마나 하는가에 따라 건강의 여부를 알 수 있다. 특히 영아의 대변은 건강을 나타내는 신호이므로 유아교육기관에서는 잘 관찰하여 건강에 이상이 없는지 파악해야 한다.

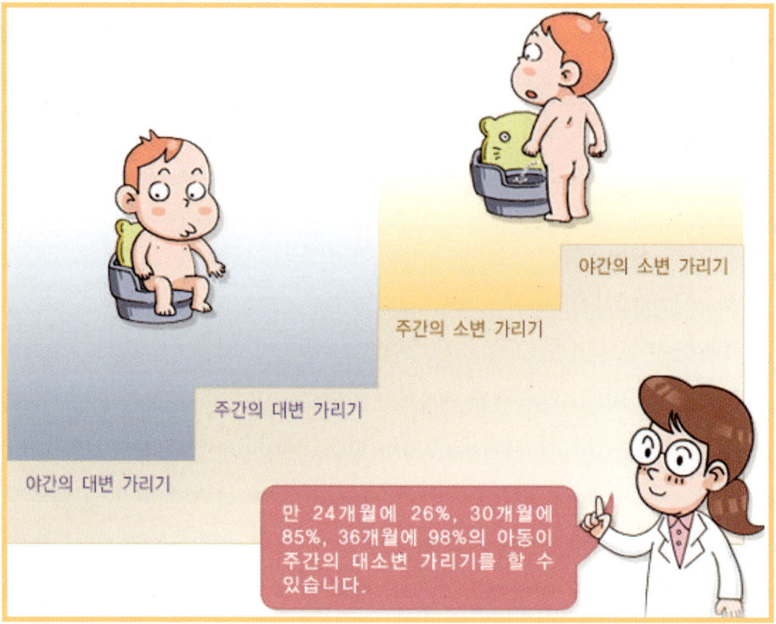

그림 4-8 대소변 가리기
〈출처〉 국가건강정보포털

배변 훈련이 제대로 이루어질 수 있도록 지도하는 방법은 다음과 같다(강문희, 2005).

첫째, 만 1세 이후 영아가 어느 정도 자신의 생리적 욕구를 표현할 수 있고, 배변의 욕구가 나타나면 지도한다. 또한 규칙적으로 대소변을 보는 습관을 가질 수 있도록 한다.

둘째, 영유아가 배변의 의사가 있을 때 배변과 관련된 장소나 기구, 옷 벗기 등의 절차를 반복하여 지도한다.

셋째, 대소변을 잘 가리던 영유아들도 갑자기 놀라거나 심리적으로 불안한 경우에 일시적으로 실수를 할 때도 있다. 이때 어떤 환경의 변화나 심리적 긴장감이 생긴 원인을 살펴볼 필요가 있다.

넷째, 유아교육기관에서 실수를 하더라도 벌을 주거나 수치심을 주어 상처를 받지 않도록 한다. 또한 실수를 대비하여 여분의 옷을 준비한다.

다섯째, 낮잠이나 밤잠에 들기 전에 물, 우유, 주스, 수박 등을 많이 먹지 않도록 하고 반드시 화장실에 다녀오도록 지도한다.

여섯째, 일상생활에서 규칙적으로 배변 훈련을 할 수 있도록 지도한다. 배변 관련 동화를 읽어주고 배변 습관의 중요성을 인식시켜 혐오감을 갖지 않도록 한다.

일곱째, 배변은 심리적인 안정감이 중요하다. 영유아는 유아교육기관이 친근한 공간으로 어느 정도 적응이 되었을 때 편안한 마음으로 배변을 할 수 있다. 교사는 편안한 분위기에서 영유아의 배변 활동이 이루어질 수 있도록 지도한다.

배변과 관련하여 발생할 수 있는 문제는 유뇨증, 야뇨증, 유분증, 빈뇨증 등이다. 이러한 문제 행동은 발달의 지연, 방광과 괄약근 등의 신체적 발달 장애, 심리적 · 정서적 · 유전적 요인 등으로 인해 나타난다. 교사는 영유아의 배변 활동을 잘 관찰하여 문제가 발생하면 부모 상담을 통해 원인을 파악하고 전문의의 진료를 받아보도록 안내한다.

배변 훈련은 적절한 시기에 적절한 방법을 사용하는 것이 중요하다. 성공적인 배변 훈련을 완수하기 위해서는 영유아교사의 역할 또한 중요하다. 영유아교사가 영유아와 함께 유의하고 노력해야 할 사항은 다음과 같다(정미라, 배소연, 이영미, 2012).

- 평소에 기저귀를 자주 갈아 준다.
- 기저귀를 갈고 싶을 때는 언제나 선생님께 오라고 이야기한다.
- 이미 배변 훈련이 된 다른 영유아와 함께 대소변을 보는 기회를 제공한다.
- 배변 훈련과 관련된 동화책을 많이 읽어 준다.
- 휴대용 변기를 교실에 준비해 주어 쉽게 변기를 사용할 기회를 제공한다.
- 화장실에 가서 실제 화장실 사용법에 대해 이야기해 준다.
- 영아가 배변에 대한 의사가 있다고 확실하게 판단될 때 "변기에 앉아 볼까?", "화장실에 갈래?" 등의 이야기를 한다.

Tip 부모들이 알아야 할 대소변 가리기의 기본 원칙

대소변 훈련을 서두를 이유는 없으며 빨리 해서 좋다는 증거는 없다. 외부의 요구(유아교육기관에서 대소변 가리기를 요구할 때)에 의해 시작을 하는 경우도 있겠지만, 아이가 발달 과정상 미리 준비될 때까지 기다려 주는 것이 좋다는 것이 최근의 연구 결과이다.

대소변 가리기는 아이가 주체가 되어야 한다. 결국 다소 빠르거나 늦거나 간에 어차피 달성되는 것이라는 것을 명심해야 한다. 대소변 가리기 훈련에서 가장 중요한 것은 주어진 과제를 달성하는 데서 얻어지는 아이의 자존심을 최대로 키워 주는 것이다. 단기 목표(대소변 가리기)의 달성을 위해 장기 목표(신체적, 정신적으로 건강한 아이)를 희생시켜서는 안 된다.

대소변 가리기는 남과 경쟁하는 시합이 아니다. 성공적으로 가리다가 다시 실수하는 경우도 많다. 적절한 시점이 아니라고 여겨지면 얼마든지 연기할 수 있다.

부모는 대소변에 대한 혐오감을 아이에게 전달해서는 안 되며, 아이에게서 나오는 훌륭한 선물처럼 대해 주어야 한다. 아이는 변을 자신의 몸의 일부로 생각하기도 한다. 부모가 대변을 보고 인상을 찡그리거나 "아이, 더러워", "휴, 냄새" 하는 식으로 지저분한 것을 보듯 대하면, 아이는 어른들이 자신의 몸의 일부(즉, 자신)를 더럽게 생각하는 것으로 받아들여 심리적으로 위축된다.

〈출처〉 국가건강정보포털

- 영유아에게 명령을 하기보다는 제안을 한다.
- 항상 영유아의 의사를 존중한다.
- 혹시 실수를 하더라도 화를 내거나 벌을 주지 않는다.
- 영유아가 변기에 앉아 있는 동안 변기의 물을 내리지 않는다.
- 배변의 의사를 너무 자주 묻지 않는다.
- 배변 훈련을 하는 동안 인내심을 갖고 기다려 준다.

그림 4-9 배변훈련을 하는 영아

5. 수면 습관

성인이나 영유아나 일상생활을 하기 위해 잠자는 것은 매우 중요한 일이다. 수면은 일상생활에서 지친 몸과 마음의 피로를 회복시켜 주고 에너지를 재충전할 수 있도록 돕는다. 또한 수면은 사고와 행동을 위해 사용했던 우리의 뇌세포들을 다시 정리할 수 있는 시간을 준다.

수면은 연령이 증가하면서 시간이 짧아지는데 개인마다 차이는 있다. 일반적으로 0~6개월의 경우 하루의 대부분인 16~20시간, 6개월~1세의 경우에는 14~16시간, 2~3세는 12~14시간, 4~5세 유아는 10~12시간 정도의 수면이 필요하고(정미라 외, 2012), 성인의 경우에는 8시간 정도면 충분한 수면시간이다.

수면은 REM(rapid eye movement) 수면과 non-REM 수면으로 구분된다. REM 수면은 수면 중에 안구의 움직임이 매우 빠르고 호흡과 맥박도 빠르게 움직인다. non-REM 수면은 몸의 움직임이 덜하고 호흡과 맥박도 규칙적이며 조용하면서 깊이 잠드는 것이다. 영아는 성인에 비해 REM 수면이 높게 나타난다.

수면의 중요성에 대해 살펴보면, 첫째, 수면 습관은 영유아의 일상생활에 영향을 미친다. 적절하게 휴식하고 수면을 취하지 않으면 피곤하여 활동에 대한 의욕도 상실한다. 따라서 즐겁고 행복한 생활을 위해서라도 적절한 수면은 반드시 필요하다. 둘째, 수면 습관은 신체발달에 영향을 미친다. 적절한 영양섭취와 수면은 영유아의 신체발달에 매우 중요하다.

대부분 종일제 유아교육기관에서는 낮잠시간을 운영하게 된다. 활동량이 많은 영유아들의 경우 발달적 특성을 고려하여 낮잠시간이나 휴식시간을 반드시 제공한다. 유아교사는 하루일과를 계획할 때 일정한 시간에 규칙적인 수면시간이 될 수 있도록 한다.

유아교육기관에서 낮잠시간을 운영할 때는 영유아들이 편안하게 잘 수 있는 환경을 마련해 주는 것이 필요하다. 먼저 화장실에 다녀오도록 지도하고 교사는 쉽게 잠들 수 있도록 실내조명을 어둡게 해 주고 이불을 깔면서 조용한 음악을 틀어 주어 편안한 분위기를 조성한다. 또한 편안하게 잘 수 있도록 영유아들의 옷을 갈아입혀 준다. 잠을 자는 시간은 개인마다 다르고 잠을 청하는 방법도 다양하다. 교사는 영유아의 잠자는 습관을 파악하여 개인에게 맞는 방법으로 잠들 수 있도록 지도한다. 또한 영유아들이 잠에서 깼을 때 교사를 보고 안심할 수 있도록 잠을 자는 동안에도 교실을 비워서는 안 된다. 교사는 이불을 덮지 않은 영유아의 이불을 덮어주고, 영유아들이 편안하게 잠을 잘 수 있도록 곁에서 지켜 준다.

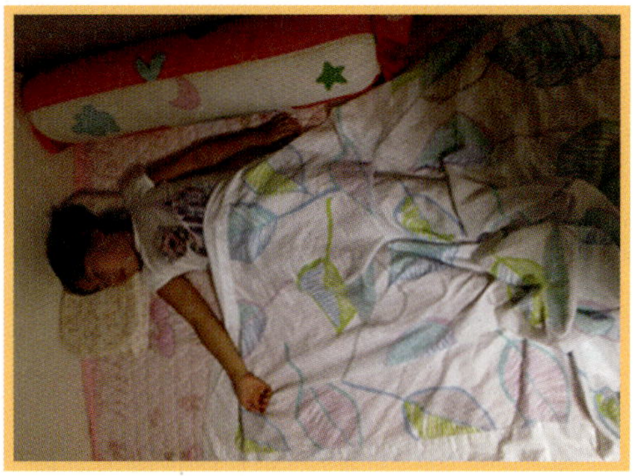

그림 4-10 낮잠자는 유아

이때 낮잠을 자지 않으려는 영유아에게 잠잘 것을 강요하지 않는다. 낮잠을 자지 않으려는 영유아들에게는 따로 준비된 교실에서 잠자는 아이들에게 방해되지 않는 조용한 활동을 제공한다. 아니면 잠자는 영유아들과 함께 누워서 휴식을 취하게 하는 것도 좋다.

수면 습관의 문제는 영아기의 잘못된 수면 습관이 원인이 되거나 가정에서 바람직하지 못한 생활습관, 불규칙한 수면습관을 갖은 부모의 모델 등에서 찾아볼 수 있다. 또한 영유아의 신경 및 뇌 발달의 미숙이나 정신적인 스트레스 때문에 나타나기도 한다. 수면과 관련된 문제 행동을 살펴보면 다음과 같다(조운주 외, 2013).

- 중간에 깨서 우는 영유아

  영유아들은 불규칙한 생활, 피곤이나 불편함과 같은 신체적인 요인 때문에 수면 중간에 깰 수 있다. 또한 실내 온도, 환기, 채광, 주변 소음 등 환경적인 요인도 영향을 준다. 그리고 격리불안, 야단을 맞거나 악몽을 꾸는 등 정신적 불안이나 스트레스가 있을 때 수면 중 우는 행동이 나타난다.
- 낮과 밤이 바뀐 영유아

  신생아의 경우 밤낮이 바뀌는 것이 정상적인 성장의 일부이다. 그러나 시간이 지나면서 점차 성인과 같은 수면 패턴을 갖는 것이 일반적이다. 지속적으로 낮과 밤이 바뀐 경우는 신생아 시기의 수면 패턴을 그대로 유지하여 습관이 되었기 때문이다.
- 잠투정하는 영유아

  5~6개월이 지나면 영아의 잠투정은 점점 심해질 수 있는데, 이 시기의 영유아는 지능과 감성이 발달하면서 양육자와 떨어지는 것을 무서운 경험으로 생각하기 때문이다.
- 이를 가는 영유아

  잠을 자면서 이를 가는 것의 원인은 정확히 밝혀지지는 않았으나 정서적 불안이나 긴장, 치아 배열의 문제 때문일 수 있다.

- 낮잠을 자지 않는 영유아

유아가 유아교육기관에서 낮잠을 자지 않는 것은 가정에서 늦게까지 잠을 잤거나 놀이하는 것을 계속하고 싶거나, 기관의 환경에 적응이 되지 않아서 일 수 있다.

- 수면장애

수면장애는 야경증, 몽유병, 악몽 등이다. 야경증은 잠든 뒤 30분~3시간 사이에 갑자기 비명을 지르면서 헛소리를 하고 손짓, 발짓을 하는 등 공포와 공황 상태로 잠에서 깨어난 뒤에는 자신의 행동을 전혀 기억하지 못한다. 야경증은 주로 만 3~4세 이후에 나타난다. 몽유병은 잠꼬대를 하면서 자리에서 일어나 돌아다니는 것이 특징이고 만 5~6세에 나타난다. 이러한 영유아기 수면장애는 영유아의 신경발달, 뇌 발달이 진행되는 과정에 있어 아직은 미숙한 상태이기 때문에 발생할 수 있다. 또 다른 원인은 스트레스와 피로 때문일 수 있다.

Tip 수면을 위한 십계명

1. 일요일에 늦잠을 자지 마라.

"오늘은 일요일이라 밀린 잠이라도 실컷 자리라"고 마음먹고 잠자리에 빈둥거리고 늦잠을 자고 아침 겸 점심을 즐긴다면 당신은 반드시 일요일 밤에 불면증을 겪고 한 주 내내 뒤바뀐 수면 패턴으로 고생을 할 것이다. 수면습관은 쉽게 바뀔 수 있고 스트레스가 있는 주중에는 더욱 예민해 질 수 있으니, 오히려 여유 있는 일요일에 평소와 같은 시간 일정을 유지하여 흐트러진 수면패턴을 바로잡고, 꼭 수면이 필요하다면 짧은 시간의 낮잠을 즐기는 것이 좋다.

2. 잠자리에 들기 전에 먹고 마시는 것을 삼가라.

우리가 자는 동안에 우리의 위장도 쉬어야 한다. 음식물 섭취는 위장에 많은 부담을 줄뿐 아니라 자율 신경계와 심장 또한 쉬지 않게 만들 수 있어 수면을 편안하게 하지 않는다. 특히 자극적인 음식은 더욱 심한 장애를 유발한다. 술은 자기 전에 수면을 편안하게 할 수도 있으나 과할 경우 오히려 수면을 유지하는 데 방해가 되고 아침 일찍 깨어나게 하므로 피해야 한다. 특히 수면 무호흡증 등이 있으면 더욱 증상을 악화시키고 다른 질환을 일으킬 수 있음을 명심해야 한다. "자기 전 2시간 전에는 먹고 마시는 일을 삼가도록 하여 장을 쉬게 하자."

3. 카페인을 피해라.

카페인은 우리의 뇌를 자극하여 각성상태를 유지하게 하므로 수면과는 견원지간이라 본다. 카페인에 예민한 사람을 점심시간 이후에는 피해야 한다. 가끔 "난 커피에 관계없이 잘 잔다"고 표현하지만 예외는 없다. 커피는 우리의 뇌를 깨어 있게 한다.

4. 가능하면 운동을 매일 규칙적으로 하고 낮 시간에 밝은 태양 아래서 실시하라.

우리의 뇌 속에 있는 생체시계는 태양의 빛에 따라 움직인다. 낮 시간에 밝은 태양 아래 운동을 하게 되면 생체시계에 필요한 자극을 줄 뿐 아니라 육체적 운동을 통해 긴장을 풀고 야간 수면을 유도하는 데 도움도

줄 수 있다. 그러나 수면시간 6시간 전에 운동을 끝내는 것이 좋다. 저녁 시간대에는 자기 전까지 실내조명을 밝게 유지하는 것이 안면에 도움이 된다.

5. 실내는 선선하게 유지하고 손발은 따뜻하게 하라.

잠을 자는 동안 우리 인체는 활동 시기보다 체온이 떨어지기 때문에 실내 기온을 약간 낮게 유지 하는 것이 인체는 편안하게 느끼게 된다. 인간은 정온 동물이고 신체구조가 추위를 방어하기 좋게 되어 있고, 고온에서는 일정한 체온을 유지하기 위하여 더 많은 에너지를 필요로 하기 때문에 편안함을 느낄 수 없게 된다. 그러므로 실내 온도는 낮게 유지하는 것이 좋다. 손, 발과 같이 혈관 순환이 원활하지 않아 추위를 쉽게 느끼는 부위는 이불을 이용하여 체온을 유지하는 것이 좋다.

6. 낮잠은 짧게 자라.

낮잠은 결국 밤잠을 빼앗아 간다. 몸이 피곤하거나 날씨 탓으로 잠을 견디기 힘들면 20분 이내의 짧은 시간의 낮잠을 즐기는 것이 좋다. 긴 낮잠을 두통을 유발할 수 도 있고 수면의 깊은 단계까지 들어가게 되면 깨기가 어렵고 육체적으로 피곤을 느끼게 된다.

7. 잘 때는 TV를 꺼라.

"TV를 켜고 있으면 스르르 잠들기 때문에 좋다"고 이야기를 하기도 하지만 결국 TV나 라디오 등 소음은 우리들의 청각(TV는 시각도 함께 자극)을 자극하게 되고 우리의 뇌를 깨우기 때문에 수면을 방해하게 된다. TV를 켜 놓고 깜박 졸고 TV에서 흘러나오는 애국가 소리에 깨게 되며 많은 경우, 불면증을 호소한다. 수면 전에 우리의 뇌를 자극하는 모든 것을 제거하여 우리의 뇌를 쉬게 하자.

8. 황제의 침실을 부러워 마라.

자신에게 가장 편안한 자세를 취할 수 있는 잠자리를 만들어라. 값비싼, 고귀한 침실일지라도 나에게 편안하지 않으면 오히려 수면에 방해가 된다. 일반적으로 잠자리를 바꾸면 잠을 쉽게 들기 어렵고 또한 쉽게 깨어지는 것을 경험했으리라고 믿는다. 잠자리는 나에게 가장 편안하고 알맞은 나만의 것으로 본인이 직접 만드는 것이 좋다.

9. 수면 전에 긴장을 풀어라.

긴장을 하게 되면 인체의 신경계, 근육 등 모든 것이 초비상 상태가 된다. 초비상 상태에서 편하게 잠잔다는 것이 불가능하게 되는 것은 자명한 일이다. 그러므로 그날의 스트레스나 고민거리는 가능하면 없애버려야 한다. 잘 안 될 경우에는 따뜻한 물로 샤워를 하든지, 가벼운 스트레칭 체조를 하면 큰 도움이 된다.

10. 많은 잠보다 충분한 잠을 자라.

도저히 잠이 오지 않을 때는 최소량의 수면제를 사용하고, 잠이 필요 하지 않을 정도로 몸의 컨디션이 유지되고 있으면 밤을 새더라도 억지로 잠을 청하지 말라. 잠의 양은 사람마다 차이가 있고, 그날의 몸의 컨디션에 따라서도 차이가 있으니 자기 몸 컨디션에 알맞은 충분한 잠을 자도록 하는 것이 좋다.

〈출처〉 대한수면학회

05장

예방접종

05장 예방접종

아동기의 질병을 막기 위한 예방접종(immunization)은 아주 중요하다. 면역은 질병을 일으키는 병원균에 대한 신체의 방어기전이다. 신생아는 태반을 통해서 모체로부터 수동적으로 항체를 받지만, 모체로부터 받은 항체는 생후 3개월 정도만 효과가 있다.

모유수유아는 많은 종류의 세균과 바이러스에 대항하는 추가적인 면역글로불린을 받는다. 태반을 통해 전달된 면역체와 모유수유로 면역체가 영아에게 전달되기는 하나 모든 질병을 막아내지는 못하므로 아동들에게 예방접종은 매우 중요하다. 영아와 어린 아동의 면역 체계는 미숙하고 생명을 위협할 수 있는 감염에 약하다. 신생아실에서 퇴원한 이후, 영아 자신이 스스로 자신의 몸에서 면역 항체를 만들 수 있는 생후 2개월부터 정기 예방접종 프로그램이 시작된다. 예외적으로 B형간염은 생후 1주 이내에 접종하고 결핵 예방접종은 생후 4주 이내에 접종한다.

부모와 영유아 교육을 담당하는 사람들은 현재 예방접종 상태와 기록을 관찰하고 예방접종의 금기사항을 확인해야 된다.

면역의 종류에서 자연 수동면역은 산모의 태반으로부터 아기에게로 면역체가 전달된 것을 말한다. 자연 능동면역은 질병을 앓고 난 후에 면역체가 만들어진 것이다. 인공 수동면역은 동물에서 직접 항체를 만들어서 사용하는 것을 의미하고, 인공 능동면역은 백신이나 톡소이드(Toxoid)를 접종하여 항체가 만들어지는 것이다.

백신의 종류에는 병원균의 독성을 약화해서 사용하는 약독화 생백신(홍역, 볼거리, 풍진, 수두, 경구용 소아마비), 죽은 병원균을 이용하는 사백신(소아마비, 인플루엔자, 백일해, 열이나 화학작용으로 독소를 파괴해서 이용하는 톡소이드-파상풍 톡소이드, 디프테리아 톡소이드), 인간의 혈액(혈장)이나 질병으로부터 회복하는 환자의 혈장에서 얻어지는 면역혈청글로불린(홍역, 간염, 파상풍, 백일해, B형간염, 볼거리, 수두), 그리고 항체가 형성된 동물의 혈액에서 만들어지는 항독소(동물 항혈청, 파상풍 항독소, 디프테리아 항독소)가 있다. 항독소는 과민반응(알레르기 반응)이 일어날 수 있으므로 과민반응 여부를 먼저 검사해야 한다.

1. 예방접종 분류

(1) 국가예방접종

국가예방접종은 국가가 권장하는 예방접종으로 국가는 '감염병의 예방 및 관리에 관한 법률'을 통해 예방접종 대상 감염병과 예방접종의 실시기준 및 방법에 관한 권장사항을 정하고 있다. 국가예방접종은 필수로 모든 아동이 접종을 해야 하며 보건소에서는 무료나 아주 싼 비용으로 접종할 수 있다. 국가예방접종은 보건소와 의료기관에서 접종가능하다.

(2) 기타예방접종

기타예방접종은 국가지원 대상 외에 의료기관에서 접종가능한 예방접종이다.

결핵(BCG,) A형간염, 로타바이러스(RV), 인유두종바이러스(HPV), 수막구균(MCV4), 대상포진(HZV)으로 이것은 대부분이 값이 비싸고 본인이 부담해야 한다.

2. 백신 접종방법

백신의 접종방법은 경구투여(입안), 근육주사, 피하주사, 피내주사 등으로 나누는데 각각의 백신은 규정된 접종방법대로 정확하게 접종하여야 한다. 접종방법이나 부위가 잘못된 경우에는 충분한 예방효과가 생기지 않거나 이상반응이 발생할 수 있다.

3. 예방접종 주의사항 및 금기사항

(1) 접종 전 주의사항

- 아이의 건강상태를 가장 잘 알고 있는 사람이 데리고 간다.
- 집에서 아이의 체온을 측정하고 열이 없는 것을 확인하고 병원에 간다.

• 모자보건수첩 또는 아기수첩을 가지고 병원이나 보건소에 간다.
• 접종 전날 목욕을 시키는 것이 좋다.

(2) 접종 후 주의사항

• 접종 후 20~30분간 아이의 상태를 관찰한다.
• 귀가 후 적어도 3시간 이상 주의 깊게 관찰한다.
• 접종 당일과 다음날은 심한 운동을 하지 않는다.
• 접종 당일은 목욕을 하지 않는 것이 좋다.
• 접종 부위는 깨끗하게 한다.
• 접종 후 최소 3일간은 특별한 관심을 가지고 관찰하며 고열, 경련이 있을 때에는 곧 의사진찰을 받도록 한다.
• 접종 부위가 빨갛게 부어 오르거나 아파하면 찬 물수건을 대 준다.
• 아이는 반드시 바로 눕혀서 재운다.

① step 01

예방접종 전에는

영아	• 예방접종에 대한 정보를 읽어 본다. • 아이가 좋아하는 장난감이나 담요를 같이 가지고 간다. • 아이를 편안하게 한다.
아동	위의 사항과 더불어 • 아이에게 정직하게 말해 준다. "따끔하지만 몇 초만 지나면 괜찮을 거야." • 주사로 아이를 겁주지 않는다. "잘못하면 간호사 보고 주사를 놓으라고 할 거야." • 형이나 누나, 언니가 아이에게 겁을 주지 않게 하고 안심시킨다.

② step 02

예방접종 동안은

영아	• 관심을 딴 곳으로 돌리고 안심시킨다. • 부드럽게 어루만지고 이야기해 준다. • 아이를 보면서 미소 짓고 눈을 맞춘다.
아동	위의 사항과 더불어 • 아이를 무릎 위로 안전하게 잡고 있는다. • 아이와 이야기를 하거나 노래를 같이 부른다. • 아이가 숨을 깊게 들이 마셨다가 천천히 내쉬도록 한다. • 작은 인형을 쥐어 준다. • 아이와 정겨운 대화를 한다. • 아이가 억지로 울음을 참도록 겁주지 않는다.

③ step 03

예방접종 후에는

영아	• 편안하게 해 준다. • 만져주고, 꼭 안아주고, 젖을 물린다. • 부드럽게 이야기하며 달래준다. • 집에 가서 약간의 열이 나면 아세트아미노펜(타이레놀) 같은 진통제를 사용해도 되는지 물어본다.
아동	위의 사항과 더불어 • 칭찬을 하면서 안아주거나 재미있게 놀아 준다. • 아이에게 다 끝났다고 안심시킨다.

④ step 04

접종 후 집에서는

공통	• 다음 예방접종일을 달력에 표시한다. • 예방접종 후 이상반응에 대해 잘 읽어 본다. • 접종부위가 빨갛게 부어 오르거나 아파하면 찬 물수건을 대 준다. • 진통이나 해열을 위해 의사에게 아세트아미노펜(타이레놀)을 사용해도 되는지 확인한다. • 열이 나면 미지근한 물수건으로 몸을 닦아 준다. • 아이가 다음날까지 잘 먹지 못하면 물을 충분히 마실수 있도록 한다.

4. 예방접종의 금기사항

예방접종 시 금기사항은 백신을 접종할 경우 이로 인해 사망 등 심각한 이상반응을 일으킬 가능성이 매우 높은 경우에는 예방백신을 접종 할 수 없는 금기사항이 된다.

예방접종을 할 수 없는 영구적인 금기사항은 백신의 성분에 아나필락시스(심각한 알레르기 반응을 일으키는 것)와 같은 심한 알레르기 반응이 있었던 경우와 백일해 백신 접종 후 7일 이내에 원인을 알 수 없는 뇌증(encephalopathy–뇌의 이상반응)이 발생한 경우이다.

개별 백신별 금기사항/주의사항 및 접종이 가능한 경우(일반적인 경우)

금기 사항	• 이전에 백신 접종 시 심한 알레르기 반응(아나필락시스 등)을 보인 경우 • 백신 성분에 대한 심한 알레르기 반응(아나필락시스 등)
주의 사항	• 심한 급성질환이 있을때

접종이 가능한 경우	• 약간의 미열이 동반된 가벼운 급성질환 • 이전 접종 후 약하게 또는 중간 정도의 열이 있었던 경우(38도 미만) • 항생제 치료를 받고 있는 경우 • 질병의 회복기 • 미숙아	• 최근에 전염병에 노출된 경우 • 페니실린 알레르기, 백신이 아닌 물질에 대한 알레르기, 알레르기의 가족력, 알레르기 유발물질로 면역치료 중인 경우, 백신성분에 대한 비아나필락시스성 알레르기, 비특이적인 알레르기 • 모유 수유

5. 표준예방 접종 일정표(소아용)

현재 우리나라에서 시행하고 있는 예방접종표는 다음과 같다(질병관리본부, 예방접종도우미).

■ 표준예방일정에 따라 접종하지 못한 경우(지연접종, 미접종 등) 다음 차수에 대한 예방접종일정이 다를 수 있으므로 자세한 예방접종일정은 방문하실 보건소 및 병의원에 확인하시기 바랍니다.

표 5-1 표준예방접종 일정표(소아용)

	대상 전염병	백신종류 및 방법	0개월	1개월	2개월	4개월	6개월	12개월	15개월	18개월	24개월	36개월	만4세	만6세	만11세	만12세
국가예방접종	결핵 ①	BCG(피내용)	1회													
	B형간염 ②	HepB	1차	2차			3차									
	디프테리아 파상풍 백일해	DTaP ③			1차	2차	3차		추4차				추5차			
		Td / Tdap ④													추6차	
	폴리오 ⑤	IPV			1차	2차	3차						추4차			
	b형헤모필루스 인플루엔자 ⑥	PRP-T/HbOC			1차	2차	3차	추4차								
	폐렴구균	PCV(단백결합) ⑦			1차	2차	3차	추4차								
		PPSV(다당질) ⑧									고위험군에 한하여 접종					
	홍역 ⑨ 유행성이하선염 풍진	MMR						1차					2차			
	수두	Var						1회								
	일본뇌염	JE(사백신) ⑩						1~3차						추4차		추5차
		JE(생백신) ⑪						1~2차								
	인플루엔자	Flu(사백신) ⑫					매년 접종									
		Flu(생백신) ⑬									매년 접종					
	장티푸스 ⑭	주사용									고위험군에 한하여 접종					

	대상 전염병	백신종류 및 방법	0개월	1개월	2개월	4개월	6개월	12개월	15개월	18개월	24개월	36개월	만4세	만6세	만 11세	만 12세
기타예방접종	결핵 ①	BCG(경피용)	1회													
	로타바이러스	RV1(로타릭스)			1차	2차										
		RV5(로타텍)			1차	2차	3차									
	A형간염 ⑮	HepA								1~2차						
	인유두종 바이러스	HPV2(가다실)/ HPV4(서바릭스)													1~3차	

• 국가예방접종 : 국가가 권장하는 예방접종(국가는 감염병의 예방 및 관리에 관한 법률을 통해 예방접종 대상 감염병과 예방접종의 실시기준 및 방법을 정하고, 국민과 의료제공자에게 이를 준수토록 하고 있다.)
• 기타예방접종 : 국가예방접종 이외 민간 의료기관에서 접종 가능한 예방접종.
• 기초접종 : 단기간 내에 방어면역 형성을 위해 시행하는 접종.
• 추가접종 : 기초접종 후 형성된 방어면역을 장기간 유지하기 위해 기초접종 후 일정기간이 지난 다음 추가로 시행하는 접종.

① BCG: 결핵을 예방하기 위한 접종이다. 우리나라는 아직도 결핵균이 많기 때문에 생후 4주 이내에 반드시 접종해야 된다.

② B형간염: 우리나라 전 국민의 10% 이상이 B형간염 환자이므로 B형간염을 예방하기 위해 생후 1주 이내에 접종을 하고 있다. 임산부가 B형간염 항원(HBsAg) 양성인 경우에는 출생 후 12시간 이내에 B형간염 면역글로불린(HBIG)과 B형간염 백신을 동시에 접종하고, 이후 B형간염 접종일정은 출생 후 1개월 및 6개월에 2차, 3차 접종을 실시한다.

③ DTaP(디프테리아 · 파상풍 · 백일해)는 DTaP-IPV(디프테리아 · 파상풍 · 백일해 · 폴리오) 혼합백신으로도 접종 가능하다. 전에는 DTaP(디프테리아 · 파상풍 · 백일해)는 근육주사를 하고 폴리오(소아마비)는 경구로 입안에 분홍색 약물을 주입했으나 경구용의 효능이 약화되어 2007년이후에는 폴리오(소아마비)도 근육주사로 시행하고 있다. DTaP-IPV(디프테리아 · 파상풍 · 백일해 · 폴리오)는 생후 2, 4, 6개월에 접종하고 만 4~6세에 추가접종한다.

④ Td / Tdap: 파상풍균은 흙 속에 또는 녹슨 쇠붙이에 있어서 다쳤을때 상처부위에 흙이 묻거나 녹슨 못 같은 것에 찔렸으면 파상풍에 감염 되는 것을 막기 위해 만 11~12세에 Td 또는 Tdap으로 추가 접종을 권장한다.

⑤ 폴리오(소아마비): 3차 접종은 생후 6개월에 접종하나 18개월까지 접종 가능하며, DTaP-IPV(디프테리아 · 파상풍 · 백일해 · 폴리오) 혼합백신으로도 접종 가능하다.

⑥ b형 헤모필루스 인플루엔자(Hib): 생후 2개월~5세 미만 모든 소아를 대상으로 접종한다. 5세 이상은 b형 헤모필루스인플루엔자균 감염 위험성이 높은 경우(항암치료에 따른 면역저하, 백혈병, HIV 감염, 체액면역 결핍 등) 접종한다.

⑦ 폐렴구균(단백결합): 10가와 13가 단백결합 백신 간의 교차접종은 권장하지 않는다.

⑧ 폐렴구균(다당질): 2세 이상의 폐렴구균 감염의 고위험군을 대상으로 하며 건강상태를 고려

하여 담당의사와 충분한 상담 후 접종해야 된다.

※ 폐렴구균 감염의 고위험군

- 면역 기능이 저하된 소아: HIV 감염증, 만성 신부전과 신증후군, 면역억제제나 방사선 치료를 하는 질환(악성종양, 백혈병, 림프종, 호치킨병) 혹은 고형 장기 이식, 선천성 면역결핍질환
- 면역 기능은 정상이나 다음과 같은 질환을 가진 소아: 만성 심장 질환, 만성 폐 질환, 당뇨병, 뇌척수액 누출, 인공와우 이식상태(인공 청각)

⑨ 홍역: 유행 시 생후 6~11개월에 MMR 백신 접종이 가능하나 이 경우 생후 12개월 이후에 MMR 백신 재접종이 필요하다.

⑩ 일본뇌염(사백신): 1차 접종 후 7~30일 간격으로 2차 접종을 실시하고, 2차 접종 후 12개월 후 3차 접종한다.

⑪ 일본뇌염(생백신): 1차 접종 후 12개월 후 2차 접종을 실시한다.

⑫ 인플루엔자(사백신): 6~59개월 소아의 경우 매년 접종을 실시한다. 이 경우 첫해에는 1개월 간격으로 2회 접종하고 이후 매년 1회 접종(단, 인플루엔자 접종 첫해에 1회만 접종받은 경우 그 다음에 1개월 간격으로 2회 접종)한다.

⑬ 인플루엔자(생백신): 24개월 이상부터 접종 가능하며, 접종 첫해에는 1개월 간격으로 2회 접종하고 이후 매년 1회 접종(단, 인플루엔자 접종 첫해에 1회만 접종받은 경우 그 다음해 1개월 간격으로 2회 접종)한다.

⑭ 장티푸스: 장티푸스 보균자와 밀접하게 접촉하거나 장티푸스가 유행하는 지역으로 여행하는 경우 등 위험 요인 및 환경 등을 고려하여 제한적으로 접종할 것을 권장한다.

⑮ A형간염: 생후 12개월 이후에 1차 접종하고 6~18개월 후 추가 접종(제조사마다 접종 시기가 다름)한다.

6. 예방접종 대상 감염병

(1) 결핵(Tuberculosis)

결핵은 결핵균에 의한 감염질환으로 폐를 침범하며 뼈나 관절, 뇌 등의 신체의 다른 부위에도 영향을 주는 질환이다. 주로 결핵 환자의 기침이나 재채기를 통해 호흡기 분비물에 있는 결핵균이 사람에서 사람으로 전파된다.

결핵의 증상은 전신적으로 기운이 없고, 체중 감소, 열, 밤에 땀이 나는 증상이 있을 수 있다. 폐결핵의 경우에는 지속적인 기침, 가래에 피가 섞이는 객혈과 가슴에 통증 증상이 있고 영아의

경우에는 가래가 없는 기침, 약간의 호흡곤란 및 미열 등이 가장 흔한 증상이다.

결핵의 치료는 여러가지 항결핵제를 복용하는 내과적 치료가 기본이나 필요에 따라 수술과 같은 외과적 치료를 병행할 수 있다. 결핵이 발병한 사람은 의사의 지시에 따라 치료효과와 부작용에 대한 검사를 정기적으로 받고, 처방된 약을 꾸준히 적어도 1년~1년 6개월 이상 복용해야 내성균 발현을 막고 결핵을 완치할 수 있다.

결핵은 BCG 예방접종을 통해 예방할 수 있다. 모든 영유아가 접종 대상이며 생후 4주 이내에 접종한다.

(2) B형간염(Hepatitis B)

B형간염 바이러스(Hepatitis B virus: HBV)에 감염되어 간의 염증이 발생하는 질환으로 급성 B형 간염과 만성 B형간염이 있다. B형간염 바이러스에 감염되면 만성 보유자가 되기 쉽고, 나중에 일부에서 간경화나 간암과 같은 심각한 간질환으로 진행될 가능성이 높기 때문에 매우 중요한 감염 질환이다. 예방접종으로 B형간염 보유자가 많이 감소하였지만 우리나라는 아직도 많이 발생하고 있다.

B형간염은 감염된 사람의 혈액이나 체액을 통해 전파된다. 수혈할 때 직접적으로 감염되기도 하고, 오염된 주사기 사용, B형간염 산모로부터 신생아에게 감염, 성적 접촉, 비위생적인 날카로운 기구에 의한 시술(문신 기구, 귀고리, 피어싱)에서도 감염될 수 있다.

B형간염은 일상적인 활동(재채기, 기침, 껴안기, 음식 나눠 먹기, 모유 수유 등)으로는 전염되지 않는다.

B형간염은 '침묵의 질환'으로 불리울 만큼 자각증상이 없는 것이 특징이다.

일반적인 증상으로는 피로하고 열이 나며, 근육과 관절에 통증이 있고, 식욕이 없으며, 메스꺼움 및 구토, 황달(눈 흰자위와 피부가 노랗게 변함), 헛배 부르고 오른쪽 윗배가 불편한 증상이 있을 수 있다.

급성 B형간염의 치료는 증상을 줄이기 위한 치료가 대부분이며, 만성 B형간염에 대한 치료방법도 체력 증진, 스트레스 감소, 알코올 섭취 제한 등 증상을 감소시키기 위한 방법이다.

B형간염은 예방접종으로 예방할 수 있으므로 모든 영유아에게 생후 0(생후 1주 이내), 1, 6개월에 3회 기초접종한다.

어머니가 B형간염 항원(HBsAg) 양성인 경우에는 면역글로불린(HBIG)과 B형간염 1차접종을 생후 12시간 이내 각각 다른 부위에 접종하여야 한다.

B형간염 예방접종 후에 이상반응이 생기는 경우는 매우 드물다. 이상반응 중 가장 흔한 것은 접종 부위가 붓고, 아프면서 일시적으로 멍울과, 염증, 발열, 피부발진 등이 일어나는 이상반응이며, 이러한 이상반응이 생기더라도 대부분 1~2일 사이에 사라진다.

(3) 디프테리아, 파상풍, 백일해

가. 디프테리아(Diphteria)

디프테리아는 디프테리아균에 의해서 발생하는 급성, 호흡기 전염병이며, 예방접종으로 국내에서는 1987년 이후 환자가 발생하지 않고 있지만 동유럽 국가 등지에서는 발생하고 있다.

디프테리아는 신체 접촉이나 호흡기를 통해 사람에서 사람으로 전파된다.

증상은 가장 흔한 발생부위는 목 안의 통증으로 음식을 삼킬 때 통증을 느끼고, 식욕이 없고, 약간의 열이 난다. 가장 흔한 합병증은 심장근육의 염증과 신경염이며 목 안의 숨길이 막혀서 호흡곤란으로 종종 생명에 위협적이다.

디프테리아의 치료는 항독소와 항생제를 투여하고 격리 후 호흡기 관리를 해야 한다.

디프테리아는 DTaP 예방접종을 통해 예방할 수 있다.

모든 영유아를 대상으로 생후 2, 4, 6개월에 3회 기초접종을 하고, 생후 15~18개월과 만 4~6세 때 각각 1회 추가접종을 한다.

만 11~12세 때 Tdap 또는 Td 백신으로 1회 접종한다.

DTaP 예방접종 후에 생길 수 있는 이상반응 중 가장 흔한 것은 접종 부위가 빨갛게 변하고 붓고, 통증, 어지러움, 식욕부진, 구토, 미열이 나타날 수 있다.

접종 부위의 국소적인 이상반응은 4차, 5차 접종 때 심하게 발생하는 경향이 있다.

고열, 경기, 아나필락시스 반응, 경련 등의 심각한 부작용이 드물게 발생하기도 한다.

나. 파상풍(Tetanus)

파상풍은 파상풍균이 생산하는 독소에 의해 전신의 근육이 뻣뻣하게 되어 움직이지 못하고 호흡을 못하게 되는 사망률이 높은 질병이다. 파상풍균은 흙이나 녹슨 쇠에 의해 오염된 상처를 통해 전파된다.

파상풍의 잠복기는 1일~수개월까지 다양하지만 일반적으로 3일~3주 이내에 증상이 발생하고, 상처가 심할수록 잠복기가 짧아진다.

파상풍의 치료는 환자에게 증상이 나타났을때는 파상풍 독소가 이미 신경계에 침범된 상태이므로 더 이상 독소가 중추신경계에 침범하지 않도록 하며 증상에 따라 적절한 항생제를 사용하고 상처부위에서 염증(고름)을 제거하는 것이 필수적이다.

DTaP 예방접종을 통해 파상풍을 예방할 수 있다.

접종대상은 모든 영유아이며, 생후 2, 4, 6개월에 3회 기초접종을 하고, 생후 15~18개월과 만 4~6세 때 각각 1회 추가접종을 한다. 만 11~12세 때 Tdap 또는 Td 백신으로 1회 접종한다.

DTaP 예방접종 후에 이상반응이 생기는 경우는 드물지만 이상반응 중 가장 흔한 것은 접종 부위가 빨갛게 변하고 붓고, 통증, 어지러움, 식욕부진, 구토, 미열이 나타날 수 있다. 접종 부위의 국소 이상반응은 4차, 5차 접종 때 심하게 발생하는 경향이 있고, 고열, 경기, 아나필락시스 반응, 경련 등의 심각한 부작용이 드물게 발생하기도 한다.

다. 백일해(Pertussis)

백일해균에 의한 호흡기 감염 질환으로 여름과 가을에 많으며, 전염성이 매우 높다.

백일해는 기침이나 재채기에 의한 호흡기 전파가 주된 경로로 사람에서 사람으로 전파된다.

백일해는 초기에는 콧물, 재채기, 미열, 경미한 기침 등의 감기와 비슷한 증상이 발생하며 기침이 점차적으로 심해져서 1~2주가 되면 매우 심한 기침발작이 2~3주간 더 지속되다가 기침의 횟수나 정도가 줄어들면서 점진적으로 회복기로 접어들게 된다. 신생아의 경우 심한 발작적인 기침으로 사망률이 높을 수 있다.

백일해의 치료는 나타난 증상을 완화시키는 대증치료를 주로 한다.

백일해는 DTaP 예방접종을 통해 백일해를 예방할 수 있다.

모든 영유아를 대상으로 하며 접종 시기와 추가접종과 접종 후 이상반응은 디프테리아, 파상풍과 같다.

(4) 폴리오(Poliomyelitis, Polio)

폴리오는 소아에게 다리 마비를 일으키는 질병으로 흔히 소아마비로 알려져 있다. 예방접종의 효과가 좋아 우리나라에서는 1983년 이후 환자가 발생하지 않고 있다.

폴리오는 사람에서 사람으로의 직접감염, 특히 대변-입을 통하는 경로로 감염된다.

폴리오는 95% 이상이 별다른 증상이 없이 감염되었다가 회복되며, 1% 미만에서 마비가 온다.

폴리오는 특별한 치료법은 없으며 신경의 급성 증상에 대해서는 더 이상 진행되지 않도록 치료를 시행하고, 마비에 대한 재활치료를 한다.

예방은 모든 영유아를 대상으로 생후 2, 4, 6개월에 3회 기초접종(3차 접종 가능 시기 6~18개월)하고, 만 4~6세 때 1회 추가접종을 한다.

폴리오 예방접종 후에 생길 수 있는 이상반응은 실제로는 드물다. 폴리오 사백신은 소량의 항생제(streptomycin, neomycin)를 함유하고 있으므로 이러한 항생제에 과민반응이 있는 경우에는 접종 후 과민반응을 보일 수 있는데 주사부위가 빨갛게 되며 단단해지고, 만지면 통증을 느낄 수 있다.

(5) b형 헤모필루스 인플루엔자(Haemophilus influenzae type b, Hib)

b형 헤모필루스 인플루엔자 균은 뇌수막염, 폐렴 등의 원인이 되며, 5세 미만 소아에서 주로 발생한다.

b형 헤모필루스 인플루엔자균은 기침이나 재채기를 할 때 분비되는 호흡기 비말에 의해서 몸

속으로 침입하는 것으로 알려져 있다.

b형 헤모필루스 인플루엔자균에 의한 질환은 몸속 여러 기관을 침범할 수 있으며, 가장 흔한 형태는 수막염, 폐렴, 관절염 등이 있고, 질환이 의심되는 환자는 입원하여 항생제 치료가 필요하다.

Hib 백신 접종은 생후 2~59개월 소아에게 그리고 침습성 Hib 감염의 위험성이 높은 만 5세 이상 소아(비장절제술 후, 항암치료에 따른 면역저하, 백혈병, 에이즈 AIDS 감염, 면역 결핍 등)와 2세 미만의 연령에서 침습 Hib 질환을 앓은 경우에 접종한다.

접종 시기는 생후 2, 4, 6개월에 3회 기초접종을 하고 생후 12~15개월에 1회 추가접종을 한다.

Hib 백신 접종 후 이상반응은 흔하지 않으며, 주사 부위가 부어 오르고 빨갛게 되거나 또는 통증 등이 5~30% 보고되지만 대부분 12~24시간 이내에 사라진다.

(6) 폐렴구균(Streptococcus pneumoniae)

폐렴구균은 급성 중이염, 폐렴 및 수막염 등의 감염을 일으키는 원인균 중의 하나이며, 폐렴구균에 의한 감염은 영아 및 어린 소아와 65세 이상의 고령자에서 발생 빈도가 높다.

정상인이나 환자의 호흡기에 있는 폐렴구균이 직접 접촉이나 기침이나 재채기로 전파된다.

폐렴구균에 의한 감염은 성인에서는 폐렴이 가장 흔하고 소아에서는 중이염, 부비동염(축농증), 폐렴 및 패혈증 등이 흔히 나타난다.

폐렴구균의 치료는 페니실린의 내성 정도와 감염부위를 고려하여 적절한 항생제 치료가 필요하다.

폐렴구균은 폐렴구균 예방접종을 통해 발생을 줄일 수 있다.

가. 단백결합 백신(10가, 13가)

- 생후 2~59개월 영아 및 소아
- 폐렴구균 감염의 위험이 높은 2개월~18세 소아청소년(표1)–당뇨병, 뇌척수액 누출, 인공와우 이식 상태
- 면역저하 소아; HIV 감염증, 만성 신부전과 신증후군, 면역억제제나 방사선 치료를 하는 질환(악성 종양, 백혈병, 림프종, 호지킨병) 혹은 고형 장기 이식, 선천성 면역결핍질환

* 특히 선천성 청색 심질환과 심부전

\+ 고용량의 스테로이드를 경구로 복용하는 천식환자도 포함함

접종 시기는 단백결합 백신(10가, 13가)으로 생후 2, 4, 6개월에 3회 기초접종을 하고, 12~15개월에 추가접종을 한다.

※ 10가와 13가 백신 간의 교차접종은 하지 않는다.

폐렴구균 예방접종 후에 생길 수 있는 이상반응은 드물지만 가끔 접종 후에 통증, 부종, 발적(빨갛게 됨), 발열 등이 있을 수 있다.

(7) 홍역 · 유행성이하선염 · 풍진

가. 홍역(Measles)

홍역은 전세계적으로 유행하는 급성 발진성 바이러스 질환으로 예전에는 소아에서 생명을 위협하는 주요 질병이었지만 2001년 대유행 이후로는 환자가 급격히 감소하였다.

홍역은 호흡기 분비물에 의하거나 오염된 물건을 통하여 호흡기로 감염된다. 홍역은 전염성이 매우 높은 유행성 감염병으로 발열, 콧물, 눈에 눈꼽이 끼는 결막염, 얼굴에서 몸통으로 퍼지는 발진이 특징인 질환이며, 한번 걸린 후 회복되면 평생 면역을 얻게 되어 다시 걸리지 않는다.

홍역에는 특별한 치료법이 없으며 증상에 따라 대증적인 방법으로 치료한다.

MMR 예방접종을 통해 홍역을 예방할 수 있다.

- 접종 대상은 모든 영유아이며, 접종 시기는 생후 12~15개월과 만 4~6세에 각각 1회 접종한다.
- 0~5개월 영아는 권장 접종일정(생후 12~15개월, 만 4~6세)에 따라 2회 접종하고 6~11개월 영아는 1회 가속접종(불가피하게 표준접종일정을 지키지 못할 상황에서 신속하게 면역을 획득해야 하는 경우 적용)이 필요하며, 생후 12개월 이후 1회 재접종이 필요하다. 2차 접종은 권장 접종일정(만 4~6세)에 따라 접종한다.

12개월~만 47개월 아동은 최소 4주 간격으로 2회 접종하고, 2회 접종을 완료한 경우 향후 추가 접종은 필요하지 않다.

나. 유행성이하선염(Mumpus)

'볼거리'라고도 하며, 귀 아래의 침샘이 부어오르고 열과 두통이 동반되는 전염성 바이러스 질환이다. 유행성이하선염은 기침이나 재채기 할 때 나오는 작은 입자인 비말감염, 타액과의 접촉을 통해서 감염된다.

유행성이하선염의 증상은 발병 초기에 발열, 두통, 근육통, 식욕부진, 기운 없음 등의 증상이 나타나며, 가장 흔한 증상 중 하나로 감염된 환자 30~40%에서 한쪽 또는 양쪽 볼이 붓는 증상이 1주 정도 지속되고 대개 10일 후면 회복된다. 드물게 뇌수막염이나 고환염 등이 발생하기도 한다.

유행성이하선염도 특별한 치료방법은 없으며, 대다수의 환자가 자연 치유되므로 증상에 대한 대증요법으로 충분하다. 통증이 심한 경우에는 진통제를 사용한다.

MMR 예방접종으로 유행성이하선염을 예방할 수 있다.

모든 영유아를 대상으로 생후 12~15개월과 만 4~6세에 각각 1회 접종한다. MMR 예방접종 후에 통증, 두통, 발열, 발진, 관절통 등 이상반응과 뇌염, 뇌신경마비등의 신경학적 이상반응이 나타날 수 있으나 매우 드물다.

다. 풍진(Germen Measles)

풍진은 발진, 림프절염을 동반하는 급성 바이러스성 질환이며, 임신 초기의 임신부가 풍진에 감염될 경우 태아에게 선천성 기형을 유발할 수 있다.

질환의 전파는 비말(droplet)에 의한 전파 또는 태아의 경우 태반을 통해서 어머니로부터 감염될 수 있다. 풍진은 아동에게서는 뚜렷한 증상 없이 발진으로 시작할 수 있으며, 큰 아동이나 성인의 경우에는 미열, 림프절 부종 및 감기증상이 발진이 나타나기 전 1~5일간 지속될 수 있다. 임신부가 임신 초기(임신 3개월 이내)에 풍진에 감염될 경우 태아 감염을 일으킬 수 있으며 이 경우 선천성 백내장(실명), 선천성 심장질환, 난청, 지능발육장애 등의 선천성 기형을 초래한다.

풍진은 특별한 치료법이 없으며, 환자의 대다수가 자연 치유되므로 대증요법으로 충분하다.

MMR 예방접종을 통해 풍진을 예방할 수 있으며 접종 대상은 모든 영유아 및 임신 전 가임기 여성(사춘기 여성 포함)이며, 접종 시기는 생후 12~15개월과 만 4~6세에 각각 1회 접종한다. 그리고 사춘기에 도달한 여학생에게 접종한다.

(8) 수두(Varicella)

수두는 급성 바이러스 질환으로 급성 미열로 시작되고 전신적으로 가렵고 발진성 수포가 발생하는 질환이다.

수두 바이러스는 호흡기 분비물 등의 비말(droplet)을 통해 호흡기로 감염되거나 피부 병변 수포액에 직접 접촉함으로써 사람에서 사람으로 전파될 수 있다.

수두의 흔한 증상은 발진, 발열, 두통, 식욕상실이다. 발진은 대개 머리와 몸통에서 시작하여 얼굴과 팔, 다리로 진행되며 200~500여 개의 가려움을 동반한 수포(물이 들어 있는 작은 주머니)가 생기고 수포는 딱지를 남기고 증상이 감소된다.

수두의 치료는 피부의 세균 감염을 줄이기 위해 목욕을 자주 시키며, 항히스타민제를 입으로 투여하거나 칼라민 로션을 발라주는 등 대증요법이 이용되고 있다. 해열제로는 아스피린 대신 아세트아미노펜(소아용 타이레놀)을 사용한다. 증상이 심한 경우에는 항바이러스제를 투여한다.

수두는 수두예방접종을 통해 예방할 수 있으며, 모든 영유아에게 생후 12~15개월에 1회 접종한다. 수두 예방접종 후에 생길 수 있는 이상반응은 드문데, 이상반응 중 가장 흔한 것은 접종부위가 아프거나 붓고, 발열, 발진이 발생할 수 있다.

(9) 일본뇌염(Japanese Encephalitis, JE)

일본뇌염은 사람과 동물에게 공통으로 감염시키는 일본뇌염 바이러스를 가진 "작은 빨간집모기"에 물리면 감염되어 뇌염을 일으키는 질환이다. 일본뇌염에 걸리면 특별한 치료방법이 없으므로 예방이 최선이다.

일본뇌염의 증상은 감염자의 약 250명 중 1명에서 임상증상을 나타내며, 열을 동반하는 가벼운 증상이나 바이러스성 수막염으로 진행되기도 하고 드물게 뇌염으로까지 진행될 수 있으며, 뇌염으로 진행된 경우 약 30%의 치사율을 보이는 매우 심각한 질병이다.

뇌염으로 진행된 경우에는 발열, 구토, 두통의 증상과 함께 중추신경계를 침범하여 의식을 잃거나, 전신 근육마비, 목이 뻣뻣해짐, 호흡장애, 순환장애, 배설 장애, 경련 등을 일으킬 수 있으므로 반드시 입원치료가 필요하다. 뇌염에 대한 특별한 치료법은 없으나 증상에 따른 대증치료와 세균감염 등에 대한 치료가 필요하다.

일본뇌염은 일본뇌염 예방접종을 통해 예방할 수 있는데 일본뇌염 백신에는 불활성화 백신과 약독화 생백신이 있다. 백신 종류에 따라 접종시기가 다르나 일반적으로 생후 12~23개월에 7~30일 간격으로 2회 접종하고, 2차 접종 12개월 뒤 3차 접종을 한다. 만 6세, 만 12세에 각각 1회 접종을 추가한다.

일본뇌염 예방접종 후에 생길 수 있는 이상반응은 실제로는 드물며, 가장 흔한 것은 접종 후 발적, 통증과 주사부위 부어오름, 발열, 발진이 발생할 수 있다. 아주 드물게 중추신경계 이상반응이 발생할 수 있다.

(10) 인플루엔자(Influenza, Flu)

인플루엔자 바이러스에 의한 감염병으로 매년 겨울철에 유행하여 고열과 함께 기침 등의 호흡기 증상을 일으키는 질환이다. 인플루엔자는 급성 인플루엔자 환자가 기침이나 재채기를 할 때 분비되는 호흡기 비말을 통해서 사람에서 사람으로 전파된다.

38℃ 이상의 갑작스러운 발열, 두통, 기운이 없고 축 늘어짐, 기침, 목 아픔, 코 막힘 및 근육통 등이 흔한 증상이며, 어린이의 경우에는 오심, 구토 및 설사 등의 위장관 증상이 동반될 수 있다.

인플루엔자의 치료는 안정을 취하고 물을 많이 마시고, 필요에 따라 해열진통제 등을 사용하는 대증요법으로 충분히 좋아진다. 인플루엔자 예방접종은 다음과 같다.

예방접종 권장시기는 매년 10~12월이며, 우선접종 권장대상 (보건복지부 고시 제2014-61호)에는 생후 6~59개월의 어린이, 6개월 미만의 영아를 돌보는 자, 임신부, 65세 이상의 노인, 만성폐질환자, 만성심장질환자, 만성간질환자, 만성신질환자, 신경-근육 질환, 혈액-종양 질환, 당뇨질환, 면역저하자(면역억제제 복용자), 아스피린 복용 중인 6개월~18세 소아, 만성질환으로 사회복지시설 등 집단 시설에서 치료, 요양, 수용 중인 사람, 만성질환자, 65세 이상 노인과 함께 거주하는 자,

의료인, 50~64세 인구 등이다.

인플루엔자 예방접종 후에 생길 수 있는 이상반응은 실제로는 드물다. 접종 후 발적, 통증, 가려움증, 발열 등이 발생할 수 있으며, 계란 단백질에 의한 알레르기 반응이 나타날 수 있다.

(11) 장티푸스(Typhoid Fever)

장티푸스는 감염에 의한 급성 전신성 열성질환으로 사람의 배설물이나 식수의 위생상태가 안 좋은 개발도상국에서 유행이 되는 질환이다.

환자나 보균자(균을 가지고 있으며 증상이 나타나지 않는 자)의 소변이나 대변으로 오염된 음식이나 물을 먹으면 감염되고 더러운 물이 섞인 바다에서 자란 갑각류나 어패류(특히 굴), 배설물이 묻은 과일 등을 통해 감염된다.

장티푸스의 증상은 3~60일(평균 1~3주) 정도의 잠복기를 지나 환자는 39℃ 이상의 고열, 복통, 두통, 피로감 등이 나타난다. 어린 소아에서는 설사가 나타나는 반면, 성인에서는 변비를 호소한다. 치료는 항생제 요법이 효과가 좋다.

장티푸스 예방접종은 고위험군에게 우선접종하도록 권장하고 있는데 장티푸스 보균자와 밀접하게 접촉하는 사람(가족 등), 장티푸스 유행지역으로 여행하는 사람이나 체류자, 장티푸스 균을 취급하는 연구요원 등이다. 접종 시기는 5세 이상 소아에서 1회 접종하고 3년마다 추가접종한다.

예방접종 후에 생길 수 있는 이상반응은 드물지만, 통증, 발적, 단단하게 굳음, 불쾌감, 가려움 등이 있을 수 있다.

(12) 신증후군출혈열(Hemorragic fever related renal syndrome)

신증후군출혈열은 고열, 신부전(신장기능 저하로 소변배출이 어려움), 출혈 등을 특징으로 하는 급성 열성 질환으로 아시아와 유럽에 존재하는 여러 종류의 한타바이러스에 의한 전신감염 질환이다.

신증후군출혈열은 들쥐의 배설물에 의한 호흡기 또는 상처를 통한 직접접촉으로 전염된다.

신증후군출혈열의 잠복기는 평균 약 2~3주 정도이며 급성으로 발열, 피가 나는 경향이 있고, 신장의 기능이 떨어지는 것이 특징이다.

신증후군출혈열의 치료는 특별한 요법은 없으나 반드시 입원치료가 필요하며, 적절한 대증요법을 실시한다. 치료에 앞서 출혈이나 쇼크의 발생을 감소시키기 위해서 절대 안정이 필요하다.

신증후군출혈열이 많이 발생하는 지역에 접근하지 않는 것이 최선의 예방법이며, 가을에 농부나 들판에서 일하는 사람, 또는 등산객들은 풀밭에 앉을 때 반드시 돗자리를 사용하고 집에 돌아온 후에는 몸을 깨끗이 씻는 것이 중요하다.

신증후군출혈열 예방접종을 통해 신증후군출혈열을 예방할 수 있다.

① 접종 대상: 신증후군출혈열 예방접종은 고위험군에게 우선 접종하도록 권장한다.
- 군인 및 농부 등 직업적으로 신증후군출혈열 바이러스에 노출될 위험이 높은 집단
- 신증후군출혈열 바이러스를 다루거나 쥐 실험을 하는 실험실 요원
- 야외활동이 빈번한 사람 등 개별적 노출 위험이 크다고 판단되는 자

② 접종 시기: 한달 간격으로 2회 접종하고 12개월 뒤에 1회접종

신증후군출혈열 예방접종 후에 생길 수 있는 이상반응은 실제로는 드물다. 이상반응 중 가장 흔한 것은 접종 후 가려움증, 빨갛게 부어 오름, 통증, 근육통, 발열, 기운 없음, 구역질 등이 있다.

(13) A형간염(Hepatitis A)

A형간염은 A형간염 바이러스에 의하여 발생하는 간염으로 환경 및 위생개선과 적절한 예방조치로 예방이 가능하다.

A형간염은 대변-구강 경로로 전파되며, 대부분 사람에서 사람으로 직접적으로 전파되거나 대변에 오염된 물이나 음식물을 섭취함으로써 간접적으로 전파되기도 한다.

A형간염의 증상은 전형적으로 고열, 기운 없음, 식욕부진, 오심, 복통, 진한 소변, 황달이 급격히 발생하고 증상의 발병 양상은 환자의 연령과 관련이 있는데, 6세 미만의 소아에서는 간염의 증상이 없으며 증상이 있어도 황달이 생기는 경우는 드물다. 그러나, 6세 이상의 소아나 성인에서는 대부분 간염의 증상이 생기는데, 이 중 70%에서 황달이 동반된다.

A형간염은 특별한 치료법이 없으며 증상에 따라 안정을 취하게 하고 지방 섭취를 제한하며 부드러운 소화되기 쉬운 음식을 먹도록 한다.

A형간염은 A형간염 예방접종을 통해 예방할 수 있다. A형간염 예방접종은 국가필수예방접종에 포함되지 않으며, 의사와 상의한 후 접종여부를 결정하도록 한다.

① 접종 대상 : A형간염 바이러스 항체가 없는 소아나 고위험군 성인
- A형간염의 풍토성이 높은 지역(미국, 캐나다, 서유럽, 북유럽, 일본, 뉴질랜드, 호주 이외의 국가)으로 여행하는 경우나 유학생, 파견되는 군인 또는 외교관, 회사 주재원
- 혈액응고 질환자
- 만성 간질환자
- A형간염 환자와 접촉하는 사람
- A형간염 바이러스를 다루는 실험실 종사자
- 군인, 의료인, 외식업 종사자
- 약물중독자
- 남성 동성애자

- 20~30대 성인 중 예방접종력이 없거나 A형간염을 앓은 적이 없는 경우

② 접종 시기: 생후 12개월 이후에 1차 접종하고 6~18개월 후 추가접종(백신에 따라 접종시기가 다름)

A형간염 예방접종 후에 생길 수 있는 이상반응은 실제로는 드물며, 이상반응 중 가장 흔한 것은 접종 후 통증, 발적, 부종, 권태감, 피로, 미열 등이 나타날 수도 있다.

(14) 로타바이러스(Rotavirus)

로타바이러스는 영유아에서 발생하는 위장관염의 흔한 원인으로 감염 시 구토, 설사, 발열, 복통 등의 증상이 나타난다.

로타바이러스는 대변-구강 경로로 전파되며, 대부분 사람에서 사람으로 직접적으로 전파되나 대변에 오염된 물이나 음식물을 섭취함으로써 간접적으로 전파되기도 한다.

로타바이러스 감염에 의한 위장관염의 증상은 약 2일 정도의 잠복기를 거쳐 구토, 설사, 발열, 복통 등의 증상이 나타난다. 증상의 심한 정도는 생후 3개월 이후 영아에서 첫 감염일 때 증상이 가장 심하게 나타난다. 무증상 감염에서부터 고열과 구토를 동반한 심한 설사에 이르기까지 증상이 다양하게 나타날 수 있으며, 설사, 복통 등의 증상은 대개 3~7일 정도 지속된다.

로타바이러스 감염에 의한 위장관염의 치료는 특별한 치료법이 없으므로 탈수를 예방하는 대증요법으로 물을 자주 마시게 한다.

로타바이러스 감염에 의한 위장관염은 로타바이러스 예방접종을 통해 예방할 수 있다. 로타바이러스 예방접종은 국가필수예방접종에 포함되지 않으며, 의사와 상의한 후 접종 여부를 결정한다.

① 로타바이러스 백신

우리나라에서 사용되는 로타바이러스 백신은 경구용 생백신으로 두 가지 종류(로타텍, 로타릭스)가 있다.

② 접종 시기

- 로타텍: 생후 2, 4, 6개월에 3회 접종
- 로타릭스: 생후 2, 4개월에 2회 접종

로타바이러스 예방접종 후의 이상반응은 드물다. 그러나 예방접종 후 아기가 보챌 수 있으며, 일시적인 설사나 구토가 나타날 수 있다.

(15) 수막구균(Neisseria meningitidis)

수막구균 감염증은 수막구균(*Neisseria meningitidis*)에 의한 급성 감염병으로, 뇌수막염과 패혈증을 일으키는 심각한 질환이다.

수막구균은 환자나 건강한 보균자의 비강인두에 모여 있다가 비말이나 분비물을 통해 전파된다.

수막구균은 수막염과 패혈증, 기타 감염을 일으킨다. 수막구균 패혈증은 수막염의 증상이 없으면서 혈액에서 수막구균이 발견되는 경우로 피부에 출혈 증상이 동반되기도 하며, 24시간 이내에 사망하기도 하는 매우 심각한 질환이다. 수막구균 감염증의 특징적인 증상은 신생아에서는 잘 먹지 못하고 구토, 설사, 힘 없이 울음, 발작 등이고, 아동에서는 발열, 구토, 불안정, 발작, 두통, 목이 뻣뻣해짐, 의식상태 변화, 다리 통증 등의 증상이 나타난다.

수막구균 감염증의 치료는 초기에 항생제 치료가 중요하므로 반드시 입원 치료가 필요하다.

수막구균 감염증은 수막구균 예방접종을 통해 예방이 가능하다. 2세 미만 소아에서 발생 빈도가 제일 높으므로 예방접종의 우선 대상이지만 아직까지 이 연령대의 소아에게 권장되는 백신은 없다. 일반적으로 다음과 같은 고위험군이 접종 대상이 된다.

① 접종대상

- 감염 고위험군(2세 이상)
  - 보체(면역체의 일종) 결핍
  - 비장 절제 후 또는 기능 저하
  - 신입 훈련병
  - 수막구균을 취급하는 미생물 담당자
  - 아프리카 수막염 유행지역 여행자나 체류자, 사우디아라비아 메카 순례 여행자
  - 소속 집단 또는 거주 지역에서 유행 시

② 접종시기

- 기초접종: 필요하다고 판단될 경우 1회 접종
  ※ 보체 결핍, 비장 절제 후 또는 기능 저하, HIV 감염: 2개월 간격으로 2회 접종
- 재접종: 감염위험이 지속될 경우에만 재접종
  - 2~6세에 처음 접종 시 3년 후, 7세 이후 처음 접종 시 5년 후 재접종
  - 처음에 다당 백신을 접종한 경우 재접종 시에는 단백결합 백신을 사용

수막구균 예방접종 후에 생길 수 있는 국소 이상반응에는 접종부위 발적, 부종, 동통이 있으며, 전신 이상반응으로 미열, 무기력 등이 나타날 수 있고 매우 드물게 아나필락시스 쇼크(이상 단백에 의한 쇼크), 단백 결합백신 접종 후 길랑-바레 증후군(하지 마비를 초래하는 질환)이 나타날 수 있다.

(16) 대상포진(Herpes zoster)

대상포진은 수두-대상포진바이러스에 감염 후 신경절에 잠복하고 있던 바이러스가 재활성화되어 발생하는 질환이다.

국소적인 대상포진의 경우 수포가 생기기 시작할 때부터 모든 병소에 딱지가 생길 때까지 전파가능성이 있으며 대개 상처부위에 직접 접촉에 의해 전파된다.

대상포진의 증상은 발진과 수포가 등신경뿌리 신경절이 분포하는 신체의 한쪽에 발생하며, 심한 통증과 감각 이상이 동반될 수 있다. 고령자의 약 30%에서 신경통이 합병되며, 특이하게 대상포진과 안면신경마비를 동반하는 증후군이 나타날 수 있다. 대상포진은 소아에게는 흔하지 않으며 발생하는 경우에도 증상이 약하다.

대상포진의 치료는 성인의 경우 항바이러스제를 사용하지만 면역기능이 정상인 소아인 경우 항바이러스제 투여는 대부분 권장되지 않는다.

대상포진은 대상포진의 과거력 유무에 상관없이 예방접종을 통해 예방할 수 있으며, 60세 이상 성인에서 1회 접종한다.

대상포진 예방접종 후 발적, 통증, 부종과 같은 국소반응이 가장 흔하게 나타난다.

Tip 국가예방접종 지원사업 소개

1. 2014년 달라지는 국가예방접종 지원사업

- '국가예방접종 지원사업'은 감염병 예방을 위해 꼭 필요한 예방접종 서비스를 가까운 병 · 의원에서도 비용 부담 없이 무료로 접종 받을 수 있도록 접종 비용을 국가가 지원하는 사업이다.
- 2013년까지 접종 당 5천원이였던 본인 부담금이 → 2014년부터 없어져 본인부담 없이 무료로 접종받을 수 있다.
- 2014년 2월부터 일본뇌염 생백신이 국가예방접종 지원대상 백신에 포함되어 무료로 접종받을 수 있다.
- 2014년 5월부터 소아 폐렴구균 백신이 국가예방접종 지원대상 백신에 포함되어 무료로 접종받을 수 있다.
- 지정 의료기관을 이용하면 주소지에 관계없이 전국 어디서나 무료로 접종 받을 수 있다.

2. 무료 예방접종 시행 개요

- 대상: 만 12세 이하 모든 어린이(2001년 1월 1일 이후 출생자)
- 내용: 2014년 1월 1일부터 지정 의료기관에서 받은 국가예방접종 접종비 전액 지원
- 지원백신

〈2014년 무료접종 대상 백신(13종)〉

BCG(피내용), **B형간염**, **DTaP**(디프테리아/파상풍/백일해), **IPV**(폴리오), **DTaP-IPV**(디프테리아/파상풍/백일해/폴리오), **MMR**(홍역/유행성이하선염/풍진), **수두**, **일본뇌염**(사백신), **일본뇌염**(생백신, 2월부터), **Td**(파상풍/디프테리아), **Tdap**(파상풍/디프테리아/백일해), **Hib**(b형 헤모필루스 인플루엔자), **폐렴구균**(5월부터)

- 국가지원 대상 백신에 포함되지 않은 예방접종(BCG(경피용), A형간염, 로타바이러스, 인유두종바이러스(HPV) 등)은 전액 본인 부담입니다.
- 지원 대상 백신은 제조사에 상관없이 모두 동일하게 비용지원 받을 수 있습니다.

06장

건강관리

06장 건강관리

아동기는 영아기(0~2세)와 유아기(2~6세)를 포함하며, 영아기 때는 신체성장이 빨랐으나 유아기에는 신체성장은 느려지고 안정화된다. 이 기간 동안은 어린이집, 유아원, 유치원 등 단체생활이 시작되는 시기이다. 또한 이 시기에는 어머니에게서 받은 면역체는 사라지고 아동의 몸에서 면역체가 만들어져야 되는 시기인데 아직 면역체계가 미성숙되어 질병에 매우 취약하다.

아동기 동안에 흔히 경험하는 일반적인 증상과 간호방법, 호흡기계 질병, 소화기계 질병, 비뇨기계 질병, 피부와 면역계 질환 그리고 전염성 질병에 대하여 살펴보면 다음과 같다.

1. 아동기 건강관리

1) 열이 날 때

사람의 정상 체온은 36.5°C에서 37.5°C이다. 이보다 높으면 미열(약간 상승, 37.5°C ~38.5°C)이라고 하고, 38.5°C 이상이면 고열이라고 한다. 증상이 심한 경우에는 39°C 이상 41°C도 측정된다. 열이 나는 원인은 매우 다양하며 감기증상이 있을 때, 약간의 소화불량 같은 가벼운 경우도 있으나 뇌막염 같은 경우에는 잘 놀던 아이가 갑자기 머리 아프다고 호소하며 구토를 하고 체온이 39°C 이상 상승되기도 한다. 아이가 잘 먹지를 않거나 구토를 하며 힘이 없어 보이는 경우에는 체온을 측정해 보고 우선 쉬게 하는 것이 좋다. 체온측정법에는 구강체온(입속의 혀 밑에 체온계를 넣고 1~3분 측정, 6세 미만 아동은 체온계를 깨물 수 있으므로 구강으로 측정하지 않는다), 액와체온(겨드랑이에 체온계를 넣고 팔을 몸통에 붙인다. 6~10분 측정), 고막체온(전자 체온계를 아동의 귀안에 넣고 눈금을 읽는다) 측정법이 있으며, 병원에서는 고막체온계를 가장 많이 사용한다.

아동의 체온이 정상보다 높으면 우선 체온을 낮추기 위해 아동을 편안히 쉬게 하고 옷을 벗기고 시원한 음료수를 마시게 하거나 창문을 열어서 주변을 시원하게 유지한다.

다른 증상이 없으면 1시간 후에 다시 체온을 측정해 보고 체온이 더 올라가거나 구토를 하거나 두통을 호소하거나 또는 더 어린 영아에서 아이가 안절부절 못하고 잠을 자지 못하면 병원을 방문하여 원인을 찾는 것이 좋다.

2) 구토

구토(vomiting)란 위 속의 내용물이 입을 통해 밖으로 몰려나오는 것을 말한다. 구토는 발한, 침분비, 빈맥과 관련된 복잡한 반사와 연관되어 나타난다. 1회성 구토는 대부분 문제가 없으나, 구토가 오래 지속되면 심각한 문제가 될 수 있다.

아동에게 흔히 발생하는 구토는 일반적으로 다른 문제나 질환의 증상으로 나타난다. 구토의 원인은 다양하다. 구토증세는 대부분이 위장관계통의 이상증상으로 너무 많이 먹었거나 너무 빨리 급하게 먹은 경우, 상한 음식을 먹은 경우, 음식 알러지 증상, 위와 장의 염증(위장관염), 장이 막힌 경우(유문관 협착증, 장폐색)에 나타나지만 뇌막염, 뇌종양 등 뇌에 이상이 있을 때도 구토증세가 나타난다. 또한 멀미, 정신적 문제 등이 구토를 유발할 수 있고, 알레르기 반응이나 약물(화학요법)의 부작용, 약물이나 삼킨 물질의 독성, 섭식장애로도 나타날 수 있다. 구토가 설사와 함께 발생하면 위장염과의 연관성이 높다.

대부분은 구토가 있기 전에 아동의 표정이 좋지 않으며 안절부절 못하는 등의 오심증상(곧 토할 것 같은 울먹울먹하는 증상)을 보이나 오심증상이 없이 곧바로 왈칵 토하는 경우도 있다. 소화되지 않은 음식, 녹색이나 갈색 또는 상한 우유 같은 덩어리가 위에서 나오는 것이 구토의 증상이다. 녹색은 담즙일 수 있고, 녹색 구토는 십이지장 아래에서 장폐색이 생겼을 가능성을 암시한다. 변 냄새가 나면 대장폐색 또는 복막염을 의미한다. 토물에 혈액이 섞여 있거나, 선홍색 또는 커피 가루 같은 색을 보이는 경우는 안에서 출혈이 있었음을 암시하는 증상이므로 곧 병원을 찾아야 된다.

역류는 소화되지 않은 음식이 거꾸로 나오는 현상인데, 주로 과식이 원인이다. 분출하는 구토(왈칵 토하는 투사성 구토)는 장폐색을 의미할 수 있으며, 종양, 뇌압 증가가 원인이다.

1차적인 구토 관리는 원인 파악과 치료이고, 2차적으로는 합병증 예방이다. 아동이 구토를 하면 우선은 토물이 잘 나오도록 어린영아는 고개를 오른쪽으로 돌려주고 아동은 가볍게 등을 두드려 준다. 구토가 끝나면 찬물로 입안을 헹구도록 하고 편안히 쉬도록 한다. 일시적인 기능장애나 가벼운 경우에는 아동은 식욕에 변함없이 다음 식사를 하려고 한다. 그러나 위장관염이나 장폐색 등으로 심각한 경우에는 위와 장을 쉬도록 하기 위해 금식(입으로 음식 섭취를 금한다)을 하고 병원을 방문한다.

설사를 하는 아동에게 사용하는 ORT(경구용 수액제재)는 구토 아동에게도 필요하다. 구토가 지속되더라도 대부분 아동은 경구용 수액제재를 소량씩 섭취하고, 연령에 맞는 식사를 소량씩 하면서 수분 균형을 유지할 수 있다.

구토 치료에는 충분한 수분섭취와 보충이 필요하다. 구토 횟수, 양, 간격이 줄어들면 먹는 양을 늘릴 수 있다. 그러나 영유아의 구토가 오래가고 심각하면 입원하여 정맥주사 치료를 시작해야 한다. 대부분 아동은 치료에 반응이 좋지만 일부는 구토억제제가 필요할 수 있다.

3) 설사

설사는 대변에 수분이 많이 포함된 것으로 약간 묽은 정도부터 아주 물 같은 대변까지 양상이 다양하다. 원래 사람 몸의 작은 창자(소장)에서는 음식물의 영양분(탄수화물, 단백질, 지방 등)을 흡수하고 큰창자(대장)에서는 수분을 흡수하여 몸의 수분과 전해질 균형을 유지한다. 사람이 섭취한 음식물은 입안에서부터 식도, 위, 소장, 대장, 직장을 거쳐 항문으로 배설되기까지 10~18시간이 걸리며 장의 연동운동(한 방향으로 움직임)에 의해 항문까지 이동한다. 이 동안에 입안의 침 속의 소화효소(말타제), 위에서의 펩신, 이자(췌장)의 아밀라제 · 트립신 · 리파제 등에 의해 소화되어 소장에서 영양분은 모두 흡수되고 대장에서는 수분만 흡수되어 점점 대변 모양이 되며 직장과 항문을 거쳐 몸 밖으로 배출되는 것이다. 그런데, 이때 너무 많이 먹은 경우나 상한 음식 섭취, 음식 알러지, 위와 장의 염증 등으로 위와 장이 자극을 받으면 장의 연동운동이 빨라져서 대장에서 수분을 흡수하기 전에 대변이 빨리 몸 밖으로 배출되는 것이다. 대부분은 구토와 설사는 함께 발생하는 경우가 많다.

설사는 다른 아동 질환과 동반해 나타나는 경우가 많다. 아동 설사의 유형은 급성 또는 만성, 염증성 또는 비염증성으로 구분한다. 감염에 의한 설사는 보통 위장염(gastroenteritis)이라고 부른다. 바이러스성 위장염이 약 80%를 차지하고, 만 1세 이상 아동 설사의 가장 흔한 원인이다. 입원아동의 약 3분의 1은 로타바이러스(Rotavirus)감염이 원인이다.

영유아의 급성 설사의 경우 치료하지 않으면 탈수, 전해질 불균형, 쇼크를 유발할 수 있고, 생명을 위협할 수 있다.

설사는 세계적으로 아동 사망의 가장 큰 원인이 되고 있는데, 영유아의 경우 설사 후 소실된 수분을 보충하지 않으면 탈수증상으로 사망할 수도 있다.

아동이 설사증상을 보이면 변의 묽은 정도(약간 묽은지 완전 물같은지)를 살피고 몇 번을 하는지 횟수를 관찰하는 것이 중요하다. 영아는 기저귀를 몇 개 적시는지와 아동은 화장실을 몇 번 가는지를 관찰한다. 1일 5회 미만이면 경증, 5~10회는 중등도 상태, 그리고 10회 이상이면 아주 심한 정도다. 체중을 측정하여 평소 체중의 5% 미만 감소되었으면 경증(약한 정도), 5~10% 감소되었으면 중등도 상태, 10%이상 감소되었으면 아주 심한 상태로 간주한다. 설사증상은 빨리 진행되며, 증상은 피부가 건조하거나 뜨거움, 피부의 촉감과 탄력성 변화, 점막이 건조해지고, 오심, 구토, 많은 양의 대변, 질거나 묽고 색이 옅은 변, 죽이나 기름 같거나 악취가 나는 변, 대변을 참을 수 없음, 변이 걸쭉하거나 젤리 같거나 피가 섞여 있을 수도 있음, 그 외에도 맥박과 호흡수 증가, 눈물의 감소, 열이 생길 수 있다.

설사 치료는 수분과 전해질 균형을 유지하고, 장운동을 회복하는 방향으로 진행한다. 감염성 설사의 경우 감염이 전파되는 것을 막기 위해 손 씻기가 매우 중요하다.

예전에는 아동이 설사증상을 보이면 일단 음식섭취를 금했으나 최근에는 치료 방법이 바뀌어서 설사를 하는 아동이라도 먹을 수만 있으면 미음이나 죽 같은 부드러운 음식섭취는 계속하게 한다. 음식을 안 먹으려고 하면 물이라도 계속 마시게 해야 심각한 탈수증상을 막을 수 있다. 영아는 모유나 분유를 지속적으로 먹어야 한다.

식사나 수유를 지속하는 것으로 탈수를 예방하고, 배변의 횟수와 양을 줄이며, 회복을 촉진할 수 있다. 정상적인 식사를 해도 설사 기간이 길어지지 않고, 오히려 감소한다는 연구 결과도 있다. 정상적인 식사는 설사 기간 동안 소실된 영양성분을 보충해 주기 때문에 식사를 중단하면, 특히 저개발국가의 경우 성장 지연이나 영양실조가 생길 수 있다. 우유를 먹은 후 설사가 증가했다면 일시적으로 유당분해효소 결핍을 고려할 수 있지만, 이런 경우는 드물다. 유당분해효소 결핍증이 있으면 영아에게 우유 대신 두유를 줄 수 있으며, 보통 몇 주면 설사가 사라진다. 설사에 좋은 음식은 복합탄수화물 음식(밥, 밀, 시리얼), 요거트, 조리한 채소, 살코기 등이며, 거친 음식보다는 부드럽고 영양 많고 지방질이 적은 음식으로 준다.

지방이나 단당류를 많이 함유한 음식, 차, 주스, 탄산음료는 피해야 한다.

영유아 설사 관리에서 가장 중요한 것은 탈수 예방이다. 이를 위해서 설사를 할 때마다 경구용 수액제재를 제공한다. 정상 식사 이외에 10kg 미만의 아동에게는 설사 1회당 60~120mL의 경구용 수액제재를, 10kg 초과 아동은 120~240mL(cc)의 경구용 수액제재를 먹인다.

수분 보충 초기에는 조금씩 보충하여 구토 가능성을 줄인 후(2~5분마다 5mL씩 섭취), 조금씩 섭취량을 늘린다.

아동의 탈수 상태가 호전되면 정상적인 식사나 분유수유를 시작한다. 식사는 3~4시간마다 자주하는 것이 좋다. 식사 후 설사량이 늘 수 있지만 음식섭취로 설사 기간이 길어지는 것은 아니므로 식사를 지속해야 필요한 영양과 칼로리를 섭취할 수 있다.

설사만 하는 경우에는 음식과 물 섭취가 가능하나 만약 구토증상까지 있으면 음식물과 물 섭취가 전혀 안되므로 빨리 병원을 방문해야 한다.

탈수증상이 심하고, 수분소실이 지속되는 경우에는 입원을 하고, 정맥주사요법을 시행한다.

우리나라의 로타바이러스(rotavirus) 예방백신은 주사용과 경구용 2종류가 있으며, 로타텍(rotateq)은 생후 2, 4, 6개월에 접종할 것을 권장하고 또 다른 종류의 로타릭스(rotarix)는 생후 6~12주에 1차접종하고 그 후 2주에 2차접종하여 생후 24주 이내에 완료할 것을 권장한다.

2. 호흡기계 질병

1) 알레르기 비염

알레르기 비염(allergic rhinitis)은 비점막(코점막)의 염증성 질환이다. 보통 계절적이며 재발이 잘 되고 특이 알레르기항원(allergens)에 의해 유발된다.

(1) 원인과 발생빈도

알레르기 비염의 원인 물질은 집먼지 진드기와 깃털, 동물 비듬, 곰팡이 포자, 나무꽃가루, 풀, 잡초 등이다. 알레르기 비염도 아토피성 피부염과 천식처럼 가족력이 있다. 아토피성 피부염과 달리 알레르기 비염은 천식으로 발전되지는 않는다. 알레르기 비염의 발병은 보통 아동기에 발생되지만 2세 이전에는 드물다.

(2) 증상

알레르기 비염의 대표적인 증상은 코와 눈, 귀, 입 안의 가려움증(소양감)과 맑은 물 같은 콧물과 발작성 재채기이다. 특징적으로 손바닥으로 코를 위로 문질러서 콧잔등 아래에 주름을 남기는 '알레르기성 인사(allergic salute)'와 비점막의 충혈과 부종으로 눈 밑에 '보랏빛 색소침착(allergic shinners)'이 있다. 알레르기 비염이 있는 아동은 알레르기항원에 노출되면 증상이 계속 나타난다. 전염력이 없으며 보통 2주 이내 회복된다. 어린 영아는 코가 막혀서 코로 호흡(비강호흡)하는데 힘들므로 생리식염수나 물을 코 안에 떨어뜨린 후 부드럽게 구형 흡인기로 흡인을 하면 도움이 된다.

(3) 간호와 치료

예방과 치료는 아동의 환경에서 알레르기 유발 물질을 없애는 것이다. 환경 변화나 약물요법에 효과가 없는 아동은 면역요법(알레르기 주사)을 고려할 수 있다. 면역요법은 신체의 알레르기 반응에 대한 증상을 줄이기 위한 노력으로 아동에게 점진적으로 알레르겐의 양을 늘려 주사하는 방법으로 한다.

코안에 뿌리는 부신피질호르몬제(fluticasone, mometasone)는 효과가 있다.

아동에게 민감한 알레르겐을 확인하고, 알레르겐을 알고 있는 경우, 약물투여와 환경 조절, 적

표 6-1 부모교육

환경요인 수정 방안
아동이 알레르기 항원 물질에 노출된 경우 증상 완화를 위해 다음 방법을 시행한다.
꽃가루와 먼지 • 아동의 이불과 담요는 매주 뜨거운 물로 세탁한다. • 양모와 오리털 담요 사용을 금한다. • 베개와 매트리스는 방진(dust-proof) 커버로 싼다. • 카페트는 나무나 타일, 슬레이트, 비닐로 대체한다. • 가구류 덮개는 나무나 플라스틱으로 대체한다. • 벽장문을 닫아 놓는다. • 공기 배출구는 필터로 덮는다. • 공기청정기를 설치한다. • 다층 진공 가방(multilayer vacuum bags)을 사용한다. • 먼지를 빨아들이는 타올로 청소한다. • 에어컨을 가동한다. • 가정 내 습도를 40~50%로 유지한다.
곰팡이 • 항진균제를 사용하여 청소한다. • 가족 모두의 신발을 철저하게 말린다. • 벽장 내에 습기제거제를 둔다. • 아동이 지하실에 머물지 않도록 한다. • 스펀지 고무(fam rubber) 매트리스는 내부 스프링 매트리스로 대체한다. • 에어컨을 가동한다. • 습도를 35% 이하로 유지한다. • 제습장치(dehumidifier)를 설치한다. • 주택을 환기시킨다. • 땔감은 바깥에 저장한다. • 실내 화분의 수를 제한한다.
비듬 • 애완동물은 가능하면 외부에 둔다. • 주택을 환기시킨다. • 에어컨을 설치한다. • 베개와 매트리스는 방진(dust-proof)커버로 싼다.

절한 면역요법에 관해 부모와 상담을 한다. 온수나 생리식염수로 비강 세척을 하면 점막을 습하게 해 주며 응고된 분비물을 부드럽게 하고 자극물을 씻어 낸다. 생리식염수는 온수 1컵에 소금 4분의 1ts(teaspoon)을 넣고 섞는다.

꽃가루가 날리는 계절 동안 아동은 가능하면 집 안에 있게 하고 창문을 닫아 두어야 한다. 아동이 밖에서 돌아오면 몸에서 꽃가루를 제거하기 위해 샤워를 하고 머리를 감아야 한다. 외부의 동물도 오염원이 될 수 있다.

2) 부비동염

부비동염(sinusitis, 코의 염증, 축농증)은 심각한 장애는 아니나 생명을 위협하는 심각한 합병증으로 이어질 수도 있다. 부비동의 염증과 감염은 급성 또는 만성이 될 수 있다.

(1) 원인과 발생빈도

급성 부비동염은 감기 등 바이러스 감염에 이어서 나타난다. 만성 부비동염이 있는 아동은 흔히 알레르기성 비염이나 삼출성 중이염(otitis media with effusion, OEM)도 나타난다. 아데노이드 비대와 면역 결핍, 비강 내 이물질 폐쇄는 부비동염의 발생 원인이다. 가장 흔한 원인균은 폐렴균과 헤모필루스 인플루엔자이다.

(2) 증상

부비동염은 2주 이상 계속되는 감기, 미열, 누런 코가 나오는 화농성 비강 분비물, 구취(입안 냄새), 기침(보통 아이가 누워 있을 때 더 심함), 두통 등의 증상이 있으며, 코가 막혀 답답함으로 아동이 안절부절하게 된다. 만성 부비동염 아동은 만성 기침과 재발성 두통도 있고, 미각이나 후각이 손상될 수 있고 피로를 느끼게 될 수도 있다.

(3) 간호와 치료

급성 부비동염은 대부분 자연 치유되며 항생제 치료가 필요하지 않으며, 증상이 심한 경우에 항생제가 처방된다. 항생제 치료 외에 진통제, 수액 공급, 온습도 적용이 추가된다.

코 막힘 증상은 수분 섭취와 가습기 사용으로 증상이 좋아진다. 1일 2~3시간 온습법 적용은 통증과 부종을 감소하는 데 도움을 준다. 아세트아미노펜(acetaminophen-타이레놀)은 발열과 불편감이 있을 때 처방한다. 생리식염수를 코 점막에 떨어트리는 방법, 뜨거운 물 샤워나 스팀 타월로 따뜻한 습기를 흡입하는 것은 코 분비물 배출을 도와준다.

증상이 악화되거나 눈 주위 발적과 부종이 있거나, 또는 3~4일 후에도 증상이 호전되지 않을 경우 빨리 병원을 방문하도록 한다.

3) 중이염

중이염(otitis media)은 영아기와 아동기에 가장 흔한 질병 중의 하나이다. 중이염이란 용어는 귀의 가운데(중이)의 염증과 분비물, 폐쇄와 관련이 있다. 급성 중이염은 중이에 염증과 분비물이 갑자기 발생한 것으로 감기 등 다른 질병의 증상과 관계된다. 삼출성 중이염(장액성 중이염)은 감염증상이 없이 고막 뒤쪽에 분비물이 있다. 삼출성 중이염은 대부분 급성 중이염의 경과와 같으며 항생제 치료를 하면 보통 1~3주 이내에 회복되나 만성적으로 되면 청력이 상실될 수도 있다.

(1) 원인과 발생빈도

급성 중이염의 원인균은 대부분이 박테리아성 병원균이다. 가족이 흡연하는 경우와 노리개젖꼭지를 사용하는 경우 더 증가된다.

영아가 누워서 우유를 삼키면 코와 귀에 이어져 있는 유스타키오관으로 우유가 역류되어 귀 감염을 증가시킨다. 그러므로 모유수유나 인공수유 시 수유하는 동안 영아를 좀 더 직립자세(곧추세워 안는 방법)를 취하게 하여 귀 감염에서 보호하는 것이 중요하다. 또한 모유수유는 모체로부터 항체를 받고 모유수유하는 동안 영아가 좀 더 직립자세가 되므로 모유수유를 권장한다.

중이염의 발생빈도는 생후 6개월부터 6세 사이에 가장 높으며, 대부분 증상은 3세 이하의 아동에게서 나타난다. 남아가 여아보다 중이염의 발생빈도가 조금 더 높다. 중이염의 발생빈도는 겨울과 봄에 가장 높고 여름철에 가장 낮다.

(2) 증상

급성 중이염의 특징은 귀의 통증(이통)으로 영아가 자신의 귀를 잡아당기거나 아픈 쪽 귀로 머리를 돌리거나 안아 줄 때 아픈 쪽 귀가 스치게 되면 자지러지게 운다.

귀에서 나오는 분비물은 보통 연두색으로 염증이 있는 것이며 좋지 않은 냄새가 난다.

- 발열 증상도 있어 대부분 체온이 38.5℃ 이상이다. 이러한 증상 이외에 안절부절, 수면장애, 지속적인 울음, 발열, 구토, 식욕저하, 설사(특히 영아인 경우)를 동반한다.
- 삼출성 중이염은 급성 감염의 증상(발열, 이통)이 없으며, 이명(귀에서 소리가 들림), 귀의 가득찬 느낌이 있다. 그런데 영아와 어린 아동들은 이러한 느낌을 말로 표현하기 어려우므로 아동의 행동을 자세히 관찰할 필요가 있다. 만약 아동이 부르는 소리를 못 듣거나 이름을 불러도 반응이 없으면 귀의 청력검사를 받아 보는 것이 좋다. 청력이 안 좋으면 언어발달도 지연될 수 있다. 큰 아동에서 청력 소실은 행동의 문제, 학업성취 불량, 수면 방해, 안절부절, 응답의 감소로 나타날 수 있다. 귀는 우리 몸의 균형을 유지하는 기능이 있으므로 귀의 장애로 약간의 균형장애가 운동 기능의 지연을 가져올 수도 있다.

(3) 간호와 치료

자연적으로 낫는 경우가 약 80%이나, 2~3일간 증상이 계속되면 항생제를 사용한다.

- 급성 중이염의 통증과 열을 완화하기 위해서는 아세트아미노펜을 투여한다.
- 항생제 치료를 했는데도 지속적인 귀 질환이 있거나 3개월 이상 청력소실이 동반된 삼출성 중이염 아동은 고막절개술을 시행한다.

보통 아동은 수일간 약물치료를 하면 증상이 좋아지므로 부모들은 항생제 투여를 중단할 수도 있다. 그러나 균에 내성이 생길 수 있으므로 처방된 항생제는 정확하게 투여해야 된다.

목욕은 세균감염의 요인이 될수 있으므로 목욕이나 샴푸를 하는 동안에 귀마개나 윤활제를 묻힌 면봉으로 귀를 막는 것이 좋다. 수영은 귀마개를 하거나 의사의 허락이 있어야 허용된다. 수면이 깊은 곳으로 다이빙하거나 수영하는 것은 금기다. 고막절개 수술을 받은 아동의 고막절개관이 빠지는 것은 응급상황은 아니나 의사에게 알려야 한다.

삼출성 중이염으로 인한 청력장애는 부모가 알기 매우 어렵기 때문에, 만성 중이염 아동은 주기적인 청력 평가를 실시해야 한다.

부모에게 모유수유의 중요성, 영아를 직립자세로 안고 수유하기, 영아를 눕힌 상태로 병수유하지 말 것 등 중이염의 재발 위험을 감소하는 방법과 간접흡연은 중이염의 발생을 증가하므로 아동이 있는 곳에서 흡연하지 말 것을 알려준다.

4) 인두염과 편도염

인두염(pharyngitis)은 인두와 주위 림프조직의 감염으로 바이러스와 박테리아가 원인균이다.

인두염은 종종 감기를 동반하고 편도염은 보통 인두염과 함께 나타난다.

편도염(tonsillitis)은 일반적으로 입안의 구개편도의 감염을 말한다. 구개의 감염과 염증으로 구개가 커지고, 연하곤란(삼키기 어려움)과 호흡곤란을 일으킨다.

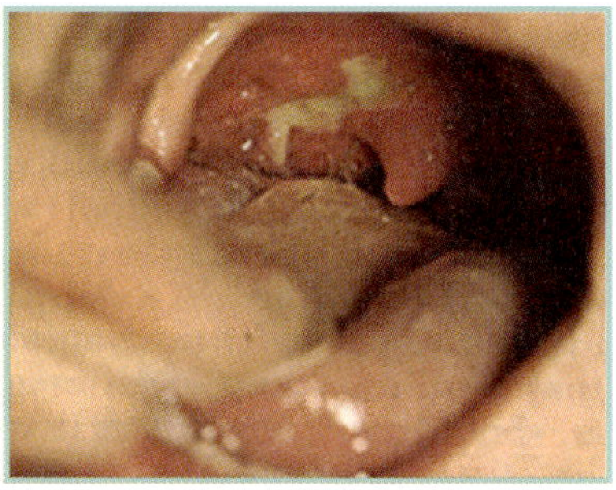

그림 6-1 인두편도염

(1) 원인과 발생빈도

인두염은 아데노바이러스, 파라인플루엔자 바이러스 등이 원인이고, 편도염은 인두염과 같이 박테리아나 바이러스가 원인이 될 수 있다.

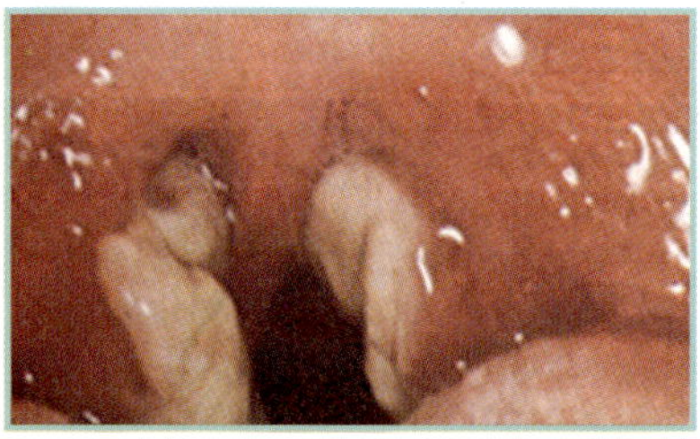

그림 6-2 인두염

인두염과 편도염의 발생빈도는 아동이 유치원과 초등학교에 입학하여 미생물에 대한 노출이 증가되는 4세에서 7세 사이가 가장 높다. 겨울에 가장 자주 발생하며 주거 밀집 상황에서 더 쉽게 전파된다.

(2) 증상

바이러스성 인두염보다 박테리아성 인두염의 증상이 더 심하다.

바이러스성 인두염은 서서히 진행되며 인후통(목이 따갑고 아파서 침 삼키기 어려움), 기침, 비염, 결막염(눈에 눈꼽, 충혈), 권태감(힘이 없어 보임), 식욕부진이 보통 3~4일간 지속된다. 박테리아성 인두염은 갑작스럽게 시작되며, 인후통도 심하다. 인후와 편도의 발적 또는 염증, 발열(39.4~40°C로 보통 높다)이 있고, 복통, 구토, 두통이 보통 3~5일간 지속된다.

편도염 아동의 증상은 인후통이 지속되거나 재발될 수 있고, 연하곤란(삼키기 어려움), 구강호흡과 불쾌한 입 냄새, 콧소리, 구강호흡, 청각장애, 중이염, 코골이 또는 수면무호흡을 유발한다.

(3) 간호와 치료

인두염 또는 편도염의 급성기 동안 치료는 증상에 따르며, 통증 감소와 안정에 초점을 둔다.

아세트아미노펜(acetaminophen) 또는 이부프로펜(ibuprofen)을 진통제로 사용한다. 큰 아동은 따뜻한 생리식염수(물 240cc에 소금 1/4 티스푼)로 구강 세척을 하거나 목 부위에 온습포 또는 냉습포를 적용하는 것이 통증 완화에 도움을 준다. 딱딱하거나 자극적인 음료수를 삼킬 때 불편감이 있으므로 시원하고 자극이 적은 음료수를 마신다.

항생제는 1일 2~3회 10일간 페니실린을 경구 복용하는 것이다.

인후 불편감이 있는 아동에게는 탈수를 예방하기 위해 시원하고 부드러운 음료수를 제공한다. 젤라틴, 스프, 향내 나는 얼음과자, 아이스크림 같은 부드러운 음식을 권장하는 것이 가장 좋다. 아동이 열이 있을 때는 침상안정을 하게 한다. 만일 아동이 호흡곤란이나 연하곤란이 심해질 경우 또는 열이 3일 이상 지속될 경우에는 병원을 방문 하도록 교육한다.

편도절제술은 일반적으로 상부 호흡기계 폐쇄, 수면무호흡, 또는 다른 심각한 문제들이 있는 경우에 시행한다. 편도절제술은 일반적으로 3세 이하의 아동에게는 시행하지 않는다.

편도절제술 후에 출혈증상은 가장 심각한 생명을 위협하는 합병증이다. 출혈증상이 있는지 잘 관찰해야 되는데 아동이 자주 삼키는 양상, 불안, 빠르고 약한 맥박, 선홍색 피가 섞인 구토 등의 증상을 잘 살펴야 한다. 분비물의 배출을 돕기 위해 아동을 엎드려 있거나 옆으로 눕게 한다. 수술 부위의 외상을 방지하기 위해 아동에게 빨대나 포크를 주지 않는다. 출혈이 발생하면 아동을 옆으로 눕히고 의사에게 알린다.

구토를 하게 되면 30분 동안 금식하고 그 후에 맑은 유동식을 권장한다.

아동이 완전히 깬 상태에서 맑고 시원한 음료수를 제공한다. 인후를 자극하기 때문에 감귤류 음료수나 탄산음료수 그리고 너무 뜨겁거나 찬 음료는 피하게 한다. 우유나 유제품은 인후를 덧씌워 이를 제거하느라 출혈을 일으킬 위험이 있으므로 주의를 요하나 편도적출술 후에 일반적으로 아동에게 아이스크림을 제공한다. 적절한 수분 섭취는 치유를 촉진하고 수분 균형을 유지한다.

5) 크룹

크룹(croup)은 상기도의 바이러스성 감염이다.

크룹은 흡기성 천명(숨을 들이 마실 때 소리가 남)과 쇳소리나 컹컹거리는 거친 기침, 쉰 목소리, 다양한 정도의 호흡곤란으로 특징되는 증후군이다.

(1) 원인과 발생빈도

파라인플루엔자 바이러스는 대부분의 바이러스성 크룹을 일으킨다. 급성 발작성 크룹의 원인은 알려져 있지 않다.

크룹의 가장 흔한 형태인 후두기관기관지염은 주로 영아와 유아에게 영향을 미치며, 생후 6개월에서 6세 아동에게 기도폐쇄의 주된 원인이다. 크룹의 발병률은 여아보다 남아가 더 높고, 겨울에 더 발병률이 높다.

급성 발작성 크룹은 1~3세 아동에게 더 많이 발생한다. 발작성 크룹은 불안하고 흥분하는 아동에게 더 자주 발생하고, 유전적인 소인이 있는 것으로 보인다.

세균성 기관염은 상기도 감염으로부터 진행되며, 후두기관기관지염과 급성 발작성크룹보다 흔하지 않다.

(2) 증상

크룹은 대개 밤에 시작되며 며칠간의 상기도 감염증상이 선행될 수 있다. 후두기관기관지염 아동은 서서히 발병양상을 보이며, 다른 증상들과 동반하여 40℃ 이상의 발열 증상이 있다. 발작성 크룹은 열이 나지 않는다. 거칠고 쇳소리 나는 개 짖는 듯한 기침, 인후통, 흡기성 천명, 쉰 목소리, 호흡 시 보조근육의 사용(가슴 근육의 견축), 놀란 모습, 초조함, 청색증 등이 나타난다. 증상은 보통 밤에 악화되고 낮에 좋아지며, 며칠 동안 재발될 수 있다. 크룹은 주로 3~4일 동안 지속된다.

(3) 간호와 치료

치료의 목표는 기도(숨 쉬는 통로)개방을 유지하는 것이다. 급성 발작성 크룹의 치료는 환아를 조용하게 안정시키는 것과, 호흡곤란증후군이 없는 경우 구강 수분 섭취량을 늘리는 것이다. 목욕탕의 뜨거운 물에서 나오는 수증기나 가습기에서 나오는 차가운 수증기에 의한 습기제공은 호흡안정에 효과가 있다. 화상의 위험 때문에 스팀 가습기보다 찬 증기 가습기가 추천되며 아이를 시원하고 습기 찬 밤공기 속으로 데리고 나가면 호흡하기 더 쉬워진다.

울음은 기도폐쇄를 악화시키므로 아이가 울지 않도록 한다.

크룹의 형태 중 더 중증인 후두기관기관지염이 있는 아동은 급성 발작성크룹 아동보다 더 자주 입원한다. 산소와 함께 레이세미 에피네프린(racemicepinephrine)을 분무 투여하면 후두부종과 기관지경련을 완화한다. 아동의 호흡상태의 변화에 대해 주의 깊게 관찰해야 한다. 에피네프린을 투여한 아동은 치료 후 적어도 3시간 동안은 응급실에서 관찰해야 한다.

청색증과 맥박 수 그리고 호흡수의 증가, 극도의 불안정함, 피로나 무력감은 저산소증의 증상이므로 의사에게 즉시 알려야 한다. 부데소니드(budesonide) 분무제도 사용할 수 있다. 세균성 감염이 없다면 항생제는 사용하지 않는다. 아세트아미노펜은 열을 낮추기 위해 투여한다.

안개텐트(mist tent)나 산소후드(hood) 치료도 시행한다. 호흡장애가 완화되고 아동이 구강으로 적절한 수분을 섭취할 수 있을 때까지 정맥으로 수액요법을 계속한다. 안정제는 호흡을 억제하고 저산소증의 초기 증상인 불안정을 가릴 수 있기 때문에 투여하지 않는다.

6) 기관지염

기관지염(bronchitis)은 단독 발생이 드물며 상부와 하부기도 질환과 함께 발생한다. 천식과 혼동될 수 있다. 기침이 주 증상인데 보통 약 2주 이내에 치료 없이 회복될 수 있다.

(1) 원인과 발생빈도

급성 기관지염은 보통 바이러스가 원인이다. 대부분 세균성 감염은 1차적인 바이러스 감염에 이어서 2차적으로 발생한다. 또한 이물질 흡인의 결과나 대기오염도 질병의 소인이 될 수 있다. 어린 아동과 남아에서 더 자주 발생하고, 어느 때나 발생할 수 있으나 계절적으로 겨울에 더 흔히 발생한다.

(2) 증상

기관지염은 콧물, 초기에는 없다가 점차 객담(가래) 있는 기침을 특징으로 한다. 관련된 증상은 나른함, 미열, 누런색 가래(화농성)가 포함된다.

(3) 간호와 치료

치료는 주로 대증적이며 휴식, 습도 유지 그리고 수분 섭취량 증가가 포함된다. 담배연기에 노출되는 것을 피해야 한다. 항생제는 균배양검사로 세균성 감염이 확인된 경우에만 투여해야 한다.

아동이 좋아하는 음료수를 소량씩 자주 주어 수분섭취를 늘리고 방의 습도를 유지해 주도록 한다. 탈수 증상을 관찰하고, 아세트아미노펜은 체온 상승 시 투여한다(보통 38.3℃ 이상). 기분전환을 위해 조용한 활동을 하도록 한다.

7) 세기관지염

세기관지염(bronchiolitis) 또는 세기관지의 염증은 1세 미만의 어린 영아가 입원하게 되는 주요 원인이다. 50% 이상에서 RSV(respiratory syncytial virus)가 감염원이다.

(1) 원인과 발생빈도

영아는 보통 경한 호흡기 질환이 있는 유아, 성인, 특히 가족구성원이나 육아담당자와의 접촉을 통해 발병한다. RSV는 쉽게 전파되고 주로 오염된 표면의 접촉을 통해 감염되며, 전염력이 높다. 대개 깨끗하지 않은 손을 통해 전파되므로 철저한 손 씻기가 예방에 중요하다.

RSV 감염은 겨울과 초봄 사이에 해마다 유행성 전염병으로 발생한다. 생후 6개월에 발병률이 가장 높다. 2세가 되면 거의 100%의 아동이 RSV 면역력이 생기며 나이가 많아질수록 발병률이 낮아진다.

(2) 증상

경한 상기도 감염 후에 보통 세기관지염이 나타난다. 급성 호흡기장애의 증상 발현에 따라 비분비액과 코 훌쩍임, 미열, 식욕부진이 수일간 나타나며, 호흡수가 빨라지고(빈호흡: 호흡수 60~80회/분), 맥박수가 빨라지고(빈맥: 심박 수 140회/분 이상), 청진 시 시끄러운 소리(천명음), 늑간 견축(호흡의 어려움으로 늑골이 빨려 들어감), 청색증의 증상을 보인다. 호흡수의 증가로 빨고 삼키는 것이 방해받아 수유가 어려울 수 있다. 체온은 저체온에서 41°C의 고체온까지 다양하게 나타난다.

(3) 간호와 치료

경한 세기관지염이 있는 아동은 가정에서 수액요법과 습도 유지, 휴식을 취하는 것으로 치료될 수 있다. 호흡장애가 있는 아동은 입원치료가 필요하며, 차가운 가습 산소가 도움이 된다.

영아는 머리와 가슴을 30~40℃로 높이고, 기도개방을 유지하며 목을 약간 뒤로 젖힌 자세를 취해야 한다.

2차성 세균감염이 없다면 항생제는 투여하지 않는다.

RSV 예방은 RSV 유행 시기에 매월 정맥주사용 RSV 면역글로불린(RSV - IG, RespiGam) 또는 근육주사용 RSV 단일 클론항체(Synagis)를 사용한다. 홍역, 이하선염, 풍진, 수두 백신은 RSV-IG의 마지막 접종 후 9~10개월 이후로 연기해야 한다.

빈 호흡(호흡수 빠름) 또는 섭취량 부족으로 탈수된 급성 질환 아동에게 정맥주사 요법이 필요할 수 있다.

8) 폐렴

폐렴(pneumonia)은 폐의 염증으로, 1차성 또는 2차성 질병으로 발생할 수 있다. 환경과 면역체계, 아동의 나이는 질병 발생 요인이다.

감염성 폐렴은 바이러스성과 세균성이며, 바이러스가 가장 흔한 원인체이나, 세균성 폐렴 증상이 좀 더 심한 경향을 보인다.

(1) 바이러스성

전체 폐렴의 80~85%가 바이러스가 원인이다. 3세 이하의 영유아에게서 가장 흔하다. 미열~고열, 기침, 두통, 피로감, 근육통, 복통 등이 보통 5~7일간 지속된다. 치료는 증상에 따라 지지적인 치료(체온상승 시 어린이용 타이레놀 투여, 기침 시 코푸시럽 투여 등)를 시행하며, 항생제는 처방되지 않는다. 중증인 경우 산소와 수액요법을 위해 입원할 수 있다.

(2) 세균성

5세 미만 아동에서 폐렴구균과 포도상구균이 1차 원인이다. 5세 이상 아동에서는 폐렴구균 감염과 헤모필루스인플루엔자, A군 연쇄상구균이 원인이 될 수 있다. 상기도 감염(감기)이 먼저 나타난다. 발열, 오한(추위를 느낌), 기침, 호흡음 감소, 호흡장애 증상(빈호흡), 불안의 증상이 나타날 수 있다. 영아에서는 증상이 분명하지 않을 수 있고 더 큰 아동은 위장계 증상과 흉통(가슴에 통증)이 나타날 수 있다.

구강이나 정맥으로 항생제 치료가 필요하며, 보통 페니실린, 에리스로마이신(페니실린 알레르기가 있는 아동용)을 처방하고, 증상이 심한 경우 산소와 수액요법을 위해 입원치료를 한다.

폐렴 아동의 관리는 휴식을 취하게 하고, 수분 섭취를 증가한다. 평소보다 더 자주 좋아하는 음료수를 제공하고 아동이 적절한 양을 배뇨하는지 확인한다. 따뜻한 음료수는 분비물을 묽게 하는 데 도움을 준다. 발열과 불편감이 있으면 아세트아미노펜을 투여한다. 차가운 분무 가습기를 사용하고 가습기를 자주 청소 관리한다. 아동이 담배 연기에 노출되지 않게 하는 것도 중요하다.

9) 이물질 흡인

이물질 흡인(foreign body aspiration)은 6개월에서 5세까지의 아동에게서 가장 흔하게 발생한다.

(1) 원인과 발생빈도

영아와 아동은 사물을 탐구하고 때로는 호기심 때문에 사물을 입에 넣어보기도 한다. 또한 아동은 장난감에서 작은 부품을 제거하거나, 부모가 아이의 손에 닿지않을 것으로 생각하는 사물을 찾아내어 입에 넣는다(예: 핀, 나사, 너트, 동전, 귀걸이, 장난감 부품). 어른들이 영아와 어린 아동에게 먹을 수 없는 큰 음식(딱딱한 사탕, 팝콘, 쿠키, 당근, 핫도그, 땅콩)을 줄 수도 있다. 라텍스 풍선 흡인으로 사망이 발생되기도 한다. 한 병원에서는 이물질 흡인으로 이송된 아동을 조사한 결과 수박씨, 동전, 단추가 흔한 이물질인 것으로 밝혀졌다. 아동기 흡인은 어느 연령에서나 발생할 수 있으나 1~3세 아동에게서 가장 흔하게 발생하며, 가정에서 발생되는 사망 사고의 40%는 이물질 흡인이 원인이다.

(2) 증상

갑작스러운 심한 기침과 구토, 무호흡, 혹은 청색증이 나타난다. 이물질 흡인 후에 몇 시간 또는 몇 주일 동안 증상이 없을 수도 있다. 만일 이물질이 발견되지 않은 채 지속된다면 부종과 자극,

폐쇄가 진행될 수도 있다. 기관지가 막힌 증상은 연하곤란, 목쉰 소리, 컹컹 울리는 크룹성 기침, 청색증이 있는 호흡곤란을 포함한다.

(3) 간호와 치료

이물질을 입에 넣는 것을 보았거나 아이가 갑자기 캑캑거리며 숨을 쉬지 못하면 응급상황이다. 아이의 양 볼을 한 손으로 잡고 아동을 엎드려서 어른의 한쪽 무릎 위에 놓은 후 다른 한 손으로 아동의 등을 손 바닥으로 세게 '탁, 탁' 친다. 대부분은 이렇게 치는 동안에 입안에 있던 이물질이 입밖으로 나오는데, 만약 이런 처치를 했음에도 불구하고 이물질이 나오지 않으면 급히 병원으로 이송해야 한다. 병원에서는 직접적인 후두경검사나 기관지경검사를 실시해 기도에서 제거한다. 처치 후에 아동은 후두부종과 호흡장애에 대한 관찰을 위해 입원을 해야 한다. 이물질 제거 후 24~48시간 동안 차가운 증기와 기관지 확장제, 코르티코스테로이드를 투여한다.

아동이 말을 하지 못하고 숨을 쉬지 못한다면 폐쇄된 기도관리에 대한 지침을 따라야 하며, 증상을 관찰해야 한다.

아동이 마취 후 삼킬 수 있을 때까지 음료수는 금지한다. 아동이 인후통 때문에 음료수 마시기를 거부하거나 구강섭취를 할 수 없다면 의사에게 알려서 정맥수액요법을 할 수 있다.

10) 천식

천식(asthma)은 아동의 급성과 만성 질환의 주요 원인이며, 아동이 입원하는 가장 흔한 요인이다. 의학적 치료법은 발전했으나 천식의 발병률과 사망은 현저하게 증가되었다.

(1) 원인과 발생빈도

천식 발병은 가족력의 경향, 주거밀집 환경, 빈곤, 미숙아, 흡연에 노출 등이 포함된다.

천식발작은 찬 공기와 연기, 증기, 바이러스 감염, 스트레스, 운동, 향기, 투약(특히 아스피린과 비스테로이드성 항염증제 약물) 등의 다양한 자극에 의해 촉발된다. 천식은 기도크기의 증가, 횡격막 지지, 점액 배출이 쉬워지는 요인으로 아동이 성장하면서 발생은 감소한다. 천식은 평생 질환으로 생각되며, 완화된 후에 다시 심해질 수도 있다.

1980년대 이래 천식의 발생빈도는 전 세계적으로 증가되었다. 미국 내 전체 아동 중 10%의 발생율을 보이며 우리나라에서도 1990년대 이후부터 점차 증가되고 있다. 천식은 사춘기까지는 여아보다 남아에게서 흔하며, 총 발생빈도의 성비는 같다.

(2) 증상

천식의 증상은 다양하다. 천식발작 아동은 기침, 숨이 가쁘거나 숨이 차서 말하기, 먹기, 걷기가 어려움, 늑골이 빨려 들어감, 숨을 쉴 때 코구멍이 커짐, 쌕쌕거리는 호흡, 호흡수가 빨라지고 많아짐, 누워 있지 못하고 앉아서 호흡, 불안정, 발한, 복통, 두 팔로 지지해서 등을 구부리고 앉는 자세, 피로감, 가슴을 조이는 듯한 느낌이 있으며, 밤에 증상이 더 심해진다.

(3) 간호와 치료

가. 급성 천식발작

천식은 응급상황이므로 처음 진단받게 되면 가정이나 어린이집, 학교에서 응급 시에 사용하는 네블라이저 또는 계량흡입기(MDI) 사용법에 대해 병원에서 교육을 받는다(표 6-2). 기관지확장제는 처음에는 보통 알부테롤(albuterol)을 전기 분무기 또는 계량흡입기(MDI)로 20분마다 1시간 동안 또는 지속적으로 투여한다.

천식 아동의 호흡율이 기준의 70% 이하인 경우 구강용 코르티코스테로이드(액체제제는 영아용으로 사용됨)의 1회 용량을 처방받는다. 증상 악화가 지속된다면 추가로 20분마다 기관지확장제 투여가 허용된다. 맥박이 빨라지고 호흡이 빨라지는 호흡곤란증상이 심해지고, 적극적인 치료 후에도 산소포화도가 91% 이하인 경우에는 입원 치료가 필요하다.

강력한 치료에도 반응이 없는 중증 천식을 천식지속상태라고 부른다. 천식지속상태는 호흡장애로 사망을 초래할 수 있는 응급상황으로 중환자실에 입원을 하여 심폐 모니터를 설치하고 지속적인 관찰이 필요하다.

나. 장기 관리

부모, 아동 그리고 어린이 집 보건교사의 협력이 매우 중요하며, 급성 천식 발작을 예방하고, 치료의 부작용을 피해야 하고, 정상적인 생활을 유지하도록 아동을 도와야 한다.

- 환경조절: 부모와 천식 아동, 어린이집 교사는 증상을 일으킬 수 있는 유발요인을 확인하고 조절해서 천식발작을 예방해야 된다. 그러므로 가정과 어린이집에서 다음의 환경적인 요소를 고려해야 된다.
- 자극제와 알러젠: 일반적인 환경 자극제에는 담배연기, 증기, 방향제, 고습도 공기, 향수, 장작난로와 벽난로의 연기, 동물 비듬, 꽃가루, 곰팡이, 집먼지는 자극제가 될 수 있다.
- 운동: 천식 아동은 운동할 때 차고 건조한 공기를 흡입하여 천식증상이 심해질 수 있다. 보통 운동 후 5~10분 후에 시작하여 30~60분 동안 지속된다. 그러므로 추운 날씨에 운동을 할 때는 코로 숨을 쉬어 공기를 따뜻하게 하거나 또는 마스크와 스카프로 입과 코를 감싼다. 운동 전에 처방받은 흡입성 베타2-작용제 또는 크로몰린(cromolyn)을 사용한다.

운동경기와 활동적인 놀이는 아동 생활의 중요한 부분이기 때문에, 천식 아동의 신체활동을 제한해서는 안 된다. 수영은 습도가 높은 공기를 흡입하게 되어 천식 아동을 위한 이상적인 운동으로 추천된다.

- 감염: 바이러스성 호흡기 감염은 소아 천식의 가장 흔한 원인이다. 천식을 앓는 아동은 감기 등 바이러스성 호흡기 감염에 걸리지 않도록 노력하고, 인플루엔자 예방접종을 하는 것이 좋다.
- 정서: 천식은 심리사회적 문제로 유발되지는 않으나, 정서적 흥분은 천식증상을 악화시킨다. 웃음, 울음, 소리 지르기는 기관지를 수축시켜 천식의 유발요인이 될 수 있다.

다. 증상 관찰

아동과 부모는 천식발작(가슴이나 턱의 가려움증, 기침, 불안정, 피로감, 숨이 가쁨, 목 마름)의 초기 증상에 대해 교육받아야 한다. 다음 치료 지침은 반드시 의사의 처방으로 시행해야 된다.

- 치료 반응을 관찰하기 위해 매일 최대 유량계(5세 이상 아동에게)를 사용한다.
- 가정에서 흡입성 베타2-아드레날린 작용제 사용을 시작한다. 베타2-아드레날린 작용제와 매일 투약 조절에도 증상이 좋아지지 않으면 구강용 스테로이드를 사용한다.
- 호흡상태가 더 나빠지거나 투약을 해도 효과가 나타나지 않으면 의사에게 빨리 연락한다.

표 6-2 응급 천식 관리

다음 증상은 천식아동에서 응급치료가 필요한 경우이다.
- 쌕쌕거리는 호흡이나 기침이 심해지고 숨 쉬는 것이 짧아지는 경우
- 기관지확장제 사용 후 증상이 좋아지지 않는 경우
- 최대유량이 감소하거나 또는 변화되지 않는 경우(베타2-아드레날린 작용제 흡입 후에도) 또는 아동의 예상 기준치나 개인 최고치의 60% 미만인 경우
- 호흡곤란(아동의 가슴과 목이 매 호흡 시 땅기거나, 등을 웅크리거나, 숨을 쉬기 위해 힘들어할 경우)
- 걷기 또는 말하기가 어려운 경우
- 기운이 없이 놀이를 중단한 경우
- 영아의 경우 축 늘어지고, 약한 울음, 수유 거부
- 입술 또는 손톱이 회색이나 푸른색 (이런 경우 즉시 응급치료가 필요하다.)

라. 투약

부모와 아동, 어린이집 교사가 약제를 너무 많이 사용하지 않게 해야 하며, 주 2회 이상이나 12시간 동안 3~4시간 간격 이상으로 투약이 자주 필요한 경우 의사에게 알리도록 해야 한다.

- 투약방법 : 흡입성 약제는 분무기 또는 MDI로 투여한다. 두 가지 방법은 나이가 많거나 어린 아동에게 사용할 수 있다.

MDI에 부착된 간격자(spacer)는 약물 통과를 더디게 하여 약물을 효과적으로 기관지에 전달되게 하며, MDI를 사용하는 어린 아동이 더 쉽게 사용 할 수 있다. 아동이 간격자를 사용하는 경우 간격자를 MDI 외관에 부착하고 간격자 마우스피스(mouthpiece)를 물고 입을 다문 다음 통(canister)을

작동하여 흡입한다(표 6-5).

표 6-3 분무기 사용 요령

1. 깨끗하게 손을 씻은 후, 깨끗한 장소에서 사용한다.
2. 입을 오므려서 천천히, 깊게 숨을 쉰다.
3. 1회 치료 동안 분무기 내의 약물을 모두 사용한다. 분무기 안에 약물을 남겨 두지 않는다.
4. 기구가 작동을 잘하고 정확한 용량의 약물과 희석제를 사용하는 경우 치료 시간은 보통 10~15분이다. 치료시간이 지연되면 분무기 또는 압박기에 결함이 있는지 점검해 본다.
5. 매번 치료 후에 분무기를 깨끗한 물로 헹군다. 분무기를 종이 타월로 느슨하게 싼 다음 공기로 건조시킨다.
6. 매일 한 번씩 분무기를 따뜻한 비눗물로 닦은 다음 물이나 그릇세척기에 넣고 5분간 끓여 소독한다(반드시 온도는 70℃). 소독 후에 기구를 꺼내서 공기 중에 완전히 말린 후에 보관함 속에 넣는다. 젖은 상태로 기구를 보관하면 곰팡이와 박테리아가 생긴다.
7. 아동이 바이러스성 호흡기 감염을 앓고 있을 때, 전기 분무기로 기관지 확장제를 투여한다.

표 6-4 계량흡입 사용법

1. 서서 흡입기를 잘 흔든다. 마개를 제거한다.
2. 흡입기를 똑바로 잡고 간격자를 부착한다.
3. 머리를 약간 뒤로 젖히고 숨을 충분히 내쉰다.
4. 간격자의 마우스피스를 입술에 밀착되게 물고, 흡입기 아래를 누르면서 천천히 숨을 쉰다.
5. 약물이 더 깊이 호흡되어야 하기 때문에 천천히(3~5초) 숨을 쉰다.
6. 되도록 오랫동안(10초 이상) 숨을 참는다.
7. 흡입기를 제거하고 천천히 코로 숨을 내쉰다.
8. 적어도 2분을 기다렸다가 투약을 계속하기 전에 흡입기를 흔든다.
9. 입을 열었을 때 증기가 나가는 것이 보이면 올바른 방법으로 행한 것이다. 편안하게 반복한다.
10. 원할 경우 물로 입을 헹군다.

표 6-5 환자교육: 네블라이저 사용에 대한 조언

- 네블라이저 기구들을 설치하기 전에 손을 씻는다. 분무기 작동에 필요한 물품들, 즉 깨끗한 튜브(분무기에 부착된) 둥근 덮개로 싸인 약물을 위한 저장백(reservoir), T자 모양의 마우스피스 또는 마스크 등을 준비한다.
- 둥근 덮개로부터 저장백의 나사를 벗기고 처방된 용량의 액체 약물을 저장백에 넣는다. 대부분의 약물은 생리식염수를 추가한다.
- 둥근 덮개를 단단하게 다시 덮고 튜브에 연결하여 기계를 작동하면 마우스피스 안으로 들어오는 안개 같은 수증기를 보게 된다. 아동에게 입안에 마우스피스를 넣고 마우스피스를 입술로 꽉 물도록 한다 : 아동은 가능하면 똑바로 앉게 하거나 부모의 무릎에 앉힌다.
- 정상적인 호흡률로 호흡하도록 하되, 깊이 쉬도록 한다. 치료과정에 대한 요약설명서를 만들어 저장백 위에 비치한다. 저장백을 가볍게 두드려주면 액체가 바닥으로 잘 통과되어 좋다.
- 대부분의 분무기 치료는 15~20분 정도 실시한다.
- 치료가 끝나면 기구들을 제조업체의 설명서에 따라 깨끗하게 씻어 청결하고 건조한 곳에 보관한다.

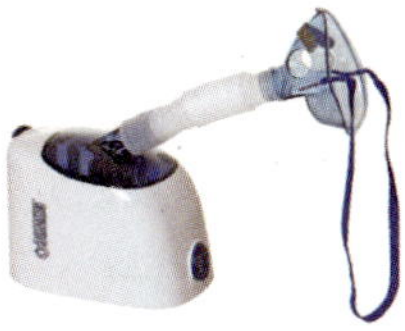

네블라이저

흡입기

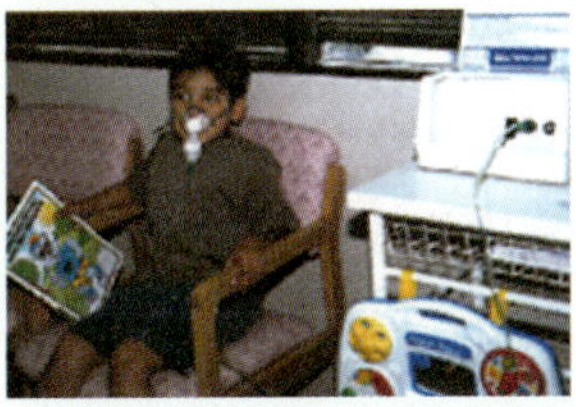

천식발작을 일으킨 아동에게 네블라이저를 이용해 기관지확장제를 투약하고 있다. 이 소년은 바이러스성 호흡기감염이 되었는데, 이것은 급성 천식발작을 일으키는 일반적인 촉진요인이다.

그림 6-3 최대호기속도 표시

최대 호기속도 (개인 최대 측정치에 대한 비율)	신호등	신호체계	신호체계
80% 이상		녹색 구역	잘 조절되고 있음. 천식증상이 없음을 의미하며, 현재 사용 중인 약재를 계속 사용한다.
60~89%		황색 구역	천식이 나빠지고 있음. 속효성 기관지확장제를 흡입하고, 외래 진료를 받는다.
60%미만		적색 구역	응급 상황임. 속효성 기관지확장제를 흡입하면서 응급실로 가야 한다.

3. 소화기계 질병

1) 감염성 위장염

감염성 위장염(infectious gastroenteritis)은 바이러스, 박테리아, 기생충이 원인이며, 심각한 전염성 설사, 수분과 전해질 소실, 패혈증 그리고 사망을 일으킬 수 있는 원인이다.

(1) 원인과 발생빈도

상한 음식이나 더러운 물의 섭취, 사람들 사이의 오염이 가장 흔한 원인이다. 보육원, 유치원, 놀이방, 어린이집 등 비슷한 또래가 많이 모이는 집단과 오랫동안 육아시설에 맡겨진 아동, 인체면역결핍바이러스(HIV)에 감염된 아동들이 가장 위험한 집단이다. 로타바이러스(rotavirus)는 영아와 어린 아동에게서는 가장 흔한 위장관 병원균이다.

위장염은 아동에게 가장 흔한 질환으로 여름에 가장 많고, 세계적으로 5세 미만 아동의 주요한 사망 원인이다.

(2) 증상

위장관염은 다양한 형태의 설사, 지속적인 구토와 복통 증상을 나타낸다. 또한 변을 참지 못하고 즉시 나오는 증상이나 발열을 경험할 수도 있다. 탈수는 위장관염의 심각한 결과이며 주로 2세 미만의 영아에게 발병한다.

(3) 간호와 치료

우선적 치료는 수분을 보충하고 수분과 전해질 불균형 상태를 경구 전해질 보충 액체로 또는 수액의 정맥주사로 교정하는 것이다. 영아나 어린 아동은 설사와 구토증상이 심하면 증상관리를 위해 입원치료를 한다. 균에 따라 항생제를 사용하기도 하나 로타바이러스 감염에는 유용하지 않다. 2006년에 미국 식품의약국에서는 영아에게 로타바이러스 백신 주사를 권장하고 있다. 모든 영아에게 로타바이러스 백신을 3회 즉, 생후 2, 4, 6개월에 예방접종하는 것을 추천하고 있다.

2) 탈수

탈수(dehydration)는 수분 섭취량보다 소실량이 많은 증상으로, 영아와 아동이 입원하는 가장 큰 원인이다. 탈수는 체액과 전해질 부족을 초래한다.

(1) 원인과 발생빈도

탈수는 여러 가지 질병의 증상으로 나타날 수 있는데, 어떤 원인이든 심하게 토하거나 심한 설사, 오랫동안 식사를 못한 경우, 흡수가 안되는 경우, 발열, 그 외에 피부의 화상에서도 탈수증상이 나타난다.

연령에 관계없이 탈수가 발생할 수 있지만, 영유아는 체중에서 수분이 차지하는 비율이 성인보다 더 높기 때문에 탈수 위험성이 더 높다. 우리나라에서도 위장염으로 인한 구토와 설사로 탈수가 되어 소아과병동에 입원하는 영유아를 흔하게 볼 수 있다.

(2) 증상

탈수가 있는 영유아는 체중 대비, 수분 손실 비율과 양에 따라 수분 소실량이 체중의 3~5%(50mL/kg 미만)면 경증, 수분소실량이 체중의 6~10%(50~100mL/kg)면 중등도, 수분소실량이 체중의 10%이상(100mL/kg 초과)이면 중증 탈수로 구분한다. 일반적으로 가정에서는 설사나 구토 횟수가 1일 5회 미만이면 경증으로, 5~10회면 중등도, 하루에 10회 이상이면 심한 탈수증상이 있을것으로 간주한다. 영아나 유아는 큰 아동보다 체중에서 수분의 비율이 더 높으므로 증상은 영유아가 더 심각하다.

탈수의 증상은 초기에는 보챔, 피부와 입술이 마름, 영아에서는 대천문이 움푹 들어가고, 두

눈이 쑥 들어가고 눈물이 안 나온다. 아이가 졸린 것 같고, 축 늘어지고 힘이 없어 보이며, 의식이 흐려지고, 깨워도 깨워지지 않고, 피부가 창백하거나 차고 축축하게 되며, 맥박이 약하고 빨라지며, 아이가 소변량 감소나 소변을 4시간 이상 보지 않았거나 기저귀를 하루에 6개 미만 적셨을 때는 심각한 증상이며 쇼크 위험성도 있으므로 병원에 입원치료를 필요로 한다.

(3) 간호와 치료

초기에는 영아의 경우 모유수유를 계속하거나, 식사와 함께 수분을 충분히 섭취하게 한다. 이전에는 가정에서 물, 소금, 설탕, 시리얼을 혼합하여 경구용 수분보충용액을 만들었지만 최근에는 WHO가 권장하는 상품화된 경구용 수분보충용액(oral rehydration solution, ORS)을 약국에서 구입할 수 있다. 사과주스나 콜라 등 고탄수화물 음료는 설사를 악화시킬수 있으므로 피한다. 스포츠음료(예: 게토레이 등)는 최근 연구에 의하면 수분 보충용으로 적합하지 않으며, 당과 탄수화물 함량이 높기 때문에 오히려 설사를 악화시킬 수도 있다고 한다.

아동의 탈수가 심각하거나 구토증상으로 입으로 수분을 보충할 수 없는 상태라면 수분과 전해질을 정맥주사로 보충해야 하므로 입원치료가 필요하다.

맥박이 빨라지고 감각이 없어지며, 피부색이 푸르게 되면 쇼크증상을 암시하는 것이다.

3) 변비와 유분증

변비(constipation)는 대변이 건조하고 단단하여 변 배출이 어렵고 대변을 자주 보지 못하는 것을 말한다. 변비로 인한 가장 중요한 문제는 변실금이나 유분증이다. 유분증은 정상인 4세 이상의 아동에게 나타나는 참을 수 없이 나오는 배변이다. 유분증을 겪는 아동은 종종 예고 없이 대변이 조금씩 배출되므로 아동이 부끄럽거나 당황스럽게 느끼는 원인이 되고, 친구와 놀 때나 심지어 어린이집에 가는 상황에서도 당혹감을 느끼게 된다. 오랜 기간 증상이 지속되면 아동의 자존감과 사회적 관계에도 영향을 미치게 된다. 부모들도 때때로 죄책감, 부끄러움 또는 불쾌감, 혐오, 분노 등을 경험하고, 이러한 감정을 아동에게 전가할 수 있다.

(1) 원인과 발생빈도

변비는 식이 변화, 탈수, 운동량 부족, 정서적 스트레스, 특정한 약물, 항문의 상처로 인한 통증, 또는 많은 우유 섭취 등의 여러 가지 원인에 의해 올 수 있다.

만약 아동이 신경학적 · 해부학적인 장애가 없다면, 유분증은 대개 변을 오래 참았거나 만성변비로 항문 위 부분인 직장이 커져서 나타날 수 있다. 유분증의 요인에는 배변훈련이 잘못 되었거나 어린이집 입학이나 동생의 출생 같은 여러 가지 심리적 스트레스가 포함된다.

변비는 모든 아동에게 언제든지 발생할 수 있다. 유분증은 일반적으로 3~7세에 나타나며 여아보다 남아에게 3~6배 정도 더 나타나고, 사회경제적 수준이 낮은 계층과 학습장애아에게서 더 많이 발생한다.

(2) 증상

변비의 주요 증상은 변을 보지 못하는 것, 복통과 경련, 직장 내에 촉진 가능한 많은 양의 변 덩어리 등이다. 아동은 의욕이 없고, 식욕부진, 두통, 오심과 구토, 항문에 상처를 경험할 수 있다.

유분증을 겪는 아동들은 뚜렷한 의식 없이 옷에 변을 보거나, 대변 냄새가 나는 증상을 나타낸다. 항문의 자극으로 항문 주위에 마찰이나 상처가 생기게 되며, 또래 관계에서 위축되고 다른 사람들과의 접촉 활동을 피한다. 요실금(소변을 자주 보거나 자신도 모르게 나온다)이 함께 나타날 수 있다.

(3) 간호와 치료

변비를 위한 가장 좋은 치료 방법은 적절한 음식과 운동, 규칙적인 배변 습관을 통하여 만성적인 문제가 생기는 것을 예방하는 것이다.

배변훈련을 시작하기 전에, 단단한 변을 모두 제거해야 하므로 장이 깨끗해질 때까지 12시간마다 등장액 관장을 실시하는 것이 좋다. 관장액을 약국에서 사서 가정에서 부모가 관장을 할 수 있도록 한다.

광물성 오일이나 다른 하제를 사용할 수 있으며, 광물성 오일은 차게 주거나 찬 음료에 섞어서 줄 때 잘 먹으므로 아이스크림이나 초코우유를 섞어서 주거나, 찬 얼음 조각과 과일 주스에 섞어 오일의 맛을 덜 느끼게 한다.

배변 습관은 아침과 저녁 식사 후 화장실에 5~10분 동안 앉아 있게 한다. 이러한 규칙적인 습관은 정상적인 위와 대장 반사를 자극하여 배변을 도와준다. 이러한 방법은 아동이 배변반사에 익숙해질 때까지 3~6개월 동안 지속해야 한다.

식이 조절은 변비 치료의 한 방법으로 이용한다. 말린 과일, 다양한 곡물 시리얼, 저지방 음식과 신선한 채소, 수분과 섬유소 섭취를 늘려 장을 쉽게 통과하게 만든다. 설탕과 우유의 섭취를 줄이는 것도 변을 부드럽게 한다.

자두주스 같은 과당이나 락툴로오스는 도움이 되고 섬유소가 많은 과일과 채소는 변비를 완화할 수 있다. 아동이 통증 없이 하루에 2~3번 부드러운 변을 볼 수 있게 하는 것이 좋다.

4) 장중첩증

장중첩증(intussusception)은 장의 일부분이 장의 말단 내부로 들어가서 장폐색(장이 막힘)을 일으킨 상태를 말한다. 장중첩증은 3개월과 6세 사이 영아와 아동에서 장폐색의 가장 흔한 원인이며 드물게 발생하지만 소아 응급수술을 필요로 한다.

(1) 원인과 발생빈도

정확한 원인은 알려져 있지 않으나 이전의 감기나 다른 바이러스 감염의 병력이 가장 큰 원인이 된다. 장중첩증은 80%가 2세 이전 특히 생후 5~11개월 사이에서 전체 환자의 60%가 발생하고 생후 3개월 이전에는 거의 발생하지 않는다. 발생빈도는 1,000명 중 1~4명 정도이며 남아와 여아의 비율은 3:1이다.

(2) 증상

장중첩증은 영양상태가 좋은 건강한 영아에게서 발생한다. 발작적인 복통으로 아이가 큰 소리로 울다가 잠시 조용해지고 다시 몇 시간 이내에 발생하여 지속적이면서 심한 통증으로 진행되며, 아동은 구토를 동반할 수 있다. 특징적인 증상으로는 혈액이 섞인 점액성 변(젤리모양의 변)과 설사, 복부에 소시지 모양의 덩어리가 만져질 수 있다. 아동이 활기가 없으며 큰 아동은 통증만 호소하기도 한다. 폐색이 12~24시간 이상 지속되면 쇼크에 빠질 수 있다.

(3) 간호와 치료

증상이 나타난지 12시간 이내에 들어간 장을 빠르게 제 위치로 회복시켜야 된다. 병원에서는 복부 방사선 검사와 초음파 검사로 위치를 확인하고 바륨으로 관장을 하는 동안 내부 압력으로 저절로 장중첩이 풀려서 치료가 되기도 한다.

바륨관장으로 장중첩이 풀리지 않거나 회복되지 않으면 응급수술을 시행한다. 24시간 이내에 진단되고 수술을 시행하면 사망률을 최소로 줄일 수 있다. 최근에는 복강경 수술요법도 있다.

5) 과민성 대장증후군

과민성 대장증후군(irritable bowel syndrome, IBS)은 경련과 통증을 수반하며, 장의 내용물이 빨리 통과되어 설사를 일으키는 증상을 말한다.

(1) 원인과 발생빈도

스트레스와 정서적인 요소가 가장 일반적인 원인이다. 영아들은 락타아제 결핍과 관련이 있을 수 있다. 과민성 대장증후군은 영아기 이후 유아기(아동기의 만성 설사로 불리기도 한다)와 청년기에 가장 흔하다. 이 질환은 영아기에 소화불량을 겪었거나 다른 장 질환의 병력이 있는 가족에게 발생하는 경향이 있다. 자주 배가 아프다고 호소하는 아동은 대부분 과민성 대장증후군으로 진단되고, 심각한 설사나 변비가 발생한다.

(2) 증상

식사나 활동과 관련 없이 나타나는 복통, 교대로 나타나는 변비와 설사, 소화되지 않은 음식과 점액이 변에서 보이며, 대부분의 아동은 정상적인 성장을 나타낸다.

(3) 간호와 치료

장경련을 유발하는 요인을 줄이기 위해 균형 잡힌 식사와 적당한 섬유소섭취, 저지방 음식이 좋다. 아동에게 천천히 식사하도록 하고, 탄산음료는 마시지 않게 한다. 주스를 제한하거나 사과 주스를 백포도 주스로 바꾸어주면 증상을 완화하는 데 도움을 줄 수 있다.

4. 비뇨기계 질병

1) 유뇨증

유뇨증(enuresis)은 소변을 자주 보거나 자신도 모르게 나오는 것을 말한다. 야간 유뇨증은 밤에 수면 중에 발생하는 것을 말하며 주간 유뇨증은 낮에 깨어 있을 때 발생하는 것을 말한다.

(1) 원인과 발생빈도

유뇨증은 몇 가지 요인이 있는데, 신체적 요인에는 방광이 작거나 비정상적인 요로계, 신경계 이상, 변비, 요로감염, 요충증, 당뇨, 배뇨 장애 등을 포함한다. 스트레스의 증가와 관련된 정서적 요인으로도 발생할 수 있는데 부모의 이혼 또는 별거, 잘못된 배뇨 훈련, 배뇨 암시에 적절하게 대응 못함, 자아존중감 감소 등을 포함한다. 성적 학대(sexual abuse)도 이차적 유뇨증이 있는 아동에게 고려해야 할 사항이다.

여아보다 남아에게 더 흔히 발생하며 유뇨증의 가족력이 있는 아동에게 더 흔하다. 야간 유뇨증 없이 주간 유뇨증만 가진 아동은 소변이 나올 정도의 마지막 순간까지 기다리는 습관 때문이다. 대부분의 아동은 자라면서 치유된다.

(2) 증상

밤에 계속 침대를 적시는 (오줌을 싼) 과거력이 있는 아동은 방광이 가득 찬 것을 느낄 수 없거나, 소변 본 것을 느끼지 못한다. 아동이 신경계에 이상이 없고 6세 이상이면 야간 유뇨증은 자라면서 증상이 없어진다.

낮 동안에 참을 수 없이 소변이 나오거나 자주, 부적절하게 소변을 보는 아동은 급하게 화장실을 가거나 다리를 꼬는 모습을 볼 수 있다. 이런 아동은 조용히 앉아 있을 수 없고 소변 냄새를 풍길 수도 있다.

(3) 간호와 치료

야간 유뇨증의 치료는 아동이 이해할 수 있게 아동에게 설명해 준다. 잠자리에 들기 전에 화장실을 다녀오고 저녁 식사 후에 물을 마시지 않도록 제한하는 방법을 시도한다. 또한 심상요법을 이용하도록 아동을 훈련한다. 예를 들어 방광이 찬 느낌은 무엇과 같이 느껴지는지, 깨어나서 화장실에 가는 것을 그려 보게 하는 것 등이다. 심상요법을 하면서 밤에 소변을 못 가린 횟수와 가린 횟수를 계속 기록해야 한다. 보상 방법으로 좋아하는 스티커를 아동에게 줘 달력에 소변을 가린 밤을 표시하게 하고 소변을 가린 밤이 일정한 횟수에 도달하면 특별한 상을 주는 것도 좋은 방법이다.

경보기를 사용하는 치료는 야간 유뇨증을 가진 큰 아동에게 성공적이다. 아동의 잠옷에 습기에 민감한 경보기를 부착하여 아동이 배뇨하기 시작하면 경보가 울려 아동을 깨운다. 이런 경보 체계는 15주 이상 계속 사용해야 한다.

2) 요로감염

감염의 전신적인 증상과 함께 소변에 세균이 존재하는 것이 특징인 요로감염(urinary tract infection)은 아동에게 흔한 질환이다. 요로감염은 신장기능 감소, 혈압 상승, 드물게는 말기 신장질환을 동반하는 만성적인 합병증을 유발할 수 있다.

(1) 원인과 발생빈도

요로감염은 요도에서 방광이나 상부 요로까지 세균이 침입하여 발생한다.

대변 오염을 통한 세균이 대부분 요로감염을 일으킨다. 대장균(escherichia coli)이 거의 80%를 차지한다. 어린 여자아이는 요도가 짧아서 요로감염이 더 흔하고, 포경수술을 하지 않은 1세 이하 남아에서 요로감염이 증가할 수 있다. 1세 이하에서는 남아의 발생 빈도가 높으나 영아기 이후에는 여아의 빈도가 훨씬 높다(남녀비 1: 10). 2세 이하 아동은 열성 호흡기 질환이나 위장계 질환을 앓는 아동이 요로감염을 동시에 가지고 있는 경우가 많다. 모유는 요로감염의 위험을 줄이는 것으로 보고된 바 있다.

(2) 증상

어린 영아에서는 특별한 증상을 안 보인다. 영아는 열이 나거나 구토, 설사를 보일 수도 있어서 감기나 소화불량으로 진단 받을 수도 있다. 2~24개월 아동에게 감염 증상이 없이 38°C 이상의 열은 요로감염을 나타낼 수 있다. 열이 있거나 없을 수도 있고, 불안정, 배뇨 시 우는 것으로 알 수 있는 배뇨 곤란, 소변 냄새나 색깔의 변화, 잘 먹지 못하는 수유 곤란 등의 증상이 있을 수 있다. 아동에서는 복부 통증, 빈뇨(소변을 자주 보는 것), 긴박뇨(소변을 참지 못한다), 배뇨 곤란(소변을 보고는 싶으나 잘 나오지 않거나 통증이 있음), 유뇨증이 있거나 발열 등의 증상이 있다.

(3) 간호와 치료

요로감염은 항생제 치료가 필요하여 입원치료를 한다. 심하지 않고 합병증이 없는 요로감염의 치료에는 보통 3~5일간의 경구용 항생제를 사용한다.

신우신염을 앓는 아동은 10~14일간 경구용 항생제 치료 뒤에 정맥용 항생제 치료를 해야 한다. 요로감염의 병력이 있는 영아는 가능한 한 빨리 신장초음파를 찍을 필요가 있다.

재발성 요로감염은 신장 손상을 일으킬 수 있으므로 예방이 특히 중요하다.

아동이 열이 있거나 오심과 구토가 있고 잘 안 먹을 때는 경구로 물을 많이 먹도록 하고 어린 영아의 경우 정맥주사가 필요할 수도 있다. 피부 탄력성 저하, 입술 건조, 천문 함몰, 소변량 감소등의 탈수 증상을 잘 관찰한다.

3) 신증후군

신증후군(nephrotic syndrome)은 단백뇨, 저알부민혈증, 부종이 특징인 신장 질환을 말한다. 아동은 간염, 중금속 중독, 암과 같은 전신 질환의 결과로 신증후군을 앓을 수도 있다.

(1) 원인과 발생빈도

신증후군의 원인은 밝혀지지 않았지만 2세와 6세 사이 아동에게서 가장 흔하게 나타난다. 남아에서 발생빈도가 약간 더 높다. 질환의 증상은 나이가 들수록 감소하는데 청소년기에 재발하는 경우는 드물다.

(2) 증상

신증후군의 증상은 부종(전신 부종, 때로는 얼굴과 다리에 부종), 식욕부진, 피로, 복통, 호흡기 감염, 체중 증가다. 부종은 처음에는 주로 눈 주위와 얼굴에 나타나며, 점진적으로 확대된다. 시간이 지나면서 복부, 생식기, 다리에도 부종이 심하게 나타난다. 함요부종(pitting edema, 다리 정강이 부분에 손가락으로 누르면 누른 흔적이 남음)은 다리의 뼈 돌출부에서 가장 뚜렷하게 나타난다. 복통은 복수(배에 물이 많은 것)가 차 있을 때 나타날 수 있다.

신증후군은 임상적 증상, 아동의 연령, 임상검사 결과로 진단 내릴 수 있다. 소변검사에서 단백뇨(단백검사하는 스틱을 소변에 담갔다가 꺼내어 색깔 변화를 살핌, 0~+++ 혹은 ++++, 3+에서 4+)를 보이며 소변은 진하고 거품이 많다. 일단 아동의 얼굴에 부종이 생기고 소변에 거품이 많으면 병원을 방문한다.

(3) 간호와 치료

일차성 신증후군 아동은 입원치료를 한다.

프레드니존을 투약하여 5일에서 7일간 연속적으로 소변의 단백이 0이 될 때까지 한다.

스테로이드 치료의 부작용으로 아동의 얼굴이 달덩이처럼 살찌는 '문 훼이스(moon face)'가 나타날 수 있는데 약을 줄여 가면 없어진다.

신증후군 아동이나 부종이 있는 모든 아동에게는 무염식이 처방된다. 조리를 할 때 음식에 소금이나 간장을 넣어서는 안 된다. 보호자는 아동에게 염분이 높은 식품 즉 피클, 칩스, 양념한 고기는 주지 않아야 된다. 부종이 심하거나 고혈압이 있는 경우에 소금 섭취를 더욱더 제한하며 수분까지 제한하기도 한다. 식탁에서 추가적인 소금 섭취도 금하며 젓갈류, 장아찌, 김치등 짠 음식을 금해야 되므로 아동의 음식을 조리할 때 소금이나 간장 대신 다른 양념류를 사용한다. 피로를 예방하기 위해 너무 심한 운동은 금한다.

생백신은 스테로이드 치료 중인 아동에게는 금기다. 정기적인 사균 접종 외에 폐렴구균 백신과 매년 독감 백신을 접종해야 된다.

5. 피부염과 면역계통 질환

1) 아토피 피부염

아토피 피부염(atopic dermatitis, 습진)은 심한 가려움증이 특징인 흔한 만성 염증성 피부질병이다.

(1) 원인과 발생빈도

아토피 피부염의 원인은 알려져 있지 않다. 그러나 질병은 유전적인 경향과 면역계의 기능부전과 관련이 있으며, 관련 요인에는 유전적인 건조하고 민감한 피부, 알레르기, 정서적 스트레스 등이 있다. 대부분의 아토피 피부염 아동은 천식과 꽃가루 알레르기, 아토피 피부염 가족력이 있으며 아동도 천식이나 알레르기 비염이 있다.

아토피 질병(천식, 알레르기 비염, 아토피 피부염 포함)은 지난 30년간 상당히 증가했다. 아토피 피부염은 보통 영아기에 시작해서 2~3세 경에 깨끗해지며, 청소년기와 성인기까지 지속되기도 한다. 비만한 아동에서 아토피 피부염의 위험성이 증가하는 것으로 보고되었으며, 아토피 피부염은 모든 인종에서 나타나고 겨울에 증상이 더 심해진다.

(2) 증상

아토피 피부염은 건조한 피부, 심한 가려움증이 특징으로 영아기에는 처음에 뺨에 피부가 빨갛게 되고, 진물이 생기고, 딱지가 나타나며 이마, 머리, 팔다리로 이어진다. 동그랗고 물집이 있는 붉은 반점이 더 심해지며, 심한 가려움증으로 계속 긁어서 피부가 가죽처럼 보이게 된다. 영아는 대략 1~4개월에 증상이 나타나기 시작한다.

아동기에는 팔목, 발목, 무릎, 팔꿈치의 접히는 부위와 목 주름, 손발 등에도 증상이 나타나 진물이 흐르며 계속 긁게 되면 피부가 가죽처럼 보인다. 땀을 흘리거나 모직, 털 옷 같은 자극성 섬유의 옷을 입을 때 더 심하게 된다.

증상을 일으키는 원인을 알기 위해 음식 알레르기(우유, 달걀, 밀가루, 콩, 땅콩, 생선 등)에 대한 피부 검사도 도움이 된다.

(4) 간호와 치료

치료의 주 목적은 가려움증과 긁는 것을 조절하고 피부를 보습시키고, 자극물과 알레르겐을 제거하는 것이다. 가려움증을 조절하는 것에는 열, 비누, 모직 옷, 피부 자극을 일으키는 다른 환경 자극물을 피하는 것이 있다. 부드러운 면-폴리에스테르 제품이 가장 좋다. 가려움증은 특히 밤에 더 심해지므로 아동의 손톱을 짧게 하고 면 장갑이나 벙어리 장갑을 끼워주고, 잠자기 전에 항히스타민제를 투여한다.

적절한 피부 보습은 필수적이다. "건조"법은 목욕 시키지 않고 마른 피부에 유연제를 사용하는 것이며, "습성"법은 최근에 더 많이 사용하는 방법으로 목욕 후에 습성찜질을 하고 크림과 연고를 발라 주는 것이다. 미지근한 물로 무향의 비누(흰색 도브비누, Basis 같은)를 사용한다. 유세린 크림이나 페트로륨 젤리 같은 유연제는 목욕 후 즉시 바르게 하여 피부에 습기가 남아 축축하게 해 준다. 습성 찜질은 3일 이상은 하지 않는다.

건조한 기후에서는 세타필 같은 친수성 비누를 사용해서 하루에도 몇 번씩 자주 목욕시키고 목욕 후 즉시 보습 크림이나 연고를 발라 준다. 알코올이 포함된 제품은 피하고, 건조한 겨울에는 가습기를 틀어 준다.

이 치료를 받는 동안에는 햇빛과 자외선에 노출되는 것을 피해야 한다.

알레르겐을 확인해서 제거하는 것이 좋다. 특정 음식에 민감한 아동은 그 음식을 배제해야 되고 알레르기 위험성이 있는 영아는 이유식도 6개월 이전에는 먹이지 않는 것이 좋고 생후 1년간 모유수유를 하는 것이 좋다.

한국인 아토피 피부염의 진단 기준(2005)

① 자가진단법

- 가려움증(얼굴, 몸통, 팔 · 다리의 겹치는 부위 습진)
- 가족력

- 특징적인 피부염의 모양 및 부위 중 두 가지

② 보조진단

- 피부건조증, 입술과 입안에 염증(구순염), 손발의 습진
- 눈과 귀 주위의 습진 혹은 색소침착
- 두피 모공 주위 피부의 두드러짐, 습진, 발한에 의한 가려움증, 피부 감염의 증가 중 네 가지 이상

아토피성 피부염 예방수칙(질병관리본부 자료실)

① 보습 및 피부 관리를 철저히 해야 한다.
② 목욕은 매일 미지근한 물로 20분 이내로 한다.
③ 비누목욕은 2~3일에 한 번, 때를 밀면 안 된다.
④ 보습제는 하루에 2번 이상, 목욕 후에는 3분 이내에 바른다.
⑤ 순면 소재의 옷을 입어야 한다.
⑥ 적절한 실내 온도와 습도를 유지해야 한다.
⑦ 스트레스를 잘 관리해야 한다.
⑧ 적절한 실내 온도와 습도를 유지해야 한다.
⑨ 효과적이고 검증된 치료방법으로 꾸준히 관리하도록 한다.
⑩ 모유수유가 아토피 피부염을 줄일 수 있다.
⑪ 아토피 피부염은 조기 진단과 조기 치료가 중요하다.

2) 가와사키

가와사키병(kawasaki disease)은 아동에게 원인을 알 수 없는 혈관염이 나타나는 급성, 열성, 발진성 질환이다. 가와사키병은 후천성 심장질환이 나타나는 빈도가 가장 높다.

(1) 원인과 발생빈도

가와사키병의 원인은 알려져 있지 않으며, 늦겨울과 초봄에 가장 많이 발생한다.

가와사키병은 5세 이하 아동에게 많이 발생하는데 18~24개월 아동에게서 가장 흔하다. 남아에게서, 그리고 아시아계 아동에게 발생이 높다.

(2) 증상

가와사키병은 3단계를 거치는데, 1단계는 10~14일 가량 지속되며, 5일 이상 지속되는 발열이 특징이고, 약을 먹어도 열이 계속된다. 양쪽 눈에 결막염이 생기고, 점막의 변화로 입술이 건조

하고 갈라지며 혀가 빨갛게 된다. 손과 발의 부종, 손바닥과 발바닥에 빨간 점이 나타난다. 2단계에서 열은 떨어지고 대부분 증상은 가라앉는다. 이 단계에서 초조, 식욕부진, 손가락과 발가락의 피부가 벗겨짐, 관절염과 관절통, 심혈관계 증상이 특징적으로 나타난다. 병원에서는 심혈관계증상을 관찰하기 위해 심장 초음파를 2주, 6주, 8주, 6개월, 12개월에 반복적으로 시행한다.
3단계는 회복단계로 발병 4주째부터 모든 증상이 사라질 때까지를 말한다.

(3) 간호와 치료

심장 혈관의 손상을 예방하는 것이 중요하다. 발열이 시작되고 10일 이내에 감마 글로불린을 아스피린과 함께 투여한다. 열이 떨어지면 약의 용량을 줄여서 6~8주간 계속 투여하는데, 심장혈관에 이상이 발견되면 이 용량을 평생 복용한다. 아스피린은 우유나 음식과 함께 먹어도 되며 입안의 통증 등으로 음식섭취를 거절하면 아이스크림이나 얼음과 같이 먹게 하고, 열량이 높고 시지 않은 음료를 빨대로 마시게 한다(신 음료와 탄산 음료는 피한다). 아동이 좋아하는 부드러운 음식을 준비하고, 갈라지고 건조한 입술에는 연고를 발라 준다.

6. 감염성 질환

감염성 질환에는 질병을 일으키는 여러 가지 원인 병원체가 있는데 바이러스, 세균(박테리아), 곰팡이, 기생충 등이다. 잠복기간은 병원체가 우리 몸에 들어와서 질병을 일으킬 때까지의 기간을 말한다. 전파방법은 병원체가 우리 몸에 들어오는 경로를 말하며, 비말감염, 공기전염, 대변-손과 입 경로, 직접 접촉, 진드기나 모기 등의 곤충이나 동물에 물림 등 여러 가지 방법이 있다. 비말감염은 사람의 입에서 기침이나 말할 때 나가는 아주 작은 입자를 말하며, 공기전염도 기침, 재채기 등 호흡기를 통해서 전파 되는 것이다. 대변-손 구강 경로는 대변을 통해 나온 병원균이 사람 손을 통해서 다시 입으로 들어가는 것을 말한다. 직접 접촉은 주로 성병 등 성전파성 감염을 전파 시키는 주요 수단이 되고, 진드기나 모기 등에 물려서 질병이 전파되기도 한다. 그러므로 감염성 질병을 예방하려면 사람이 많이 모이는 곳에는 가지 않는 것이 좋고, 인플루엔자나 독감 등이 유행할 때는 마스크를 착용하며, 기침이나 재채기를 할 때는 자신의 한쪽 팔을 들어서 입 가까이에 대고 해야 된다. 대변-손 구강 경로의 전파를 막으려면 손을 자주 씻는 것이 가장 좋다. 화장실을 다녀 온 후에는 반드시 비누로 손을 깨끗이 씻어야 하며 특히 음식을 준비하는 사람들의 손 청결은 매우 중요하다. 곤충이나 동물에 물리지 않도록 주의하는 것도 중요하며 봄, 가을철 나들이 갈 때는 될수록 긴 소매, 긴 바지를 입는 것이 좋다. 또한 캠핑을 다녀온 후에는 반드시 샤워를 해서 몸을 깨끗이 씻는 것이 중요하다. 다음 표 6-6에 휴원을 요하는 질병이 제시되어 있다.

표 6-6 휴원을 요하는 질병

병명	초기 증상	잠복 기간	격리 기간
농가진	얼굴이나 수족에 쌀알 크기의 발진, 수포가 생긴다.	2~5일	염증기를 지나 환부치료를 하고부터
뇌막염	고열, 두통, 구토, 전신에 보라색 반점, 의식의 혼동이 온다.	14~21일	증상이 사라질 때까지
백일해	열이 없고 밤에 기침이 심하다.	7~14일	특유의 기침이 사라질 때까지
수두	발열, 발진, 물집이 생긴다.	10~21일	딱지가 떨어질 때까지
수족구병	38℃ 정도의 고열, 1~2일간에 입속, 손바닥, 발바닥에 수포가 생긴다.	3~6일	주요 증상이 없어질 때까지
유행성 결막염	눈이 붓고 흰자위가 충혈되며 눈곱이 많이 생긴다.	7일	급성 기염 증상이 없어질 때까지
유행성 이하선염	발열, 귀밑이 부어오른다.	7~21일	귀밑 부기가 다 빠질 때까지
장티푸스	두통, 헛소리, 혀의 백태, 장 출혈이 발생한다.	1~3주	완치될 때까지
전염성 설사	설사의 횟수가 많고, 변이 물 같고, 열과 감기 증상을 동반한다.	2~4일	주요 증상이 없어질 때까지
전염성 홍반	열은 별로 없으나 때로는 37℃의 열이 나고, 얼굴과 뺨에 발진이 생긴다.	7~14일	급성 증상이 없어질 때까지
콜레라	열, 구토, 하얀 물설사, 탈수 증세가 있다.	6시간~5일	완치될 때까지
풍진	가벼운 감기 같고, 발열과 발진이 일어난다.	10~21일	증상이 없어질 때까지
홍역	발열, 재채기, 결막염, 발진이 일어난다.	9~13일	발진이 없어질 때까지

이상의 질환은 전염성이 강한 질병이므로 각별한 주의가 요청되며 이외의 의사의 진단에 의해 전염성이 있다고 판명된 질병은 휴원을 요하며 의사가 다 나았다는 소견서가 있을 시 등원한다.

〈출처〉 중앙보육정보센터(2013), 교육자료실

1) 바이러스성 발진 간호

발진(exanthem)은 피부가 붉어지는 것이다. 여러 가지 아동기 감염 질환은 독특한 특성을 갖는 발진(rash)에 의해서 특징지어진다. 부모는 발진의 시작, 최초 위치, 그리고 진행상태, 발열 같은 다른 동반되는 신체적인 증상 등을 자세히 관찰해야 된다. 발진의 특성으로 색깔, 부은 정도, 모양, 크기(cm), 위치, 분포 그리고 농(고름)이 있는지 등을 기록해 놓으면 좋다. 발열 등 아동의 일반적인 건강 상태, 최근의 노출 병력, 처방받았거나 혹은 처방받지 않고 사용한 약물과 그 결과들을 기록한다. 아동의 눈, 귀, 코, 목 등은 감염, 부종, 분비물 등이 있는지 관찰한다.

합병증이 없는 바이러스성 발진 아동은 보통 집에서 증상에 따라 간호하고(열이 나면 타이레놀이나 이부프로펜 투여, 휴식, 부드러운 음식), 합병증이 나타나면 입원 치료를 한다.

2) 홍역

(1) 원인과 발생빈도

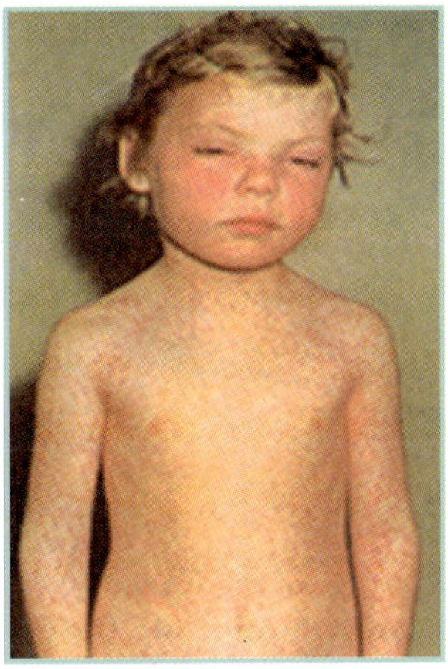

그림 6-4 홍역

홍역(rubeola, measles)은 RNA virus가 원인이며, 잠복 기간은 노출에서 증상의 발병까지 8~12일이고, 전염 기간은 발진이 나타나기 전 3~5일에서 발진 후 4일까지이다. 그러므로 홍역이 의심되는 아동은 발진이 나타나기 전부터 격리해야 된다. 전파방법은 기침 시에 나오는 작은 공기입자에 의해 전파되므로 홍역환자는 어린이집 출석을 자제해야 된다. 유행하는 계절은 늦겨울과 봄에 주로 발생한다.

(2) 증상

홍역 바이러스는 인체에 들어가서 천천히 퍼진다. 아동은 고열, 콧물, 기침, 결막염 등 증상이 1~4일간 지속된다. 아동은 이 시기에 매우 아파한다. 발진이 나타나기 2일 전에 입안에 작고, 푸른–흰색 반점(코프리크 반점, Koplik spots)이 입안의 어금니 근처에 나타난다. 붉은 발진은 진홍색 발진으로 얼굴과 목 등에서 시작해 몸통과 사지 등으로 내려가 발까지 퍼진다. 발진은 약 6~7일 지속된다.

(3) 간호와 치료

홍역의 치료는 집에서는 증상에 따른 대증요법을 이용한다. 다른 형제들과 격리가 필요하며, 열이 있는 동안에는 누워서 쉬도록 한다. 미국에서는 홍역을 앓고 있는 아동에게서 비타민 A 부족이 발견되어 비타민 A 섭취를 권고한다. 비타민 A는 알약으로 먹거나 또는 주사로 투여한다.

홍역, 볼거리, 풍진(MMR) 백신은 2회 투여하며, 첫 번째 MMR 백신은 보통 1세 때 접종한다. 두 번째 MMR 백신은 4세에서 6세 사이에 접종한다.

3) 풍진

(1) 원인과 발생빈도

풍진(rubella) 원인 요인은 RNA 바이러스이고, 잠복 기간은 14일에서 21일까지이며, 전염 기간은 증상이 나타나기 7일 전부터 발진이 나타난 이후 14일까지이다. 전파방식은 공기 또는 비말감염이며, 많이 발생하는 계절은 늦겨울과 초봄이다.

(2) 증상

풍진은 아동과 어른에게는 보통 가벼운 질병이다. 어린 아동은 보통 발진이 나타나기 전까지는 증상이 없으며, 큰 아동은 심한 콧물, 설사, 기운 없음, 목 아픔, 두통, 미열, 다발성 관절염, 눈 통증, 아프고 쑤심, 오한, 식욕 감퇴와 오심 등의 증상을 나타내고, 뒷목, 귀 뒤 림프절이 커진다.

발진은 얼굴, 머리 그리고 목에서 시작되는 붉은 장미와 같은 반점상 구진이 나타난다. 발진은 아래쪽으로 퍼져 1~3일 이내에 전신에 나타난다. 대부분의 아동은 합병증 없이 치료된다.

가장 심각한 풍진은 임신부가 임신 초기(첫 3개월 이내)에 풍진에 감염되어 태아에게 손상을 일으키는 선천성 풍진이다. 선천성 풍진은 실명, 심장 기형, 청각장애, 뇌 손상을 일으킬 수 있다.

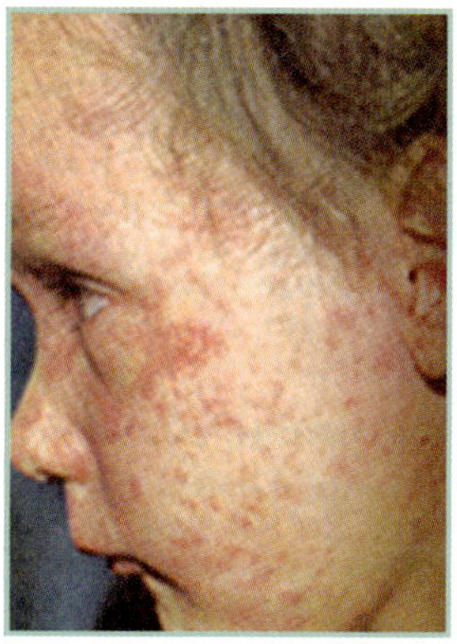

그림 6-5 풍진

(3) 간호와 치료

열이 나면 해열제를 주고 휴식을 취하게 한다. 풍진에 걸린 아동은 발진이 나타나기 시작한 이후 7일 동안 어린이집이나 학교에서 격리해야 한다. 임신한 어린이집 교사는 풍진에 걸린 유아를 접촉하지 않아야 된다. 풍진 1차 예방은 홍역, 볼거리와 함께 풍진 혼합백신(MMR)으로 할 수 있다.

4) 소아장미진

(1) 원인과 발생빈도

소아장미진(roseola infantum)은 사람 헤르페스 바이러스가 원인이며, 잠복 기간은 9~10일로 추정한다. 전염 기간도 알려져 있지 않지만 열성기에서 첫 발진이 나타날 때까지로 보며, 전파방식은 대부분 분비물 접촉(침, 뇌척수액)으로 되고, 계절은 연중 내내 발생 가능성이 있다.

(2) 증상

6~18개월 영아에서 갑작스러운 고열(39.4~41.1℃)이 나고 기운 없어 보이며, 안절부절못한다. 고열이 3~5일간 지속되고, 가벼운 기침, 콧물, 복통, 두통, 구토와 설사도 보인다. 3~5일 후에 열이 사라지고 2일 사이에 발진이 나타난다. 발진은 눌렀을 때 사라지는 장밋빛 반점이다. 발진은 목과 몸통에 두드러지게 나타나고 가장자리가 하얀 고리 형태로 둘러싸여 있고, 24~48시간 지속된다.

(3) 간호와 치료

간호는 대증요법이다. 일반적으로 고열은 해열제, 미온수 목욕, 가벼운 의복, 시원한 환경, 수분 섭취 증가로 조절할 수 있다. 아동이 고열일 때 해열제는 어린이용 타이레놀이나 이부프로펜을 사용하며, 아스피린 사용은 피해야 한다.

5) 콕사키(Coxsackie) 바이러스 감염

(1) 원인과 발생빈도

원인 요인은 RNA 바이러스이다. 잠복 기간은 보통 3~6일이며, 전염 기간은 알려져 있지 않지만 대변 배설물이 수 주일 동안 계속 전염시키는 것으로 추정하고 있다.

전파 양식은 대변-구강과 구강-구강(호흡기)으로 옮긴다. 계절은 여름과 가을에 주로 발생한다.

(2) 증상

영아와 아동 모두에서 호흡기, 위장관, 심장, 신경, 피부, 구강과 눈에 다양한 증상과 함께 열성 질환이 나타난다. 어린 아동에서 약간의 열과 입, 손, 발바닥에 염증이 나타나는 것이 특징이다(수족구병). 이것은 일주일이 지나면 없어진다. 입안에 염증이 있어서 먹거나 마시는 것을 거부하기 때문에 아주 어린 아동은 탈수를 일으킬 가능성이 있다.

(3) 간호와 치료

특별한 치료법은 없으며, 예방책이 중요하다. 부모나 어린이집 교사에게 기저귀 교환 후와 화장실 사용 후에 손 씻는 것의 중요성을 교육한다. 손발과 구강의 관리는 통증 완화를 위해 아세트아미노펜을 투여하고, 시원한 음료를 자주 먹인다. 우유가 들어간 아이스크림이 적당하다. 부모와 교사는 질병의 전파를 막기 위해 어린이집이나 학교에 질병을 알려야 하고 아동을 집에 있게 한다.

6) 이하선염

(1) 원인과 발생빈도

이하선염(mumps) 원인 요인은 파라믹소 바이러스이며, 잠복 기간은 보통 16~18일이지만 길게는 25일까지이다. 전염 기간은 얼굴이 붓기 전 7일~발병 후 9일까지이다. 전파방법은 비말, 타액, 소변으로도 가능하다. 계절은 늦겨울에서 봄에 발생이 많다.

(2) 증상

얼굴의 한쪽이나 양쪽 볼에 부종이 나타나기 전에 고열, 근육통, 두통, 기운 없는 증상이 있다.

(3) 간호와 치료

이하선염(귀 밑에 있는 침샘에 염증)은 보통 침샘에 영향을 주지만 다양한 기관에 영향을 줄 수 있다. 가장 흔한 합병증은 무균성 뇌막염으로 목이 뻣뻣해지고, 축 늘어짐, 구토 등이 나타날 수 있는데 보통 완전히 회복된다. 드물게 성인이 되었을 때 청각장애와 남자에서 고환염이 나타날 수 있다.

보통 합병증이 없으면 입원하지 않는다. 이하선이 부은 후 9일까지 비말전염 예방을 해야 한다. 아동과 가족에게 손 씻는 방법을 가르친다. 이하선염의 일차 예방은 혼합백신(MMR) 접종으로 할 수 있다.

7) 수두-대상포진 감염

(1) 원인과 발생빈도

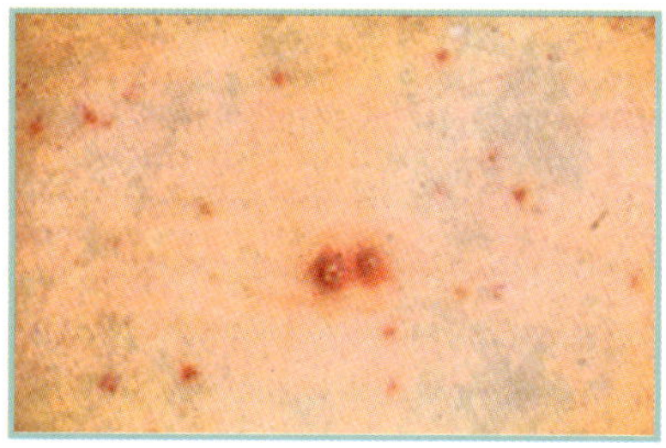

그림 6-6 수두

원인 요인은 수두-대상포진 바이러스이고, 잠복 기간은 10~21일이다. 전염 기간은 발진이 시작되기 전 1~2일에서 발생부위가 건조될 때까지 보통 5~7일이다. 전파는 직접 접촉, 비말, 공기 입자로 된다. 수두 백신으로 예방 가능하다. 계절은 늦겨울에서 초여름까지 발생한다.

수두-대상포진 바이러스의 일차감염은 수두를 일으킨다. 백신이 이용되기 전까지, 이 질환은 5~9세 아동에게서 가장 많이 발생했다. 대상포진은 잠복된 수두-대상포진 바이러스가 재활성화하여 나이 든 집단에서 가장 빈번하게 나타나지만, 특히 청소년기와 젊은 성인에게서도 발생한다. 일반적으로 아동의 수두와 대상포진은 생명에 위협적이지 않다. 그렇지만, 수두는 심각한 A군 연쇄상구균 질환을 일으키는 중요한 위험 요인이며, 이것은 생명에 치명적인 합병증이 될 수 있다. 항암치료로 면역억제제를 사용하는 아동이 수두에 걸리면 생명이 위험할 수 있다.

(2) 증상

- 수두(varicella): 24~48시간 동안 약간의 체온 상승, 기운 없음, 식욕부진과 같은 증상이 나타날 수 있다. 얼룩 발진이 먼저 몸통과 머리에 나타난다. 반점이 붉은 동그란 발진으로 변하며 붉은 색의 눈물방울 모양의 수포(동그란 작은 물주머니)가 된다. 그 수포들은 농포(동그란 고름주머니)가 되고, 마른 다음에 딱지가 된다. 이것은 뭉치로 나타나며, 몸통과 머리에서 시작하여

팔과 다리로 퍼진다. 이러한 수포와 농포는 전신에 모두 나타날 수 있다.

- 대상포진(zoster): 수두에 일차 감염된 동안 수두-대상포진 바이러스는 몸의 신경절 속으로 들어가 잠복해 있다가 피로, 스트레스 등으로 면역력이 떨어지면 대상포진을 일으킨다. 대상포진은 감염된 신경을 따라 주변 피부들의 통증이 2주 정도 있은 후에 발진이 나타난다. 통증 정도는 약간의 통증에서부터 화끈거림, 따끔거림, 가려움, 날카로운 칼 같은 것으로 쑤시는 듯한 느낌 또는 깊숙한 부위의 통증에 이르기까지 다양하다. 한쪽 부위의 통증이 신경을 따라 나타난다.

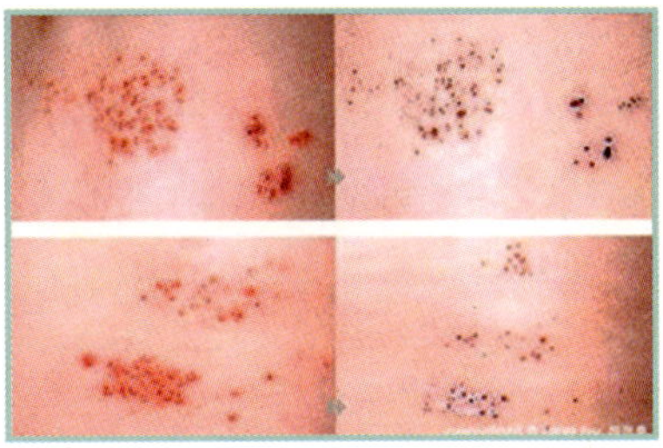
그림 6-7 수두-대상포진(오른쪽은 치료 후 2주 뒤)

대상포진은 나이든 사람들의 질병으로 알려져 있지만, 면역이 억제된 아동, 태아 때 노출된 적이 있거나, 만 2세 이전에 감염된 아동에서 발생할 수 있다.

(3) 간호와 치료

건강한 아동의 치료는 대증적 요법이다. 수두와 대상포진은 구강 항바이러스 약물(acyclovir가 가장 흔히 사용됨)이나 정맥주사로 치료할 수 있다. 항바이러스 약물은 증상이 나타나자마자 바로 시작해야 한다. 수두나 대상포진에 감염된 아동은 병원에서 엄격히 격리해야 한다. 입원한 아동은 격리병동에 두고 간호하는 사람은 마스크, 가운, 장갑을 끼고 아동과 접촉한다. 아동과 접촉하고 난 후에는 반드시 손을 씻는다.

수두에 걸린 집에 있는 아동을 주의한다. 부모와 어린이집 교사는 질병 전파예방, 간호방법, 어린이집이나 학교에서 아동 보호 정책과 이용 가능한 자원에 대해 교육을 받아야 한다.

수두에 걸린 아동은 가려움증이 심하므로 칼라민 로션을 수포와 농포에 발라주고 밤에 긁지않도록 손에 장갑을 끼워 준다. 몸을 시원하게 해주고 아동이 좋아하는 음식을 먹게 한다.

수두의 일차 예방은 정규 예방접종으로 가능하다. 접종은 병원에서 언제든지 가능하고, 예방접종의 정보가 없는 아동은 첫 1년이 지난 후 접종을 한다.

8) 백일해

(1) 원인과 발생빈도

백일해(pertussis, whooping cough)의 원인 요인은 보드텔라 퍼투시스 세균이며, 잠복 기간은 6~20일이다.

전파 기간은 카타르 단계(1~2주)에서 4주까지이다. 전파양식은 직접 접촉 또는 기침 시 비말을 통하여 전파된다.

(2) 증상

진행의 3단계는 카타르기, 발작기, 회복기다.

카타르기(catarrhal)는 1~2주간이며, 감기 증상(콧물, 눈물, 가벼운 기침, 미열)이 있다. 발작기는 2~4주나 그 이상 지속되며, 기침 정도가 더 심해진다. 그르렁거리는 소리가 들리는 반복적인 기침, 청색증, 혀 내밈, 침 흘림, 목의 정맥 팽창, 그리고 재채기나 물 마실 때 또는 먹을 때 생기는 기침으로 구토가 뒤따라 일어난다. 회복기(convalescent)는 1~2주간이며, 기침, 그르렁거리는 소리, 구토 증상이 감소된다. 기침은 수개월 동안 지속될 수 있다.

가장 일반적인 백일해 합병증은 폐렴이다. 백일해로 인한 사망의 약 90%는 폐렴과 관계가 있다. 심한 구토로 영양실조와 탈수가 나타날 수 있으며 특히 영아에게는 매우 위험하다.

(3) 간호와 치료

질병 초기에 에리쓰로마이신(Erythromycin), 아지쓰로마이신(Azithromycin)을 사용하면 수일 내에 증상이 감소된다. 호흡곤란 증상이 심한 영아는 입원하여 호흡 상태를 파악한다.

기침 발작은 시끄러운 소음이나 놀람에 의해 자극받기 때문에 주변을 조용하게 해서 안정을 취하게 한다. 영아인 경우에는 모유수유나 인공수유를 조금씩 자주 하는 것이 좋다. 섭취량이 충분하지 않으면 입원하여 위관 영양이나 정맥주사로 탈수나 체중 감소를 방지한다. 기침할 때 구토를 하면 자주 입을 헹구어 준다. 아동이 충분히 휴식을 취할 수 있도록 한다.

백일해의 일차적인 예방은 DTaP와 같이 백일해 백신 투여로 할 수 있다. 새롭게 입증된 TDaP로 11~12세 아동에게 접종하기를 추천하고 있다.

07장

영양소와 영양문제

07장 영양소와 영양문제

식생활은 인간의 건강과 안녕에 직접적인 영향을 미치므로 매우 중요하다. 인간이 살아가는 데 필요한 영양소의 종류는 일생을 통해 동일하나, 요구량은 생애주기별로 다양하다. 즉, 영유아는 성장을 돕고 에너지를 제공하는 영양소를 많이 필요로 하며, 성인은 성장보다는 인체 조직을 유지 · 회복하고 에너지를 제공하는 영양소를 필요로 한다. 이에 영유아의 건강을 다루는 전문가는 인간의 건강에 필수적인 영양소와 영유아에게 필요한 영양소의 요구량에 대해 이해가 필요하다. 영유아가 건강한 식습관을 형성하기 위해서는 먼저 교사와 가족이 좋은 모델이 되어야 한다. 일반적으로 영유아는 어른들이 좋아하고 원하는 식사행동을 하게 되므로, 성인은 영유아에게 식생활의 좋은 모델이 되기 위해 건강한 식습관을 유지하는 방법을 알아야만 한다.

일반적으로 영양소는 인체 내에서 세 가지 기능 즉, 에너지의 공급, 체조직의 성장과 회복, 체내 과정의 조절을 한다. 에너지를 공급하는 필수 영양소는 탄수화물, 지질, 단백질이며, 체조직의 구성과 유지에 기여하는 필수 영양소는 단백질, 무기질과 물, 그리고 체내 과정을 조절하는 필수영양소는 단백질, 무기질, 물, 비타민이다. 이러한 영양소는 매일 식사를 통해 섭취가 이루어져야 하며, 인체가 정상적인 기능을 유지하기 위해서 적절한 양의 섭취가 필요하다.

건강한 식사는 식품과 음식에 포함된 일일 영양소 섭취량에 달려 있다. 무엇을 먹어야 하고, 무엇을 먹지 말아야 하는지, 그리고 얼마나 먹어야 하는지를 알려 주기 위해서 영양평가도구와 지침들이 개발되어 왔고, 이러한 도구와 지침들은 건강한 식습관 증진에 관한 정보를 제공하고 있다. 그러나 적절한 영양 섭취를 위해 가장 중요한 원칙은 다양한 식품을 섭취하는 것이다. 어떤 식품들은 많은 영양소를 함유하고 있으나 어떤 식품들은 단지 한 두 가지 정도의 영양소만을 함유하고 있기 때문에, 한 가지 식품만으로는 인간에게 필요한 모든 영양소를 충분히 섭취할 수 없다는 것을 기억해야 한다. 우리는 다양한 식품으로 만든 음식을 섭취함으로써 가능한 한 모든 필수영양소를 섭취하도록 노력해야 한다.

1. 영양소

영양소(nutrient)는 외부에서 섭취하는 식품성분 중 인체의 성장발달 및 생명유지에 필수적인 탄수화물, 지질, 단백질, 무기질, 비타민과 물을 말한다. 영양소는 인체 내에서 합성할 수 없어 식사로 반드시 공급되어야 하는 필수 영양소와 인체 내에서 합성될 수 있는 비필수 영양소로 나뉜다.

탄수화물, 지질, 단백질은 일차적으로 에너지를 공급하며, 비타민과 무기질은 인체의 에너지 대사를 돕는 효소로 작용한다. 체조직의 성장 및 회복에는 단백질, 지질, 무기질, 물이 필수적으로 요구된다. 체내 작용의 조절에는 단백질, 지질, 비타민, 무기질, 물이 필요하며, 각 비타민은 체내 대사조절에 관련된 역할을 한다.

1) 탄수화물

탄수화물(Carbohydrates)은 주로 광합성에 의해 식물에서 만들어지며, 신체에 열과 에너지를 주로 공급한다. 탄수화물 1g당 4kcal를 생산한다. 탄수화물 섭취가 부족하면 단백질이 열량으로 변환하여 사용하므로 단백질이 제 기능을 못하게 된다. 또한 탄수화물 섭취가 부족하면 체지방이 에너지원으로 이용되어, 대사과정 중에 케톤체(ketone body)가 생성되어 혈액이 산성으로 변하여 산독증(acidosis)를 일으킬 수 있다. 탄수화물의 대사산물인 혈당은 인체 내에서 0.1%로 거의 일정하게 유지되고 있으며, 단맛을 제공하고, 식이섬유를 공급하여 장운동을 원활하게 하고 콜레스테롤 등의 흡수를 억제하여 동맥경화증과 고지혈증 등을 예방한다. 탄수화물을 과다 섭취할 경우, 여분의 탄수화물은 글리코겐으로 전환되어 간에 축적되고, 고지혈증과 비만을 초래할 수 있다.

- 탄수화물 급원식품
  - 쌀, 보리, 밀, 빵, 국수, 메밀, 팥, 강낭콩, 감자, 고구마, 설탕

2) 지질

지질(lipid)은 탄수화물과 함께 에너지원으로 사용되며, 1g당 9kcal를 생산한다. 필수지방산인 Linoleic acid(오메가 6)와 Linolenic acid(오메가 3) 등을 공급하며, 지용성 비타민 A, D, E, K의 흡수를 촉진한다. 신체의 모든 세포막 조직을 형성하는 역할을 하며, 신경 보호막, 호르몬, 담즙의 구성성분이다. 열을 차단하는 단열재 효과가 있어 체온을 유지해주며, 식품에 맛과 향을 제공한다.

표 7-1 탄수화물의 종류

<table>
<tr><td rowspan="11">단순당</td><td rowspan="6">단당류</td><td colspan="2">포도당(glucose)</td></tr>
<tr><td colspan="2">과당(fructose)</td></tr>
<tr><td colspan="2">젖당(galatose)</td></tr>
<tr><td colspan="2">만노스(mannose)</td></tr>
<tr><td colspan="2">리보오스(ribose)</td></tr>
<tr><td colspan="2">2-deoxyribose</td></tr>
<tr><td rowspan="3">이당류</td><td colspan="2">서당(sucrose)</td></tr>
<tr><td colspan="2">맥아당(maltose)</td></tr>
<tr><td colspan="2">유당(lactose)</td></tr>
<tr><td rowspan="2">올리고당류</td><td colspan="2">라피노스(raffinose)</td></tr>
<tr><td colspan="2">스타키오스(stachyose)</td></tr>
<tr><td rowspan="10">복합당</td><td rowspan="3">단순다당류</td><td colspan="2">전분(starch)</td></tr>
<tr><td colspan="2">덱스트린(dextrin)</td></tr>
<tr><td colspan="2">글리코겐(glycogen)</td></tr>
<tr><td rowspan="7">복합다당류</td><td rowspan="4">불용성
식이섬유</td><td>셀룰로오스(cellulose)</td></tr>
<tr><td>헤미셀룰로오스(hemicellulose)</td></tr>
<tr><td>리그닌</td></tr>
<tr><td>키틴</td></tr>
<tr><td rowspan="3">수용성
식이섬유</td><td>식물성 gum</td></tr>
<tr><td>해조다당류</td></tr>
<tr><td>펙틴</td></tr>
</table>

지질은 화학적으로 단순지질, 복합지질과 유도지질로 구분된다. 단순지질은 중성지방과 왁스가 포함되며, 인지질, 당지질, 지단백질은 단순지질에 다른 성분이 결합한 것으로 복합지질에 포함된다. 유도지질은 스테롤이 포함되는데, 동물성 식품에만 존재하며, 뇌, 신경조직, 간 등에 많이 들어 있는 콜레스테롤과 효모나 표고버섯에 많으며 식물에 존재하는 에르고스테롤이 있다. 에르고스테롤은 자외선을 쬐면 비타민 D_2로 전환된다.

복합지질지방산은 분자 내 이중 결합의 유무에 따라 포화지방산과 불포화지방산으로 나눈다. 불포화지방산은 콜레스테롤 수치를 낮추고 호르몬 생성 및 분비를 조절하고 영양을 골고루 전달할 수 있도록 한다. 식물성 기름에 불포화지방산이 많이 함유되어 있으며, 특히 이중 결합이 2개 이상인 다중 불포화지방산은 콩기름, 참기름, 들기름 같은 식물성 기름과 생선 기름에 많으며 이는 신체 내에서 합성되지 않거나 합성되더라도 충분치 않아 필수 지방산으로 분류되어 반드시 식사를 통해 섭취해야 한다. 포화지방산에 비해 융점이 낮아 소화가 잘되고, 불포화지방산을 많이 함유할수록 상온에서 액체상태이다. 특히 리놀렌산으로부터 합성될 수 있고 생선기름에 많이 함유되어 있는 다가 불포화지방산인 EPA(eicosapentaenoic acid)와 DHA(docosahexaenoic acid)는 두뇌 조직의 구성성분으로 알려져 있어 영유아기에 고등어와 같은 등 푸른 생선과 콩제품이나 들기름 등을 식사를 통해 충분히 섭취하도록 해야 한다. 반면 단일 불포화지방산이나 포화지방산은 신체 내에서 합성되므로 필수적인 지방산이 아니며 동물성 식품 내 높게 함유되어 있다. 식품에 포함된 포화지방산이나 중성지방, 트랜스지방, 식이 콜레스테롤 등은 혈중 지질 농도와 관련되며 고지혈증은 관상동맥질환 위험도를 높인다. 특히 포화지방산은 특정 암 발생률을 높이는 것으로 알려져 있다.

- 급원식품
  - 식물성 기름, 버터, 마가린, 베이컨, 돼지기름, 크림, 우유, 달걀, 생선의 기름

3) 단백질

단백질의 일차적인 기능은 조직을 만들고 유지하는 것이며, 필요 시에 에너지로 사용될 수도 있다. 단백질은 인체의 뼈, 근육, 효소, 호르몬, 혈액, 항체, 세포막 등을 구성하며, 삼투압을 조절하여 수분평형을 이루고, 산염기 조절 및 당질 섭취가 부족할 경우 혈당을 일정하게 유지하기 위하여, 간에서 아미노산으로부터 포도당을 생성하여 적혈구나 신경조직에 필요한 에너지를 공급한다. 단백질은 1g당 4kcal를 생산한다.

단백 식이는 아미노산으로 최종 분해되어 조직을 만들고 회복하는 필수적인 구성요소가 된다. 자연에 존재하는 20여 개의 아미노산 중 인체에서 생산이 되지 않는 라이신, 류신, 아이소루이신, 페닐알라닌, 트레오닌, 트립토판, 발린, 메티오닌, 히스티딘 등 9개의 아미노산을 필수 아미노산이라 한다.

필수아미노산의 조성과 양으로 단백질은 완전 단백질, 부분적 불완전 단백질, 불완전 단백질, 3 종류로 구분한다. 완전 단백질은 필수아미노산의 종류와 양을 충분히 함유하여 정상적인 성장을 돕고, 체중을 증가시키며 생리기능을 돕는 단백질이다. 부분적 불완전 단백질은 필수아미노산의 종류는 충분하나 한 종류의 필수아미노산이 양적으로 부족한 제한아미노산이다. 불완전 단백질은 필수아미노산 중 한 가지가 완전히 결여되어 있어 동물의 성장이 지연되고 체중이 감소되며, 생명에 지장을 초래한다.

필수 아미노산을 함유한 식품은 육류, 생선, 조류, 우유, 치즈, 곡류, 콩류, 씨앗 및 견과류 등이며, 다양한 채소에도 미량 함유되어 있다. 단백질을 지나치게 많이 섭취하면 여분의 단백질은 에너지원으로 사용되거나 대사작용을 통해 지방으로 저장된다.

– 급원식품

- 완전 단백질 식품: 모든 육류의 살코기, 달걀, 생선, 게, 새우, 우유 및 유제품
- 불완전 단백질 식품: 콩, 곡류

4) 무기질

무기질은 뼈, 치아와 같은 몸을 구성하고 체내기능을 조절하는 호르몬, 효소 등의 구성요소이다. 무기질은 비타민과 마찬가지로 인체기능과 항상성을 유지하는 효과적인 조절자로서 작용한다. 무기질은 체액 내에 존재하여 삼투압, 산 · 염기 평형, 심장박동 유지, 혈액응고작용, 신경자극전달, 근육의 수축조절 등의 생리기능을 조절한다.

16가지 필수무기질은 다량무기질과 미량무기질로 구분된다. 다량무기질은 1일 필요량이 100mg 이상, 혹은 체중의 0.005% 이상 존재하는 무기질을 말하며 Ca, Mg, P, S, Na, K, Cl 등이 있다. 미량무기질은 1일 필요량이 Fe, Cu, Mn, I, Co, Se, Zn, F, Mo 등이 있다. 무기질은 과일, 채소, 유제품, 육류, 콩류 등에 풍부하다.

(1) 칼슘(Ca)

- 기능: 골격과 치아 형성, 혈액의 응고, 근육의 수축과 이완, 신경의 자극 전달
- 결핍증상: 뼈성장 부진, 골연화증, 골다공증, 골절, 순환기계 질환, 구루병, 근육 경련
- 급원식품: 우유, 치즈 · 요구르트 등 유제품, 멸치 · 뱅어포 등 뼈째 먹는 생선, 푸른 잎 채소, 콩류, 견과류, 해조류

(2) 인(P)

- 기능: 골격과 치아의 형성, 신체 필수 물질의 성분, 영양소의 흡수와 운송, 에너지 대사, 산 · 염기의 균형 조절
- 결핍증상: 식욕 감소, 근육 약화
- 급원식품: 우유와 유제품, 육류, 달걀 노른자, 통곡류, 콩류, 견과류, 탄산음료

(3) 마그네슘(Mg)

- 기능: 골격과 치아의 형성, 효소 반응의 촉매, 신경의 자극 전달
- 결핍증상: 근육 수축, 신경의 불안정
- 급원식품: 통곡류, 콩류, 푸른 잎 채소

(4) 나트륨(Na)

- 기능: 세포외액의 구성, 산 · 염기의 균형, 삼투압 유지
- 결핍증상: 구토, 현기증, 근육 경련
- 과잉증상: 부종, 고혈압, 위암
- 급원식품: 소금, 된장, 간장, 베이킹 소다와 파우더, 화학조미료, 육류, 생선, 우유, 짠 음식

(5) 칼륨(K)

- 기능: 세포외액의 구성, 산 · 염기 균형, 근육의 흥분성 유지
- 결핍증상: 구토, 근육의 약화, 급한 심장박동
- 급원식품: 과일, 녹색 채소, 콩류, 육류, 통곡류

(6) 염소(Cl)

- 기능: 세포외액의 구성, 삼투압 조절, 산 · 염기의 균형, 위액의 구성
- 결핍증상: 구토, 설사
- 급원식품: 소금, 된장, 간장

(7) 철(Fe)

- 기능: 혈색소의 구성요소로서 산소 운반 및 탄산가스 제거, 산소 이용에 관계되는 효소의 구성
- 결핍증상: 빈혈, 창백, 무력감, 집중력 감소
- 급원식품: 육류, 생선, 가금류, 달걀노른자, 푸른 잎 채소

(8) 아연(Zn)

- 기능: 탄수화물 · 단백질대사에 필요, DNA 및 RNA 합성, 면역기능, 콜라겐 형성, 탄산가스 제거
- 결핍증상: 성장 지연, 피부 변화, 면역기능 저하, 기형아 출산, 미각의 변화, 식욕 감퇴, 성적 성숙 지연, 우울증
- 급원식품: 굴, 간, 우유, 간, 달걀

(9) 요오드(I)

- 기능: 갑상선 호르몬의 합성, 기초대사율 조절, 성장 · 생식 · 세포대사에 관련
- 결핍증상: 유산, 사산, 갑상선종, 크레틴병
- 급원식품: 해조류

(10) 구리(Cu)

- 기능: 헤모글로빈 합성, 뼈의 석회화, 효소기능
- 결핍증상: 빈혈, 골격 형성의 이상, 성장 지연
- 급원식품: 굴, 견과류, 콩류, 곡류 배아, 종실류, 채소

(11) 불소(F)

- 기능: 충치 예방
- 결핍증상: 충치
- 과잉증상: 치아 불소 침착증, 신장 기능 이상, 근육과 신경기능 손상
- 급원식품: 불소 첨가 음료, 뼈째 먹는 생선, 차

(12) 셀레늄(Se)

- 기능: 항산화제, 세포막 유지, 글루타티온과 산화효소의 구성
- 결핍증상: 성장 지연, 근육의 통증
- 과잉증상: 탈모증, 손톱의 약화 및 손실, 복통, 설사, 구토
- 급원식품: 고기의 내장, 곡류, 우유 및 유제품

(13) 망간(Mn)

- 기능: 단백질 대사, 효소의 활성화
- 결핍증상: 성장 지연, 생식 부진, 골격 이상
- 과잉증상: 신경계 장애, 생식기능과 면역 기능의 손상
- 급원식품: 통밀류, 견과류, 종자류

(14) 크롬(Cr)

- 기능: 포도당 대사, 지방 대사
- 결핍증상: 당질대사의 이상, 성장 지연, 구토, 메스꺼움
- 급원식품: 간, 육류, 통곡류, 푸른 잎 채소

(15) 몰리브덴(Mo)

- 기능: 요소대사에 관련되는 효소 구성
- 결핍증상: 거의 없음
- 급원식품: 내장 성분, 곡류, 콩류

5) 비타민

비타민은 소화, 흡수, 대사, 분비 등의 과정에서 다른 영양소를 간접적으로 돕는다. 인체에 필요한 비타민은 13가지로서 각각 특정한 역할을 한다. 비타민은 수용성 비타민과 지용성 비타민으로 나뉘며, 수용성 비타민에는 비타민 B군(티아민, 니아신, 리보플라빈, 엽산, 코발아민, 피리독신, 판토텐산, 비오틴)과 비타민 C가 있으며, 지용성 비타민은 비타민 A, D, E, K가 있다. 비타민은 과일이나 채소, 해조류 등에 함유되어 있다.

(1) 지용성 비타민

가. 비타민 A

- 기능: 상피세포 보호, 성장 발육 촉진
- 결핍증상: 야맹증, 안구건조증, 각막연화증, 상피조직의 각질화
- 과잉증상: 식욕부진, 두통, 발열, 발진, 오심, 구토
- 급원식품: 간, 난황, 간유, 버터, 유지방, 어유, 녹황색 채소

나. 비타민 D

- 기능: 칼슘과 인의 흡수 촉진, 치아 · 골격의 석회화
- 결핍증상: 골연화증, 구루병
- 과잉증상: 식욕 감퇴, 두통, 구토, 칼슘 침착 저조
- 급원식품: 생선 기름, 난황, 버터, 말린 버섯

다. 비타민 E

- 기능: 황산화작용, 노화 방지, 생식 기능 활성
- 결핍증상: 불임, 유산, 근육위축, 피부반점
- 급원식품: 종실유, 곡류의 배아, 견과류

라. 비타민 K

- 기능: 혈액의 응고작용
- 결핍증상: 출혈, 신생아 용혈
- 급원식품: 시금치, 양배추, 간

(2) 수용성 비타민

가. 비타민 B1(티아민)

- 기능: 에너지 대사에 관여, 효소반응에 관여
- 결핍증상: 각기병, 다발성 신경염, 피로, 식욕 감퇴, 무기력, 근육통, 신경장애, 경련, 불안 초조
- 급원식품: 돼지고기, 내장, 콩류, 곡류의 배아

나. 비타민 B_2(리보플라민)

- 기능: 에너지 대사에 관여하는 보조 효소, 생식, 유즙분비, 발육과 성장촉진인자
- 결핍증상: 성장지연, 구각염, 구순염, 피부염
- 급원식품: 우유 및 유제품, 간, 달걀

다. 비타민 B_6

- 기능: 산화 · 환원작용, 아미노산 대사에 관여
- 결핍증상: 피부염, 설염, 빈혈, 성장지연
- 급원식품: 효모, 곡류의 배아, 간, 우유

라. 비타민 B_{12}

- 기능: 단백질 합성인자, 핵산과 세포 단백질의 형성
- 결핍증상: 악성빈혈, 설염, 말초신경 퇴화
- 급원식품: 간, 우유, 치즈, 달걀, 육류

마. 니아신

- 기능: 에너지 대사에 관여(산화 · 환원작용)
- 결핍증상: 설사, 펠라그라, 신경염, 정신착란
- 급원식품: 간, 육류, 콩류

바. 엽산

- 기능: 핵산 합성에 관여, 세포의 증식 · 재생과 아미노산 대사에 관여, 조혈 작용
- 결핍증상: 발육장애, 거대적혈구성 빈혈, 백혈구 감소증
- 급원식품: 푸른 잎 채소, 닭고기, 간, 연어, 수박, 땅콩

사. 비타민 C

- 기능: 아미노산 대사에 보조효소, 색소침착 방지, 철흡수 촉진, 세균에 대한 저항력 상승
- 결핍증상: 괴혈병, 주근깨 · 기미 생성, 철분 결핍성 빈혈, 발육부진, 혈관의 약화
- 급원식품: 신선한 과일과 채소류

(6) 물

물은 체내 모든 조직의 주요 구성성분이다. 물은 세포로 영양소를 공급하고 노폐물을 제거하는 혈액, 림프 및 간질액을 형성한다. 또한 조절자로서 모든 신진대사 작용이 일어나는 환경에 물을 제공한다. 또한 체온조절, 전해질 평형, 외부충격으로부터 체내를 보호하고 관절의 움직임을 원활하게 하는 등 윤활작용도 한다.

2. 영유아의 영양섭취기준

우리나라는 과거 필수영양소의 결핍을 예방할 목적으로 영양섭취기준을 제정하였으나, 최근에는 인간의 건강을 최적상태로 유지하는 것에 목표를 두고 영양 필요량 충족과 만성질환이나 영양소 과다 섭취에 관한 우려와 예방의 필요성을 고려하여 다양한 개인 및 집단에 적용될 수 있도록 설계하였다. 한국인 영양섭취기준은 식사섭취의 평가나 식사계획에도 다양하게 활용이 가능하고 건강증진을 위한 식사섭취 방향을 제시할 수 있도록 마련되었다.

- **평균필요량**(Estimated Average Requirement, EAR): 대상 집단을 구성하는 건강한 사람들의 절반에 해당하는 사람들의 일일 필요량을 충족시키는 값으로 대상 집단의 필요량 분포치 중앙값으로부터 산출한 수치이다.
  EAR은 결핍과 생리적 기능을 고려한 것으로 일차적으로 권장섭취량의 기본틀을 결정하는 기준으로 사용한다. 이 기준은 개인이 아닌 집단의 영양섭취량을 계획하고 평가하는 데 사용된다.
- **권장섭취량**(Recommended Nutrient Intake, RNI): 평균필요량에 표준편차의 2배를 더하여 정한 수치이다.
- **충분섭취량**(Adequate Intake, AI): 영양소 필요량에 대한 정확한 자료가 부족하거나 필요량의 중앙값과 표준편차를 구하기 어려워 권장섭취량을 산출할 수 없는 경우에 제시하는 수치이다.
- **상한섭취량**(Tolerable Upper Intake Level, UL): 인체 건강에 유해영향이 나타나지 않는 최대 영양소 섭취수준으로서 과량 섭취 시 건강에 악영향의 위험이 있다는 자료가 있는 경우에 설정한 수치이다.
  이 기준은 식이보조제를 평가하거나 음식이나 보조제의 총 영양섭취량을 검토하는 데 사용될 수 있다. UL을 초과하는 섭취는 대게 음식 섭취가 아닌 농축된 식이보조제를 사용하는 경우 발생한다.
- **에너지적정비율**(Acceptable Macronutrient Distribution Ranges, AMDR): 탄수화물과 지질의 영양섭취기준은 다른 영양소와 달리 서로간의 균형이 중요하므로 에너지 적정비율을 설정해야 한다. AMDR은 다량영양소 전반에 걸친 칼로리의 제한 분포를 말한다.

표 7-1 영유아 체위기준치

	연령	신장(cm)	체중(kg)
영아(개월)	0~5	60.3	6.2
	6~11	72.2	8.9
유아(세)	1~2	55.1	12.2
	3~5	101.0	17.2

현재 사용되고 있는 한국인 영양섭취기준(KDRIs)은 2010년에 개정된 것으로, 질병이 없는 대다수의 한국 사람들이 건강을 최적상태로 유지하고 질병을 예방하는데 도움이 되도록 필요한 영양소 섭취 수준을 제시하는 기준을 말한다. 영양섭취기준(Dietary Reference Intakes, DRIs)은 평균필요량, 권장섭취량, 충분섭취량 및 상한섭취량의 4가지로 구성된다(한국영양학회, 2010).

1) 영유아 체위기준치

영양섭취기준을 설정하기 위한 영유아 체위기준은 질병관리본부(2007년)에서 제시한 기준치를 적용한다(표 7-1, 참조).

2) 영유아 영양섭취기준

한국영양학회(2010)가 제시한 2010 한국인 영양섭취기준 자료에 근거하여 영유아의 영양섭취기준을 살펴보면 다음과 같다.

(1) 에너지 섭취

우리나라 영유아의 에너지 필요 추정량은 영아 0~5개월은 550kcal, 영아 5~11개월 700kcal, 유아 1~2세 1,000kcal, 유아 3~5세는 1,400kcal이며, 에너지섭취 적정비율은 1~2세의 경우, 탄수화물 55~70%, 단백질 7~20%, 지질 20~35%이며, 3~18세는 탄수화물 55~70%, 단백질 7~20%, 지질 15~20%이다.

(2) 탄수화물과 지방

영아의 탄수화물 1일 충분섭취량은 0~5개월 55g, 6~11개월은 90g으로 권장하고 있으며, 지질의 경우 영아(0~11개월)는 1일 25g 섭취를 권장하고 있다. 유아의 경우는 에너지섭취 적정비율에 따라 탄수화물과 지방의 섭취량을 계산하여 섭취량을 권장하고 있다.

0~5개월 영아의 지질섭취는 모유의 지질함량에 기초하므로 지질 에너지 비율이 약 45%로 높다가 이유가 시작되면서 점차 낮아진다.

(3) 단백질

영아 0~5개월의 경우 단백질의 1일 충분섭취량으로 9.5g을 권장하고 있으며, 6~11개월은 평균필요량 9.8g, 권장섭취량 13.5g, 유아 1~2세는 평균 필요량 12g, 권장섭취량 15g, 3~5세는 평균 필요량 15g, 권장섭취량 20g을 권장하고 있다. 0~4개월의 단백질 권장량은 건강한 영아가 섭취하는 모유의 양에 포함된 단백질량으로 산출하는 것이 일반적이다. 건강하고 영양상태가 좋은 엄마로부터 모유수유를 받은 영유아는 4개월까지 만족스럽게 성장하며, 그 이후에는 이유보충식이 필요하다. 인공수유아는 모유와 같은 질과 양의 단백질을 함유하고 있는 조제분유를 이용한 조제유에 의해 충족될 수 있으나 일반적으로 조제분유 단백질의 질이 모유단백질보다 떨어지므로 조제유 시에는 더 많은 단백질이 요구될 수 있다(한국영양학회, 2007).

(4) 비타민과 무기질

지용성 비타민에는 비타민 A, D, E, K가 포함된다. 비타민 A는 건강한 수유부의 모유로 양육된 유아에게서 비타민 A 결핍증상이 나타나지 않아 특별히 보완할 필요는 없다. 영아 0~5개월의 1일 충분섭취량은 400㎍ RE, 6~11개월 400㎍ RE, 유아 1~5세의 1일 권장섭취량은 300㎍ RE이다. 비타민 D는 영유아의 경우 일광에 노출되는 시간이 제한되기 쉽기 때문에 비타민 D를 보완해서 공급해야 한다. 모유수유아를 비롯한 영유아의 비타민 D의 1일 충분섭취량은 5μg을 권장하며, 조제분유아는 10μg을 권장하기도 한다. 비타민 E는 1일 충분섭취량으로 영아 0~5개월 3mg α-TE, 6~11개월 4mg α-TE, 1~2세 5mg α-TE, 3~5세 6mg α-TE가 권장되고 있다. 비타민 K는 신생아의 위장 내에는 비타민 K를 합성할 수 있는 장내 박테리아가 부족하고 모유에도 비타민 K 함량이 적어 출생 시 비타민 K를 공급받지 않고 모유만 공급받는 영유아는 출혈성 합병증이 생기기 쉽다. 일반적으로 비타민 K의 결핍을 예방하기 위해 신생아에게 비타민 K 주사를 하게 된다. 비타민 K의 1일 충분섭취량은 영아 0~5개월의 경우 4μg, 6~11개월 7μg, 유아 1~2세 25μg, 3~5세 30μg으로 권장된다.

수용성 비타민에는 비타민 C, B(B_1, B_2, 니아신, B_6, 엽산, B_{12}, 판토텐산, 비오틴)가 포함된다. 비타민 C는 영아 0~5개월의 경우 1일 충분섭취량이 35mg, 6~11개월 45mg, 유아 1~5세의 1일 권장섭취량은 40mg이다. 모유에는 비타민 C가 100ml 당 3~5mg 정도로 매우 풍부하게 포함되어 있다. 비타민 B의 경우 영유아의 1일 권장섭취량은 개월 수와 연령에 따라 비타민 B_1(티아민) 0.2~0.5mg, B_2(리보플라빈) 0.3~0.7mg, 니아신 2~7mgNE, B6 0.1~0.7mg, 엽산 65~180㎍, B_{12}는 0.3~1.1㎍, 판토텐산 1.7~3mg, 비오틴 5~11㎍로 설정되었다.

다량 무기질에는 칼슘, 인, 나트륨, 염소, 칼륨, 마그네슘이 포함되며, 미량 무기질에는 철, 아연, 구리, 불소, 망간, 요오드, 셀레늄, 몰리브덴이 포함된다. 영유아의 1일 다량 무기질 권장섭취량은 개월 수와 연령에 따라 칼슘 200~600mg, 인 100~500mg, 나트륨 0.12~0.9g, 염소

0.18~0.56g, 칼륨 0.4~0.7g, 마그네슘 30~100mg이다.

미량 무기질에는 철, 아연, 구리, 불소, 망간, 요오드, 셀레늄, 몰리브덴 등이 포함된다. 철의 경우, 정상분만아는 출생 시 저장 철을 가지고 태어나므로 생후 4~6개월까지는 모유만으로도 만족스러운 헤모글로빈 수준을 유지할 수 있으나 생후 6개월부터는 신체의 급격한 성장에 따라 철 결핍이 나타나기 쉽다. 따라서 6개월 이후의 영유아 1일 철 권장량은 6~7mg로 설정되었다. 아연의 경우, 모유로 섭취하게 되는 아연의 양은 약 2mg이며 이때 결핍증상은 나타나지 않는다. 모유의 아연 이용률은 80%, 우유는 30%로 보고되고 있으므로, 인공수유아는 1일 4mg을 섭취해야 한다. 영유아의 1일 아연 권장량은 2~4mg이다.

(5) 물

1일 물 충분섭취량은 영아 0~5개월의 경우 700mL, 6~11개월 800mL, 1~2세 1,100mL, 3~5세 1,400mL가 권장되고 있다.

3) 영양섭취기준의 활용

영양섭취기준을 활용하여 개인이나 집단이 섭취한 식품과 식사평가를 할 수 있다. 식사평가를 통해 섭취가 얼마나 적절한지 알 수 있을 뿐만 아니라 식사계획을 세울 수 있고, 식품표시, 식품강화, 새로운 식품개발, 식품안전 등에 활용될 수 있다.

(1) 식사구성안

식사계획을 세울 때 한국영양학회(2010)에서 제시한 식사구성안을 활용하면 보다 효율적이다. 식사구성안이란 영양섭취기준에 만족할 만한 식사를 제공할 수 있도록 식품군별 대표 식품과 섭취 횟수를 이용하여 식사의 기본 구성 개념을 설명한 것이다.

표 7-2 식품군별 대표식품의 1인 1회 분량

식품군	1인 1회 분량
곡류	밥 1공기(210g), 국수 1대접(건면 100g), 식빵(대) 2쪽(100g), 감자(중) 1개(130g)*, 씨리얼 1접시(40g)*
고기 · 생선 · 달걀 · 콩류	육류 1접시(생60g), 닭고기 1조각(생60g), 생선 1토막(생60g), 달걀 1개(60g), 두부 2조각(80g), 콩(20g)
채소류	콩나물 1접시(생70g), 시금치나물 1접시(생70g), 배추김치 1접시(40g), 오이소박이 1접시(60g), 버섯 1접시(생30g), 물미역 1접시(생30g)
과일류	사과(중) 1/2개(100g), 귤(중) 1개(100g), 참외(중) 1/2개(200g), 포도(중) 15알(100g), 오렌지주스 1/2컵(100g)
우유 · 유제품류	우유 1컵(200g), 호상요구르트 1/2컵(100g), 액상요구르트 3/4컵(150g), 아이스크림 1/2컵(100g), 치즈 1장(20g)*
유지 · 당류	식용유 1작은술(5g), 버터 1작은술(5g), 마요네즈 1작은술(5g), 설탕 1큰술(10g), 커피믹스 1봉(12g)

* 다른 식품들 1회 분량의 1/2 에너지를 함유하고 있으므로 식단 작성 시 0.5회로 간주함.

그림 7-1 식품구성자전거(출처: 한국영양학회(2010), 2010, 한국인 영양섭취 기준 1차 개정판.)

(2) 식품구성 자전거

식품구성자전거는 6개의 식품군(곡류, 고기 · 생선 · 달걀 · 콩류, 채소류, 과일류, 우유 · 유제품류, 유지 · 당류)에 권장식사패턴의 섭취횟수와 분량에 맞추어 바퀴 면적을 배분한 형태로, 다양한 식품섭취를 통한 균형 잡힌 식사와 수분섭취의 중요성 그리고 적절한 운동을 통한 비만 예방이라는 기본 개념을 나타내고 있다. 식품군별 대표 식품의 1인 1회 분량을 기준으로 섭취 횟수를 활용하여 개인별 권장섭취패턴을 계획하거나 평가할 수 있다.

(3) 영유아 식생활 지침서

보건복지부(2004)에서 제시한 영유아기 식생활 실천지침은 표 7-3과 같다.

표 7-3 영유아기 식생활 실천지침

생후 6개월까지는 반드시 모유를 먹이자.	
- 생후 1년까지는 모유를 먹이는 것이 좋습니다. - 조제유는 정해진 양을 물에 타서 안고 먹입니다.	- 모유를 먹일 수 없는 경우에만 조제유를 먹입니다. - 잠잘 때는 젖병을 물리지 않습니다.
이유식은 성장단계에 맞추어 먹이자.	
- 집에서 만든 이유식을 먹입니다. - 이유식은 간을 하지 않고 조리합니다.	- 신선한 재료를 위생적으로 조리합니다. - 이유식은 숟가락으로 떠먹입니다.
곡류, 과일, 채소, 생선, 고기 등 다양한 식품을 먹이자.	
- 다양한 조리법으로 만들어 먹입니다. - 싱겁고 담백하게 조리합니다. - 안전한 식품을 사용합니다.	

〈출처〉 한국영양학(2010). 2010 한국인 영양섭취기준 1차개정판.

3. 영양상태와 건강문제

개인의 영양상태는 개인의 생활상황, 이용 가능한 식품 공급, 식품 선택 그리고 건강이나 질병의 상태에 영향을 받는다. 영양상태의 평가는 식이평가, 생화학적 평가, 신체계측 평가, 임상검사로 할 수 있다. 즉, 어떤 식품을 얼마나 먹고 있는지 식이평가를 하거나 혈액 검사를 통해 영양결핍이나 영양과다를 확인할 수 있으며, 비만도, 체질량지수(BMI), 허리둘레 측정 등 신체계측의 방법으로 체지방이나 근육량을 평가할 수도 있다.

1) 적절한 영양

적절한 영양상태를 유지한 영유아는 영양부족이나 영양과다를 초래하지 않는다. 일반적으로 키에 맞게 적절한 체중을 나타내며, 근육이 잘 발달되어 있다. 피부는 매끄럽고 눈은 맑으며, 식욕이 좋고, 소화와 배설도 정상이다. 적절한 영양상태의 영유아는 정신적이나 신체적으로 건강하며, 일일 영양요구량에 잘 대처할 뿐 아니라 질병에 대처하기 위해 영양소를 저장하며 신체의 정상기능을 유지시킨다.

2) 영양부족

영양섭취가 일일 요구량에 충분하지 않고, 영양소 저장이 고갈되었을 때 영양결핍 증상이 나타나기 시작한다. 저소득층 영유아는 영양부족 상태에 놓이기 쉽다. 에너지 요구량이 충족되더라도 과일류, 채소류, 곡류나 생선 등 미량영양소가 풍부한 식품은 저소득 가족이 접근하기 어렵다. 특히 가난하고, 어린 미혼모 같은 여성은 산전관리를 충분히 받지 못하여 임신 결과가 불량하다. 제대로 식사를 하지 못하는 가정의 유아는 식사를 제대로 하는 가정의 유아보다 두 배 이상의 건강문제가 있다. 만성적으로 부적절한 식이를 섭취하는 유아는 감염에 대한 저항력이 약하고, 에너지가 적으며, 학습능력을 저하시키는 빈혈이 있다.

3) 과다영양

과다한 에너지 섭취와 신체적 비활동은 원하지 않는 체중증가를 초래한다. 어린 시기의 비만은 제2형 당뇨병이나 심혈관 질환으로 진행될 수 있어 성인보다 더 위험할 수 있다. 또한 영양과다는 미량영양소의 과다섭취를 초래하여, 부적절한 비타민과 무기질의 섭취로 인해 다른 영양소의 흡수나 대사를 방해하고 조직에 해를 줄 수 있다.

08장

모유수유와 이유식

08장 모유수유와 이유식

신생아를 위한 수유방법의 선택은 적절한 영양을 공급하기 위해 필수적이다. 가장 이상적인 수유방법은 모유수유이지만 모아의 건강상태에 따라 조제분유와 특수 조제분유 같은 인공수유방법을 선택할 수 있다. 교사는 부모와 영유아의 욕구를 가장 잘 충족시켜 줄 수 있는 수유방법을 선택할 수 있도록 도와야 한다.

1. 모유수유

모유는 아기에게 필요한 최적의 성분으로 되어 있어 아기에게는 엄마의 모유가 가장 이상적인 음식이다. 미숙아를 낳은 엄마는 아기가 빨리 건강하게 성장할 수 있는 성분이 들어간 모유를 분비하며, 감염에 걸린 엄마는 아이에게 전염되지 않도록 모유에 항체를 분비한다. 아기가 병에 걸렸을 때도 아기는 모유를 먹으며 엄마에게 병원균을 옮기고, 엄마는 다시 유방에서 항체를 만들어 모유를 통해 아기에게 전달한다.

모유분비를 촉진하고 모유량을 증가시키기 위해서는 출생 당일부터 젖을 빨리는 것이 좋다. 출산 후 2~3일부터 1주일간 분비되는 모유를 초유(colostrum)라고 하는데, 이것은 성숙유에 비해 끈적거리고, 색깔이 노랗다. 초유는 성숙유에 비해 단백질, 나트륨, 칼륨, 염소, 인 등 무기질과

β-케로틴 등 비타민 함량은 높지만 지방과 유당의 함량이 적어 열량은 낮다. 초유에는 질병으로부터 신생아를 보호할 수 있는 면역세포나 면역글로불린 물질이 많이 함유되어 초유와 모유를 섭취하는 영아는 호흡기계 질환과 소화기계 질환에 잘 걸리지 않는다. 또 초유에는 태변 배설을 도와주고 영아의 장을 튼튼하게 해주는 성분도 있다. 출산 후 일주일이 지나면 모유는 차츰 초유에서 이행유로 바뀌면서 단백질 함량은 점차 감소하고 유당, 지방과 열량은 점차 증가한다. 비타민 성분은 대략 성숙유와 같다. 초유가 분비되고 2주 후, 이행유는 성숙유가 된다. 초유보다 묽고 색깔도 흰빛을 띠므로 영양이 적다고 생각할 수 있다. 그러나 성숙유는 약 72kcal/100ml를 포함하고, 신생아 요구를 충족하기에 충분한 영양을 갖추고 있다.

신생아는 생후 6개월 후부터 자신의 면역체계를 통하여 항체를 생산하기 시작한다. 생후 6개월간은 임신 중 모체의 태반을 통하여 공급받은 IgG 항체와 모유를 통한 IgA 항체들의 보호를 통하여 외부의 감염에 저항하는 능력을 갖게 된다. 따라서 신생아의 감염 예방과 알레르기성 질환의 발생을 예방하기 위해 모유수유는 적어도 생후 4~6개월간 지속하는 것이 바람직하다. 모유가 신생아의 면역체계에 주는 이점 이외에도 모유수유는 모체의 산후 회복을 촉진하는 데 효과가 있다. 즉, 모체의 자궁 수축을 촉진시켜 임신 전 상태로 회복하도록 도와주며, 유즙 분비를 촉진시켜 아기의 성장에도 긍정적 영향을 미친다. 또한 모유수유를 통해 모아 애착과 상호 작용을 촉진하여 원만한 부모 · 자녀관계를 형성할 수 있도록 한다. 모아간의 직접적인 따스한 피부접촉은 소속감, 안정감 및 친밀감을 더해 주어 영아의 정서와 정신 발달에 좋은 영향을 주게 된다. 특히 영아가 스트레스, 질병 또는 피로 등에 노출된 경우에 모유수유는 영아에게 심리적으로 매우 중요한 역할을 한다. 구체적으로 아기와 모체에 이로운 점을 알아보면 다음과 같다.

1) 모유의 우수성

(1) 우수한 영양 성분

모유는 영아가 성장발달하는 데 필요한 가장 알맞은 양의 영양소를 포함하고 있다.

가. 탄수화물

대부분 유당(7g/100ml)이며 그 외 소량의 포도당, 갈락토스, 올리고당, 아미노당을 함유하고 있으며, 수유부의 영양 상태와 관계없이 일정한 수준을 유지하고 있다.

모유에는 분유의 1.5배에 해당하는 유당이 포함되어 있는데, 이는 아기에게 활동을 위한 에너지를 제공하고 뇌와 중추 신경을 발달시키는 데 매우 중요한 성분이다. 또한 칼슘의 흡수율을 높여 주어 급속하게 성장하는 아기의 뼈나 이의 발육을 도와준다. 유당은 일정한 농도로 천천히 분해되기 때문에 아기의 혈당치가 갑자기 올라가는 일이 없으므로 아기가 모유를 많이 먹어도 안전하다. 그밖에도 아미노당은 비피더스균의 성장을 촉진시키며, 올리고당은 병원균이 소장의 상피세포와 결합하지 못하게 하는 기능을 한다.

나. 단백질

모유는 단백질의 함량이 낮은 편이나 아기의 성장발육에 가장 이상적이다. 수유부의 영양상태와 관계없이 일정한 수준을 유지하고 있다.

모유와 분유에는 모유단백의 40%를 차지하는 카제인과 60%를 차지하는 훼이라는 단백질이 들어 있다. 카제인은 아기의 위 속에서 위산과 섞여 카드뮴이라는 두부와 같은 덩어리를 만든다. 모유의 카드뮴은 부드럽고 미세하여 소화하기 쉬우나 분유의 카드뮴은 딱딱하고 크며 소화하기 어렵다. 이 때문에 분유 먹은 아기의 소화는 시간이 오래 걸린다. 훼이는 초유에 많이 함유되어 있으며, 분유에 비해 모유에 많다. 훼이는 아미노산과 다양한 물질로 구성된다. 모유의 아미노산 조성은 신생아와 영아의 성장발달에 가장 이상적으로 구성되어 있다. 페닐알라닌과 티로신은 혈청 내에 다량 존재하게 되면 중추신경계에 좋지 않은 영향을 주게 되는데, 모유에는 페닐알라닌, 티로신과 메티오닌의 함량이 낮아서 그 위험성이 매우 적다. 또한 모유에 풍부한 타우린은 지방의 소화를 돕고 중추신경계와 눈의 망막에서 신경전달물질로 작용한다. 락토페린이라는 단백질은 다양한 질병으로부터 아기를 지켜준다. 아기에게 설사를 일으키는 대장균은 철분을 양분으로 증식하는데 락토페린은 신속하게 철분과 결합하여 대장균의 증식을 억제시킨다.

모유는 모체의 혈액 성분과 유사하다. 모유에는 혈액에 존재하는 백혈구나 림프구 등이 함유되어 있어 아기를 질병으로부터 보호해 주며, 초유에 많이 함유된 분비형 면역글로불린 IgA는 아기의 점막에 직접 작용하여 다양한 세균이나 바이러스, 알레르기 물질의 침입을 막는다.

다. 지질

지질은 모유에서 수유부의 영양 상태, 수유시기에 따라 가장 많이 함량이 변화하는 성분이다. 아기의 성장에 따라 양과 질이 모두 변화한다. 하루 중에도 아침에 더 많고 저녁에 적으며, 수유 시 처음 먹기 시작할 때보다 거의 다 먹어갈 때 지방이 더 많다. 엄마의 식사에 대해서도 가장 영향을 많이 받는다.

주로 모유의 지질은 95%가 중성지방이며 그 외 소량의 인지질, 콜레스테롤, 글리세리드, 당지질, 유리지방산을 함유하고 있다. 특히 w-6 계열의 리놀레산, w-3계열의 EPA, DHA가 풍부하다. 필수지방산이나 콜레스테롤은 아기의 뇌와 신경조직을 만드는 데 중요한 역할을 한다. 소화되기 어려운 지방의 소화를 돕기 위해 모유에는 리파아제가 들어 있어 소화가 용이하다. 그러나 분유에는 리파아제가 극히 소량 들어 있어 소화가 쉽지 않다.

라. 비타민

모유에는 비타민 K를 제외하고 신생아와 영아에게 적절한 양의 모든 비타민이 포함되어 있다. 비타민은 수유부의 영양상태에 영향을 받으므로, 수유부의 비타민 섭취에 신경을 써야 한다. 비타민 K는 출생 직후 주사해 주어 신생아 출혈성 질환을 예방해 주고 있다. 모유에는 비타민 A, 비타민 E, 비타민 C, 나이아신 및 이노시톨은 풍부하나, 비타민 B_1, 비타민 B_2, 비타민 B_6, 비타민 B_{12}, 비타민 K, 비타민 D, 판토텐산은 우유에 더 많다. 비타민 D는 일광욕을 함으로써 보충할 수 있다.

마. 무기질

무기질은 초유에 가장 많고 수유기간이 경과함에 따라 감소한다. 특히 칼륨, 칼슘, 인 등의 다량 무기질이 충분하며, 철, 구리, 아연, 망간 등 미량무기질은 소량 함유되어 있다. 모유의 무기질은 체내 흡수율이 높아 부족현상이 잘 나타나지 않는다.

철분은 우유보다는 모유에 더 많이 함유되어 있으나 전반적으로 영아의 철분 권장량에는 미치지 못한다.

2) 모유수유가 아기에게 이로운 점

(1) 감염 예방

모유, 특히 초유에는 면역세포, 면역글로불린, 효소 등의 보호물질들이 함유되어 있다. 이들 물질은 영아를 질병, 특히 소화기관 감염과 설사로부터 보호하는 역할을 한다.

가. 면역세포

모유 중에는 몇 가지 형태의 백혈구가 발견되는데, 특히 수유 초기에 많다. 이중 약 90%가 병원성 세균과 바이러스를 삼키거나 파괴하는 식세포들이며, 나머지는 항체와 라이소자임, 락토페린을 포함하는 보호인자들이다.

ㄱ) 면역글로불린

다양한 항원(박테리아, 바이러스 및 독소)들에 대한 항체들은 유선 내 백혈구에 의해 생산된다. 이들은 모유로 옮겨져 수동면역을 제공하는데 영아의 면역체계가 성숙하는 동안 일시적으로 영아를 보호한다. 모유 중에는 면역 IgG와 IgM도 소량 있지만 대부분이 IgA이다.

ㄴ) 항포도상구균성 인자

항포도상구균성 인자는 포도상구균 증식을 방해한다.

ㄷ) **락토퍼옥시다아제**

락토퍼옥시다아제는 연쇄상구균과 장내 세균을 살균한다.

ㄹ) **비피더스 인자**

비피더스균의 성장을 촉진하여 장내 병원균의 번식을 억제시켜주므로, 모유를 먹고 자란 아기는 설사나 위장 장애 또는 호흡기 감염에 적게 걸린다.

ㅁ) **락토페린**

락토페린은 모유에서 철분을 운반하는 작용 이외에 신생아의 소화관에서 세균이나 바이러스에 대한 보호효과를 가진다. 락토페린은 철과 결합하여 박테리아의 성장을 억제한다. 락토페린은 항체 및 면역세포와 더불어 위장관에서 항바이러스 작용을 한다. 락토페린은 최근 대장암의 발생을 억제하는 역할이 확인되었다. 우유에는 1L당 0.1~0.2g이지만, 모유에는 2~4g, 특히 출산 직후의 초유에는 6g이나 함유되어 있다.

ㅂ) **비타민 B_{12}-결합단백질**

세균 성장에 필요한 비타민 B_{12}의 이용을 방해하여 세균 감염을 예방한다.

ㅅ) **라이소자임**

모유에는 많은 양의 라이소자임이 존재한다. 라이소자임은 세균의 세포벽을 분해하여 직접적으로 세균을 파괴하는 강력한 항박테리아성 인자이다.

ㅇ) **인터페론**

인터페론은 세포 내 바이러스 증식을 억제한다.

나. 알레르기성 질환 발생 감소

영아의 소화기관은 아직 미숙하므로 알레르기가 쉽게 발생할 수 있으나, 모유에는 알레르기를 유발하는 물질에 대한 방어인자가 함유되어 있어 알레르기가 거의 발생하지 않는다.

영아에게 자주 나타나는 아토피성 피부염과 천식은 모유수유아에서 그 발생빈도가 낮다.

다. 빈혈 예방

아기는 태어날 때 적어도 생후 6개월 동안 살아가는 데 충분한 철분을 미리 엄마에게 받아서 태어나지만, 생후 6개월이 지나면 이유식이나 철분 강화 영양식을 통해 철분을 보충해 주어야 한다. 하지만 철분이 강화된 분유 등 인공적으로 철분을 섭취할 경우 4~10%밖에 흡수되지 않고, 지나치게 많은 양을 섭취해 미처 소화시키지 못한 철분이 장에 남아 있는 경우 소화장애 같은 부작용이 생긴다. 모유는 철분의 흡수율이 49%가 넘기 때문에 아기에게 안전하고 충분하게 철분을 공급할 수 있다.

라. 치아 건강

젖병을 입에 문 채 자는 아기는 분유에 들어 있는 유당에 의해 치아가 공격 받기 좋은 환경이 되어 충치가 발생하기 쉽다. 모유에도 유당이 들어 있지만, 엄마 젖을 물고 잠이 들 경우에는 젖병과 달리 우식증의 발생이 훨씬 적다. 치아 우식증을 유발하는 원인은 박테리아 뮤텐즈 연쇄구균인데, 모유에는 이 균을 방해하는 요소가 들어 있어 분유를 먹는 아기보다 훨씬 건강한 치아를 갖게 된다.

마. 설사 예방

지속적으로 모유를 먹은 아기들은 그렇지 않은 아기들에 비해 설사할 가능성이 감소한다. 모유가 아기들의 면역력을 강화시켜 세균이나 바이러스가 장에 달라붙는 것을 막기 때문이다. 또한 여름철 장염의 주범인 로타 바이러스는 전염력이 강하고, 감기처럼 예방 백신이나 치료법이 없다. 모유에는 락타헤드린을 비롯한 특수 성분들이 이 로타바이러스에 대해서도 12.5배의 방어 효과를 갖고 있음이 밝혀졌다. 아기가 설사를 하면 모유에서 분유로 바로 바꾸지 말고 모유수유아의 정상 변과 설사를 구분하여 대처할 필요가 있다.

바. 당뇨병 발병의 감소

성인에게서 발병하는 당뇨병의 약 90%는 인슐린의 저항성이 약해 나타나는 비인슐린 의존성 당뇨병이다. 최소한 2개월간 모유를 먹이면 이 비인슐린 의존성 당뇨병을 50% 이상 감소시킨다는 것이 최근 연구 결과로 밝혀졌다.

사. 비만 예방

최근에는 비만을 당뇨, 고혈압, 동맥경화 등 각종 성인병의 원인이 되는 질병이라고 한다. 모유로 자란 아기들은 비만 발생율이 낮은데 그 이유는 첫째, 모유 속에 들어 있는 아디포넥틴이라는 단백질 성분 때문이다. 이 성분은 지방 분해에 영향을 미친다. 둘째, 분유를 먹일 때는 젖병이 다 비워질 때까지 먹이기 때문에 아기가 과식을 하는 경우가 많다. 그러나 모유는 아기 스스로 먹는 양을 조절할 수 있기 때문에 아기 때부터 건강한 식사 습관을 갖게 된다.

아. 백혈병 발병의 감소

백혈병도 모유로 자란 아기들이 훨씬 덜 걸리는 병 가운데 하나이다. 연구 결과에 의하면 백혈병에 걸릴 확률이 최소 1개월 모유를 먹인 경우 21%, 6개월 이상 모유를 먹인 경우 30% 이상 줄어든다고 한다.

자. IQ 증가

모유는 아기의 IQ를 8.3 정도 증가시키는 것으로 알려지고 있다. 뇌를 구성하는 성분의 60%는 지방인데, 뇌 세포막을 구성하는 성분의 30%가 DHA이다. 따라서 불포화 지방산의 하나인 DHA는 두뇌 기능을 향상시키는 대표적인 영양소이다. 뇌 세포는 정보 전달을 원활히 하기 위해 수상돌기를 늘려 나가는데, 이 돌기의 수를 늘리고 유지하는 데 필요한 것이 DHA이다. 모유에는 DHA가 풍부하게 들어 있기 때문에 뇌의 작용이 원활해져 학습 능력을 좋게 한다. 모유 속에 들어 있는 아라키돈산(AA)도 DHA와 마찬가지로 불포화 지방산의 일종으로 신경세포의 전달 능력을 높이고, 학습 기억력을 개선시킨다. 아기가 체내에서 합성하기 어려운 두뇌를 키워 주는 타우린도 모유에는 다량 함유되어 있다. 모유의 타우린 함량은 신생아기에 가장 높았다가 아기가 체내에서 스스로 합성할 수 있는 능력을 갖게 되면서 점점 낮아진다. 또한 두뇌의 발육을 도와주는 콜린 등 비타민 B도 모유에 풍부한데, 두뇌 활동에 필요한 포도당을 에너지로 바꾸는 데 반드시 필요하며, 두뇌의 건강한 발육에 필수적인 성분이다. 젖을 먹일 때 엄마와 아기 피부가 맞닿는 스킨십도 아기 머리를 똑똑하게 만드는 모유의 비밀 중 하나이다. 특히 신생아는 시각이나 청각보다 촉각 자극을 통해 두뇌가 발달하기 때문이다. 모유수유 시 기분 좋은 스킨십은 아기의 두뇌에 뚜렷하게 기억되어 운동 능력, 주위 환경을 이해하는 능력까지 길러 줄 수 있다.

엄마젖을 빨기 위해서는 젖병을 빨 때보다 60배의 힘이 더 든다. 이때 아기는 안면 근육과 턱을 부지런히 움직여서 젖을 빨아야 하기 때문에 턱과 치아가 발달하고, 뇌 혈류량이 많아져 두뇌 발달을 촉진한다.

3) 모유가 엄마에게 이로운 점

(1) 유방암, 난소암 발생률 저하

출산 후 2년 이상 모유를 먹이면 유방암에 걸릴 확률이 50%로 감소한다. 모유수유 시 시상하부에서 성선자극호르몬의 분비가 억제되고, 이로 인해 뇌하수체에서의 황체형성호르몬의 분비가 감소하므로, 모유수유의 강도나 빈도가 클수록 배란은 더욱 억제된다. 여성에게 가장 흔한 암 중 하나인 난소암은 배란을 많이 할수록 발생 위험이 높아지는데, 수유를 할 경우 배란이 일어나지 않기 때문에 난소암 발생률이 저하된다. 이처럼 월경주기 조절 호르몬의 이상 분비 현상을 막을 수 있고, 유방에 남아 있는 독소를 제거하는 효과가 있기 때문에 유방암 또는 난소암의 위험을 줄인다.

(2) 다이어트 효과

임신 중 젖을 생산하기 위해 저장해 둔 지방은 배, 허리에 남아 출산 후 비만의 원인이 된다. 모유는 지방을 풍부하게 함유하고 있고, 수유를 하는 동안 하루 200~400kcal까지 열량 소비가 되어 출산 후 체중 감소에 큰 역할을 한다.

(3) 산후 회복 촉진 및 산후 우울증 예방

모유수유 중 분비되는 옥시토신은 자궁을 수축시키고, 출산 후의 출혈을 멎게 하여 산후 회복을 촉진한다. 출산 후 분비되는 프로락틴은 유즙분비호르몬으로써 모성애를 유발하며, 분만 과정에서 받은 스트레스를 조절해 주기 때문에 산후 우울증 예방에 기여한다.

(4) 자연 피임의 효과

모유수유만 할 경우 출산 후 6개월까지 98%의 피임 효과가 있는 것으로 알려져 있다. 이에 따라 모유수유 기간에는 자연스럽게 임신 터울을 조절할 수 있다. 그러나 모유수유 간격이 4~5시간이 넘는 경우 생리 없이 임신할 확률이 높기 때문에 다른 피임법과 병행하는 것이 안전하다.

(5) 인체 내 칼슘 이용률의 증가

모유수유 시 엄마 뼈에서 칼슘이 빠져나가 골다공증을 일으킬까 걱정하는 경우가 있다. 모유수유할 때 칼슘이 많이 필요한 것은 사실이지만 젖을 뗀 후에는 곧 칼슘이 모두 채워지기 때문에 걱정하지 않아도 된다. 오히려 엄마 몸에서 칼슘 이용률이 높아져 같은 양을 섭취하더라도 몸에 흡수되는 비율이 훨씬 높아진다.

(6) 경제성, 편리성

인공수유는 모유수유에 드는 비용의 10배가 든다. 모유수유는 인공영양보다 편리하다. 인공수유는 젖병을 소독하고 분유를 타는 등 준비과정이 번거롭지만, 모유는 시간과 장소에 구애받지 않고 어머니의 자유의사대로 수유할 수 있다.

4) 모유수유의 금기

모유수유를 해서는 안 되는 경우가 있다. 모체의 심한 심장질환이나 진행된 암과 같은 질병, 객담 양성인 결핵, C형 간염, AIDS, 말라리아, 수두(산후 3주간), 유방의 단순포진 같은 모체의 감염, 어머니의 알코올 중독증, 약물중독, 그리고 영아의 갈락토즈혈증 등이다. 유선염이 있는 경우는 아픈 쪽 젖을 단유하여야 하고, 급성 전염병에 걸렸을 때는 일시적인 단유가 필요하나 그 동안 젖은 짜서 버리다가 열이 내리면 다시 먹이도록 한다. '모유황달'인 경우에는 일시적으로 모유수유를 중단한다.

모체가 에이즈에 감염되었을 때 자신의 아기를 안전하게 돌볼 수 있는가는 중요한 관심사인데, 미국의 질병예방통제센터는 면역결핍성 바이러스(HIV)에 감염된 모든 여성은 모유수유를 하지 말 것을 권장하고 있다. 그러나 개발도상국이나 가난한 나라의 경우에는 부적절한 인공영양으로 초래되는 설사로 인한 사망 위험이 모유수유를 통해 HIV가 전파되는 위험보다 훨씬 크기 때문에, WHO는 이러한 상황에서는 모유수유를 계속 할 것을 권장하고 있다.

5) 모유분비의 부족

많은 어머니들이 모유량 부족을 이유로 모유수유를 중단하기도 한다. 아기가 깊이 잠을 못자고 자주 깨는 경우, 체중 증가가 잘 안되고 성장이 부진한 경우, 변비 또는 설사를 하는 경우, 아기가 배고파하여 수유간격이 점점 짧아지는 경우, 30분 이상 젖꼭지를 물고 놓지 않으려 하며 젖꼭지를 빼면 우는 경우에는 모유량 부족을 의심해 볼 수 있다.

모유분비 부족의 원인은 다양하다. 모유를 먹이고 유방을 완전히 비우지 않을 경우 유즙분비가 감소된다. 유방에 젖이 남는 경우는 아기의 정신발달지연, 분만장애, 코막힘, 구개파열 등과 같이 흡유력이 불완전한 경우와 모체의 유방이 편평유두나 함몰유두일 때 나타날 수 있다. 신생아기에 너무 일찍 혼합영양을 하는 경우 모유분비가 감소할 수 있다. 따라서 생후 5~7일간은 가급적 조제유를 주지 않도록 한다. 수유간격이 너무 긴 경우에도 유방은 자극이 부족하여 모유분비능력이 점차 약해질 수 있으며, 엄마가 불안하거나 걱정이 많아도 모유의 분비가 감소되고 사출반사를 억제시킨다. 그러므로 엄마가 충분한 휴식과 수면을 취할 수 있도록 모든 가족들의 배려가 필요하다.

수유부가 섭취하는 대부분의 약물, 과다한 알코올 섭취와 흡연은 모유생성을 감소시킬 수 있다. 또한 이러한 약물, 알코올, 담배 및 카페인 성분은 모유로 이동되어 아기에게 영향을 미칠 수 있으므로 섭취를 제한하거나 절제해야 하며, 약물 복용 시에는 항상 의사와 상담해야 한다.

6) 모유수유 방법

산모와 신생아의 영양상태가 양호한 경우에는 출산 후 즉시 모유수유를 시작하는 것이 좋다. 출산 후 2~3일 동안은 모유량이 적고 아기도 젖을 빨려고 하지 않지만 인내심을 가지고 젖을 주도록 한다. 또한 수유부는 편안한 자세를 택하여 아기에게 젖을 주도록 한다.

수유 간격은 아기의 월령과 체질에 따라 일정하지 않다. 갓 낳은 아기에 있어서는 2시간 간격이 적당하고, 생후 1개월 전후에서는 3시간 간격으로 그리고 생후 2~3개월이 되면 4시간 간격이 적당하다. 때로 아기의 체력이 약하여 젖을 세게 빨지 못하고 한 번에 많이 먹지 못하는 경우나, 이와 반대로 영아의 위 운동이 활발하여 4시간 간격을 참지 못하는 경우 등이 있는데, 각기 아기의 요구에 따라 3시간 또는 3시간 반의 간격으로 젖을 주되, 생후 3개월 이후에는 3시간 이내로 단축하는 것은 오히려 좋지 못하다.

수유시간은 보통 한 쪽 젖에 10분씩, 매 급유 시마다 양 쪽 젖을 다 빨리는 것이 좋다. 건강한 아기는 첫 1분 이내의 1/2을, 첫 5분 내에 3/4을 먹게 되고 10분쯤 되면 거의 젖이 나오지 않는다고 한다. 따라서 한 쪽 젖에 10분 이상 둘 필요가 없다. 만일 너무 오래 젖을 빨면 젖 대신 공기를 먹게 되고 이것은 구토나 소화불량의 원인이 된다. 그러므로 수유 전후에는 반드시 아기를 어머니 어깨에다 바로 세워서 안아 등을 가볍게 두들겨서 트림으로 공기가 나오도록 해야 한다.

7) 수유 자세

기본적인 수유 자세는 앉아서 먹이는 자세(요람 자세, 풋볼 자세)와 옆으로 누워서 먹이는 자세이다.

(1) 앉아서 먹이기

수유 시 가장 일반적인 자세로 엄마의 등이나 어깨 뒤, 팔꿈치 아래, 그리고 무릎 아래 베개를 사용한다.

엄마는 아기의 머리를 안고 편안한 곳에 누이고 안정되게 안는다. 엄마의 팔뚝으로 아기의 등을 받쳐 주고 손으로 엉덩이나 허벅다리를 감싼다. 이때 아기의 귀, 어깨, 엉덩이가 일직선상에 있어야 한다. 이 자세의 단점은 엄마가 아이의 머리를 충분히 조절할 수 없다는 것이다(그림 8-1).

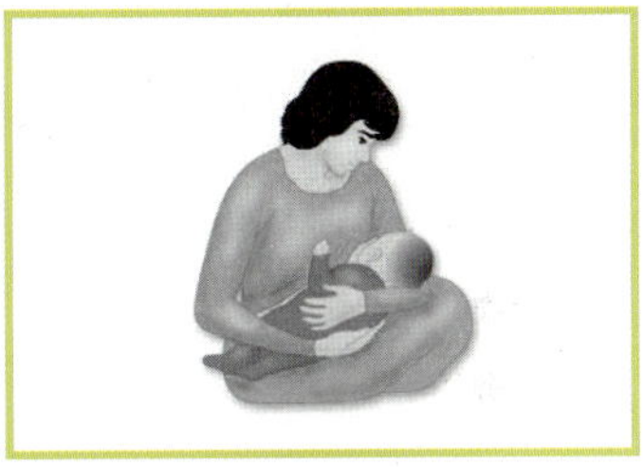

그림 8-1 앉아서 먹이기
〈출처〉 현대여성아동병원

(2) 옆으로 안고 먹이기

아기의 머리를 엄마의 옆구리를 따라 팔 아래쪽으로 끼워 엄마를 향하게 한다. 아기를 잘 볼 수 있고 아기의 머리를 엄마가 더 잘 조절할 수 있어 유방의 크기나 젖꼭지가 납작하거나 함몰된 경우에 잘 맞는다. 또한 제왕절개술로 분만한 경우 수술부위에 압력을 가하지 않고 젖을 먹일 수 있다(그림 8-2).

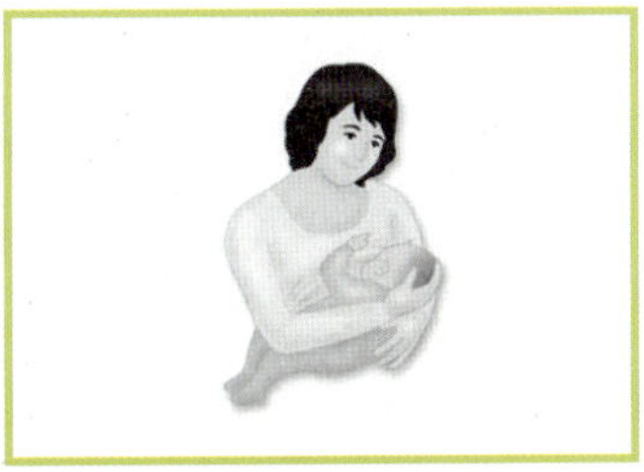

그림 8-2 옆으로 안고 먹이기
〈출처〉 현대여성아동병원

(3) 옆으로 누워서 먹이기

엄마가 옆으로 눕고 머리 밑, 어깨 뒤, 허벅지 밑으로 베개를 받치면 편안하다. 아기는 엄마를 향해 옆으로 눕는다. 수유하는 동안 아기 등 뒤에 작은 베개를 넣어 지지할 수 있다. 이 자세는 수유하면서 엄마가 쉴 수도 있고 샅 부위 불편감과 부기가 있을 때 좋은 자세이다(그림 8-3).

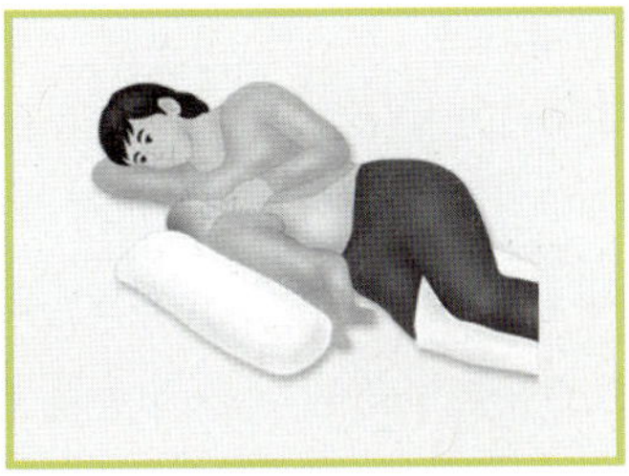

그림 8-3 옆으로 누워서 먹이기
〈출처〉 현대여성아동병원

8) 젖 물리기

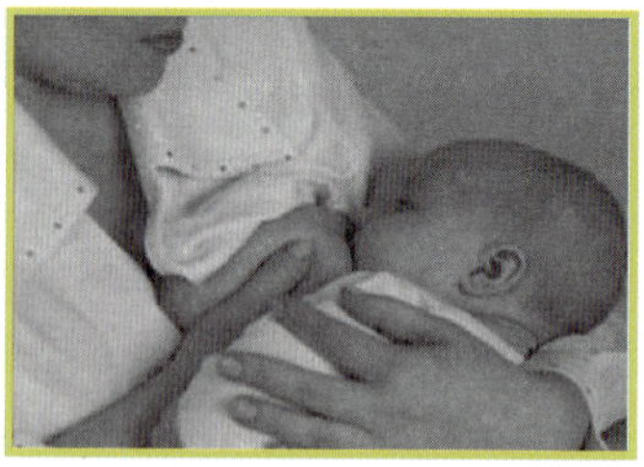

그림 8-4 젖 물리기

젖 물리기를 잘 하기 위해서 엄마는 엄지손가락으로 유방 위를 나머지 네 손가락으로 젖꽃판의 아래쪽을 지지한다(그림 8-4). 특히 유방이 큰 엄마들은 수유하는 동안 유방의 지지가 필요하다. 아기를 가슴 가까이 안고 아기의 입이 젖꼭지 바로 앞에 오게 한다. 아기가 입을 크게 벌리도록 하기 위해 엄마의 젖꼭지로 아기의 입술을 가볍게 자극한다. 이때 아기의 입이 크게 벌어지고 혀가 아래로 향할 때 아기를 재빨리 당겨 젖을 물린다.

이때 아기 입안 깊숙이 젖을 물려야 한다. 어머니가 아이에게 유방을 가까이 대는 것이 아니라 아기라 유방 가까이 오도록 하여야 한다. 아기가 젖을 제대로 물었다는 것은 입안 가득 젖을 물고, 아기의 코, 뺨, 턱이 유방에 닿아 있어야 한다. 아기는 어머니와 가깝게 밀착되어야 하고, 젖을 물려 아기가 빨 때 어머니는 젖꼭지의 통증을 호소하지 않는다.

9) 모유수유아의 보충식이

모유를 먹는 아기는 의학적으로 필요한 경우가 아니면 물이나 설탕물, 기타 인공유가 필요하지 않다. 모유 이외 보충식이가 필요한 경우는 저체중아, 저혈당증, 선천성 대사이상인 경우이다. 또한 어머니가 심한 자간증이나 쇼크로 수유를 할 수 없는 경우에 실시한다.

보충식이를 주는 경우 우유병을 사용하게 되면 영아가 젖꼭지 혼동을 일으킨다. 젖을 먹는 것과 인공유를 먹는 것은 빠는 것과 삼키는 것 형태가 다를 뿐 아니라 신생아의 혀나 뺨, 입술을 사용하는 기전이 다르다.

신생아가 보충식이로 배를 충분히 채우면 엄마의 젖을 충분히 빨지 않기 때문에 모유의 양 또한 수요-공급의 원칙에 따라 감소하게 된다. 그러므로 아이가 완전히 모유를 먹는 데 익숙해 질 때까지 보충식이는 하지 않는 것이 좋다.

10) 수유 중 일상생활

(1) 운동

수유기간 중 운동은 건강에 도움이 된다. 산후기간 중 운동은 임신기간 중 증가된 체중의 감소에 도움을 준다. 에너지 소비의 증가는 식품섭취량의 증가를 유도하고 충분한 단백질과 미량영양소의 섭취증가를 유도한다. 또한 운동은 많은 여성에게 심리적인 원기를 제공한다.

적당한 운동을 하는 모유를 수유하는 여성은 운동을 하지 않은 여성보다 매일의 에너지 섭취량이 더 많고, 체지방은 더 낮으나 모유는 같은 양을 생산한다.

(2) 흡연

흡연을 하는 여성의 영아는 비흡연 여성의 영아보다 출생 시 체중이 200g 정도 적다. 심한 흡연(하루 15개피 이상의 흡연)은 초기 혈중 프로락틴 수준을 30~50%까지 떨어뜨리며, 아드레날린 방출을 자극하는데 이것은 뇌하수체에서 옥시토신의 방출을 억제하는 것으로 알려져 있다. 모유량 감소는 모유수유의 조기 이유를 초래한다. 같은 사회경제적인 집단 내에서 흡연하지 않는 여성에 비해 흡연 여성은 분만 후 2~3개월에 모유수유의 비율이 더 낮다.

담배연기에 포함된 니코틴과 그 대사산물은 모체의 혈액에서 모유로 쉽게 이행된다. 흡연 후 니코틴 수준은 모체의 혈중보다 모유에서 더 높을 수 있으며, 시간이 경과하면서 양쪽의 니코틴 수준은 감소하지만 니코틴의 반감기는 혈액에서보다 모유에서 더 길다(90분 이상). 따라서 모유수유 중 심한 흡연은 영아에 니코틴 중독을 일으키며, 담배연기 중의 발암물질이 수유 중 이동될 수 있다.

(3) 커피 및 카페인 섭취

모체가 섭취하는 커피, 차, 청량음료, 초콜릿, 약 등에 포함된 카페인의 약 1%가 모유로 운반되며 모유 내 농도는 모체의 혈장농도의 보통 50~80% 정도이다. 영아의 카페인 대사는 성인보다 훨씬 느리며, 빈번한 카페인 섭취는 신생아 체내에 카페인 축적을 유발하여 흥분 및 각성장애가 있게 한다. 모유수유 여성은 수유기 동안 카페인의 과잉섭취를 피하여야 하지만, 하루 1~2잔의 커피나 1~2잔의 청량음료 섭취로는 모유 중 카페인 수준이 올라가지 않는다.

(4) 알코올의 섭취

알코올은 뇌하수체에서 옥시토신의 분비를 억제하여 유즙사출을 저해한다. 모유수유 중 알코올에의 노출은 영아의 발달에 심각한 부작용을 초래할 수 있다. 아세트알데히드(에탄올의 주요 대사산물)가 유선 상피세포를 통과하지 못해 모유에 들어가지는 못하지만 에탄올 자체는 모유로 쉽게 들어가서 수유부 혈액농도와 비슷한 농도에 도달한다. 이로 인해 모유섭취 영아는 기면 및 졸음을 일으킨다. 모체에 지나친 알코올 섭취는 1세의 영아에게서 지연된 정신운동 발달의 위험을 증가시켰다.

(5) 비타민 및 무기질 보충

정기적인 비타민 및 무기질 보충제 복용은 모유수유 여성에게 권장되지 않는다. 대부분의 모유수유부는 균형 잡힌 다양한 식사를 통해 적절한 양의 비타민 및 무기질을 얻을 수 있으나 일부 제한된 식사를 하는 집단은 보충제가 효과적이다. 전적으로 모유만을 수유하는 영아는 처음 1년 동안 철, 비타민 K 및 불소의 보충이 필요하다.

2. 조제유

다양한 이유로 어머니들은 조제유를 선택한다. 어떤 어머니들은 다른 사람들에게 유방을 보여야 한다는 이유로 모유수유를 꺼리기도 한다. 핵가족에서 자란 어머니들일수록 모유수유에 대한 간접경험이 적으며, 주변의 권유나 약복용 때문에 조제유 수유를 선택하기도 한다. 그러나 조제유를 선택하는 가장 큰 이유는 모유수유방법에 대한 이해부족 때문이다.

인공영양을 하는 부모는 조제유를 준비하고 영아의 영양욕구와 심리적 욕구를 둘 다 만족시키기 위한 수유기술을 배울 필요가 있다. 수유하는 동안 영아와 어머니는 둘 다 편안한 자세여야 하고, 영아의 얼굴이 어머니의 유방 바로 앞에 오도록 안는다.

인공영양을 하는 동안에도 영아를 몸에 붙여 안고 먹여야 한다. 수유는 급히 해서는 안 된다. 영아가 처음 5분 동안 힘차게 빨고, 만족한 것처럼 보이더라도 계속 빨도록 허용해야 한다. 영아는 하루에 적어도 2시간 정도 빠는 것이 필요하다. 하루에 6회를 수유한다면 구강만족을 위해 1회 수유 시마다 약 20분을 빨도록 허용해야 한다. 수유를 마치면 좌위에서 등을 가볍게 두드려 트림을 시킨다. 수유 후에는 먹은 것이 위의 아래 부분으로 내려가고, 삼킨 공기가 위쪽으로 올라와 식도를 거쳐 배출될 수 있도록 영아를 오른쪽으로 눕힌다. 이런 체위는 역류와 복부팽만을 예방한다.

1) 조제유의 준비

조제유 준비방법은 끓여서 식힌(50℃ 정도) 물을 젖병에 조금 붓고 분유를 전용 숟가락으로 깎아서 넣어 잘 흔든 다음 분유 1숟가락과 물을 합해 20ml가 되도록 나머지 물을 붓는 것이다. 수유 후에 병에 남아있는 우유는 박테리아 성장의 좋은 배지가 되므로 버려야 한다. 조제유의 통은 일단 열었으면 뚜껑을 잘 닫아 냉장 보관한다. 양을 늘리기 위해 희석하거나 칼로리를 높이기 위해 농축시키는 등 조제유 농도를 변경시켜서는 안 된다는 것을 교육해야 한다.

조유기구는 하루 동안에 필요한 수를 준비함이 좋다. 그 외에 병을 넣고 소독할 수 있는 솥, 병 씻는 솔, 계량컵과 사시(숟가락) 1묶음, 1리터들이 우유 끓일 냄비 1개, 깔대기 1개, 깡통 따개 1개, 자루 긴 숟가락 1개 등이 필요하다.

조유기구의 청결은 매우 중요하다. 매 급유 후에는 반드시 젖병과 젖꼭지는 찬물로 헹구고 비눗물로 닦아서 따뜻한 물로 헹궈 놓아야 한다. 헹궈둔 젖병은 하루에 사용하는 수만큼 한꺼번에 솥에 넣어 물에 잠기도록 해서 3분간 끓여서 쓰는데, 젖꼭지는 병과 함께 오래 삶으면 쉽사리 못 쓰게 되므로 2분간만 끓여서 쓰도록 한다.

2) 인공수유 방법

(1) 자세

엄마와 신생아가 얼굴을 맞대고 가까이 자세를 취하게 한다. 우유병은 과도한 공기를 마시지 않도록 젖꼭지 부분이 조제유로 가득 차도록 잡는다. 매 수유 시 반대쪽 팔에 아기를 놓음으로써 다양한 시각적 자극을 제공한다.

(2) 트림

처음 며칠 동안은 매번 반 정도 먹고 난 후 신생아가 트림을 하도록 한다. 일반적으로 신생아는 수유 중간에도 트림을 해야 한다. 신생아의 등을 두드리고 문지르는 동안에 신생아를 어깨 너머로 놓거나 머리를 지지해서 앉는 자세를 취하도록 한다.

(3) 빈도와 양

매 3~4시간 마다 신생아를 수유하도록 엄마에게 교육한다. 하지만 빡빡한 일정을 피하고 신생아의 신호를 인지해야 한다. 인공 수유아는 첫날에는 매 수유 시 30cc 정도를 섭취하게 하지만 일반적으로 3~5일째가 되면 50~60cc 정도를 섭취하도록 한다. 만족한 신생아는 자주 잠을 잔다.

(4) 주의사항

엄마가 조제유를 전자레인지에 데워서 뜨겁게 하지 않도록 한다. 병의 바깥부분의 온도보다 조제유가 더 뜨거울 수 있기 때문이다. 데울 경우 조제유를 중탕하여 데워야 한다. 먹이기 전에 엄마 팔 안쪽에 조제유 몇 방울을 떨어뜨려 온도를 확인한다.

신생아를 침대에 누인 채 우유병을 붙잡고 먹일 경우 오랜 기간 동안 우유가 입안에 있게 되어 세균의 성장을 촉진시켜 충치나 귀감염을 발생시킨다. 또한 매 수유 시마다 신생아가 우유병을 다 비우도록 시도해서는 안 된다. 역류와 과도한 체중 증가를 초래할 수 있기 때문이다. 엄마는 빠른 세균의 번식 때문에 다음 번 수유에 남은 조제유를 먹이면 안 된다. 한 시간 안에 먹이지 못한 조제유는 버리도록 한다.

3. 이유하기

이유(weaning)란 모유나 우유 등 액체음식인 유즙만을 먹던 영아에게 곡류나 채소, 과일 등 다양한 식품으로 구성된 고형식으로 섭취형태를 점차 옮겨가는 정상적인 영양행위를 말한다. 이유는 영양소 공급, 소화기능 발달, 섭식기능 발달 및 지적 · 정서적 발달, 올바른 식습관 확립에 도움을 준다.

모유는 첫 6개월 동안 영아에게 가장 바람직하고 완전한 식품이다. 영양을 잘 섭취한 어머니의 모유로 자란 정상적인 영아는 6개월에 철분을 공급하는 것 외에는 비타민이나 무기질을 특별히 보충하지 않아도 된다. 생후 첫 1년 동안의 후반 6개월도 모유나 조제유가 주된 영양공급원이 되지만, 영아의 체중과 건강상태를 고려하여 4~6개월 사이에 이유를 시작하는 것이 일반적이다. WHO와 UNICEF에서는 영아의 체중이 출생 시 체중의 2배가 되거나 6kg 정도가 될 때 바람직하다고 되어 있다. 모유수유아는 1일 수유 횟수가 8회 이상 증가되어 수유간격이 3시간 이내로 짧아지는 때가 적당하며, 인공수유아는 1일 섭취하는 우유의 양이 1L를 넘을 때가 적당하다.

4개월에서 6개월 정도가 되면 위장관이 복합적인 영양소를 충분히 소화시킬 수 있도록 발달되며, 식품 알레르기에 덜 과민해진다. 젖니가 나면서 음식을 물어뜯고 씹는 것이 쉬워지며, 혀를 내미는 반사가 사라지고 삼키는 기술이 보다 잘 통합되어 쉽게 보충식을 받아먹을 수 있다. 또한 머리를 잘 가눌 수 있게 되어 싫어하는 음식에 대해 머리를 돌려 외면할 수 있게 된다. 미세근육 운동이 발달되어 손가락으로 음식을 집어서 스스로 먹을 수 있다. 영아의 독립성이 점점 증가하여, 우유병을 잡고 먹으려고 노력하게 된다.

처음에 시도하는 음식의 종류는 다양할 수 있지만, 주로 곡분을 먹이게 된다. 이는 곡분의 철분함유량이 높기 때문이다. 처음 먹이는 곡분으로는 소화가 잘 되고 알레르기 유발 가능성이 적은 쌀이 권장된다. 곡분은 조제유와 섞어서 먹인다. 모유로 자란 영아는 우유에 민감할 수도 있으므로, 곡분을 모유나 물에 섞어서 먹이는 것이 좋다. 6개월 후부터 과일주스에 곡분을 섞어서 주면 주스의 비타민 C 성분이 곡분에 있는 철분의 흡수를 강화시킬 수 있다. 곡분은 철분의 주요 공급원이 되므로 18개월이 될 때까지 계속적으로 주어야 한다. 보충식을 처음 시작하면서 비타민 C를 풍부하게 함유하고 있는 과일주스를 우유의 대용으로 주게 되는데, 비타민 C는 열에 의해 쉽게 파괴되므로 주스를 따뜻하게 해서는 안 된다. 주스용기는 항상 뚜껑이 닫혀있어야 하며, 비타민 손실을 방지하기 위해 차갑게 보관해야 하며, 젖병 충치를 막기 위해 컵으로 주는 것이 좋다. 일반적으로 곡분 다음에 과일, 야채, 고기의 순으로 첨가시킨다. 6개월이면 크래커와 같이 손으로 집어 먹거나 이로 뜯어 먹을 수 있는 음식을 줄 수 있고, 8~9개월경에는 익힌 야채, 포도를 제외한 과일, 치즈 등 손으로 집어 먹는 음식을 줄 수 있다.

생후 1년경에는 완전히 조리된 식탁요리를 즐길 수 있다. 처음 영아에게 숟가락으로 주었을 때 밀어내거나 불만스러움을 나타낼 수 있다. 처음의 이러한 반응을 극복하는 데에는 어느 정도 인내심과 기술을 요한다. 음식이 혀의 앞쪽에 놓여지면 밖으로 밀어내게 되는 경우가 있으므로, 폭이 좁고 손잡이가 긴 숟가락을 사용하여 혀 뒤쪽으로 소량씩 떠 넣어야 한다. 영아가 숟가락에 익숙해지면서 열심히 음식을 받아먹게 되며, 미리 입을 벌리거나 또는 싫어하는 음식에 대해서는 입을 꼭 다물기도 한다. 숟가락으로 먹는 것이 즐겁고 만족스러운 경험이 될 수 있도록 모유나 조제유 섭취 전후에 소량씩 시도하는 것이 좋다. 우유를 완전히 먹인 후에 새로운 음식을 먹이는 것은 영아가 포만감을 느껴서 먹으려고 하지 않기 때문에 실패할 수 있다. 여러 가지 종류의 새로운 음식을 시도하기에 가장 좋은 시기는 빠른 성장으로 인해 식욕이 왕성해지는 생후 1년 동안이다. 새로운 음식을 추가할 때는 알레르기 여부를 파악하기 위해 4~7일 정도의 간격을 두고 한 가지씩 시도해야 한다. 또한 소량씩 주다가 점차 양을 늘려야 한다. 보충식이의 양이 늘어남에 따라 우유의 양을 하루에 1리터가 되지 않을 정도로 줄여서 과식을 막아야 한다. 이유식을 젖병에 혼합하여 구멍이 큰 젖꼭지로 먹여서는 안 된다. 이는 영아에게 새로운 맛을 배우는 즐거움과 미각의 발달을 저해하기 때문이다. 그리고 음식을 불충분하게 씹어서 먹는 문제가 생길 수도 있다.

1) 이유식의 종류

가. 곡류

생후 6~7개월이 되면 곡류를 먹이기 시작한다. 보통 처음에는 맛이 없어 하므로 삶아서 거른 과일을 주고 곡류는 1주일 내지 2주일 후에 주도록 한다. 곡류에 들어있는 철분과 티아민은 정제되지 않은 전곡에 상당한 양이 들어있다. 분량은 1/4~3/4컵을 하루에 한 번 내지 두 번으로 나누어 주는 정도가 좋고 농도는 먹을 때 천천히 흘러내리는 정도가 좋다.

나. 과일

삶아서 거른 과일이나 잘 익은 바나나 등은 생후 5~6개월 될 때부터 줄 수 있다. 함량이 많지는 않으나 과일은 철분과 티아민을 포함하고 있고 필수영양소를 공급하므로 중요하다. 주로 사용되는 과일은 사과, 배, 복숭아, 자두 등으로 처음 시작할 때는 삶아서 거른 것을 소량으로 시작한다. 생후 8개월쯤 되면 삶아서 혹은 생것을 갈아서 먹을 수 있는 단계까지 진행시킬 수 있다. 분량은 처음 시작할 때는 하루에 1~2티스푼 정도에서 시작하여 4~6티스푼까지 준다. 특히 변비가 있는 경우 과일이 좋은데 그중에도 자두가 효과가 크다.

다. 채소

채소를 먹이기 시작하는 월령은 4~5개월이다. 채소에는 영아에게 결핍되기 쉬운 철분과 티아민이 포함되어 있다. 채소는 잘 삶아서 체에 걸러서 주되 처음 먹이기 쉬운 채소는 완두, 시금치, 토마토, 호박, 감자 등이다. 처음 주기 시작할 때는 젖 먹는 시간 바로 전에 주는 것이 좋다. 생후 8개월이 되면 훨씬 굵은 체로 걸러서 주거나 또는 삶아서 으깬 채소를 먹게 되도록 한다. 그래서 생후 10~16개월이 되면 하루에 채소섭취량이 100g 내외가 되게 한다.

라. 달걀

난황은 철분의 중요한 급원이다. 영아가 생후 6개월이면 간에 저장했던 철분저장량이 거의 없어진다. 따라서 난황은 3~4개월부터 먹이기 시작하여야 하는데 처음에는 극소량으로부터 시작하여 매일 증량한다. 난백은 식품알레르기를 일으키기 쉬우므로 처음에는 주지 않는다.

마. 육류

육류는 질이 좋은 단백질은 물론 철분과 비타민 B 복합체의 급원으로 중요하다. 고기류로서는 쇠고기, 돼지고기, 닭고기, 소간, 염통, 생선 등을 사용할 수 있는데 6개월이면 먹이기 시작할 수 있다. 처음에 고기를 줄 때에는 살코기를 날이 둔한 숟가락으로 긁어서 우유나 물을 조금 부어 중탕해서 끓여준다. 그 다음으로는 고기를 삶아 곱게 다져서 체에 걸러서 주고 갈아서 만든 고기요리는 생후 10개월쯤이면 무난히 먹을 수 있고, 성인식에 나오는 고기를 먹을 수 있는 때는 생후 16개월쯤이다. 이때는 고기를 씹을 만큼 이가 나기 때문이다. 생선은 처음에는 기름기가 적은 동태, 조기, 대구, 민어 등의 흰 살 생선을 쪄서 또는 구워서 으깬 것을 주는데 생후 8~10개월쯤이면 먹을 수 있다.

바. 기타

토스트나 크래커 종류는 생후 7개월쯤부터 소량씩 줄 수 있는데 주목적은 씹는 연습을 시키는 것이다.

사. 이유식으로 적합하지 않은 식품

잣, 땅콩, 호두 등 좀 단단하면서도 기름이 많은 음식과 사탕, 날콩, 오디 같은 크기가 콩과 비슷한 것은 주지 않는 것이 좋다. 왜냐하면 아기가 잘못 삼켜서 질식할 위험성이 있기 때문이다. 식품알레르기를 일으키기 쉬운 식품인 초콜릿이나 코코아는 2~3세까지 주지 않는 것이 좋다. 섬유질의 함량이 많아 소화장애를 일으키기 쉬운 옥수수도 역시 2~3세까지는 주지 않는 것이 좋다. 이 밖에 설탕이나 사탕을 많이 넣어서 만든 케이크 등은 치아의 침식을 촉진하므로 되도록 크게 자랄 때까지 주지 않는 것이 좋다.

09장

유아 교육기관에서의 급식

09장 유아교육기관에서의 급식

1. 급식의 의의

영유아기는 신체적으로나 정신적으로 지속적인 발달이 이루어지는 시기이며, 이 시기에 어떻게 발달하느냐에 따라 성인이 된 이후까지 영향을 미친다. 또한 영유아기는 적절한 영양소의 섭취와 함께 바른 식습관이 형성되는 중요한 시기인 만큼 규칙적인 식사와 간식의 제공은 매우 중요하다.

영유아들이 유아교육기관에서 보내는 시간이 많아짐에 따라 유아교육기관에서는 영유아의 발달에 영향을 미치는 급식에 더 많은 관심을 갖고 역할의 중요성을 인식해야 한다. 유아교육기관에서 제공하는 급식은 크게 두 가지로 구분할 수 있다. 첫 번째는 보충식의 급식인 간식의 급식이고, 두 번째는 한 끼의 식사로써 점심의 급식이다. 간식과 점심의 급식은 점점 그 실시가 증가하고 있다. 유아교육기관에서의 급식은 단순히 음식만을 제공해 주는 것 이외에도 교육적인 차원에서 매우 중요하다(정미라 외, 2012).

영유아들은 유아교육기관을 통해 영양적인 측면에서 균형 잡힌 간식과 점심을 제공 받을 수 있기 때문에 성장과 발육에 필요한 적절한 영양소를 공급받을 수 있게 된다. 또한 가정에서 부족하기 쉬운 영양소를 보충할 수도 있다. 점심 급식을 통하여 성장과 발육에 필요한 1일 영양소의 1/3~1/2 정도를 확보할 수 있으며 균형 잡힌 급식은 영유아의 심신발달을 바람직하게 할 수도 있다. 유아교육기관에서의 급식을 통해 다음과 같은 효과를 기대할 수 있다(김일옥, 김경애, 김영애, 김종석, 김호년, 손현숙, 2013; 정미라 외, 2012).

첫째, 영양개선의 효과를 기대할 수 있다. 영유아들은 영양적으로 균형 잡힌 식사를 제공받음으로써 성장과 발육에 필요한 영양소를 섭취하여 가정에서와는 다른 식단을 통해 부족하기 쉬운 영양소를 보충할 수 있다.

둘째, 올바른 식습관 형성을 기대할 수 있다. 영유아들은 기관에서의 단체 급식을 통해 기본적인 식사 예절을 배우게 된다. 또한 식생활에 대한 이해와 올바른 식습관 형성을 실천적 차원의 교육을 통해 바람직한 방향으로 유도할 수 있으며 실생활과 연결하여 지도함으로써 올바른 식습관을 형성하고 잘못된 식습관은 교정할 수도 있다.

셋째, 통합교육의 효과를 기대할 수 있다. 영유아는 유아교육기관의 영양 및 건강 지도에서 교육과 급식을 통해 위생 및 식생활습관, 그리고 예절에 대한 생활교육도 통합적으로 교육된다. 간식 및 점심 급식시간은 영양 및 건강교육을 위한 실천의 장이 될 수 있고, 이 시간을 활용하여 영양 및 건강에 대한 기본적인 정보나 지식도 제공할 수 있다.

넷째, 경제적인 효과를 기대할 수 있다. 단체급식을 위해서는 여러 가지 측면에서 비용이 필요하다. 우선 시설 및 설비를 갖추고 식재료 구입에 많은 투자가 필요하다. 하지만 가정에서의 개별적인 음식 준비보다 비용과 수고를 감소할 수 있다. 단체 급식은 식재료를 대량구매하고 조리원을 통해 대량 조리 및 배식 등을 함으로써 급식단가를 낮추는 경제적 효과가 있다.

Tip 또래보다 몸무게가 덜 나가면, 또래보다 적게 먹는 것이 맞다

아이의 몸무게가 또래보다 적게 나가면 부모들은 어떻게 해서든 또래만큼 먹이고 싶어 한다. 하지만 몸무게가 적게 나간다고 그것을 따라잡기 위해 많이 먹여야 하는 것은 절대 아니다. 또래보다 몸무게가 적다는 것은 또래보다 적게 먹기 때문이다. 그것을 '적게 먹으니까 몸무게가 안 늘지. 많이 먹어야 빨리 늘지'라고 이해해서는 안 된다. 적게 먹는다는 것은 아이가 먹을 수 있는 양이 적다는 의미이다. 그런 아이에게 갑자기 또래와 같은 2~3배의 양을 강요하면 당연히 스트레스를 받는다. 다 먹을 수도 없을뿐더러 먹는 것을 점점 더 싫어하게 된다. 아이의 양을 늘리는 가장 좋은 방법은 적게 먹더라도 기분 좋은 분위기에서 먹게 하는 것이다. 좋은 분위기에서 아이 스스로 지금 먹는 양에서 10% 정도씩만 많이 먹을 수 있도록 유도하자.

〈출처〉 EBS 다큐프라임 〈아이의 밥상〉 제작팀(2011). 아이의 식생활

2. 급식의 계획

영유아의 급식을 계획할 때 유의할 점은 다음과 같다(김연진, 송주미, 2010).

첫째, 한 끼를 구성하는 식품을 식사구성안의 각 식품군이 포함되도록 다양하게 구성한다.

둘째, 양질의 단백질과 칼슘을 충분히 공급한다.

셋째, 지방과 콜레스테롤 섭취량을 너무 제한함으로써 에너지와 필수지방산 부족 및 지용성 비타민의 흡수 저해가 초래되지 않도록 식단을 구성한다.

넷째, 육류는 철, 아연, 비타민 B_{12}의 좋은 급원이므로 정규적으로 섭취한다.

다섯째, 신선한 채소와 과일은 비타민과 무기질의 좋은 급원이므로 충분히 포함시킨다.

여섯째, 우유 및 유제품은 반드시 포함하고, 치아건강을 위해 설탕섭취는 제한한다.

일곱째, 같은 음식은 쉽게 싫증을 내므로 주기적인 메뉴로 구성한다.

유아교육기관에서의 급식은 많은 대상에게 일정한 영양을 공급한다는 점에서는 일반 집단 급식과 동일하지만 단순히 영양 공급에만 그치는 것이 아니라 식사시간이라는 실제 상황에서 올바른 식습관을 형성하고 영양교육을 실천할 수 있다는 점에서 차이가 있다. 유아교육기관에서 간식 및 점심의 급식을 진행할 때는 다음과 같은 점을 고려해야 한다(최지영, 2012).

첫째, 다양한 식품 배합을 통하여 균형 잡힌 영양과 맛있고 변화 있는 식단을 구성한다. 점심 급식식단을 작성할 때는 우선적으로 영유아의 1일 영양 필요량을 고려한다. 영유아의 하루 영양 필요량 중 최소한 1/3은 점심을 통해 공급되어야 한다. 한국영양학회의 자료에 따르면, 1~2세 영아의 1일 영양 필요량은 1,000kcal이며 단백질은 15g이다. 3~5세 유아의 경우 1일 필요량은 1,400kcal이며 단백질은 20g이다. 따라서 점심 한 끼의 식사는 열량의 면에서 300~500kcal 가 필요하고 단백질은 7~8g 정도 공급해 주어야 한다. 식단을 계획할 때는 충분한 양의 열량, 단백질, 칼슘 공급이 가능하도록 식품구성과 양을 정한다.

표 9-1 어린이의 영양섭취 기준

연령	성별	기준 체중 (kg)	기준키 (cm)	열량 (kcal)	당백질(g)	칼슘 (mg)	철분 (mg)
1~2세		1.2	85.9	1,000	15	500	7
3~5세		16.3	102	1,400	20	600	7
6~7세	남아	23.8	122	1,600	25	700	9
	여아	22.9	120	1,500	25	700	9

둘째, 신체 발육에 필요한 칼슘과 단백질이 충분히 함유된 식단을 구성한다. 성장기 유아의 신체 발육에 필요한 칼슘과 양질의 단백질을 식사를 통해 충분히 제공하도록 식단을 구성한다. 일반적으로 식단을 구성할 때 단백질과 열량이 충분히 공급되도록 구성하지만 발육기의 영유아에게는 칼슘 공급이 충분하도록 구성해야 한다.

셋째, 주기적인 식단을 구성한다. 영유아는 성인에 비하여 단순한 맛을 좋아 하지만 싫증을 많이 내는 시기이므로 반복되는 음식을 싫어하게 된다. 그러므로 매일 다른 식단을 구성하는 것이 바람직하다. 그러나 유아교육기관에서는 매일 다른 식단을 제공하는 것이 어려우므로 관리가 용이한 7~10일 단위로 같은 음식이 반복되는 주기적인 식단이나 10~15일 단위로 같은 음식이 반복되는 것이 좋다.

넷째, 소화 흡수가 쉬운 조리 방법을 선택하여 식단을 구성한다. 영유아는 성인에 비해 소화 흡수 기능이 미숙하여 소화 장애를 일으키기 쉽다. 또한 특유의 편식이나 소량의 식사, 식사 거부 등의 문제를 보이기 쉬우므로 영유아에게 적합한 조리법의 음식을 선택한다. 기름을 많이 사용한 튀김이나 볶음류, 섬유질이 지나치게 많은 야채나 큰 덩어리로 조리된 음식은 영유아에게 부담스러우므로 씹기에 적당하고 단순하며 자연 맛이 그대로 있는 식단을 구성한다.

또한 영유아는 냄새가 강한 파, 미나리, 양파, 부추 등의 야채나 맛이 진한 음식, 신맛이 강하고 양념이 강한 음식을 싫어한다. 많은 영유아가 짠 음식과 미끌거리는 질감의 음식을 안 좋아하고 부드럽고 순한 맛을 좋아하는 것으로 알려지고 있다. 따라서 강한 향신료나 파, 마늘의 사용은 줄이고 화학조미료의 사용을 제한해야 한다.

다섯째, 음식의 색감, 질감, 형태와 맛을 적절히 조화시켜 구성한다. 식품의 재료를 다양하게 선택하고 선택된 재료들의 색상은 다른 음식과의 조화를 고려하여 되도록 화려하게 구성한다. 또한 조리 방법에서도 다양한 질감을 느낄 수 있도록 고려한다. 예를 들어, 시금치 된장국에 시금치나물로 구성된 식단보다는 시금치 된장국에 콩나물 무침이 색상과 조직감 측면에서 훨씬 더 조화롭다. 또한 음식의 질감이나 형태, 맛에 있어서 각기 특성이 없으면 아무리 여러 가지 음식으로 구성하더라도 단조롭게 느껴지고 식욕에도 도움이 되지 않는 경우가 있다.

여섯째, 규칙적인 식사 시간, 식사 간격, 그리고 식사량을 고려하여 구성한다. 영유아는 필요한 영양소량에 비해 소화력이 제한적이므로 음식을 소량씩 나누어 섭취할 수 있도록 식단을 구성한다. 한 끼에 많은 양과 많은 영양소의 음식을 먹는 것보다 세 끼에 나누어 제공하고 식사 이외의 간식을 통해 나머지 영양소를 공급하는 것이 좋다. 식사에 영향을 미치지 않도록 간식 시간과 간식의 양을 잘 조절하고 규칙적인 급식이 되도록 유의한다.

일곱째, 간식은 식사에서 부족한 영양소를 보충할 수 있도록 구성한다. 영유아를 위한 간식은 당분이 너무 많거나 자극적인 것을 피하고 단백질과 비타민, 무기질이 함께 섭취될 수 있도록 선택한다. 또한 활동량이 많은 오후에는 수분이 충분히 제공될 수 있는 간식으로 구성한다. 우리나라 식생활은 우유나 유제품과 같은 칼슘의 섭취가 부족하기 쉬우므로 간식 식단을 구성할 때 이를 고려한다.

여덟째, 예산에 맞는 급식비용을 고려하여 구성한다. 급식비용은 1일 기준으로 저가 식단은 약 1,000원, 고가 식단은 약 2,000원 정도이다. 점심 식사는 1일 1인당 지출 가능한 식비 중 간식비를 제외하고 계획한다. 점심 식사의 식비 구성 비율은 주식 대 부식은 3:7 또는 2:8이 적절하고 급식비용을 주식에 약 20~30%, 부식에 70~80% 정도로 책정하는 것이 바람직하다. 식비에 따른 식사 구성의 변화는 다음과 같은 방법으로 조절할 수 있다.

① 식품 재료를 저가 식품에서 고가 식품으로 전환하는 방법으로 생선이나 육류의 종류나 과일의 종류를 다르게 선택할 수 있다.

② 반찬의 가짓수를 한 두 가지 증가시키는 방법이 있다.

③ 식품 조리 방법을 다양하게 하거나 가공식품이나 반 조리 식품의 이용 횟수를 줄이고 생식품을 구매하여 직접 조리하는 방법을 선택하는 것이 좋다.

④ 계절적인 요소를 고려하면 식품 구매 측면에서 저렴함 비용으로 식품을 구입 할 수 있다. 또한 제철 식품이 영양적으로 우수한 경우가 많다.

아홉째, 급식인력과 시설 · 설비를 고려하여 구성한다. 급식 준비 및 배식 작업이 가능한 인력과 인력의 기술 능력은 식단 구성에서부터 고려되어야 한다. 저장 창고와 냉장고의 크기 그리고 주방의 시설 · 설비 유무와 용량을 충분히 확보한 후 식단을 작성하는 것이 효율적이고 문제가 발생하지 않는다.

그림 9-1 1~2세 영아의 영양권장량 및 섭취량

〈출처〉 서울특별시육아종합지원센터

표 9-2 어린이집에서 1~2세 영아에게 제공되는 평균 양

	곡류 및 전분류	채소류	과일류	고기, 생선, 달걀, 콩류	우유 및 유제품
아침 식사	밥 1/3 공기	나물 30g 김치 15g		생선 1토막	100g
오전 간식			사과 1/4쪽		100g
점심 식사	밥 1/3 공기	나물 30g 김치 15g		육류 20g	
오후 간식	감자/국수/ 빵/떡			육류 10g	100g
저녁 식사	밥 1/3 공기	나물 30g 김치 15g		육류 30g	
저녁 간식			사과 1/4쪽		100g

〈출처〉 서울특별시육아종합지원센터

그림 9-2 3~5세 유아의 영양권장량 기준 급식 평균섭취량
〈출처〉 서울특별시육아종합지원센터

표 9-3 어린이집에서 3~5세 유아에게 제공되는 평균 양

	곡류 및 전분류	채소류	과일류	고기, 생선, 달걀, 콩류	우유 및 유제품
아침 식사	밥 2/3 공기 = 140g	생나물 35g 김치 20g		두부 2조각 = 생것 80g	
오전 간식			귤 1개		우유 100g
점심 식사	밥 2/3 공기 = 140g	생나물 35g 김치 20g		육류 생것 60g	
오후 간식	감자/국수/빵/떡				우유 100g
저녁 식사	밥 2/3 공기 = 140g	생나물 35g 김치 20g		생선 1토막 = 생것 50g	
저녁 간식			사과 반 쪽		우유 100g

〈출처〉 서울특별시육아종합지원센터

유아의 영양권장량을 기준으로 했을 때, 유아교육기관에서 유아에게 점심으로 제공해야 하는 평균 음식량(g)은 다음과 같다(서울특별시육아종합지원센터).

표 9-4 유아교육기관에서 유아에게 제공되어야 하는 평균 음식량

아래 제공된 음식량은 아이들의 섭취 상태에 따라 다르게 제공될 수 있으며 오전, 오후 간식의 종류에 따라서 제공되는 양은 다를 수 있다. 또한 아이들의 개인에 따라서도 차이가 있을 수 있다.

1. 탄수화물 = 성인 밥공기의 2/3 정도	2. 채소찬 = 채소 생것 35g(익혔을 때 20g)

3. 단백질찬 = 붉은 육류를 기준으로 했을 때 생육 60g(익혔을 때 약 35g)	
오전 간식, 오후 간식, 국에서 단백질이 전혀 없을 경우의 양	오전 간식, 오후 간식, 국에서 단백질이 있을 경우의 양
	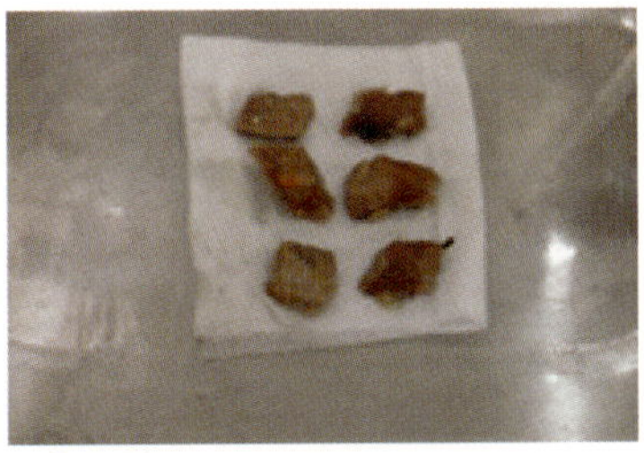
4. 김치 = 채소 생것 20g	식판에 담았을 경우

〈출처〉 서울특별시육아종합지원센터

표 9-5 식사구성안의 식품군별 주요식품과 1인 1회 분량

식품군	1인 1회 분량					
곡류	 밥1공기 (210g)	 백미 (90g)	 국수 1대접 (건면 100g)	 냉면국수 1대접 (건면 100g)	 떡국용 떡 1인분(130g)	 식빵 2쪽 (100g)
고기 생선 계란 공류	 육류1접시 (생 60g)	 닭고기 1조각 (생60g)	 생선 1토막 (생60g)	 콩 (20g)	 두부 2조각 (80g)	 계란1개 (60g)
채소류	 콩나물 1접시 (생 70g)	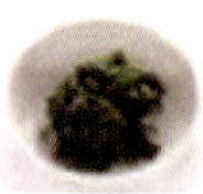 시금치나물 1접시(생 70g)	 배추김치 1접시 (생 40g)	 오이소박이 1접시 (생 60g)	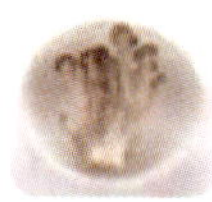 버섯 1접시 (생 30g)	 물미역 1접시 (생 30g)
과일류	 사과(중) 1/2개 (100g)	 귤(중) 1개 (100g)	 참외(중) 1/2개 (200g)	 포도 1/3송이 (100g)	 수박 1쪽 (200g)	 오렌지주스 1/2컵 (100g)
유제· 유제품류	 우유 1컵 (200g)	 치즈 1컵 (20g)	 호상요구르트 1/2컵 (100g)	 액상요구르트 3/4컵 (150g)	 아이스크림 1/2컵 (100g)	
유자당류	 식용류 1작은술 (5g)	 버터 1작은술 (5g)	 마요네즈 1작은술 (5g)	 커피믹스 1회 (12g)	 설탕 1큰술 (10g)	 꿀 1큰술 (10g)

〈출처〉 한국영양학회, 보건복지부, 식품의약품안전청(2010). 한국인 영양섭취기준 개정판.

3. 식단 작성

유아교육기관에서 식단을 작성할 때는 명절이나, 계절, 생일 등을 고려하여 주식의 형태를 결정한 후 국이나 찌개 종류를 선택한다. 다음으로 주찬과 부찬을 선정하고 김치류를 정한 후 간식의 내용을 선택한다. 유아교육기관에서 점심 및 간식 식단 작성의 요령은 다음과 같다(김영심 외, 2013).

1) 점심식단 작성의 요령

① 주식을 선택한다. 주식이 밥, 빵 혹은 일품요리인지를 결정한 후, 밥이면 잡곡밥인지 흰밥인지를 결정한다.

② 국이나 찌개 종류를 선택한다. 주식이 밥으로 결정되면 다음 순서로 국이나 찌개를 어떤 재료로, 어떤 조리법을 이용할 것인가를 결정한다.

③ 어육류 반찬과 채소 반찬의 종류를 선택한다. 반찬으로 어륙류를 이용한 반찬과 채소를 이용한 반찬을 각각 1가지 씩 선정한다. 어육류 반찬은 주찬이 되고 채소류 반찬은 부찬이 되는데, 이때 주찬과 부찬은 조리법을 달리하여 조리한다. 즉, 구이, 볶음, 튀김, 무침, 생것 등 다양한 조리법을 활용하여 주찬과 부찬의 조리법이 중복되지 않도록 한다.

④ 김치의 종류를 선택하면 된다. 또는 김치 대신 젓갈을 선택하기도 한다.

⑤ 식단 작성이 끝난 다음 음식의 전체적인 조화를 살펴본다. 즉, 음식의 온도, 색 등 미각, 시각적인 부분이 반드시 고려되었는지 확인한다.

⑥ 음식의 식단이 정해지면 식품의 필요량을 산출한다.

⑦ 작성된 식단표를 검토한다. 식단표를 검토하는 방법으로 첫째, 반복주기 식단을 이용함에 있어 주식과 부식이 중복되지 않았는가, 둘째, 기초식품군이 골고루 사용되었는가, 셋째, 식품의 구입 가능성과 가격, 계절식품 등이 적당하게 사용 되었는가, 넷째, 색, 맛, 질감형태, 조리법, 온도 등이 조화로운가, 다섯째, 식사 준비에 있어 인력이나 기구의 사용이 가능하며 배식에 문제는 없었는가, 여섯째, 특정 식품이나 조리법이 너무 자주 사용되지 않았는가를 중점적으로 확인한다.

2) 간식식단 작성의 요령

영유아기에는 소화기관의 용량이나 기능이 충분하지 못하여 1일 3회의 식사만으로는 필요량을 섭취할 수 없으므로 반드시 보충식의 간식이 필요하다. 또한 간식은 영유아의 생활에 활력과 휴식을 제공하고 기분전환을 할 수 있도록 하며, 새로운 음식을 경험할 수 있는 즐거움을 준다(김영심 외, 2013).

(1) 간식의 양과 시간

간식의 양은 영유아의 연령, 체격, 소화력, 식욕, 일과 활동, 식사상태 등에 따라 하루에 섭취하는 총 열량의 10~15% 정도 제공하는 것이 적당하다. 간식은 오전 10시와 오후 3시경 하루에 두 번 규칙적인 시간을 정해 주는 것도 중요하다.

(2) 간식의 내용물

① 수분과 무기질, 비타민을 공급해 줄 수 있는 식품이 좋다.
② 시각적, 미각적 감각에 만족을 줄 수 있는 것이 좋다.
③ 소화가 용이하여 다음 식사에 영향이 적은 음식이 좋다.
④ 신선한 계절 식품이 좋다.

(3) 간식 제공의 요령

① 한 가지 종류보다는 2~3가지를 조합해서 제공한다.
② 수분이 많은 식품이나 마실 것을 함께 제공한다.
③ 소화하기 용이한 것을 제공한다.
④ 너무 달거나 짠 것은 피한다.
⑤ 시판되는 제품을 이용하더라도 우유, 치즈, 과일을 함께 주거나 1가지라도 직접 만든 음식을 함께 제공한다.
⑥ 다음 식사의 식욕을 감소시키지 않도록 한다.
⑦ 다음 식사까지 2시간 정도의 간격을 두고 제공한다.

3) 식단 작성 순서

영유아는 하루 동안 활동량이 많고 소화 능력이 왕성해지기 때문에 영양소를 고르게 섭취할 수 있도록 식단을 구성하여 제공해야 한다. 한 끼의 점심 식사에 공급해야 할 영양소의 양을 결정한 후 이들 영양소를 공급할 수 있는 식품을 정하고 이에 맞추어 음식의 종류와 분량을 결정한다. 식단의 작성 순서를 살펴보면 다음과 같다(정미라 외, 2012).

(1) 1일 영양소량을 결정한다.

영유아에게 1일 열량 및 단백질 권장량에 근거하여 1/3 정도는 점심 식사에서 제공해 줄 수 있도록 식단을 구성한다. 1일 필요영양소량의 1/10~2/10 정도는 1회 간식시간을 통하여 제공할 수 있도록 식단을 구성한다. 예를 들어, 점심 식사에서는 300~500kcal와 7~10g의 단백질이 공급될 수 있도록 구성하며, 간식은 열량이 100~150kcal이며 단백질은 2g 정도 공급해 줄 수 있어야 한다.

(2) 필요한 영양소를 공급하기 위한 식품으로 구성한다.

평균 영양필요량을 충족시키기 위하여 식품의 종류와 양을 결정하고, 음식을 끼니 별로 조합하여 식단을 구성한다. 영유아가 1일 섭취해야 할 식품의 종류와 양을 고려하여 먼저 주식을 밥과 빵, 국수, 일품음식 중에서 단위 주기(1주일 혹은 10일 정도로 반복되는 주기)당 어떤 요일에 무엇을 몇 번 급식할 것인가를 정한다. 주식의 종류가 정해지면 국이나 찌개 중 1가지, 구이나 볶음 혹은 조림, 튀김 중 1~2가지, 나물 1가지, 김치 1가지 등으로 식단을 구성하면 다양한 식단을 비교적 쉽게 구성해 볼 수 있다.

(3) 식단 목록표를 이용하여 1일 섭취해야 할 식품을 중심으로 음식의 종류와 가짓수를 결정한다.

반복이 되는 식단의 주기를 기본으로 하여 밥을 몇 번 급식하고, 부식은 어떤 것으로 할 것인가 등을 고려한다. 이때 소화가 용이하며, 가격면에서 책정된 급식비를 고려하여 현실성이 있도록 구성한다. 예를 들어, 동태를 다량 구입하였을 때 한 끼는 전유어로 다음에는 빵가루를 묻혀 튀김으로 그 다음에는 조림으로 급식할 경우 동일 재료라도 변화있는 식단으로 구성될 수 있다. 조리방법 면에서는 구이나 볶은 조림, 튀김은 어떤 것으로 몇 회 할 것인가를 결정한다. 국은 어떤 것으로 하며 과일은 무엇으로 할 것인가를 결정한다.

(4) 식품 섭취량 및 필요량을 산출한다.

음식 식단이 정해지면 어떤 재료를 얼마만큼 준비해야 하는가를 검토한다. 이때 식단을 작성하면서 식품의 실제 재료 중 먹을 수 있는 식품의 비율과 조리에 의한 중량 및 부피의 변화도 고려해야 한다. 재고로 남아 있는 식품을 적절히 이용할 수 있도록 항상 식품의 재고량이 파악되어 있어야 한다.

(5) 작성된 식단표를 검토한다.

반복 주기를 중심으로 식단을 확정하여, 주식과 부식이 중복되지 않게 한다. 교육 내용을 중심으로 운동량이 많은 날은 열량의 공급이 충분하도록 준비하며, 일손이 부족한 날은 일품음식(카레라이스, 자장밥, 볶음밥 등)으로 준비하면 조리 및 배식과 관련된 작업량을 줄일 수 있다. 식단 작성 후에는 평가 작업이 반드시 필요하다.

Tip 영유아 급식식단 작성

- 식단은 일반적으로 메인요리를 정하고 메인요리에 따라 밥과 국, 반찬, 김치 종류를 작성한다. 어른들은 국이나 찌개 종류가 메인이 될 수 있지만 어린이들은 국 또는 찌개가 메인이 되기는 어려우므로 국 또는 찌개가 무게감이 있더라도 메인 개념의 반찬을 넣어 준다.
- 고유명절, 절기음식 먹는 날, 일품요리를 먹는 날을 정하고, 먼저 식단을 작성해 둔다.
- 일반적으로 영유아 식단에는 맵고 자극적인 음식은 배제한다. 영유아기는 식습관이 형성되고 고착화되는 시기이므로 다양한 식품을 제공한다.

〈식단 작성 시 활용할 수 있는 유용한 사이트〉

◎ 식품의약품안전청 '영유아 단체급식의 표준식단' 웹사이트

(http://nutrition.kfda.go.kr/kidgroup/) 식단제공, 메뉴별 조리법과 1인 적정 제공량, 영양소, 단가 등의 검색 및 변환 기능이 있고, 작성한 식단의 영양가를 확인할 수 있다.

〈출처〉 식품의약품안전청 홈페이지(http://www.kfda.go.kr) 중 영유아 단체급식의 표준식단

4. 식단 평가

식단의 평가는 음식을 만들어 제공하기 전뿐만 아니라 제공한 후에도 이루어져야 한다. 영유아들의 반응도 포함시킨다. 영유아들이 좋아하는지, 음식을 많이 남겼는지 점검한다. 그러나 영유아의 음식 기호는 계속 변화하므로 한번 싫다고 한 음식이라도 계속 그런 것은 아니므로 참고해

야 한다. 평가의 결과는 진행 중인 식단을 수정하거나 다음 식단 작성 시 반영되도록 한다. 평가는 다음의 항목들에 대해 이루어진다(조경자, 이현숙, 2012).

- 기초 식품군이 골고루 포함되었는지의 여부
- 제철 식품의 이용 여부
- 음식의 색, 맛, 질감, 형태, 조리법, 온도 등이 적절하게 조화되었는지의 여부
- 인력, 기구 등의 이용 가능성을 고려했는지의 여부
- 특정 식품이 과도하게 반복되었는지의 여부
- 영유아기 어린이들의 기호를 고려하였는지의 여부
- 식품의 구성 가능성과 예산을 고려하였는지의 여부

표 9-6 식품구성탑과 식품군별 1인 1회 분량

• 식품구성탑과 식품군별 1인 1회 분량
식품구성탑은 식품군을 6가지로 분류한 후, 식생활에서 차지하는 중요성을 각 층의 위치와 크기로 표현하는 우리나라 고유의 탑 모양으로 나타냈다. 식품군 별 대표식품의 1인 1회 분량은 개인별 권장섭취 패턴을 고려한 식사 계획이나 평가에서 사용한다.

식품구성탑

식품군별 대표식품의 1인 1회 분량

식품군	1인 1회 분량	
유지, 견과 및 당류	식용유 1작은술(5g), 버터 1작은술(5g), 마요네즈 1작은술(5g), 땅콩(10g), 설탕 1큰술(10g)	
유지 및 유제품류	우유 1컵(200g), 치즈 1장(20g)*, 호상요구르트 1/2컵(110g), 액상요구르트 3/4컵(150g), 아이스크림 1/2컵(100g)	
고기, 생선, 계란, 콩류	육류 1접시(생 60g), 닭고기 1조각(생 60g), 생선 1토막(생 50g), 달걀 1개(50g), 두부 2조각(80g), 콩(20g)	
과일류	사과(중) 1/2개(100g), 귤(중) 1개(100g), 참외(중) 1/2개(200g), 포도(중) 15알(100g), 오렌지주스 1/2컵(100g)	
채소류	콩나물 1접시(생 70g), 시금치나물 1접시(생 70g), 배추김치 1접시(40g), 오이소박이 1접시(60g), 버섯 1접시(생 30g), 물미역 1접시(생 30g)	
곡류 및 전분류	곡류 (300kcal) I	밥 1공기(210g), 국수 1대접(건면 100g), 식빵(대) 2쪽(100g)
	곡류 (100kcal) II	떡 2편(절편 50g), 밤(대) 3개(60g), 씨리얼 1접시(30g)

* 치즈의 열량은 우유의 1/2

〈출처〉 한국영양학회

Tip 영양표시 확인하기

영유아 및 아동에게 제공되는 간식 선택이나 조리용 식재료 선택 시 영양표시에 의한 영양성분을 확인한다.

① 1회 제공량 1개(60g), 총 5회 제공량(300g): 이 제품의 1회 제공량은 1개(60g)이고, 한 봉지에는 총 5회 제공량(5개)이 있음

② 1회 제공량당 함량: 1회 제공량(1개, 60g)당 영양소 함량 표시임

③ 열량: 1회 제공량이 가지고 있는 에너지량을 나타냄

④ 영양소기준치: 1회 제공량이 하루 식사에서 각 영양소별로 얼마나 기여하는지를 나타냄

⑤ 영양성분 표시 영양소 중 일반적으로 당류, 포화지방, 트랜스지방, 콜레스테롤, 나트륨 같은 성분들은 과잉섭취시 문제가 될 수 있으므로 1일 기준치를 되도록 넘지 않는지 확인함

⑥ 비타민과·칼슘 등의 무기질은 충분히 섭취할 수 있도록 1일 영양소 기준치를 확인함

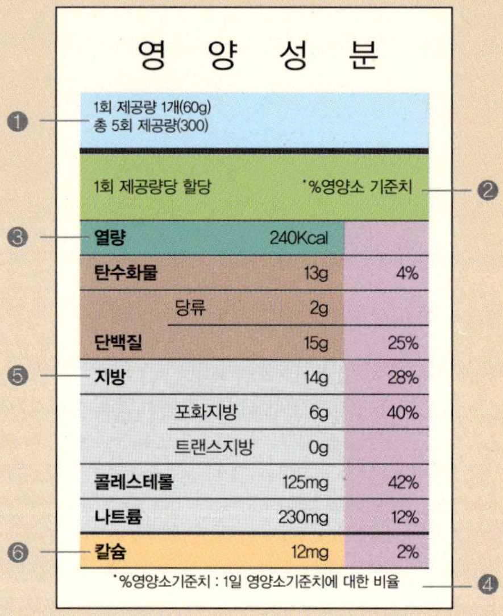

※ 트랜스지방산은 0.5g 미만은 '0'으로 표시 가능하므로 하루에 많은 양의 과자를 섭취했다면 식품표시에 트랜스지방산이 '0'인 제품이라도 전체 섭취한 트랜스지방의 양은 무시할 수준이 아닐 수 있으므로 트랜스지방 '0'의 함정에 빠지지 않도록 주의가 필요함

〈출처〉 식품의약품안전청 홈페이지(http://www.kfda.go.kr)

5. 급식 위생관리

위생적이고 안전한 급식 제공을 위해 체계적인 관리가 필요함에도 불구하고 급식 관련 문제점이 나타나고 있다. 성장기 영유아의 심신의 건전한 발달을 도모하고 국민 식생활 개선을 위해 영유아 급식은 철저하게 위생관리를 하고 안전성이 확보되어야 한다(이종숙 외, 2009).

우리나라 유아교육기관은 유치원과 어린이집으로 나누어져 있어 행정기관도 나누어져 있다. 유치원의 경우, 교육부 지방교육지원국, 유아교육정책과에서 담당하고 시 · 도 교육청에서는 교육정책국 유아교육과에서 담당하고 있다. 지역교육지원청에서는 교육지원과에서 유치원 행정업무를 맡고 있다.

어린이집의 경우에는 보건복지부–인구정책실–보육정책관–보육정책과, 보육사업기획과, 보육기반과의 체계로 구성되어 있다. 그 아래 각 시 · 군 · 구 복지문화국에서 보육지원과를 운영 · 관리하고 있다. 이렇다 보니 유치원과 어린이집의 급식 관련 법규도 다르다. 유치원의 경우 유아교육법 시행규칙 제3조에 의거하여 급식이 이루어지고, 어린이집의 경우는 영유아보육법 제33조, 영유아보육법 시행규칙 제34조에 근거하여 급식을 제공한다.

표 9-7 유아교육법 시행규칙 제3조

유아교육법 시행규칙 제3조(급식 시설 · 설비기준 등)

① 법 17조 제13항에 따라 급식을 하는 유치원에서 갖추어야 할 시설 · 설비기준은 별표 1과 같다.

② 한 번에 100명 이상의 유아에게 급식을 제공하는 유치원에는 「국민영양관리법」 제15조에 따라 면허를 받은 영양사 1명을 두어야 한다. 다만, 급식시설과 설비를 갖추고 급식을 하는 2개 이상의 유치원이 인접하여 있는 경우에는 「지방교육자치에 관한 법률 시행령」 제5조에 따른 같은 교육청의 관할구역에 있는 5개 이내의 유치원은 공동으로 영양사를 둘 수 있다.

[별표 1] 급식 시설 · 설비 기준(제3조 제1항 관련)

1. 조리실
   가. 조리실은 교실과 떨어지거나 차단되어 유아의 학습에 지장을 주지 않도록 하되, 식품의 운반과 배식이 편리한 곳에 두어야 한다.
   나. 조리실은 작업과정에서 교차오염(交叉汚染)이 발생하지 않도록 벽과 문을 설치하여 전처리실(前處理室), 조리실 및 식기구세척실로 구획한다. 다만, 100명 이상에게 급식을 제공하는 경우로서 이러한 구획이 불가능한 경우와 100명 이하에게 급식을 제공하는 경우에는 교차오염을 방지할 수 있는 다른 조치를 하여야 한다.
   다. 조리실의 내부벽, 바닥 및 천장은 내화성(耐火性), 내수성(耐水性) 및 내구성(耐久性)이 있는 재질로 하여, 청소와 소독이 쉽고 화재를 예방할 수 있도록 하여야 한다.
   라. 출입구와 창문에는 해충 및 쥐의 침입을 막을 수 있는 방충망 등 적절한 설비를 갖추어야 한다.
   마. 조리실 내의 증기와 불쾌한 냄새 등을 빨리 배출할 수 있도록 환기시설을 설치하여야 한다.
   바. 조리실의 조명은 220럭스(lx) 이상이 되도록 하여야 한다.
   사. 조리실에는 필요한 곳에 손 세척시설이나 손 소독시설을 설치하여 손에 의한 오염을 막아야 한다. 다만, 100명 이상에게 급식을 제공하는 경우에는 손 세척시설과 손 소독시설을 모두 설치하여야 한다.
   아. 조리실에는 온도 및 습도 관리를 위하여 적정 용량의 급배기(給排氣)시설 또는 냉 · 난방 시설 등 적절한 시설을 갖추거나 적절한 조치를 하여야 한다.
2. 설비 · 기구
   가. 냉장실 또는 냉장고와 냉동고는 식재료의 보관, 냉동 식재료의 해동(解凍), 가열 조리된 식품의 냉각 등에 충분한 용량과 온도(냉장고 5℃ 이하, 냉동고 -18℃ 이하)를 유지하여야 한다.
   나. 조리, 배식 등의 작업을 위생적으로 하기 위하여 식품 세척시설, 조리시설, 식기구세척시설, 식기구 보관장, 덮개가 있는 폐기물 용기 등을 갖추어야 하며 식품과 접촉하는 부분은 내수성 및 내부식성(耐腐蝕性) 재질로 하여 씻기 쉽고 소독 · 살균이 가능하도록 하여야 한다.
   다. 식기구를 소독하기 위하여 전기살균소독기 또는 열탕소독시설을 갖추거나 충분히 세척 · 소독할 수 있는 세정대(洗淨臺)를 설치하여야 한다.
   라. 냉장식품을 검수(檢收)하거나 가열조리 식품의 중심온도를 잴 때 사용할 수 있는 전자식 탐침(探針) 온도계를 갖추어야 한다.
   마. 조리 작업을 하는 곳에 두는 쓰레기통은 뚜껑이 있는 페달식으로 하여 파리와 같은 해충의 접근을 막아야 한다.
3. 식품 보관실
   가. 식품 보관실은 환기와 방습(防濕)이 잘 되어 식품과 식재료를 위생적으로 보관하기에 적합한 곳에 두되, 해충 및 쥐의 침입을 막을 수 있는 방충망 등 적절한 설비를 갖추어야 한다.
   나. 식품과 소모품은 별도로 구분된 장소에서 보관하도록 하되, 부득이하게 함께 보관할 경우 서로 섞이지 않도록 분리하여 보관하여야 한다.
   다. 환기시설이나 환기창 등 통풍을 위한 적절한 시설을 갖추거나 적절한 조치를 하여야 한다.
4. 이 기준에서 정하지 않은 사항에 대해서는 「식품위생법 시행규칙」 제96조 및 별표 25에 따른 집단급식소 시설기준에 따른다.

표 9-8 영유아보육법 제33조

영유아보육법 제33조(급식관리)
어린이집의 원장은 영유아에게 보건복지부령으로 정하는 바에 따라 균형 있고 위생적이며 안전한 급식을 하여야 한다.

표 9-9 영유아보육법 시행규칙 제34조

영유아보육법 시행규칙 제34조(급식관리)
법 제33조에 따른 급식 관리의 기준은 별표 8 제3호 나목과 같다.

[별표 8] 어린이집의 운영기준(제23조 및 제34조 관련)
3. 안전 · 급식 및 위생관리
  나. 급식관리
    1) 어린이집의 원장 및 어린이집에서 급식을 조리 · 제공하는 보육교직원(이하 이 목에서 "원장 등"이라 한다)은 어린이집에서 식중독 환자가 발생하지 않도록 위생관리를 철저히 하여야 한다.
    2) 원장 등은 영유아가 필요한 영양을 섭취할 수 있도록 영양사가 작성한 식단에 따라 급식을 공급하여야 한다. 이 경우 영양사(5개 이내의 어린이집이 공동으로 두는 영양사를 포함한다)를 두고 있지 아니한 100명 미만의 영유아를 보육하고 있는 어린이집은 육아종합지원센터, 보건소 및 「어린이 식생활안전관리 특별법」 제21조에 따른 어린이집 급식관리지원센터 등에서 근무하는 영양사의 지도를 받아 식단을 작성하여야 한다.
    3) 원장 등은 영유아에 대한 급식을 어린이집에서 직접 조리하여 제공하여야 한다. 다만, 공공기관이나 사회복지관 안에 설치된 어린이집의 경우에는 같은 건물에 있는 조리실을 사용하여 급식을 제공할 수 있다.
    4) 원장 등은 식기, 도마, 칼, 행주, 그 밖에 주방용구를 정기적으로 세척 · 살균 및 소독하는 등 항상 청결하게 유지 · 관리하여야 하며, 어류 · 육류 · 채소류를 취급하는 칼 · 도마는 각각 구분하여 사용하여야 한다.
    5) 원장 등은 유통기한이 지나거나 상한 원료 또는 완제품을 조리할 목적으로 보관하거나 이를 음식물의 조리에 사용하여서는 아니 되며 이미 급식에 제공되었던 음식물을 재사용하여서는 아니 된다.
    6) 원장 등은 식품 등의 원료 및 제품 중 부패 · 변질이 되기 쉬운 것은 냉동 · 냉장시설에 보관 · 관리하여야 한다.
    7) 조리원 등 음식물의 조리에 직접 종사하는 보육교직원은 위생복 · 앞치마 · 위생모를 착용하는 등 개인위생관리를 철저히 하여야 한다.
  다. 위생관리
    1) 조리실, 식품 등의 원료 · 제품 보관실, 화장실 및 침구 등을 정기적으로 소독하고, 항상 청결하게 관리하여야 한다.
    2) 어린이집의 음용수는 상수도 및 간이상수도를 사용하는 경우에는 물을 끓여 사용하는 것을 원칙으로 하고, 정수장치를 설치하는 경우에는 정기적인 필터 교환 등으로 수질을 관리하여야 하며, 음용수로 지하수를 사용하는 경우에는 「먹는물 수질기준 및 검사 등에 관한 규칙」 제3조에 따라 수질검사를 신청하여야 하며, 수질검사기관으로부터 발급 받은 먹는 물 수질검사성적서를 갖춰 두어야 한다.
    3) 보육교직원은 영유아의 위생에 영향을 미치는 감기, 독감, 홍역 등 유행성질환 감염 여부, 영유아의 피부, 머리, 손톱 · 발톱, 치아상태, 어린이집의 청소상태, 침구 및 기저귀 등의 위생상태, 욕실 및 화장실의 청결상태, 세면도구 등의 위생상태 등에 대하여 수시로 점검하여야 한다.
    4) 동물을 두는 때에는 미리 부모에게 그 사실을 알리고, 동물로부터 영유아가 알레르기 및 질병, 상해를 입지 아니하도록 정기적으로 수의사를 통해 면역조치 등을 받아야 하며, 동물 · 곤충 또는 배설물 등을 접촉한 경우에는 접촉 부위를 씻어야 한다.
    5) 어린이집 내부의 쾌적한 공기질을 유지하기 위하여 수시로 환기 및 청소 등을 하여야 한다.

집단 급식을 실시하는 곳은 위생적이고 안전한 식품을 제공하도록 많은 법령들로 관리를 하고 있음에도 불구하고 다양한 문제점이 나타나고 있다. 영유아기는 영양을 통해 크게 성장하는 시기이므로 철저한 위생관리를 통해 건강하고 안전한 급식이 이루어져야 한다. 유아교육기관은 식품위생법 시행규칙 제2조를 준수하면서 위생적인 급식을 확보할 필요가 있다.

표 9-10 식품위생법 시행규칙 제2조

식품위생법 시행규칙 제2조(식품 등의 위생적인 취급에 관한 기준)

「식품위생법」(이하 "법"이라 한다) 제3조 제3항에 따른 식품, 식품첨가물, 기구 또는 용기 · 포장(이하 "식품 등"이라 한다)의 위생적인 취급에 관한 기준은 별표 1과 같다.

[별표 1] 식품 등의 위생적인 취급에 관한 기준(제2조 관련)

1. 식품 등을 취급하는 원료보관실 · 제조가공실 · 조리실 · 포장실 등의 내부는 항상 청결하게 관리하여야 한다.
2. 식품 등의 원료 및 제품 중 부패 · 변질이 되기 쉬운 것은 냉동 · 냉장시설에 보관 · 관리하여야 한다.
3. 식품 등의 보관 · 운반 · 진열 시에는 식품 등의 기준 및 규격이 정하고 있는 보존 및 유통기준에 적합하도록 관리하여야 하고, 이 경우 냉동 · 냉장시설 및 운반시설은 항상 정상적으로 작동시켜야 한다.
4. 식품 등의 제조 · 가공 · 조리 또는 포장에 직접 종사하는 사람은 위생모를 착용하는 등 개인위생관리를 철저히 하여야 한다.
5. 제조 · 가공(수입품을 포함한다)하여 최소판매 단위로 포장(위생상 위해가 발생할 우려가 없도록 포장되고, 제품의 용기 · 포장에 법 제10조에 적합한 표시가 되어 있는 것을 말한다)된 식품 또는 식품첨가물을 허가를 받지 아니하거나 신고를 하지 아니하고 판매의 목적으로 포장을 뜯어 분할하여 판매하여서는 아니 된다. 다만, 컵라면, 일회용 다류, 그 밖의 음식류에 뜨거운 물을 부어주거나, 호빵 등을 따뜻하게 데워 판매하기 위하여 분할하는 경우는 제외한다.
6. 식품 등의 제조 · 가공 · 조리에 직접 사용되는 기계 · 기구 및 음식기는 사용 후에 세척 · 살균하는 등 항상 청결하게 유지 · 관리하여야 하며, 어류 · 육류 · 채소류를 취급하는 칼 · 도마는 각각 구분하여 사용하여야 한다.
7. 유통기한이 경과된 식품 등을 판매하거나 판매의 목적으로 진열 · 보관하여서는 아니 된다.

유아교육기관에서는 식중독 환자가 발생하지 않도록 위생관리를 철저히 해야 한다. 우선 유아교육기관의 조리 직원(영양사, 조리사, 취사부)은 작업 전 건강상태를 확인하고 위생모, 위생복, 위생화를 착용한다. 이때 장신구는 착용하지 않도록 한다. 그리고 조리 전 · 후 식재료 및 음식 상태를 점검하는 등 위생관리를 철저히 하고 화기 및 조리기구 사용에 유의하여 안전사고가 발생하지 않도록 한다.

식품과 소모품은 별도로 구분하여 보관하되 여건상 부득이 함께 보관할 경우에는 서로 섞이지 않도록 분리 보관하고 식품과 소모품의 품명, 용도 등을 정확하게 표시한다. 유통기한이 경과되거나 상한 원료 또는 완제품을 조리할 목적으로 보관하거나 이를 음식물의 조리에 사용하여서는 안 되며, 이미 급식에 제공되었던 음식물을 재사용하는 것은 안 된다. 또한 부패 · 변질되기 쉬운 식품 등의 원료 및 제품은 냉동 · 냉장시설에 보관하도록 한다(보건복지부, 2013).

유아교육기관에서 급식 운영 시 작성해야 하는 서류는 다음과 같다.

표 9-11 식재료 검수 기록지(예시)

〈검 수 확 인 표〉 0 0 유치원

날짜: ____________________

조리실(검수구역) 확인자: 영양사 또는 검수 담당자 서명 ______________

식재료명	규격	수량	단위	원산지	식품 포장 상태 (O, X)	식품 온도 (°C)	유통 기한	품질 상태 (O, X)	개선 조치	업체명

관리 기준	- 식품 온도 : 냉장식품 및 조리식품은 10℃ 이하, 냉동식품은 냉동상태 유지 - 포장 상태 : 박스, 냉장 · 냉동, 진공포장상태, 녹은 흔적 등을 검토 - 품질 상태 : 각 식품별 검수기준에 의하여 신선도, 이취 확인
검색 방법	- 냉장 · 냉동, 조리 식품별로 온도계를 꽂아 온도를 측정(또는 표면 온도계 사용) - 검색 빈도: 온도관리를 요하는 식재료별로 각 3회 측정
개선 조치	- 반품 또는 공급업자 경고처분

표 9-12 일(주)별 청소 점검표(예시)

<table>
<tr><th colspan="2">항목</th><th>담당</th><th>월</th><th>화</th><th>수</th><th>목</th><th>금</th><th>토</th><th>지적사항</th><th>조치사항</th></tr>
<tr><td rowspan="16">일별</td><td>밥솥</td><td></td><td></td><td></td><td></td><td></td><td></td><td></td><td></td><td></td></tr>
<tr><td>국솥</td><td></td><td></td><td></td><td></td><td></td><td></td><td></td><td></td><td></td></tr>
<tr><td>조림솥 · 튀김솥</td><td></td><td></td><td></td><td></td><td></td><td></td><td></td><td></td><td></td></tr>
<tr><td>식판</td><td></td><td></td><td></td><td></td><td></td><td></td><td></td><td></td><td></td></tr>
<tr><td>작업대</td><td></td><td></td><td></td><td></td><td></td><td></td><td></td><td></td><td></td></tr>
<tr><td>세정대</td><td></td><td></td><td></td><td></td><td></td><td></td><td></td><td></td><td></td></tr>
<tr><td>도마 · 칼</td><td></td><td></td><td></td><td></td><td></td><td></td><td></td><td></td><td></td></tr>
<tr><td>밥통 · 반찬통 · 국통</td><td></td><td></td><td></td><td></td><td></td><td></td><td></td><td></td><td></td></tr>
<tr><td>조리기구</td><td></td><td></td><td></td><td></td><td></td><td></td><td></td><td></td><td></td></tr>
<tr><td>냉장냉동고</td><td></td><td></td><td></td><td></td><td></td><td></td><td></td><td></td><td></td></tr>
<tr><td>가스렌지 · 오븐</td><td></td><td></td><td></td><td></td><td></td><td></td><td></td><td></td><td></td></tr>
<tr><td>식품보관실</td><td></td><td></td><td></td><td></td><td></td><td></td><td></td><td></td><td></td></tr>
<tr><td>배식기기류</td><td></td><td></td><td></td><td></td><td></td><td></td><td></td><td></td><td></td></tr>
<tr><td>벽 및 바닥</td><td></td><td></td><td></td><td></td><td></td><td></td><td></td><td></td><td></td></tr>
<tr><td>배수구 및
음식찌꺼기 거름망</td><td></td><td></td><td></td><td></td><td></td><td></td><td></td><td></td><td></td></tr>
<tr><td>쓰레기통</td><td></td><td></td><td></td><td></td><td></td><td></td><td></td><td></td><td></td></tr>
<tr><td rowspan="4">주별</td><td>배기후드</td><td></td><td></td><td></td><td></td><td></td><td></td><td></td><td></td><td></td></tr>
<tr><td>유리창 · 방충망</td><td></td><td></td><td></td><td></td><td></td><td></td><td></td><td></td><td></td></tr>
<tr><td>전기소독고</td><td></td><td></td><td></td><td></td><td></td><td></td><td></td><td></td><td></td></tr>
<tr><td>조명 · 환기시설</td><td></td><td></td><td></td><td></td><td></td><td></td><td></td><td></td><td></td></tr>
<tr><td colspan="2">청소 시 유의사항</td><td colspan="9">- 전열기구의 코드를 뽑거나 차단기를 내려 감전 사고에 유의한다.
- 음식물이 오염되지 않도록 보관 후 청소를 실시한다.</td></tr>
<tr><td colspan="11">확 인 자 : 확인 일자 : 20 . . . (요일)</td></tr>
</table>

표 9-13 일일 위생안전 점검 기록지(예시)

일일 위생안전 점검표

결재			

점검일: 20 년 월 일

구분	점검 내용	점검 결과	조치 사항
개인위생	조리원(명)의 건강 상태는 어떠한가? (감염성질환여부)	이상 없음, 이상 발견 후 조치	
	복장(위생복, 위생모, 위생화, 앞치마) 위생 상태는 어떠한가?	청결, 미흡, 불량	
	손 위생 상태(손 상처, 손톱 상태, 장신구 착용 여부)는 어떠한가?	이상 없음, 이상 발견 후 조치	
식품의 취급	식재료는 바닥에서 60cm 이상에서 취급하였는가?	실시, 미실시	
	가열 조리하는 식품은 내부 온도(74℃ 이상)를 측정하였는가?	실시, 미실시, 해당 없음	
	생으로 먹는 과일 및 야채류는 소독을 실시하였는가?	실시, 미실시, 해당 없음	
	검식 시 음식에서 이상한 냄새, 맛은 없었는가?	이상 없음, 이상 발견 후 조치	
	보존식은 5℃ 이하에 보관 · 관리하였는가?	실시, 미실시 (보존식, 우유)	
	변질, 부패 및 유통기한 경과식품은 없는가?	이상 없음, 이상 발견 후 조치	
시설 · 설비 위생	급식실 내 · 외부 청소 및 소독상태는 어떠한가?	청결, 미흡, 불량 (외부, 내부)	
	조리실의 정리정돈 상태는 어떠한가?	청결, 미흡, 불량	
	식품창고의 청결과 정리정돈 상태는 어떠한가?	청결, 미흡, 불량	
	고장 또는 수리를 요하는 시설 · 설비가 있는가?	이상 없음, 고장( )	
	냉장고는 정상 작동되는가? 청결 및 정리정돈 상태는 어떠한가?	작동 상태( ), 청결, 미흡, 불량	
	용도에 따라 구분하여 사용하였나? (야채, 생선, 육류로 구분 - 칼, 도마, 식기류 등)	구분 사용, 미사용 ( )	
	조리기구 · 기계는 사용 전 · 후 세척, 소독을 실시하였나?	실시, 미실시	
	행주, 도마, 칼은 소독하고 사용하였는가?	실시, 미실시( )	
	쥐, 파리 등 해충류가 있는가?	종류:	
	쓰레기의 처리 상태는 어떠한가? (잔반량: kg)	확인, 미확인	
안전관리	가스, 수도꼭지 잠금을 확인하였나?	확인, 미확인	
	문단속, 전열기 코드를 뽑았나?	관리, 미관리( )	
	급식실 바닥은 미끄럽지 않게 관리되는가?		
기타			

10장

식품안전

10장 식품안전

1. 식품안전의 개념과 관리체계

식품은 어린이의 성장에 필요한 영양소를 공급하고 매일의 생활에 필요한 에너지를 공급하며 배고픔을 면하게 하여 정상적인 성장과 활동을 할 수 있게 하는 생존에 필수적인 물질이다. 식품은 곡류(cereals), 근류(tubers), 채소(vegetables), 과일(fruits), 육류(meats), 유류(milk), 난류(eggs) 등 자연에서 얻어지는 생물질(biomaterial)로 구성되어 있다. 자연계의 생물질 이외의 것으로 식품을 대체할 수 없다. 의복이나 주택은 면화나 목재 대신 나일론, 폴리에스테르, 플라스틱 등 대체 재료로 만들 수 있으나 식품은 생물질 이외의 다른 대체물이 없다는 것이 특징이다.

자연에 있는 생물질들에는 먹을 수 있는 것과 먹을 수 없는 것이 혼재되어 있으며 인류는 태초부터 먹을 수 있는 물질을 가려내어 식량(food)으로 사용하고 있다. 동북아시아의 농업의 신으로 알려진 신농(神農)씨는 삼라만상의 식품 중에 먹을 수 있는 것과 없는 것을 직접 먹어보고 가려내기 위해 70번을 식중독에 걸렸고 끝내는 독초를 먹고 죽었다고 한다. 이러한 신화는 안전한 식품을 얻기 위한 인류의 오랜 노력과 희생을 표현한 것이다.

식품은 매일 먹어야 하고 사람들의 건강과 직결된 물질이므로 식품의 안전은 무엇보다 중요한 것이다. 과학이 발달하기 전에는 음식을 먹고 병이 나는 것을 보고 그 식품의 안전성 여부를 확인하였으나, 20세기 이후 분석화학이 발달하여 식품 중에 들어있는 탄수화물, 단백질, 지방, 무기물(나트륨, 칼륨, 철, 인, 수은, 납, 비소 등)과 비타민 등 미량 성분을 분석할 수 있게 되었다. 특히 1940년대에 시작된 독성학(Toxicology)의 발달로 식품성분의 유해성 유무를 동물실험을 통해 판단할 수 있게 되었다.

1) 위해요소(Hazard)와 위험(Risk)

식품에는 천연적으로 존재하는 유해성분도 있고 가공 유통 중에 혼입되는 유해성분도 있다. 이러한 유해성분을 총칭하여 위해요소(hazard)라고 한다. 식품에 항시 존재할 수 있는 이들 위해요소는 대체로 낮은 농도로 들어있기 때문에 인체에 위해를 일으키지 않는다. 그러나 어느 수준 이상으로 농도가 높아지면 인체에 해를 입히는 위험(risk)수준이 된다. 따라서 식품에 들어있는 위해요소를 가급적 낮추어 안전한 식품을 제조 공급하는 것이 중요하다. 식품에서 어떤 위해요소가 검출되었다는 것 자체가 위험한 것이 아니라 위해를 일으킬 수 있는 수준인가를 따져봐야 한다.

1960년대 초 까지만 해도 분석기술이 발달하지 않아 식품에서 분석할 수 있는 성분이 대략 30여 종이었으며 밀리그램(mg, 천 분의 1그램) 단위로 분석할 수 있었다. 이때에 식품에서 수은이 검출되었다면 밀리그램 수준의 농도로 검출된 것이므로 인체에 해로운 것이며 먹어서는 안 된다. 즉 그 시대에는 위해성분(hazard)의 검출은 대부분 위험(risk)한 것이었다. 분석기술이 점차 발달하여 1980년대에는 식품에 들어있는 성분을 마이크로그램(μg, 백만 분의 1그램) 수준으로 분석할 수 있게 되었고 검출되는 성분도 100여 종으로 늘었다. 독성물질 중에는 μg 농도로 인체에 해를 끼칠 수 있는 성분도 있고 그렇지 않은 성분도 있다. 따라서 위해성분이 검출되면 이것이 위험한 수준인지 아닌지 위해평가를 거쳐 사용 여부를 결정하게 된다.

2000년대는 분석기술이 고도로 발달하여 식품에 들어있는 거의 모든 성분을 나노그램(ng,10억 분의 1그램) 수준으로 분석할 수 있게 되었다. 분석기에 시료 한 방울을 넣으면 400여 개의 성분 함량이 순간적으로 분석되어 수치로 표시된다. 이런 분석 장치는 식품에서 영양성분, 맛성분, 중금속, 독성물질, 알레르기물질, 발암물질 등 자연계에 존재하는 거의 모든 화학성분을 극미량까지 분석해 내고 있다. 그러나 나노그램 수준에서 해를 줄 수 있는 극독성물질은 그리 흔하지 않다. 다이옥신이나 일부 화학 합성품들이 여기에 속한다. 그러므로 자연계에 존재하는 일반 성분들이 나노그램 수준에서 검출되었다고 하는 것은 인체 위험성과는 대부분 상관없는 일이다. 이것을 문제시하면 먹을 수 있는 식품이 없게 된다.

그동안 우리사회에서 일어난 대부분의 식품안전성 논란은 60년대의 사고방식을 가지고 '검출은 위험'이라는 생각에서 비롯된 것이다. 통조림 포르말린 사건, 아크릴아마이드 사건, 트랜스지방 사건, 최근의 벤조피렌 사건까지 예전에는 검출되지 않아 마음 놓고 먹던 것을 분석기술이 발달하면서 안전 문제가 부각되고 소비자들의 불안감이 커지고 있다.

독성학의 기본전제는 절대무해(absolute safe)한 물질은 세상에 존재하지 않으며 모든 물질은 농도(노출량)에 따라 무해할 수도 있고 유해할 수도 있다는 것이다. 따라서 위해도 또는 위험(risk)은 위해요소(hazard)와 노출량(exposure) 또는 투여량(dose)의 함수로 나타낼 수 있다.

위험(Risk) = 위해요소(Hazard) x 투여량(dose)

2) 식품안전 관리 체계

오늘날 세계 각국에서 사용되고 있는 식품안전 관리 체계는 유엔 식량농업기구(FAO)와 세계보건기구(WHO) 전문가 자문위원회에서 공식화된 식품안전 위해분석(risk analysis) 방법과 원칙들에 근거 를 두고 있다. 위해분석은 위해평가(risk assessment), 위해관리(risk management) 및 위해정보교류(risk com- munication)를 포함하는 일련의 과정을 통해 식품의 안전성을 확보하는 기술이다(FAO/WHO Ex-pert Consultation, 1995, 1997, 1998).

(1) 위해평가

위해평가(risk assessment)는 식품에 존재하는 위해요소에 노출된 정도에 따라 위해를 입을 가능성이 있는지의 여부를 과학적으로 평가하는 것을 말하며 4개의 단계, 즉 위해요소확인(hazard identifica-tion), 위해요소특성규명(hazard characterization), 노출평가(exposure assessment), 위험결정(risk characterization)의 과정을 밟는다.

이러한 과정을 거쳐 유해성분의 1일 섭취허용량(acceptable daily intake, ADI), 1일섭취한계량(tolerable daily intake, TDI), 최대잔류허용량(maximum residual limit, MRL) 등을 구한다.

(2) 위해관리

위해관리(risk management)는 평가된 위험을 받아들이거나, 최소화하거나 저감화하기 위한 여러 가지 정책 대안들을 검토하고 적당한 방안을 선택하여 수행하는 과정이다. 표 10-1은 1997년 FAO에서 발표한 위해관리 요소를 단계적으로 정리한 것이다.

식품안전관리의 책임은 정부의 관계당국에 있으며 우리나라는 일차적으로 식품의약품안전처가 식품 안전관리의 책임을 지고 있다. 식품공전, 축산물검사법 등 관련 규정을 근거로 하여 담당 공무원에 의하여 식품안전 관리 업무가 수행된다. 최근에는 식품안전 모니터 요원, 참관인 제도, 제조업 멘토링 제도 등에 의해 소비자, 식품 전문인들이 참여하는 폭이 넓어지고 있다.

식품 위해관리 사후 모니터링과 관리 감독은 정책결정의 효과를 평가하고 관리 방안을 개선하는 데 대단히 필요한 과정이다. 여기에는 과학적 정보와 전문가의 자문이 포함되며 건강 및 환경 모니터링, 질병 관리감독, 역학조사연구, 대학이나 연구소의 관련 연구가 중요한 도구로 사용된다. 따라서 관리 당국은 이들 기관과 식품업체, 소비자 단체들과 협력하여 사후 평가 및 재검토 과정을 수행해야 한다.

표 10-1 위해관리요소

A. 위해평가기획
  식품안전의 문제 도출 및 확인
  해당 위험의 전모(프로파일) 구축
  위해요소에 대한 위험평가와 위험관리의 우선순위 결정
  위험평가를 수행하기 위한 정책 결정
  위험평가 위탁
  위험평가 결과에 대한 검토
B. 위험관리 방안 검토 및 선택
  가용한 관리방안의 확인
  기준규격을 포함하는 적정 관리방안의 선택
  관리방안의 최종 결정
C. 관리방안의 실시
D. 모니터링과 평가
  실시된 방법의 효과에 대한 평가
  필요한 경우 위험관리 및 평가의 재검토

(3) 위해정보교류

위해정보교류(risk communication)는 위험에 대한 정보와 의견들을 위해 평가자, 위해관리자 및 기타 관련자들 사이에 서로 교환하고 협의하는 과정이다.

위해정보교류는 위해평가와 위해관리의 전 과정을 투명하게 정보 공유함으로써 식품안전관리 업무의 공정성과 신뢰성을 높이는 중요한 요소이다. 위해평가자와 위해관리자 사이의 정보교류가 우선적으로 가장 중요하며, 위험에 대한 인식을 관련자들이 같은 수준에서 이해하고 공유하는 것이 필요하다. 위해관리 방안에 따라 혜택을 받는 사람과 받지 못하는 사람이 크게 갈리거나 피해나 손해를 보는 그룹(특히 산업체)이 있을 때 적절한 정보교류를 통해 이를 최소화할 수 있다. 또한 안전성에 대한 과학계의 의견이 갈려 논란이 있거나 소비자나 생산자에게 엄청난 피해나 경제적 손실이 예견될 때에는 위해정보교류의 필요성이 한층 커진다.

3) 식품안전과 소비자의 안심

식품의 안전은 과학의 문제이나 안심은 신뢰의 문제라고 한다. 아무리 과학적으로 훌륭한 안전관리 시스템을 만들어도 이를 운용하는 사람들이 제대로 하지 않으면 소비자는 안심하고 먹을 수 없으며 식품안전사고가 발생하게 된다. 따라서 식품을 생산, 저장, 가공, 유통, 공급하는 과정에 종사하는 사람들이 식품안전에 대한 충분한 지식을 가지고 성실하고 정직하게 임무를 수행하는 것이 무엇보다 중요하다. 식품은 섭취하는 사람의 건강과 생명을 좌우하는 물질이므로 부패 변질을 방지하고 식중독균이나 유해물질이 혼입되지 않도록 철저히 관리해야 한다.

조사에 의하면 우리나라 소비자들이 식품을 구입할 시 우선적으로 고려하는 사항은 원산지

(42.8%), 유통기한(25.2%), 맛(10.8%), 가격(9.4%), 영양가치(8.2%), 상표(2.0%) 순으로 관심을 가지고 본다고 한다. 원산지와 유통기한은 품질과 안전성에 관한 사항이므로 소비자들이 식품을 구입할 때 가장 중요하게 생각하는 것은 역시 식품의 안전성이라는 것을 알 수 있다. 소비자들은 식품구입 시 포장에 표시되어 있는 유통기한, 보관방법(냉장 또는 냉동 등), 원재료명 및 원산지, 영양성분 표시를 확인해야 한다. 유통기한은 소비자가 구입하여 사용하는 기간을 고려하여 상미기간(제품의 맛이 변하지 않는 기간)의 70%를 표시한다. 예를 들어 우유의 유통기한이 제조일 이후 7일이면 10일까지 먹어도 된다. 실제로 식품의 품질이 먹을 수 있는 수준으로 유지되는 기간(소비기한)은 상미기한보다 훨씬 길다. 소비자원의 발표에 의하면 유통기한이 제조일 이후 5~7일인 우유의 경우 집의 냉장고에서 제대로 보관하면 제조 후 30일까지도 먹을 수 있다고 한다.

식품구입 시 유의해야 할 기타 사항은 제조자의 명칭과 주소, 연락처가 분명하고 포장이 완전하며 외관상으로 냄새, 색깔 등이 변질되지 않아야 한다.

2. 식품 중의 유해인자

식품 중의 유해인자는 화학적(chemical) 유해인자, 생물학적(biological) 유해인자, 물리적(physical) 유해인자로 크게 구분한다.

1) 화학적 유해인자

식품에는 여러 가지 유해 화학성분이 들어 있을 수 있다. 식품원료로 사용하는 천연물에도 여러 가지 독소 성분이 발견되며, 환경에서 오염되는 중금속(heavy metal)과 환경호르몬이라 불리는 대사교란물질(endocrine disrupter), 농약에서 오염되는 잔류물질 등이 있다. 최근에는 식품 제조와 조리과정에서 생성되는 아크릴아마이드 등 유해물질들이 보고되고 있다.

(1) 천연독소

우리가 식품으로 사용하는 천연물에는 인체에 유해한 여러 가지 성분들이 들어 있다. 예를 들어 싸리버섯을 끓는 물에 충분히 우려내지 않고 먹으면 심한 설사를 일으키며, 콩에 있는 트립신 인히비터도 충분히 가열하지 않으면 심한 설사를 일으킨다. 그러나 대부분의 이들 유해물질은 가열 조리과정에서 제거되므로 식품으로 사용할 수 있는 것이다. 표 10-2는 천연 식품중에 존재하는 주요 유해성분의 예이다.

표 10-2 천연식품중의 유해 성분

Cyanogenic glycoside(시안생성 배당체)	살구, 복숭아의 씨, 수수, 카사바, 라이마 콩
Glucosinolate(함황배당체)	겨자, 고추냉이, 양배추, 순무
Erucic acid(특이 지방산, C22:1)	유채씨
Gossypol(페놀화합물)	면실유
Solanine(알칼로이드)	감자
Trypsin inhibitor, hemagglutinin	콩

식품 중에는 이와 같이 천연 독소 이외에도 조리과정에서 생성되는 유해 성분, 농작물 재배과정이나 환경에서 오염되는 중금속과 농약 잔류물, 동물 의약품에서 오염된 호르몬제 잔류물 등이 문제가 된다.

(2) 중금속

중금속은 지구 표층의 구성 물질로 이들을 채광하거나 공업적으로 농축한 것을 환경에 잘못 방출하였을 때 대규모 오염 사태가 발생한다. 중금속에 의한 대표적인 인명피해 사례는 일본에서 수은(Hg)으로 인한 미나마타병, 카드뮴(Cd)으로 인한 이따이이따이병, 이라크에서 발생한 종자소독용 유기수은제에 의한 집단 수은중독 사건 등이 있다. 이외에도 수은, 납, 카드뮴, 비소의 과다 오염은 자주 발생하는 식품위생사건이다.

수은중독은 주로 오염된 지역의 어패류를 먹거나 곡류 저장 중에 유기수은제를 살포한 경우가 많다. 수은중독 증상은 흔히 식욕감퇴, 청각장애, 경련, 구토, 발열 등을 일으키며 심하면 사망한다.

이따이이따이병은 아연광산에서 카드뮴이 함유된 폐수를 논에 사용하여 쌀에 과량의 카드뮴이 축적되어 발생하였다. 카드뮴은 골격 중에 칼슘을 대치하여 골절을 일으키며 신장에 축적된다.

납(Pb)은 산업화 사회에 널리 오염되어 있으며 자동차 배기가스, 수도 파이프, 유약을 바른 식품용기, 납땜을 한 통조림 등에 널리 오염되어 있으며, 특히 어린이 크레용 등 학용품과 장난감을 통해 오염된다. 납 중독은 심혈관질환, 신장질환, 암 등의 원인이 된다.

비소(As)는 자연 중에 미량으로 널리 존재하지만 금속 제련, 석탄 연소, 비소제 농약 등으로 과량 오염된다. 비소에 오염된 지표수나 식품원료의 사용으로 중독 사고가 발생한 경우가 있는데 갑상선부종이나 피부암을 일으킨다.

표 10-3은 식품의 주요 중금속 오염 경로와 우리나라 식품법에 규정된 허용량이다.

표 10-3 식품 중의 주요 중금속 오염경로와 허용량

중금속 종류	주요 오염경로	허용량
수은(Hg)	알카리-염소 제조, 석탄연소, 유기수은제 농약	0.1ppm(소금류)
납(Pb)	배터리 제조, 휘발유 및 페인트, 식품용기	2ppm(커피, 초콜릿류)
카드뮴(Cd)	금속공업, 아연제련, 광산폐수, 자동차 배기가스	0.1ppm(음료류)
비소(As)	자연에 널리 분포, 비소제 농약	0.5ppm(소금류)

(3) 잔류농약

농약은 식량생산에서 불가피하게 사용하게 되는 이른바 경제적 독약(economic poison)이라고 한다. 최근 농약의 유해성이 강조되면서 생물농약의 개발과 농약의 사용을 제한하는 유기농이나 친환경농업이 증가하고 있으나 아직 이들의 생산은 전체 농업의 10%도 되지 않는 실정이다. 농약은 용도에 따라 살균제, 살충제, 제초제 및 기타로 구분되나 유효성분의 종류는 수없이 많고 그 분자구조도 다양하고 복잡하다. 제2차 세계대전 이전까지는 무기농약과 천연농약이 주류를 이루었으나 현재는 유기합성농약이 주로 사용되고 있다. 유기합성농약은 유기수은제, 유기염소제, 유기인제, 카바메이트제, 유기유황제, 유기비소제 등 여러 가지가 있다. 그러나 유기수은제와 DDT, BHC와 같은 유기염소제는 독성이 너무 강하고 지속성이므로 1979년 이후부터는 그 사용이 세계적으로 금지되어 있다.

잔류농약의 오염 실태를 조사한 결과들을 보면 유기염소계 살충제의 경우 성인 1일 총섭취량이 2μg 또는 체중 1kg당 0.4μg 수준으로 FAO/WHO에서 권고한 ADI 값의 0.7% 수준의 미미한 양이었다. 유기인계농약 11종에 대한 식이섭취량 조사결과(1986~1990년)를 보면 총섭취량은 성인 1일 31μg으로 섭취허용치의 0.8%에 불과한 것으로 나타났다. 이와 같이 소비자들의 농약에 대한 우려와는 달리 식품의 잔류농약은 그렇게 위험한 수준이 아니다.

우리나라는 모든 농약에 대한 잔류허용량을 국제규격(CODEX)과 유사한 수준으로 정하여 철저히 관리하고 있다, 가락동시장과 같은 대형 청과물 시장에는 농약관리팀이 상주하여 입하되는 모든 청과물에 대한 농약 잔류검사를 실시하고 있다. 또한 농민들이 최종수확물에서의 잔류량을 최소화하기 위해 농약의 수확 전 살포금지기간을 준수하도록 하는 우수농산물 생산체계(GAP, good agricultural practices)를 지도하고 있다. 최근 사용되고 있는 농약들은 살포 후 일정 기간이 지나면 스스로 분해되어 독성이 남지 않는다.

(4) 식품의 조리 가공 중 생성되는 유해성분

식품을 조리 가공 또는 저장하는 중에 유해성분이 생성될 수 있다. 특히 불을 이용하여 가열하거나 굽는 과정에서 발암성물질인 다환성 방향족탄화수소(PAH, polycyclic aromatic hydrocarbons)가 생성될 수 있으며, 아미노산 분해산물인 발암성 벤조피렌(benzopyrene)이 생성될 수 있다. PAH는 육류를 굽는 과정에서 과열로 검게 탄부분에 포함될 수 있으며, 벤조피렌도 일본의 가츠오부시 등 육류 및 어류의 직화 가열 과정에 생성될 수 있는 유해 성분이다.

니트로소화합물(N-nitroso compound)은 아질산을 포함한 식품에서 생성될 수 있는 발암물질로 니트로스아민(N-nitrosamine)이 대표적인 물질이다. 아질산을 첨가하여 고기의 선홍색을 유지하고 보툴리눔균의 생육을 억제하는 햄, 소시지 등이 위험할 수 있으나 아질산의 사용량을 엄격히 정하여 사용한다. 어류의 저장이나 발효과정에도 히스타민(histamine), 티라민(Tyramine) 등 바이오제닉아민(biogenic amines)이 생성될 수 있다. 이들 아민은 혈압상승, 편두통 등 식중독 증상을 나타낼 수 있으며, 1일 최대 허용치는 50~100mg/kg체중으로 제시되고 있다.

식용유지나 유지식품은 공기 중에 오래 노출되거나 가열 과정에서 산화되어 과산화물, 분해산물, 중합체 등 산패(rancid)물질을 생성하는데 이들은 인체에 유독한 성분이다. 또한 가열처리 특히 수소첨가공정으로 만든 쇼트닝, 마아가린 제품에는 천연에 없는 트랜스지방이 형성되는데, 이들은 혈액 속에서 나쁜 콜레스테롤(LDL)을 증가시키고 좋은 콜레스테롤(HDL)을 감소시켜 심장병이나 당뇨병의 위험을 높인다. 과자 등 쇼트닝을 사용한 식품에는 트랜스지방 함량을 표시하도록 규정하고 있다.

감자 등 고탄수화물 식품을 고온으로 조리 가공할 경우 발암성 물질인 아크릴아마이드(acrylamide)가 생성될 수 있다. 특히 튀긴 감자 등에서 발생할 수 있는데 조리공정을 개선하여 아크릴아마이드의 생성을 저감화하는 기술들이 개발되고 있다.

2) 생물학적 유해인자

(1) 미생물의 일반적 성질

생물학적 유해인자는 주로 미생물의 오염에 의한 부패 변질과 식중독균의 혼입에 의한 것이다. 미생물은 식품안전에서 가장 중요한 위해요소로서 대부분의 식품 안전관리는 미생물의 위험을 방지하는 일에 집중된다.

식품학에서 다루는 미생물을 분류하면 발효미생물(fermentative microorganisms), 부패(putrefactive) 미생물, 병원(infectious) 미생물, 독소(food poisoning) 미생물로 나눈다. 미생물은 형태와 생리적 특성에 따라 바이러스(virus), 리켓치아(rickettia), 세균(bacteria), 곰팡이(mold), 효모(yeast), 프로토조아(protozoa), 알지(algae)로 나눌 수 있다(표 10-4).

표 10-4 미생물의 형태 및 생리학적 분류

명 칭	크 기(um)	생존방식	인체영향
바이러스(virus)	1/100~1/5	세포 내 기생	인플루엔자, 간염
리켓치아(rickettsia)	1/10~2	세포 내 기생	발진티프스
세균(bacteria)	1/2~10	세포 외 기생	부패균, 식중독균
곰팡이(mold)	2	비생명체유기물	발효균, 버섯
효모(yeast)	1~10	비생명체유기물	빵효모, 알코올발효
프로토조아(protozoa)	2~30	비생명체유기물	이질균
알지(algae)	>1	비생명체유기물	어류먹이, 단세포식품

가. 수분활성도(Aw)와 미생물

미생물은 식품 중에 들어있는 수분함량과 수소이온농도(pH), 그리고 온도 조건에 따라 그 생육이 크게 영향을 받는다. 식품에 들어 있는 수분 중에는 분자구조에 단단히 붙어있는 결합수(bound water)와 자유롭게 반응할 수 있는 자유수(free water)가 있는데 이 자유수의 함유정도를 나타내는 것을 수분활성도(water activity, Aw)라 한다. 수분활성도는 식품 중에 들어 있는 수분 중 미생물이 사용 할 수 있는 물의 양을 나타내는 지표로 순수한 물의 증기압에 대비한 식품의 수증기 분압(Aw = 식 품의 평형상대습도/100)으로 표시되는 값이다. 수분 활성도에 대한 미생물의 반응은 그림 10-1과 같다. 대부분의 세균은 Aw 0.9이하에서 생육이 억제되며 장기 저장되는 건조식품은 Aw 0.6 부근에 도달하여야 한다.

나. 수소이온농도(pH)와 미생물

미생물 생육은 pH에 따라 크게 영향을 받는다. 그림 10-2는 식품의 pH와 미생물의 생육한계를 나타내고 있다. 특히 중요한 것은 맹독성 독소를 생산하는 Clostridium botulinum이 pH 4.5 이하의 산성식품에서는 유해미생물이 잘 자라지 못하고 독소도 잘 생성되지 않는다. 따라서 산성 식품을 통조림할 때는 낮게 설정해도 된다. 우유 고기 등과 같은 중성식품을 통조림할 때는 높은 온도(121℃)에서 충분히 가열해야 한다.

다. 온도와 미생물

세균의 영양세포는 대부분 약 60℃ 부근에서 사멸된다. 이것은 단백질이 이 온도에서 변성되므로 효소가 불활성화되어 세포가 사멸하게 되는 것이다. 그러나 일부 세균이 만들어내는 포자(spore)는 100℃ 이상에서도 살아남는 것이 있다. 내열성세균(thermophilic bacteria)은 35~55℃ 사이에

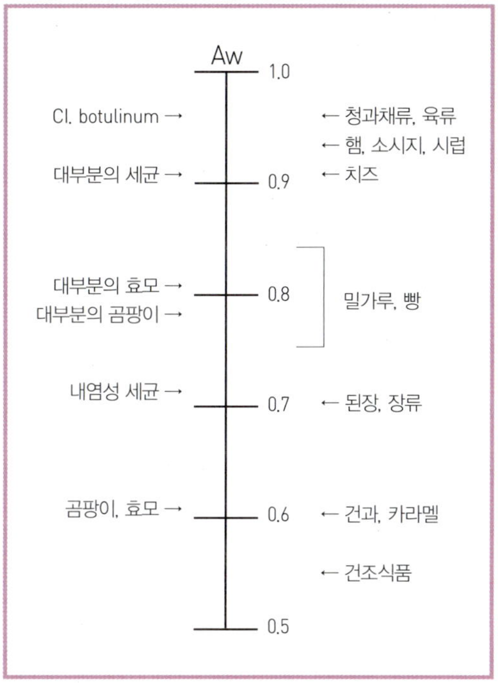

그림 10-1 식품의 수분 활성도와 미생물 생육한계

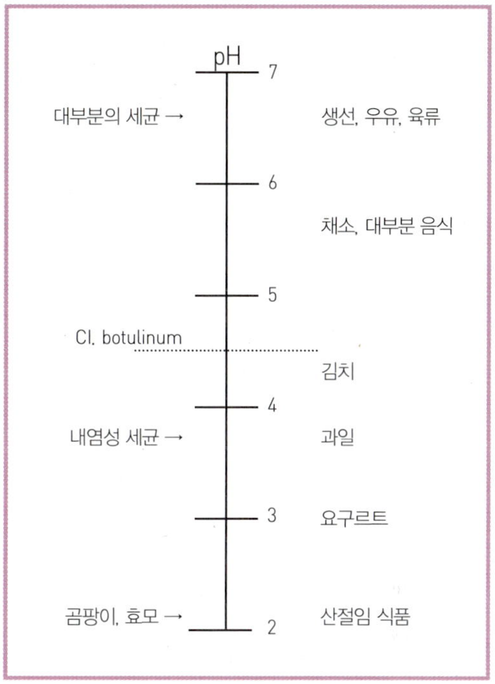

그림 10-2 식품의 pH와 미생물의 생육 한계

서 생육 하는 세균으로 일상 조건에서는 생육하지 않으나 식품을 높은 온도에 오래 보관하면 나타날 수 있다. 중온균(mespphilic bacteria)은 사람의 체온 부근에서 잘 자라는 균으로 생육온도범위는 10~40℃이며 각종 부패균, 병원균, 발효균들이 주로 여기에 속한다. 냉장고 온도에서도 생육할 수 있는 세균을 저온성균(psychrotropic bacteria)이라 하며 −5~−35℃에서 생육한다. 이와 같이 세균은 온도에 따라 여러 가지 다른 균이 생육하며 식품의 변질도 온도에 따라 다르게 나타난다.

(2) 식품 중의 유해 미생물

우리가 섭취하는 음식물은 대부분의 미생물에게도 좋은 먹이가 되므로 자연에 존재하는 여러 가지 미생물들이 생육할 수 있다. 이 중에는 사람에게 질병을 유발시키거나 독성을 일으키는 미생물들도 포함된다. 식품을 통하여 인체에 들어와서 생육함으로써 질병을 일으키는 미생물들을 식품전염성 병원균(food infective microorganisms)이라고 한다. 한편 식품을 저장하는 동안 오염된 미생물이 생육하면서 독성 대사 분비물을 식품에 남김으로써 식중독을 일으키게 하는 미생물을 식중독성 미생물(food poisoning microorganisms)이라고 한다. 주요 식품 전염성 병원균과 식중독성 미생물을 예로 들면 표 10−5와 같다.

식품전염성 병원균 중 장티프스, 콜레라, 이질, 장티프스 등은 대표적인 수인성 전염병으로 물

표 10-5 식품 중의 유해 미생물과 감염경로

	잠복 기간	감염 경로
수인성 전염병		
장티프스균(Salmonella typhi)	1~3주	0.1ppm(소금류)
콜레라균(Vibrio cholerae)	6시간~5일	식수, 과일, 채소, 어패류
세균성 이질균(Shigellosis species)	1~7일	식수, 우유, 파리, 오염된 식품
아메바성 이질균(Entamoeba histolytica)	2~4주	물, 생채소, 파리, 환자와 접촉
식품전염 병원균		
파상열균(Brucella abortus)	5~60일	유제품, 감염된 동물
폐결핵균(Mycobacterium tuberculesis)	수일~1개월	공기 접촉, 비살균 유제품
디프테리아균 (Corynebacterium diphtheriae)	1~2주	직접 접촉, 생우유
간염(Hepatitis epidemica)	4주 내외	오염된 식품, 신체 접촉
트리키노시스 선충(Trichinella epidemica)	1일~1주	돼지고기
기타 장염성 병원균		
리스테리아균(Listeria monocytogenesis)	12시간	가금류, 오물, 폐수
캠필로박터균(Campylobacter jejuni)	2~7일	버섯, 날생선, 육류, 우유, 음용수
병원성대장균(E. coli O-157)	4~5일	채소, 햄버거, 오염된 손
노로바이러스(Norovirus)	1~2일	오염된 물, 샐러드, 생굴, 얼음
식중독성 미생물		
보툴리넘 독소균(Clostridium botulinum)	12~36시간	과채류, 육류, 어패류, 통조림식품
황색포도상구균(Staphilococcus aureus)	2~6시간	우유, 크림, 육가공품, 어육가공품
바실러스 세레우스(Bacillus cereus)	8~20시간	쌀밥, 소시지, 샐러드, 스프, 푸딩
퍼프린젠스균(Clostridium perfringens)	8~20시간	육가공품, 튀김식품, 뷔페 식당
비브리오균(Vibrio parahaemolyticus)	8~20시간	생선회, 소라, 굴, 게장
아스퍼질러스 플래브스(Aspergillus flavus)	수일~1개월	곰팡이가 자란 곡물, 땅콩

을 통해 감염되므로 장마철이나 홍수피해를 입었을 때에는 물을 끓여 먹는 것이 중요한 예방 방법이다. 파상열, 폐결핵, 디프테리아, 간염 등은 신체접촉과 공기를 통해 감염되며 오염된 식품을 통해서도 감염 된다. 특히 폐결핵은 소의 결핵균이 인체에 감염될 수 있으므로 우유는 반드시 저온살균(pasteurization)으로 이들 전염병균을 사멸 한 후 식품으로 사용해야 한다. 트리키노시스 선충은 돼지고기 근육 속에 알이 박혀 있어 충분히(68℃ 이상) 가열되지 않은 돈육 가공품을 통해 감염되는 위험한 선충이다. 따라서 익지 않은 돼지고기는 먹지 않는다. 리스테리아, 캠필로박터, 병원성 대장균 등은 심한 대장염을 일으키는 병원균으로 주로 오염된 식품을 통해 감염된다. 최

근 학교급식이나 단체급식에서 발생하는 대규모 식중독 사건은 대부분 노로바이러스에 의해 발생하는 것으로 알려져 있다. 노로바이러스는 분변이 오염된 물을 통해 감염되는데 오염된 해수에서 채취한 어패류와 불결한 취사용 물의 사용으로 주로 발생한다.

식중독성 세균 중에는 보툴리넘 독소를 생산하는 클로스트리디움 보툴리넘이 가장 중요하다. 보툴리넘 독소는 우리가 알고 있는 가장 맹독성 독소로 극소량으로 24시간안에 중추신경 마비가 되어 사망한다. 보툴리넘균은 100℃ 이상의 고온에서도 살아남는 내열성 세균으로 공기가 없는 혐기성 상태에서 잘 자라므로 충분히 가열되지 않은 통조림이나 많은 양을 용기에 담아두는 저장식품에서 발생할 수 있다. 이 균은 pH4.5 이하인 식품(김치, 요구르트, 과실제품)에서는 자라지 않는다. 스타필로코커스 오레우스는 대표적인 화농균으로 여드름이나 피부염증이 있는 사람이 음식을 조리할 때 오염될 수 있다. 급격한 구토 설사를 일으키며 식중독 사건의 주요 원인이 되고 있다. 바실러스 세레우스나 클로스트리디움 퍼프린젠스는 100℃ 이상에서 살아남는 내열성 세균으로 선식이나 이유식 등 곡류 가공품에서 발생할 수 있다. 아스퍼질러스 플래브스는 곰팡이 독소(Mycotoxin)를 생산하는 대표적인 미생물로 오래된 곡물이나 사료에 주로 오염되어 있다. 이 균은 땅콩을 대단히 좋아하므로 변질된 땅콩 제품은 피하는게 좋다.

3) 물리적 유해인자

식품의 물리적 유해인자는 식품의 가공 유통 중에 혼입되는 이물질을 말한다. 식품 중에는 가공 중에 잘못 혼입되는 쇳조각, 뼛조각, 플라스틱, 돌, 실, 머리카락 등 여러 가지 이물질이 포함될 수 있다. 쇠조각은 자석을 이용하여 대부분 제거하고 있으나 다른 물질들은 공정 중에 효율적으로 검지하여 제거하기가 쉽지 않다. 병입제품은 포장 전 빈병을 육안으로 이물의 혼입 여부를 검사하며, 과자 등 일부 포장제품은 X선투시기를 이용하여 검사한다.

라면 등 포장제품은 유통과정에서 벌레가 밖에서 포장을 뚫고 들어가 산란을 할 수 있다. 식품에서 발견되는 유충이나 곤충의 사체는 그 혼입 경로를 다각도로 추정해야 한다.

3. 식품안전을 위한 실천 사항

식품위생의 기본요소는 청결이다. 소비자나 식품을 조리하는 사람, 가공공장에 종사하는 사람 등 식품을 취급하는 모든 사람은 청결을 유지하기 위해 노력해야 한다. 손 씻기와 용기 세척, 주방 및 작업장 청결은 필수 조건이다.

1) 개인 위생

식품을 다루는 모든 장소에는 전염성 질병에 이환된 사람이 접근하여서는 안 된다. 특히 폐결핵, 감기, 간염 환자나 수인성 전염병에 걸린 사람은 단체급식소에서 일해서는 안 된다. 그러므로 모든 식품업소에서 일하는 사람은 정기적으로 병원에서 건강검진을 받아 개인 위생증을 소지해야 한다. 식품을 조리하는 사람은 손이나 피부에 염증이 있으면 이를 상급자에게 알리고 식품을 만지는 일을 하지 말아야 한다. 식품을 조리하는 사람은 항상 깨끗한 의복을 착용해야 하며 머리카락이 혼입되지 않도록 위생모를 착용해야 한다.

손 씻기는 병원균으로부터 1차적 예방방법으로 가장 중요한 일로 특히 유아들 간, 교사와 유아 간의 전염예방 차원에서 매우 중요하다. 손은 항상 비누를 사용해서 손가락 사이사이를 비벼가면서 따뜻한 흐르는 물에 씻는다. 유아들이나 교사들 모두가 손을 자주 씻을수록 좋지만 꼭 씻어야 할 때는 다음과 같다.

- 기관에 도착하자마자
- 화장실에 다녀온 후
- 유아의 용변 보는 것을 도와주고 난 후
- 기침이나 코를 풀고 난 후
- 음식물을 먹기 전, 후
- 놀이터에서 놀다 들어온 후
- 애완동물을 만지고 난 후
- 급식 준비하려고 일회용 장갑을 끼기 전

2) 취사장 및 급식장 위생

취사장은 식품 원료와 조리된 음식이 혼재하는 곳이므로 유해 미생물, 화학물질, 이물질 등이 혼입될 가능성이 가장 큰 곳이다. 취사장 설계에서 흙이 묻어있는 과채류나 생선, 어패류, 동물 사체가 취급되는 곳은 조리된 식품이 있는 곳과 확실히 구분되어야 한다. 원료를 처리하고 수세하는 곳은 벽면과 바닥이 방수 처리되어 있어 수시로 물청소를 할 수 있도록 설계되어야 한다. 바닥 배수시설에는 물이 고이는 곳이 없어야 하며 창문에는 방충망을 달아야 한다. 취사장 내 모든 시설은 녹이 슬지 않는 재질로 제작되어야 하며 도마, 행주 등 조리 기구는 자주 씻고 삶아 세균의 번식을 막아야 한다.

생선이나 조개, 고기, 닭 같은 날것을 다룰 때는 분리된 공간에서 작업하며 세척 시에도 다른 식재료와 그릇을 구분해서 사용해야 하며 손은 장갑을 낀 채로도 자주 씻어야 한다.

샐러드용 채소나 과일 같이 익혀 먹지 않는 식재료를 다룰 때에는 과일 채소용 칼과 도마를 따로 구분하여 사용한다.

급식장은 충분한 여유 공간을 가지고 청결하게 운영되어야 한다. 배식라인과 설거지라인을 분명하게 구분하고 잔반을 깨끗이 처리할 수 있도록 설계되어야 한다. 깨끗한 식수공급을 위해 정수기 청소 관리와 살균기가 완비된 물 컵 관리를 해야 한다.

3) 식품 창고와 원료 관리

식품은 저장 온도가 높으면 급속히 부패 변질하므로 창고의 온도관리에 세심한 주의를 요한다. 식품저장 창고는 실온의 서늘한 저장창고, 냉장고, 냉동고로 구분할 수 있다.

(1) 실온창고

곡물, 고구마, 감자, 마늘 등 저온에 두면 빨리 변질하고 냉해를 받는 식품원료는 서늘한 저장창고에 보관하여야 한다. 실온창고의 온도는 15~20℃이며, 창고는 통풍이 잘 되고 건조해야 하며 쥐나 곤충의 침입을 막는 데 주력해야 한다. 창고 내부는 항시 깨끗이 정리 정돈되어 있어야 하며 저장 물질의 포장에는 명칭과 저장일시가 기록되어 있어야 한다.

(2) 냉장창고

냉장창고는 일반적으로 2~4℃에 유지되는 것과 8~10℃에서 유지되는 것으로 구분된다. 신선육이나 해산물 등 부패변질이 쉬운 원료는 저온 냉장고에 보관한다. 냉장고의 온도는 24시간 동일하게 유지되는 것이 중요하며 문을 자주 여닫거나 높은 온도의 재료를 넣어 온도 편차가 크게 나지 않도록 주의한다. 저온성 부패세균들은 냉장온도에서 1~2℃의 차이로 번식속도가 크게 달라진다. 예를 들면 우유 부패균의 세균 수가 2배로 증식하는 시간은 7℃에서 8시간, 5℃에서 12시간, 2℃에서 16시간으로 연장된다. 유제품, 육제품 등 변질이 쉬운 냉장제품은 포장에 적혀있는 저장온도를 준수해야 유통기한까지 신선한 원료로 사용할 수 있다. 유통기한은 제품의 품질이 유지되는 기간(상미기한)의 70%로 정해지므로 저장식품은 상미기한 이내에 사용하여야 한다.

(3) 냉동창고

냉동창고는 일반적으로 −18℃로 유지되고 있으므로 대부분의 미생물은 생육이 중단된다. 그러나 생물체 내에 있는 효소의 작용은 서서히 진행되므로 냉동기 내에서도 변질이 일어날 수 있다. 특히 지방질을 많이 함유하고 있는 육류나 생선류는 공기 중의 산소로 인해 산패(rancid)가 일어날 수 있으므로 공기와 접촉되지 않도록 잘 포장된 상태에서 보관해야 한다.

4) 식품 위해요소중점관리기준(HACCP)

식품의 위생 안전성을 높이기 위한 예방적 관리기술로 위해요소중점관리기준(Hazard Analysis and Critical Control Point)이 전 세계적으로 실용화되고 있다. 식품의 제조 유통과정에서 발생할 수 있는 위해요소의 혼입, 증식, 오염되는 것을 사전에 방지하기 위해 체계적으로 관리하는 기술이다. 식품을 취급하는 과정에서 중점적으로 관리해야 할 부분 CCP(critical control point)를 정하고 이 부분을 중점적으로 관리함으로서 식품의 위생 안전성을 효과적으로 높이는 방법이다. 해썹(HACCP)은 식품제조업자들의 그들의 제품 안전성을 높이기 위해 스스로 해야 하는 일이나 우리나라는 가공식품은 식품의약품안전처가, 축산물 원료관리는 농림수산식품부가 관리하고 있다. 1995년부터 도입 시행하여 어묵류, 냉동식품(피자류, 만두류, 면류), 냉동수산식품(어류, 연체류, 조미가공품), 빙과류, 비가열음료, 레토르트(고압솥)식품, 배추김치 등 7개 품목에 대해 의무 시행하고 있으며 앞으로 다른 식품류에도 확대할 계획이다. 해썹의 적용절차는 아래와 같다.

(1) HACCP팀 편성(최고경영자를 포함하며 공장장이 관장)
(2) 제조공정흐름도 작성
(3) 위해요인 분석(risk assessment)
(4) 중점관리점(CCP) 설정
(5) CCP 관리 기준 설정(허용한계 설정)
(6) CCP의 측정(모니터링)방법 확립
(7) 허용한계를 벗어났을 때의 개선 조치 확립
(8) HACCP 검증방법 확립
(9) 문서화 및 기록유지를 통한 지속적인 HACCP 실행

11장

안전사고

CHAPTER 11

11장 안전사고

사고는 계획이나 예상을 벗어나 일어나는 사건이지만, 그 사고는 우연이나 불의로 생기는 것이 아니라 원인에 따른 결과이다. 교사나 부모의 세심한 주의에도 유아들은 주변 환경을 탐색하고자 하는 호기심이 왕성한 반면 유아나 영유아는 육체적으로나 정신적, 지적으로 완성되지 않은 미성숙한 상태이기 때문에 자기조절능력이나 상황에 대한 인식이 부족하여 어느 시기보다 안전사고의 노출이 많다.

다양한 환경에서 영유아의 인지적, 사회적, 정서적 능력의 차이점을 이해하는 것은 그들의 행동을 예상하는 데 많은 도움이 된다.

안전사고는 가정, 교육기관, 생활주변의 어떤 환경에서도 절대적으로 안전한 영역은 없으며, 성인의 소홀한 관리는 안전사고를 증폭시킨다. 따라서 사고는 예측 가능한 범위에서 발생한다는 점을 감안하여 안전한 환경을 위한 철저한 안전관리와 지도가 중요하다. 특히 신체능력이나 인지발달의 정도가 각기 다른 유아들이 집단으로 생활하는 유아교육기관에서는 모든 교사 및 직원들은 안전에 대한 이해와 사고의 가능성을 충분히 파악하고 실내 · 외 환경을 마련해 주고 안전관리의 지침을 마련하여 대처한다면 사고는 미연에 예방할 수 있다.

1. 안전사고의 예방 및 관리

1) 실내 안전

안전한 실내 환경을 조성하기 위해서 철저한 준비가 필요하다. 기본적으로 가구의 위치, 바닥의 상태, 보관함, 조명과 통풍, 실내공기 등에 이르기까지 세심한 준비가 있어야 된다.

실내의 가구와 시설물의 선택, 의자와 책상의 비율과 질적으로 고려된 가구 등은 유아들의 부상 빈도를 줄인다. 가구의 모서리, 가구의 무게 높이 등도 고려되어야 한다. 무거운 가구들은 유아들이 뒤엎지 못하게 벽이나 바닥에 고정시켜서 안전하게 배치하고 높은 책장은 유아의 키에 맞도록 사용하는 것이 안전하다.

실내의 벽과 바닥재는 청소하기 쉽고 안전한 제재로 설치되어야 한다. 바닥재가 비닐 장판인 경우 청소하기는 좋지만 미끄러지는 단점이 있다. 부분 카펫과 합성수지로 배치하면 청소하기도 쉽고 유아들이 부드러운 표면에 편하게 앉을 수도 있다.

유아의 물품을 보관할 수 있는 개인 사물함을 있어야 한다. 개인 사물함은 보육기관에서 특히 중요하다. 교육 기관 내에 있는 모든 사물들은 공유해야 하지만 개인사물함은 그 유아에게 속하기 때문에 소중한 자기 물건을 잘 간직할 수 있게 도와줄 수 있다. 특히 개인 사물함은 전염병의 확산을 억제하는 데 장점이 있다.

실내의 조명은 교실과 복도에 필수적이다. 창문과 유리문으로 들어오는 자연광은 가장 이상적인 조명방법이다. 인조광의 적절한 배치는 읽고 그리기 영역의 활동을 위해 중요하다. 형광등은 백열등보다 빛을 훨씬 많이 내기 때문에 적합하다. 유리창은 안전한 유리나 플라스틱으로 만들어서 유리가 깨질 경우를 대비하여 그림 같은 것을 붙여 심각한 부상을 예방할 수 있어야 한다. 유아들의 놀이방은 온풍기, 난로 등의 난방기구가 노출되어서는 안 된다. 부득이 한 경우에는 전열기구와 선풍기 주변을 접근하지 못하도록 안전망을 설치하여야 한다.

실내공기의 오염은 유아들의 일상생활 속에 노출될 수 있는 포름알데히드, 일산화탄소화합물, 라돈, 석면, 담배연기, 납, 그리고 다양한 실내 화학물질과 살충제 등이다. 실내공기의 오염은 유아들의 호흡기 질환, 알레르기, 천식 등의 증가비율과 밀접한 관계가 있다. 특히 중독성 물질은 미성숙한 신체조직과 성장에 심각한 결과를 초래할 수 있다. 따라서 통풍이 잘 되고 깨끗한 실내공기를 유지하고 유해한 재료를 사용하지 않은 무중독성 장난감이 제공되어야 한다.

실내에서 빈번하게 발생하는 안전사고는 이물질이 기도를 막아 호흡곤란이 되는 경우, 가구, 놀이기구, 계단 등에서 떨어지는 사고, 뜨거운 물이나 전기 등에 의한 화상, 독극물 중독 등이 있다. 사고의 유형은 영유아기의 연령과 관련 있다. 0~1세는 질식사고, 추락사고, 화상, 중독사고가 많고 1~4세까지는 중독사고, 화상, 추락사고, 놀이에 의한 사고 그리고 찔리거나 베이는 사고가 많고, 4~6세까지는 교통사고, 추락사고, 놀이에 의한 사고, 화상, 미끄러지거나 넘어지는 사고가 많다.

(1) 실내안전의 사고와 관리

• **질식사고**

질식은 순환혈액 속의 산소부족과 이산화탄소의 과다로 이물 흡입으로 인한 기도폐쇄, 호흡기의 압박, 익수, 공기 중의 산소 부족 등 다양한 원인에 의해 발생할 수 있다. 영아는 빈 공간이 있는 가구, 식기세척기, 오븐 등 문이 저절로 닫히는 밀폐된 곳으로 기어들어 가서 사고가 발생될 수 있다. 또한 지나치게 푹신한 침구에서 엎드려 자는 경우에는 영아가 호기 중에 내뱉은 이산화탄소가 다시 영아의 흡기를 통해 들어가 순환혈액 중에 산소 부족을 일으킨다. 영아가 잠을 자는 주변이나 침대 안에 베개, 쿠션, 동물 인형 등을 넣어 두지 않는다. 영아가 자는 동안 몸부림 쳐도 이불이 얼굴을 덮지 못하도록 이불 끝자락을 매트리스 아래에 끼어 넣는다. 성인용 침대에서 재우면 성인용 베게나 시트에 영아의 얼굴이 묻힐 수 있으므로 영아를 성인용 침대에 함께 재우지 않도록 한다. 침대와 벽 사이에 영아가 끼이지 않도록 공간을 두지 말아야 한다.

• **영아돌연사증후군**

영아돌연사는 자궁 내 저산소증, 태아 성장지연, 임신 중 흡연, 감염, 사회 · 경제적으로 낮은 계층, 미숙아, 엎드려 재우는 것, 영아를 너무 덥게 감싸고 두꺼운 이불로 덮어 주는 것, 영아의 침요가 너무 부드러운 경우가 그 원인이 된다.

외적으로 보기에는 건강한 영아가 갑자기 사망한 채로 발견되며 사망에 이를 만한 과거 병력이 없고 일상적 부검으로 사인을 분명히 밝힐 수 없는 경우를 '영아돌연사증후군'이라고 한다. 영아돌연사는 생후 1개월~1년 사이 영아의 사망 원인 중 40~50%를 차지한다. 영아 돌연사증후군의 85% 정도가 생후 2~4개월 사이에 일어나며 95%는 생후 6개월 미만에, 수면 중에 가장 많이 발생한다. 심장과 폐의 기능조절, 수면–각성조절, 주야 주기리듬 등과 관련된 뇌간(brain stem)의 발달 이상이나 성숙 지연이 관련 요인으로 생각된다. 남아에게 좀 더 많이 발생하고, 계절적으로는 겨울에 증가된다.

영아돌연사를 방지하기 위해 영아는 등이 바닥으로 가게 재우고 푹신한 요나 베개는 사용을 금하고 평평하고 매끄러운 것을 사용한다. 이불이나 담요를 가슴 이상 덮지 않고, 특히 머리는 아무것도 덮지 않게 한다. 영아들이 자는 방안의 온도는 너무 높지 않게 하고 자주 돌보고 이상 유무를 확인해야 한다.

• **이물질 흡입**

영아기의 발달 상태는 몸을 뒤집거나 기어 다니며 주변을 탐색하는 시기이며, 손발의 놀림이 많고, 사물에 대한 호기심이 많기 때문에 물체를 손에 움켜쥐며 입에 넣는다. 유아기에는 모든 것을 입으로 가져가지는 않지만 위험한 것에 대한 판단력이 부족하여 입에 음식을 물고 놀기도 한다. 이때 자칫 입에 물고 있던 것을 기도로 삼키게 되어 기도가 막히는 질식, 숨 막힘, 중독 등의 사고가 발생한다. 이물질이 식도로 넘어가는 경우에는 물체가 날카로울 경우, 식도벽에 박히거나 위장관으로 들어가게 된다. 장폐색을 일으킬 정도의 크기가 아니라면 대부분 대변과 함께 배출된다. 그러므로 영아가 이물질을 삼켰을 때, 영아가 심하게 보채는지, 대변에 피가 섞여 나오는지(식도나 위장에서 출혈이 되면 대변에 색깔이 검게 변함), 이물질이 나왔는지 주의 깊게 관찰하고 이상이 의심되면 즉각 병원으로 가야 한다. 이물질이 기도로 들어가면 크기가 작을 경우, 하부기도로 들어가 기관지염이나 폐렴을 일으킬 수 있고 크기가 좀 더 큰 경우에는 기도를 막아 질식을 일으킬 수 있다.

이물질은 구슬, 단추, 건포도, 동전, 알사탕, 찢어진 풍선조각, 땅콩, 과일조각, 알약, 액세서리 조각, 담배꽁초, 화분에 있는 조각 등 매우 광범위하다. 영아에게 자주 사용하는 베이비파우더의 경우, 그 가루를 흡입하거나 먹지 않도록 단단하게 굳어진 파우더를 사용하는 것이 보다 안전하다.

이 영아기의 질식 사고를 위해 우유는 반드시 안아서 먹이고, 장난감은 삼킬 수 없을 정도의 크기의 장난감을 주고 작은 조각이나 분리되는 장난감의 사용을 금한다.

- **추락사고**

추락 사고는 걸음마를 시작하는 영아기부터 다양한 놀이기구를 사용하는 유아기에 이르기까지 빈번히 발생하는 안전사고 중의 하나이다. 특히 영아들은 신체의 무게중심이 가슴 높이에 있기 때문에 배꼽 주위에 있는 유아들에 비해 걷거나 뛰면서 잘 넘어지게 된다. 1~2세의 유아기 발달상태는 공간에 대한 판단이 정확하지 않으면서 호기심이 많아 탐색하기를 좋아하고 걷고 기어오른다.

추락사고를 방지하기 위해 실내에 있는 큰 놀이기구를 주의한다. 특히 계단에 혼자 두지 않고 도로에 접한 문은 안전한 차단 문을 설치하여 항상 닫아둔다. 영아의 머리뼈는 아직 연약하고 영아의 머리가 사지에 비해 무거워 머리 부분의 손상을 많이 입게 된다. 의자나 탁자 등의 높은 곳에 기어 올라가지 않도록 관리하며 창문에 안전 창이 설치되어야 한다. 영아가 걷기를 배울 때 넘어지고, 부딪치는 것은 항상 겪는 일이지만, 안전한 장소에서 성인의 보호 안에 있어야 하며 단단한 바닥이나 모서리 등이 있는 곳에 영아를 혼자 두지 말아야 한다. 시각적으로는 지각할 수 있다고 하여도 위험상황에 대한 대처하는 능력과 신체적 조절능력이 부족하기 때문에 잠깐 동안이라도 침대나 탁자 위에 영아 혼자 있게 한다면 사고가 발생할 가능성이 증가한다. 또한 계단이 실내에 있는 경우 보호 울타리를 계단에 설치하고 영아가 밀어 넘어뜨릴 수 있는 의자나 탁자 등은 벽 쪽에 붙여 배치한다. 영유아용 안전의자를 사용할 때 아기를 안전하게 고정하고 의자는 바닥에 놓는다.

- **화상**

화상은 신체 조절이 자유롭지 못하고 주변 사물에 대한 판단력이 아직 발달되지 못한 영유아의 경우, 양육자나 교사의 부주의로 화상을 입을 수 있다. 마시려고 준비해 둔 커피에서부터 부엌이나 교실의 가전제품, 전기 콘센트 및 화학약품에 이르기까지 화상의 원인은 다양하다.

화상을 방지하기 위해 미리 점검할 사항은 다음과 같다. 목욕물의 온도는 48℃를 넘지 않도록 점검하고, 영유아를 씻는 물의 온도를 교사가 미리 손을 넣어 확인한다. 뜨거운 물이나 음식, 가구를 가까이 두지 않고 화상을 유발할 수 있는 촛불, 전열기, 라이터 성냥 등은 유아들의 손에 닿지 않는 곳에 보관한다. 또한 식탁보를 잡아 당겨서 화상을 입을 수 있으니 식탁보가 깔린 식탁에 뜨거운 음식을 놓아서는 안 된다. 아기를 안고 있는 동안은 뜨거운 음료를 마시지 않는다. 난로나 라디에이터 등 전열기구 앞에는 보호막을 설치하고, 모든 전기콘센트는 안전덮개를 씌운다. 소화기 사용방법을 확인하고, 소화기나 화재경보기 등을 정기적으로 점검하고 보수한다.

- **중독사고**

오늘날에는 일상생활에 필요한 화학물질들이 개발되어 사용되고 있어 이들을 잘못 사용될 경우 우리 신체에 치명적으로 영향을 줄 수 있다. 손에 바르는 로션, 부엌에서 욕실에서 사용하는 액상 세제, 약통에 있는 약들에 이르기까지 독극물에 의한 중독사고는 영유아에게 가장 빈번히 발생하는 사고이다. 따라서 약품이나 독성 물질은 유아들이 열 수 없도록 하고, 가까이 두지 않고 손에 닿지 않는 곳에 둔다. 과자나 사탕처럼 씹어 먹는 약으로 인한 중독도 빈번하게 발생하므로 영유아 가까이에 두지 않도록 한다. 또한 영유아가 있는 앞에서 약을 먹지 않고 약을 사탕이라고 말하지 않는다. 장난감은 유해한 독성이 없어서 빨 수 있는 것이어야 하며, 놀이기구의 재질이 독성물질이 포함한 것인지 점검한다. 유아들이 사용하는 미술 활동 자료들은 독성이 없는 안전한 것들인지 확인한다. 모기향을 빨거나 씹는 경우도 있고, 세탁용 표백제, 화초용 농약이나 비료 등을 먹는 경우도 비교적 흔히 일어나는 중독사고이다. 따라서 이러한 위험한 물건들은 영유아가 열 수 없도록 고정 장치를 해 두어야 한다. 교사들은 독극물 중독을 예방하기 위한 교육을 받고 가까운 독극물 중독센터의 연락처를 알아야 한다.

2) 실외안전

실외는 유아들에게 풍부한 활동과 흥미 있는 학습기회를 제공하기 때문에 그들의 신체적 활동을 위해 안전한 놀이공간이 되어야 한다. 그러나 실외에서는 예기치 못한 안전사고가 실내의 경우보다 훨씬 더 높다. 또한 발생하는 사고의 종류도 다양하고 상해의 정도도 실내에 비해 심각할 수 있으므로 교사는 실외놀이시설의 설비, 유지, 감독에 대한 전략이 필요하며, 안전한 실외환경을 제공하여야 한다. 시설물의 선택은 이용가능한 놀이 공간의 규모, 유아들의 연령과 발달 수준, 제공되는 다양한 학습 경험, 구조의 질 안전을 기초로 한다.

적절한 실외놀이공간은 유아들의 놀이 활동을 활발하게 하면서 잠재적인 위험을 줄이게 된다. 이상적인 놀이공간은 유아들을 어떤 방향에서도 확실하게 볼 수 있도록 배치되어야 하고, 넓고 확 트인 공간이어야 한다. 또한 놀이에 참여한 유아뿐만 아니라 그 옆을 지나는 다른 유아의 통로까지 확보된 충분한 공간이어야 하며 직선보다는 곡선 형태로 유아의 뛰는 속도를 안전하게 조절할 수 있는 설치된 통로가 좋고, 단단하고 평평한 바닥이 구비된 곳이어야 한다. 바닥재는 유아들이 상해를 입지 않도록 부드럽고 탄력 있는 것으로 놀이 시설물 아래 깔아 놓아야 한다. 실외의 놀이 공간 전체 면적의 1/3~1/2 정도는 잔디로 구성하는 것이 바람직하며 운동기구가 있는 주변 바닥은 모래나 톱밥 등의 부드러운 재질을 깔고 철저한 관리를 하도록 한다. 화단을 마련하여 식물을 관찰할 수 있는 장소를 제공하고 모래놀이 공간으로 상상놀이를 증진시킨다. 화단의 꽃, 나무 그리고 다른 재배식물들은 유아에게 독성이 없는지 살펴보아야 하며, 모래 속에는 벌레나 유리 조각 등이 있는지 확인한다.

유아들이 놀이하기 전에 실외놀이 공간을 세심하게 점검한다면 위험한 사태를 미연에 방지할 수 있다. 놀이 공간에서 날카로운 막대, 깨진 유리조각, 위험한 조각들이 있는지 자주 점검함으로써 예상치 못한 사고를 미연에 방지할 수 있다. 더불어 유아들은 한시도 방심해서는 안 되며 교사들의 세심한 감독이 필요하다.

또한 영유아들의 통학이나 견학갈 수 있는 차량을 운행하는 교육기관에서는 각별한 주의를 요한다. 실외에서 특별한 주의를 하지 않으면 생명을 앗아가는 무기로 돌변하기 때문에 교통안전 관리를 위해 유아교육기관에서 주의를 기울이고 점검해야 한다.

(1) 실외놀이와 운동 안전사고

영유아의 안전한 놀이를 위해서 영유아의 발달 정도와 능력에 맞는 안전한 놀이 공간을 구성하고 안전한 장난감을 선택해 주는 것이 필요하다. 자신의 신체를 조절하여 균형을 유지하는 능력을 갖추도록 하는 일은 안전사고를 최소화할 수 있다.

실외놀이터에서 가장 빈번하게 발생하는 사고는 미끄럼, 정글짐, 구름다리 등의 오르기 기구에서 추락하는 사고이다. 아직 자신의 감정을 잘 조절하지 못하는 영유아들이 친구를 밀거나 때리는 등의 공격적인 행동으로 심각한 상해가 발생하기도 한다. 놀이기구에서 올바른 사용규칙을 지키지 않아서 발생하는 경우가 많다. 이럴 때 교사들은 유아들에게 겁을 주거나 협박을 해서는 안 되고 오히려 적절한 안전행동을 보였을 때마다 칭찬하는 것이 바람직하다. 따라서 어른들은 놀이에 대한 적절한 지도와 준비로 갈등상황이 발생되는 것을 막아야 한다.

오르기 놀이기구에서 유아들의 올바른 이용규칙은 항상 두 손으로 잡고, 손을 주의하며, 뛰어내리기 전에 아래쪽에 다른 물체나 유아들이 없는지 확인하며, 기구나 신발이 눈이나 비에 젖었는지 조심하게 한다. 또한 교사들은 유아들이 놀이를 시작하기 전에 낡은 곳이나 부서진 곳이 없는 지, 날카로운 모서리가 없는지, 시설물이 잘 고정되어있는지를 점검한다. 시설물 바닥의 표면이 적절하고 뾰족한 돌이나 막대기, 장난감이 없는지 확인한다. 그리고 긴 치마, 코트, 긴 스카프, 미끄러운 신발이나 샌들 등의 부적절한 복장을 검사하고, 한 번에 기구를 이용하는 유아의 수를 제한하며, 항상 옆에서 함께한다.

그네와 같이 움직이도록 설계된 놀이기구에서는 타거나 내리기 전에 완전히 멈추기 전까지 기다리게 하고, 항상 한 그네에 한 명만 타게 하고, 양손을 잡고 항상 그네 의자에 앉게 한다. 유아는 그네로부터 떨어져 있게 하고 어른만 유아를 밀게 한다. 교사들은 그네의 줄, 의자상태, 그네 아래쪽의 땅을 점검하며, 유아들이 순서를 안전한 곳에서 기다리게 하며 계속적으로 감독하고 있어야 한다. 그네나 미끄럼틀 등 움직임이 큰 놀이기구로 인해서 충돌이나 추락 등 심각한 상해를 입을 수 있다. 따라서 바닥의 충격흡수상태, 놀이시설 간의 간격, 놀이기구 간의 동선 등을 먼저 고려하여 살펴본 후 안전사고를 예방하여야 한다.

자전거나 인라인 스케이트 등은 유아의 신체 사이즈에 맞아야 한다. 자전거의 경우 영유아의 양발이 바닥에 닿을 수 있는 것이어야 자전거를 타는 도중 중심을 잃었을 때 위험한 낙상을 방지할 수 있다. 자전거를 타는 데 익숙하지 않은 영유아가 전방에서 장애물을 발견했을 때나 자전거를 쉽게 멈출 수 없을 때 몸의 균형을 잃고 넘어지게 된다. 이때 영유아의 양발이 바닥에 닿을 정도면 넘어지는 사고를 최소화할 수 있다. 자전거의 안장이 영유아에 비해 높은 경우에는 위험한 낙상을 입을 수 있기 때문에 안장의 높이를 조절해 준다. 인라인스케이트는 각 부품의 연결이 견고하고 브레이크의 성능이 우수하고 영유아의 발에 잘 맞는 것을 선택한다. 자전거와 인라인스케이트를 탈 때 반드시 헬멧과 무릎, 팔꿈치 및 손목 보호대를 착용하도록 한다. 영유아가 자전거나 인라인스케이트를 타는 데 어느 정도 익숙해지면 안전보호 장구의 착용을 번거로워하는 경향이 있다. 큰 사고는 영유아가 어느 정도 익숙해지거나 숙련되었을 때 오히려 더 많이 발생하므로 언제나 안전보호 장구를 착용하도록 지도해야 한다.

최근에 영유아스포츠의 인기가 상승하면서 수영을 가르치는 나이가 매우 빨라졌다. 수영에 익숙하지 않은 영유아는 절대 자신의 심장 높이 이상의 물에서 놀지 않도록 해야 한다. 영유아는 아직 신체조정 능력이 부족하고 물속에서 중심을 잃어 물에 빠졌을 때 당황하여 익수사고를 당할 수 있기 때문이다. 수영장 물은 18~20℃ 정도가 적당하다. 영유아는 아무런 준비 없이 들어갔을 때 심장마비나 근육의 경련을 일으킬 수 있다. 그러므로 수영복으로 갈아입기 전에 샤워를 하고 수영복으로 갈아입고 나서 충분한 전신운동을 한 후 처음 물에 들어갈 때는 발부터 서서히 들어가도록 한다. 또한 물에 들어가는 것을 두려워하는 영유아는에게는 억지로 수영할 것을 강요하지 않는다. 영유아를 위한 놀이시설은 우선 안전하게 설계된 것이어야 하며 또한 안전하게 관리되어야 한다.

(2) 동식물에 의한 사고

동식물에 의한 사고는 유아교육기관에서 기르는 동식물이나 방문 시 교실에 들어와서 영유아의 안전을 위협하는 요인이 될 수 있다. 겉으로 보기에는 독성이나 해를 끼칠 것 같아 보이지 않지만 치명적일 수도 있다.

식물의 경우, 독성이 있는 부분이 열매, 뿌리, 잎, 씨앗, 꽃, 나무껍질, 그리고 모든 부분에 있을 수 있고 증세도 소화기관 장애, 구토, 설사, 현기증, 경련, 마비, 호흡곤란 및 혼수상태로 치명적일 수 있다. 만약의 경우 영유아들이 먹거나 빨아도 안전한지 확인한다.

동물의 경우, 동물이 예방주사는 맞았는지, 면역된 상태인지, 건강한 상태를 유지하고 정기적인 검진을 받는지 확인해야 된다. 곤충, 거북이나 새의 경우 인간에게 옮길 수 있는 질병의 전달자가 될 수 있다. 동물을 쓰다듬거나 만지고 나서 반드시 손을 깨끗이 씻어야 한다. 애완동물을 키울 때 알레르기에 대한 반응도 확인해야 된다.

(3) 교통사고

유아들은 교육기관을 다니면서 새로운 생활에 적응하고 안전한 생활을 배우게 된다. 그동안 집 안에서 생활하거나 외출을 하더라도 부모와 동행하며 보호를 받았지만, 이제는 혼자서 버스를 타고 내리고, 길을 건너고 자동차들이 다니는 길을 걸어가야 한다. 유아들은 위험에 대한 인식이 부족하고 차의 속도를 짐작할 수 없기 때문에 움직이는 차량에 치이는 경우가 많다. 공놀이, 눈이나 낙엽더미에서 놀기, 큰 상자 안에서 놀기, 자전거 타기, 자동차 뒤나 주차장 부근에서 노는 동안 자주 교통사고를 당하게 된다.

자동차는 운전자나 사용자가 함께 주의를 하지 않으면 생명을 앗아가는 무기로 돌변한다. 교통사고는 1세 이후의 모든 연령군의 사망 원인 중 가장 많으며, 1~4세 영유아기의 사고 사망의 거의 절반을 차지한다. 자동차가 충돌하여 사망하기도 하고 안전벨트를 하지 않아 차 안에서 충돌하여 사망하기도 한다. 부모가 영유아를 무릎에 앉히고 자동차, 자전거나 오토바이를 운전하다가 다치는 경우도 있다. 따라서 실외 안전 중에 교통안전은 가장 중요한 것 중 하나이다.

차도를 건널 때 어른의 손을 꼭 잡고, 움직이는 차를 잘 지켜보게 강조하며 신호등 색깔의 의미를 알려주고 교통지도인의 수신호 의미와 이를 적절하게 지키는 방법도 교육한다.

운전자에게는 차종에 맞는 면허증을 소지하고 있는지, 운행코스를 숙지하고 있는지, 유아들의 발달 특징에 따른 안전수칙을 알고 있는지, 사고 시 대처 방법을 알고 있는지를 확인한다. 더불어 차량은 보험가입이 되었는지, 안전벨트, 안전장치가 장착되어 있는지, 냉난방장치가 잘 작동하고 청결하게 관리되는지, 차량 구입은 문제없는지, 그리고 안전점검을 정기적으로 받는지를 확인해야 된다. 사용자인 유아들은 차례로 줄을 서서 기다리고 타는지, 안전벨트를 착용하는지, 제자리에 앉아 있는지, 창문을 열고 닫고 손이나 머리를 내밀지 않는지, 운전자나 교사의 지시에 잘 따르는지, 버스가 완전히 멈춘 후에 차례로 내리는지, 버스에서 내린 후 좌우를 살피고 안전하게 길을 건너는지, 신호등을 이해하고 잘 따르는지, 인도를 걸을 때 앞을 잘 살피는지, 아파트 주차장을 걸을 때 잘 살피는지, 무단으로 길을 건너지 않는지를 확인한다.

비상연락망 및 응급처치 동의서

반명		생년월일	
성별	남　　여	성명	

사고 발생 시 응급처치는 부모의 동의를 얻어야 함을 이해합니다.
따라서, 귀 유치원에서는 사고 시 응급처치에 대한 신속한 동의가 이루어질 수 있도록 다음의 연락처로 연락을 취해 주시고, 귀 유치원에서 다음의 절차에 따라 응급처치를 하는 경우, 그 권한을 귀 유치원에 위임할 것을 동의합니다.

날짜: 20　.　.　부모 이름 :　　　(서명 또는 인)

〈응급처치 절차〉

1. 사고 발생 시 가장 먼저 부모님께 연락합니다.

(시간/기간)　(전화번호)

어머니와는 ____________ 동안에 ______________ 로 연락됩니다.
____________ 동안에 ______________ 로 연락됩니다.
아버지와는 ____________ 동안에 ______________ 로 연락됩니다.
____________ 동안에 ______________ 로 연락됩니다.

2. 부모님과 신속하게 연락되지 않을 경우, 부모님이 정해주신 다음의 연락처로 연락드립니다.

(이름)　(전화번호)

① ____________ 는 ______________ 로 연락할 수 있습니다.
유아와의 관계 ____________
② ____________ 는 ______________ 로 연락할 수 있습니다.
유아와의 관계 ____________

3. 필요한 경우 119 구급대에 연락할 것이며 (유치원에서 지정하는 의료기관이나, 부모님이 정하신 ______________ ____________ 의료기관)으로 응급 수송할 것입니다.

4. 의료기관 수송 후에는 다음의 의료보험 관련 정보를 주어 신속하게 치료받을 수 있도록 합니다.

의료보험 종류 ______________
주민등록번호 ______________

2. 안전한 환경을 위한 수칙과 점검

안전사고를 대비하기 위해 사고 상황에서의 교사나 유아의 역할과 책임, 연락처, 응급처지과정 및 방법에 관한 명확한 서술이 준비되어 있어야 한다. 또한 사고발생 시의 대처과정에 필요한 유아의 정보와 부모 동의서가 준비되어야 한다.

- 사고 상황의 역할을 분담하고 훈련한다. 예를 들어 사고당한 유아를 보살피고 응급 처치하는 역할, 보모와 구조대 또는 응급실에 연락하는 역할, 남은 유아 돌보기와 안전하게 대피하는 역할 등 신속하고 정확하게 대처하는 상황을 훈련한다.
- 응급 상황이나 안전사고발생 시 도움을 구할 수 있는 곳의 연락처를 쉽게 찾을 수 있도록 일정한 장소에 비치한다. 가까운 병원의 응급실이나 구급차 연락처, 119구조대, 소방서, 독극물 치료기관 등의 전화번호, 부모의 연락처, 유아의 주치의 연락처를 손쉽게 찾을 수 있도록 준비한다.
- 안전사고 발생 시 교사가 취할 수 있는 응급 처치 법을 알아두고 손쉽게 참고할 수 있는 응급 처치 관련 책자를 준비한다. 의사가 전문적이고 의학적인 치료를 할 수 있을 때까지 손상과 통증이 더 악화되지 않도록 의사가 오는 시간까지 또는 병원에 갈 때까지의 응급조치의 과정에서 쉽게 볼 수 있는 자료를 비치한다.
- 안전사고 발생 시 사용할 수 있는 상비의약품을 준비해 둔다. 상비의약품은 손쉽게 사용할 수 있도록 사용안내서와 함께 전용상자에 담아 유아들의 손에 닿지 않을 곳에 보관한다. 상비의약품 전용상자는 일정한 장소에 두고 사용한 후에도 반드시 원래 위치에 두도록 한다. 의약품은 정기적으로 보충하고 오래된 것이 없는지 점검한다.
- 응급상황의 대처 과정에 필요한 부모의 동의와 부모와 연락이 닿지 않는 경우를 대비하여 비상연락망 및 응급처치 동의서를 받아두고 필요한 정보를 비치한다. 알레르기가 있는 유아의 경우, 알레르기의 종류, 반응, 주치의 연락처, 의료보험 번호 등의 정보를 기록한다.

1) 실내 안전점검

(1) 실내놀이의 안전수칙

안전사고는 단순한 법적규제나 성인들의 관리로 전적으로 예방할 수 있는 것은 아니다. 교사나 부모가 영유아의 장난감 사고 예방을 위해 사용자인 영유아의 기본적인 안전수칙을 이해하고 놀이의 규칙을 습관화하여 지키고 실천할 때 가능한 것이다. 따라서 일반적인 놀이의 규칙을 확인하고 영유아와 함께 놀이해 보고 발생할 수 있는 실내안전의 사고를 예측해 보고 예방할 수 있는 규칙을 만들어 간다.

놀이의 규칙을 만들 때는 위험성이 높은 놀이는 미리 정하고 위험성이 적은 놀이에 대한 약속은 유아들이 놀이를 한 후에 함께 경험을 통해 자율적으로 정하는 것이 더 실천할 수 있는 방법이다. 특히 영유아의 놀이사고는 치명적인 결과를 가져올 수 있다. 놀이기구에서 추락하는 사고, 질식위험이 있는 장난감, 독성 물질이 있는 장난감, 장난감 칼이나 총과 같은 공격적인 장난감은 작은 부상에서 사망에 이를 수 있기 때문에 안전한 사용법을 강조해야 된다.

(2) 실내 안전점검

유아가 사용하는 최소 공간, 실내온도, 통풍과 채광, 비상구, 방화재 커튼과 카펫, 안전유리, 깨끗한 벽과 마루, 유아용 책상과 의자, 복도와 문, 전기콘센트 안전마개, 연기 검출기 위치와 작동 여부, 가구 배치와 동선, 놀이시설과 교구 관리, 세척제나 화학제 · 중독물질 보관, 계단과 난간, 화장실 설치, 소화기 비치, 벌레 퇴치, 부엌의 위생, 응급조치 훈련, 약품보관, 화재나 폭풍 및 재난 훈련 등에 관한 안전점검을 규칙적으로 시행한다.

교육과학기술부에서 실내환경의 안전점검 체크리스트로 교실 내의 공간, 비품, 놀잇감과 가구, 복도 및 문, 계단, 난간, 화장실, 조리실, 현관에 대하여 다음과 같이 제시한다.

교실 공간

	점검 사항	그렇다	아니다	비고
1	교실은 1층에 배치되어 있다.			
2	교실 내에 세면대가 설치되어 있어 수시로 사용할 수 있다.			
	적정 온도의 온수가 나오고 있다.			
3	교실에 환기를 위한 시설(기계 환기 설비)이 있다.			
	교실에 환기를 위한 창문의 크기가 적정하다.			
4	난방은 복사난방을 하고 있다.			
	실내 온도는 18도 이상 28도 이하를 유지하고 있다.			
5	실내 조명 시설이 잘 갖추어져 있다. 단, 인공조명에 의한 눈부심이 발생되지 않는다.			
6	교실은 햇빛이 잘 들어온다. 단, 교실 바깥의 반사물로부터 눈부심이 발생되지 않는다.			
7	창문 주변에는 딛고 올라설 만한 물건이 비치되어 있지 않다.			
8	2층 이상에 위치한 교실 창문에는 추락 사고 예방을 위한 보호 안전망을 갖추고 있다.			
9	교실은 교사의 시선이 미치지 않는 구석이 없다.			
10	창문에 커튼이나 블라인드가 설치된 경우, 커튼이나 블라인드 줄이 짧게 정리되어 있다.			

비품

	점검 사항	그렇다	아니다	비고
1	날카로운 물건(칼, 송곳, 가위 등)은 잠금 장치가 있는 곳에 보관하고 있다.			
2	미술도구는 안전성이 검증된 것을 사용하고 있다.			
3	모든 카펫이나 커튼, 벽지는 방염 처리 된 것을 사용하고 있다.			
4	교구장, 수납장 등에는 아래 부분에 무거운 비품을 보관하고 있다.			

놀잇감

	점검 사항	그렇다	아니다	비고
1	모든 놀잇감에는 날카로운 부분이나 모서리, 가시, 갈라진 곳, 삼킬 우려가 있는 작은 부속품이 없다.			
2	장난감 상자에는 상자 안에 유아가 갇힐 우려가 있는 빗장 등의 잠금장치가 없다.			
3	놀잇감은 유아가 꺼내고 수납하기 알맞은 높이에 있으며 크거나 무거운 놀잇감은 교구장 아래에 위치해 있다.			
4	놀잇감을 구입할 때 안전성이 검증된 것인지 확인한 후 구입하고 있다.			

가구

	점검 사항	그렇다	아니다	비고
1	의자와 책상의 높이는 유아의 신체 발달에 맞는 크기이다. (의자: 25.4~30.4cm, 책상: 40.6~50.8cm)			
2	책상, 정리장 등 가구들은 바닥과 벽에 안전하게 배치되어 있다.			
	가구의 볼트, 너트, 못 등이 튼튼하게 고정되어 있다.			
3	책상, 의자 및 교구장 등 모든 가구에는 돌출된 부분이 없고 모서리가 둥글고 표면이 매끄럽게 처리되어 있다.			

복도 및 문

	점검 사항	그렇다	아니다	비고
1	복도 바닥에서 1.3m 높이까지는 벽체 파손 시에도 위험하지 않은 재료로 되어 있다.			
2	복도에 노출되는 벽 모서리나 기둥모서리는 코너가드 등을 사용하거나 모따기하여 둥글게 되어 있다.			
3	복도에는 충분한 조명 또는 창문이 설치되어 어둡지 않다.			
4	교실과 복도 사이에 설치된 문 등 유치원 내 설치되어 있는 문에는 문턱이 없다.			
5	복도의 넓이는 성인 두 사람이 부딪치지 않고 다닐 수 있다.			
6	유치원 내 모든 문의 가장자리에는 유아의 손이 끼지 않도록 손 끼임 방지 장치나 완충장치가 설치되어 있다(여닫이문의 경우 도어클로저 설치).			

계단

	점검 사항	그렇다	아니다	비고
1	계단의 단 높이는 16cm 이하이며, 단 높이가 일정하게 구성되어 있다.			
2	계단의 단 너비는 26cm 이상이며, 단 너비가 일정하게 구성되어 있다.			
3	계단의 경사도는 너무 급하지 않고 완만하게 구성되어 있다.			
4	계단에는 미끄럼 방지처리가 되어 있으며, 견고하게 부착되어 있다.			
5	계단에는 충분한 조명 또는 창문이 설치되어 어둡지 않다.			
6	바닥재는 충격을 흡수할 수 있는 재료를 사용하고 있으며, 계단의 끝선을 명확히 구분할 수 있도록 다른 색으로 채색되어 있다.			

난간

	점검 사항	그렇다	아니다	비고
1	난간 손잡이의 높이(약 80cm 내외)와 직경(지름 3.5cm 내외)은 유아들의 신체 치수에 맞게 설치되어 있다.			
2	난간 살의 간격은 10cm 이하로 되어 있다.			

화장실

	점검 사항	그렇다	아니다	비고
1	화장실 바닥 표면은 물에 젖어도 미끄러지지 않도록 안전조치가 되어 있다.			
2	화장실은 배수가 잘 되는 구조로 되어 있으며 바닥이 항상 건조한 상태로 유지되어 있다.			
3	세면대는 유아의 신체에 맞도록 설치되어 있다.			
4	유아용 변기를 갖추고 있어 유아가 사용하기에 적절하다.			
5	냉·온수가 공급되고, 더운물의 온도는 40℃ 이하를 유지할 수 있도록 온도조절장치나 온수밸브잠금장치, 온도계가 비치되어 있다.			
6	락스, 세제 및 변기를 청소하는 솔 등은 유아의 손이 닿지 않는 곳에 뚜껑을 잠그어 따로 관리하고 있다.			
7	화장실 문에는 잠금장치가 설치되어 있지 않다.			
8	돌출형 라디에이터가 사용될 경우 유아의 손이 닿지 않도록 보호망을 갖추고 있다.			

조리실

	점검 사항	그렇다	아니다	비고
1	조리실은 유아의 출입을 차단할 수 있는 장치가 되어 있다.			

현관

	점검 사항	그렇다	아니다	비고
1	현관 또는 출입구에는 보안을 위한 잠금장치와 인터폰 등이 설치되어 있다.			
2	방문한 사람의 신원을 확인 후 유치원에 출입시키고 있다.			
3	현관문에는 도어클로저 등 손 끼임 방지 장치가 설치되어 있다.			

그 외 화재예방 및 화재대피훈련, 비상대응계획 및 관리 · 감독에 관한 점검 사항은 다음과 같다.

발화 방지

	점검 사항	그렇다	아니다	비고
1	주방의 가스레인지 등 화기시설이 설치된 주변의 벽과 천장은 불에 타지 않는 재질로 구성되어 있다.			
2	가스레인지 중간 밸브와 가스 누설 자동차단장치가 설치되어 있다.			
3	전기공급 개폐기와 누전차단기가 설치되어 있다.			
4	히터 등 난방기와 이동식 난로, 라디에이터 등을 사용 시 화상예방을 위한 안전장치가 되어 있다.			
5	사용하지 않는 전기콘센트에는 안전덮개가 설치되어 있다.			

감지 · 경보 및 소화

	점검 사항	그렇다	아니다	비고
1	교실, 복도, 계단 등에는 파손(부서짐, 페인트 도색 등)되지 않은 감지기가 설치되어 있다.			
2	감지기가 설치된 경우 수신반은 사람이 항시 상주하는 교무실 등 관리가 용이한 장소에 설치되어 있으며, 사용법을 알고 있다.			
3	화재경보벨은 잘 보이는 곳에 설치되어 있다.			
4	주방 출입구에는 화재 시 자동으로 작동하여 화재의 확산을 유효하게 방지할 수 있는 방화설비(방화문 또는 상해 위험이 없는 셔터 등)가 설치되어 있다.			
5	교실, 복도, 계단 등에는 스프링클러가 설치되어 있다.			
6	소화기는 각 교실마다 설치되어 있으며 잘 작동하고 있다.			
7	옥내 소화전이 설치되어 있으며 잘 작동하고 있다.			
8	각 교실에는 교무실, 다른 교실과 상호 연결되는 통신시설(인터폰 등) 또는 방송시설이 설치되어 있다.			

피난안전성

	점검 사항	그렇다	아니다	비고
1	비상구는 매 층마다 2군데 이상 확보되어 있다.			
	화재 등의 비상 시 건물 내 어떠한 장소에서도 양방향 피난이 가능하도록 되어 있다.			
2	비상구로 가는 통로에는 피난유도등이나 유도표지가 부착되어 있다.			
	피난유도등이나 유도표지는 피난출구로의 방향을 정확히 표시하고 있다.			
3	각 교실과 복도에는 화재 시 이용 가능한 모든 대피경로와 가장 짧은 대피경로가 각각 제시되어 있다.			
4	비상문과 비상통로는 내부로부터의 신속한 탈출을 방해하는 자물쇠나 잠금장치가 설치되어 있지 않다.			
	피난통로에는 피난에 방해가 되는 시설물이나 적치물이 없다.			
5	옥상이 있는 2층 이상에 설치된 유치원의 경우 옥상으로 안전하게 피난할 수 있는 구조가 확보되어 있다.			

화재 대피 훈련 · 교육

	점검 사항	그렇다	아니다	비고
1	화재 대피 훈련은 월 1회 이상 실시한다.			
2	화재 대피 훈련 후에는 반드시 대피 훈련 일지를 기록하고 결과를 점검한다.			
3	대피 훈련 계획을 사전에 문서로 작성하여 준비한다.			

비상 대응 계획

	점검 사항	그렇다	아니다	비고
1	응급 상황 발생 시 대응 체계 및 각자의 역할에 대한 비상 대응 계획이 문서로 작성되어 있다.			
2	비상연락망이 작성되어 눈에 잘 띄는 곳에 부착되어 있다.			
3	응급 상황에 대비해 구급상자가 유아의 손이 닿지 않는 곳에 비치되어 있다.			
4	유치원 내 응급처치를 할 수 있는 교사가 1명 이상 배치되어 있다.			
5	구급약은 수시로 점검하여 보충하고 있다.			
6	구급약의 종류, 보관 방법 및 보관처, 사용법 및 부작용 등에 대해 서면화되어 있고 교사 누구나 잘 알고 사용할 수 있다.			

안전교육

	점검 사항	그렇다	아니다	비고
1	유아 대상 연간 안전교육 계획이 수립되어 있으며, 이를 실시한다.			
2	유치원의 모든 교직원을 대상으로 연간 자체 안전교육 계획이 수립되어 있으며, 이를 실시한다.			
3	신규교직원, 자원봉사자, 임시교사는 안전교육에 대한 오리엔테이션을 받는다.			
4	유치원은 부모 대상 연간 안전교육 계획이 수립되어 있으며, 이를 실시한다.			
5	부모들에게 안전교육에 대한 정보를 정기적으로 제공한다(가정통신문, 게시판, 부모 강연 등).			

안전감독

	점검 사항	그렇다	아니다	비고
1	유아와 관련된 모든 장소와 상황에는 교직원이 감독하고 있다.			
2	실외놀이터 이용, 현장학습 등 안전사고가 우려되는 활동 시 반드시 교직원이 감독한다.			
	실외놀이터 안전관리 담당 교사가 지정되어 있다.			

안전사고 일지 기록

	점검 사항	그렇다	아니다	비고
1	사고에 대비하여 유아에 대한 응급처치 동의서를 받아 비치하고 있다.			
2	안전사고 발생 시 사고 일지에 기록하고 있다.			
3	안전사고 발생 시 일어난 사고에 대해 부모에게 알리고 있다.			
4	안전사고 처리 절차 및 재발 방지 대책이 수립되어 있다.			
5	사고 일지 기록을 분석하여 향후 연도의 안전관리 대책 수립 시 반영한다.			

2) 실외 안전점검

(1) 실외놀이의 안전수칙

영유아들이 안전하게 실외놀이 시설과 도구를 이용할 수 있도록 구조와 설비 측면을 보완하고, 안전하게 사용하는 법과 안전수칙을 강조해야 한다. 실외놀이에서 발생하는 안전사고는 영유아의 발달수준과 신체조건에 맞지 않는 시설물, 시설물의 관리 소홀 그리고 시설물 바닥의 부적절한 처리 등이다.

따라서 실외놀이기구 및 시설물에 대한 자료의 견고성, 구조의 안정성, 설치 시의 바닥 고정상태, 부식, 변형 및 파손에 대한 점검이 필요하며 신체적인 조건에 따른 적합성도 고려한다.

(2) 실외 안전점검

실외 안전 점검은 오염과 소음에서 차단된 놀이 공간, 접근이 안전한 거리, 배수 상태, 용이한 화장실 시설과 식수대, 다양한 놀이 영역, 놀이 시설물의 상태, 유아의 연령에 맞는 시설, 시설물 보호안전모래, 고정된 시설물, 충분한 공간, 울타리와 잠금장치, 독성 없는 식물과 나무, 화학물, 살충제 등의 보관장, 평형하고 위험물이 없는 땅, 수영장의 감독관을 확인하고 통학버스, 주변 교통환경을 점검한다.

교육과학기술부에서 실외환경의 안전점검 체크리스트로 놀이시설, 바닥, 실외놀이터 환경에 대하여 다음과 같이 제시한다.

놀이시설

	점검 사항	그렇다	아니다	비고
1	모든 놀이기구 및 시설은 낙후되거나 휘어진 곳이 없다.			
2	실외 놀이시설물은 안전검사를 필한 제품을 사용하고 있다.			
3	실외놀이시설물은 설치검사를 받아 안전하게 고정 및 설치되어 있다.			
4	기둥의 고정 및 조임장치의 조임상태가 양호하다.			
5	기구 베어링의 윤활유 주입이 잘 되고 있다.			
6	유아의 몸이 빠지거나 낄만한 틈새가 없다.			
7	녹슬거나 금이 가거나 페인트칠이 벗겨진 곳이 없다.			
8	부서진 부분이나 부패, 돌출부, 거친 면이 없다.			
9	연결된 부분에 볼트나 나사가 풀려져 있지 않다.			
10	실외 놀이시설이 옥상에 설치되어 있는 경우에 추락 방지를 위한 견고한 안전망이 설치되어 있다.			
11	실외 환경과 놀이시설에 대한 일일안전점검을 실시하고 기록 · 관리한다.			

12	놀이시설물은 정기시설검사를 받고 있다.			
13	2년에 4시간씩 안전교육을 받고 있다.			

바닥

	점검 사항	그렇다	아니다	비고
1	유아가 추락할 가능성이 있는 놀이시설물 아래와 주변의 공간(안전지대)은 충격을 흡수할 수 있도록 되어 있다. (30cm 이상의 모래, 우레탄, 고무매트, 나무조각 등)			
2	놀이터는 배수가 잘 되고, 바닥에 쓰레기가 없다.			
3	모래가 유실되거나 딱딱하게 굳어있지 않다.			

실외놀이터 환경

	점검 사항	그렇다	아니다	비고
1	실외놀이터는 위험지역으로부터 보호할 수 있는 울타리나 담이 설치되어 있다.			
2	실외놀이터에는 차량이 접근할 수 없다.			
3	움직임이 많은 영역에 밧줄이나 전선이 늘어져 있지 않다.			
4	놀이터 안에는 전기, 고압선, 유독물질, 유리조각, 돌부리 등의 위험물질이 존재하지 않는다.			
5	울타리, 의자는 고장나거나 파손된 곳이 없다.			
6	놀이터 표지판은 파손되거나 내용물이 지워진 곳이 없다.			

그 외 교통환경을 위해 통학버스 안전관리 시스템, 운전자 및 통학버스 안전담당자, 주변교통환경에 대해 안전점검을 확인한다.

통학버스 안전관리 시스템

	점검 사항	그렇다	아니다	비고
1	어린이 통학버스로 등록된 차량이며 차량 앞유리에는 어린이 통학버스 신고필증이 부착되어 있다.			
2	차내 모든 좌석에 3세~5세를 위한 안전벨트와 안전시트가 설치되어 있으며, 유아들 신체에 맞게 조절이 가능하다.			
3	색상이 황색이다.			
4	비상사태를 대비하여 차량 내에 구급상자가 비치되어 있다.			
5	차량 내에 안전수칙이 부착되어 있다.			
6	차량 내에 날카로운 곳이나 불필요한 물건이 없다.			
7	차 맨 앞좌석에는 차량용 소화기가 고정되어 있다.			
8	어린이 통학버스 운행 시 반드시 보조교사가 탑승한다.			
9	긴급 시 연락할 수 있는 휴대용 전화가 있다.			
10	응급 시 예비 차량을 즉시 대치할 수 있다.			

11	정기적으로 차량 안전점검을 실시하고 있다.			
12	통학버스 운영위원회를 구성하고 있다.			
13	통학버스 안전담당자를 지정하고 있다.			
14	통학버스 운행노선도와 운행시간 계획을 가지고 있다.			
15	통학버스 운행시간은 운전자가 무리하지 않을 만큼 여유 있게 짜여져 있다.			
16	통학버스의 안전한 승하차 지점과 대기장소가 명시되어 있다.			
17	승하차 시 교통 혼잡이 없는 곳을 버스 승하차 장소로 설정하고 있다.			
18	비상 시 연락망을 유치원 내 및 통학버스에 게시하고 있다.			
19	유치원 주변의 교통문제를 최소화할 수 있도록 원아들의 통학로를 설정하고, 이를 관리할 수 있는 통학로 지도를 마련하고 있다.			

운전자 및 통학버스 안전담당자

	점검 사항	그렇다	아니다	비고
1	운전자는 최근 3년 이내 법규위반이나 사고 경력이 없는 사람이다.			
2	운전자는 적합한 자격을 가진 사람이다(15인승 이상 버스 운전자는 대형운전면허를 소지하고 있다).			
3	통학버스 운전자는 통학버스 운행을 위한 교통안전교육을 받은 사람이다.			
4	운전자 및 통학버스 담당자들은 유사시에 대비한 위기관리 계획의 실행 방법에 대해 훈련이 되어 있다.			
5	운전자 및 통학버스 담당자들은 운행 일일 안전점검표를 기록하고 있다.			

주변 교통 환경

	점검 사항	그렇다	아니다	비고
1	통학로의 횡단보도에는 보행자 신호등이 설치되어 있다.			
2	통학로에는 교통안전시설물이 적정하게 설치되어 있다.			
3	교통안전표지판은 노후되거나 파손되어 있지 않다.			
4	운전자들이 식별할 수 있도록 가로수 정비가 잘 되어 있다.			
5	유치원 주변 300m 이내에 불법주정차 표시가 되어 있다.			
6	어린이보호구역이 표시되어 있다.			
7	어린이보호구역 표지판은 운전자들이 볼 수 있는 위치에 있다.			
8	통학버스 이용 어린이를 위한 지정된 승하차 장소가 있다.			
9	지정된 승하차 장소는 유아의 활동 장소와 충분히 떨어져 있다.			
10	승하차 장소를 알아볼 수 있게 노면 표시와 안전표지등을 설치하였다.			
11	원아들의 버스 승하차 장소 접근은 유치원 도착 및 출발 시에만 제한되어 있다.			
12	유치원의 버스 승하차 시에는 유치원의 담당자가 지도감독을 한다.			
13	방문자나 유치원 관계자의 주차 장소는 따로 설정되어 있다.			
14	방문자나 유치원 관계자의 주차 장소는 통학로와 겹쳐져 있지 않다.			
15	유치원 주차장을 사무실에서 감시할 수 있는 시설이 설치되어 있다.			

3. 안전사고 대처

안전사고를 대비하기 위한 준비를 철저히 해도 안전사고가 발생할 수 있다. 안전사고 발생 시 당황하지 말고 대처할 수 있는 방법을 알아본다.

- 사고가 발생했을 때 누가 다쳤는지, 어떤 사고인지, 계속되는 위험이나 다른 사고의 위험은 없는지 판단한다.
- 유아의 부상 정도를 파악하고 응급처치를 한다. 응급처치는 기본 원칙에 따라 의식을 확인하고, 기도를 유지하고, 호흡을 확인하며, 맥박을 확인하고 출혈의 정도를 살펴보아 지혈하거나 소독한다.
- 구조요청을 위해 다른 동료에게 알리고, 119 구조대, 가까운 병원 응급실에 도움을 청한다. 구조대를 기다리는 동안, 다친 유아를 보온해 주고 안정시키고, 구조대가 오면 교사가 반드시 동행한다. 이때 응급처치가 필요한 상황에 준비되어야 하는 부모의 동의서, 상해보험과 의료보험 관련 서류도 가지고 간다. 사고 장면을 목격한 교사는 사고 상황과 응급처치의 내용을 의사에게 설명한다.

- 부상당한 유아의 부모에게 사고의 상황, 사고 시각 등을 간단하고 정확하게 알려 준다.
- 사고 상황을 목격한 남은 유아들을 돌보고 안정을 되찾게 도와준다. 계속해서 이야기를 하고자 하면 충분한 시간을 주어 사고에 대한 이야기를 할 수 있도록 기다려 주고 불안감을 해소할 시간을 준다.
- 사고 상황을 보고하기 위해 사고 피해자, 사고 일지, 사고 장소, 사고 원인 등을 기록하여 교육청이나 보험회사나 관련 기관에 사고 보고서를 제출한다.

사고 보고서

기관명				전화번호	
기관 주소					
상해 유아명		성별	남 여	생년월일	년 월 일
사고 일자	년 월 일			사고 시간	am/pm
목격자명		부모에게 연락한 사항			
연락 시간	am/pm	119 신고 여부		□ 안 함 □ 신고함 (am/pm)	
사고 발생 장소	□ 수송중 □ 견학중 □ 실외놀이터 □ 실내놀이실 □ 화장실 □ 복도 □ 주방 □ 대근육 활동실 □ 교사실 □ 식당 □ 계단 □ 기타 ( )				
사고 당시 활동 내용	□ 목욕 및 배변 시간 □ 교실 활동 □ 계단 오르내리기 □ 실내 자유놀이 □ 점심/간식 시간 □ 실외 자유놀이 □ 물놀이 □ 현장학습 □ 기타 ( )				
상해를 입힌 시설 설비	□ 실내고정물 ( ) □ 놀이시설물 (□ 미끄럼틀 □ 회전대 □ 시소 □ 조합놀이대 □ 오르기 시설) □ 실외고정물 ( ) □ 바퀴 달린 탈 것 □ 놀잇감 ( ) □ 책상 등 비품 ( ) □ 기타 ( )				
상해의 유형	□ 화상 □ 쇼크/질식 □ 추락/강타 □ 물체에 끼임 □ 찢어짐 □ 뼈가 부러지거나 탈구 □ 압박, 눌림 □ 베임 □ 찰과상(벗겨짐) □ 삠 □ 중독 □ 호흡 곤란 □ 기타 ( )				
상해를 입은 다른 유아가 있는가?				□ 예 □ 아니오	
사고 원인	□ 바닥으로 떨어짐: 떨어진 높이 약 m 바닥의 형태: □ 뛰거나 발을 헛디뎌 넘어짐 □ 다른 유아에게 물림 □ 다른 유아에게 맞거나 밀림 □ 바퀴 달린 탈것(인라인스케이트 등) □ 물체에 의해 다침 □ 음식물에 의한 질식 □ 곤충에 물리거나 쏘임 □ 동물에게 물림 □ 열, 추위에 노출 □ 기타 ( )				
다친 부위 (좌, 우 표시)	□ 머리 □ 눈(L ,R) □ 귀(L, R) □ 코 □ 입 □ 목 □ 가슴 □ 등 □ 엉덩이(L, R) □ 생식기 □ 팔(L, R) □ 손(L, R) □ 다리(L, R) □ 발(L, R)				
유치원에서 행해진 응급처치 (상술 예: 압박붕대, 세척, 봉대, 위로 등)					
응급처치자		의료기관 진료 여부		□ 안 함 □ 함	
의료기관 진료를 한 경우	□ 외래 진료를 받음(예 : 진료실, 응급실) □ 입원 (밤새 혹은 시간)				
유아의 보호(치료)를 위한 추후 계획					

사고 보고서

재발 방지에 필요한 교정 활동					
직원 서명	(인)	날짜:	.	.	am/pm
부모 서명	(인)	날짜:	.	.	am/pm

12장

응급처치

12장 | 응급처치

1. 응급처치의 목적

응급처치는 보다 나은 병원치료를 받을 때까지 일시적으로 도와주는 것이다. 그뿐만 아니라 적절한 조치로 회복상태에 이르도록 하는 것을 포함한다. 특히 영유아들은 신체조절능력과 판단능력이 미숙하여 예기치 못한 긴급 상황이나 사고가 발생할 위험성이 높다. 응급처치는 생명을 좌우하며 회복기간에도 영향을 미치게 되기 때문에 응급상황에 대처하는 처치자의 신속·정확한 행동 여부에 따라서 삶과 죽음이 좌우되기도 한다. 응급의료에 관한 법률 [시행 2014.8.7.] 에 의하면 "응급처치"란 응급의료행위의 하나로써 응급환자의 기도를 확보하고 심장박동의 회복, 그 밖에 생명의 위험이나 증상의 현저한 악화를 방지하기 위하여 긴급히 필요로 하는 처치를 말한다. 즉 영유아들에게 예상치 못한 사고나 질병이 발생했을 때 병원에서 전문적인 치료를 받기 전까지 영유아를 안전하게 보호하고, 상처나 질병의 악화를 방지하고 추가적인 손상을 예방하기 위해 행해지는 즉각적인 처치라고 할 수 있다.

응급상황을 제때 인지하고 처치할 수 있다면 좋겠지만, 그렇지 못한 경우가 생각보다 많다. 예를 들면 심장마비 증세가 나타났는데도 상태를 파악하지 못하고 시간을 허비하다가 병원으로 옮겨져 돌이킬 수 없는 상태에 이르게 하는 경우가 많다. 아직까지 많은 사람이 응급처치 방법을 모르고 있으며, 비록 교육을 통해 응급처치 방법을 아는 사람들이라도 실제 응급상황에 접하게 되었을 때에는 당황하게 된다. 그러므로 평소에 교사가 기본 응급처치 방법을 숙지하여 침착하게 응급상황을 파악하는 것이 매우 중요하다.

2. 응급처치의 기본원칙

호흡정지나 심정지 환아의 처치는 즉각적으로 이루어져야 하며, 응급 환아에 대한 평가는 체계적이고 신속하게 이루어져야 한다. 응급 환아의 평가는 다음과 같은 단계로 실행한다. 응급현장에서 위험요소, 손상의 발생기전이나 원인, 부상자 수를 확인하는 현장조사를 먼저 한다. 현장조사에서 현장이 안전하다고 판단되면 환아가 의식이 있는지 확인하고, 기도, 호흡, 순환에 문제가 있는지를 확인한다. 의식이 없을 경우 기도를 열어 주며, 이때 척추부상이 의심되면 함부로 부상자를 움직이지 말아야 한다. 기도를 열어 준 후 호흡을 확인하며 순환상태를 확인하는 것이 기본원칙이다.

1) 의식 확인

환아에게 움직여 보도록 지시하거나 유도하여 의식상태를 점검한다. 질문 또는 자극을 주어 의식을 확인하는데, 질문에 대답하면 기도 및 의식수준이 비교적 양호한 상태이다. 그러나 말을 못하거나 의식이 없으면 기도개방상태, 호흡과 순환 평가를 한다.

의식 상태를 점검하기 위해 손전등으로 동공이 확대되거나 고정되지 않았는지 살핀다. 동공은 빛에 대해 신속하게 수축하는 성질이 있는데 반응이 느리거나 고정되어 있다면 매우 위급한 증세이다. 환아의 반응 정도를 다음의 수준으로 확인한다.

- '명료'는 눈을 뜰 수 있고 질문에 정확히 대답할 수 있다.
- '소리에 반응'은 소리에 반응한다.
- '통증에 반응'은 눈을 뜨지 못하고 질문에 답하지도 못하나 피부를 꼬집거나 하면 통증에 반응을 보인다.
- '무반응'은 눈을 뜨지 않고 피부를 꼬집어도 반응이 없다.

또한 사고를 당한 환아의 경우 척추손상이 있는지 확인한다. 척추손상 여부를 확인하기 위해 환아의 손가락과 발가락을 꽉 쥐어보아 감각을 확인하고, 환아의 손가락과 발가락을 움직이게 하여 움직임을 확인한다.

2) 기도유지

기도를 유지하기 위해 가장 먼저 파악해야 되는 것은 환아의 의식과 맥박과 호흡의 유무를 살피는 것이다. 말을 하거나 반응을 보이면 기도가 열려 있는 상태이다. 반면에 환아가 반응이 없고, 척추손상이 의심되지 않으면 머리를 젖히고 턱을 당겨 코나 입으로 들어간 공기가 기도를 통해서 폐까지 들어가도록 기도를 열어 준다.

의식을 잃으면 혀가 목 뒤로 가서 기도가 막힐 수 있으므로 기도가 막혔는지 확인하여 혀에 의한 기도폐쇄를 막는다. 기도를 열 때는 먼저 입이나 코에 이물질이 있는지 확인하여 제거해 주고 아무것도 없다면 머리를 뒤로 젖히고 턱을 들어 올려주어 혀가 기도를 막지 못하도록 해 준다. 외상환아의 경우 경추나 척추 손상의 우려가 크므로 이물질 제거를 위해 함부로 목을 젖히거나, 환아의 몸을 돌리지 않도록 한다.

3) 호흡 확인

환아가 반응을 보이면 숨을 쉬고 있다는 것이다. 환아가 반응이 없으면 기도를 열어둔 채 10초 이내로 환아의 가슴을 보고, 숨소리를 듣고, 숨결을 느끼며 호흡 확인을 한다. 호흡이 없으면 기도를 유지한 상태에서 입으로 영아의 코와 입을 모두 감싸고 2회 인공호흡을 실시한 후 환아의 회복상태를 확인한다. 공기를 불어넣을 때 공기의 양은 어른의 입속에 있는 양만으로도 충분하다.

4) 순환 확인

자발적 호흡이 없거나 기침, 움직임이 없는 경우, 영아는 목이 짧아서 경동맥을 확인하기 어려우므로 어깨와 팔꿈치 사이의 안쪽에 위치한 상완동맥 맥박을 10초 이내로 확인 후 맥박이 없으면 즉시 가슴압박을 실시한다. 맥박은 뛰지만 숨을 쉬지 않으면 인공호흡만을 실시한다.

옷이 피에 젖었거나 묻었으면 몸 전체를 살펴 피가 나는 부위를 찾아 직접압박을 하여 지혈한다. 환아의 피는 직접 만지지 않도록 하고 가능하면 의료용 장갑을 끼거나 천이나 붕대를 이용하여 감염으로부터 보호한다.

3. 심폐소생술

심폐소생술이란 예기치 못한 사고나 갑작스러운 심정지로 폐와 심장의 활동이 멈췄을 때 요구되는 기본적인 응급처치를 말한다. 심폐소생술의 주된 목적은 생명유지에 기본이 되는 장기인 심장, 뇌 그리고 그 외의 다른 장기에 빠른 시간 내에 산소를 공급해서 기능을 회복하는 데 있다. 응급의료체계에서는 영아, 소아, 성인 등으로 대상자를 분류하는데, 이는 연령에 따른 심정지의 원인이 다르며 또한 성인과 소아, 영아의 소생술 과정에 있어 다소 차이가 있기 때문이며 일반인의 경우 1세 미만은 영아, 1~8세까지는 유아를 포함하여 소아, 8세 이상은 성인으로 분류한다.

1) 영아의 심폐소생술

가. 의식 확인

- 신체적으로 자극을 주어 반응 확인한다. 자극은 조심스럽게 발바닥이나 어깨, 가슴을 두드리거나 소리를 친다. 예를 들어 영아의 발바닥을 가볍게 치면서 "ㅇㅇ야, 괜찮니?"라고 소리친다(그림 12-1).

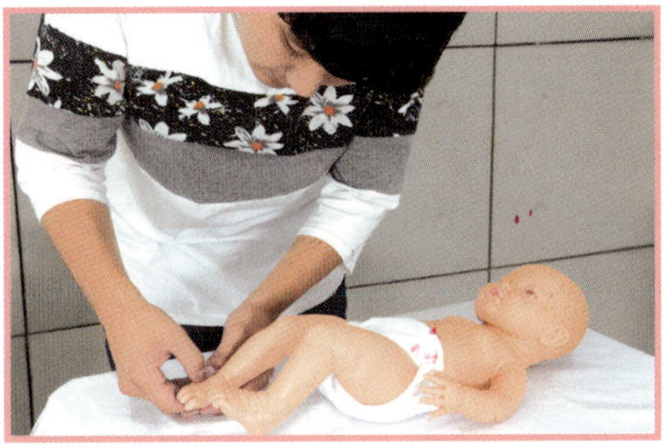

그림 12-1 의식 확인

나. 기도유지

- 평평한 바닥에 반듯이 눕힌다.
- 이마를 뒤로 젖히고 턱을 살짝 들어 올리고 어깨 밑에 수건을 깔아 기도를 연다(그림 12-2).
- 호흡은 영아의 가슴 움직임을 보고, 호흡음을 듣고, 뺨으로 느낀다.

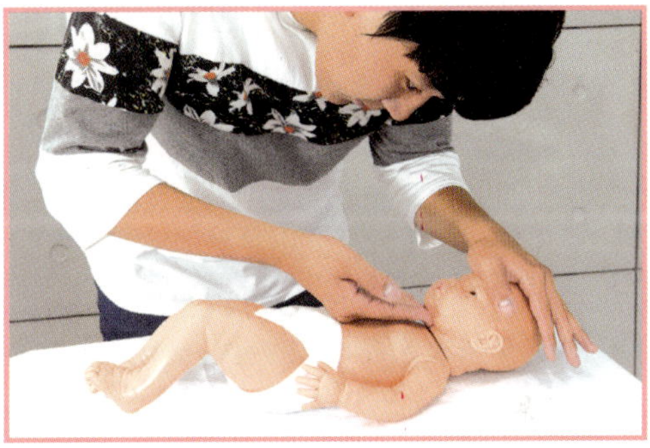

그림 12-2 기도유지

다. 호흡 확인

-기도유지의 상태에서 입으로 영아의 코와 입을 모두 감싸고 공기를 불어넣는다(그림 12-3).

-입을 떼고 영아에게 들어간 공기가 밖으로 배출되도록 한 후, 다시 한 번 공기를 불어넣는다. 공기를 불어넣을 때 공기가 잘 들어가는지 저항감은 없는지 확인한다.

-공기를 넣을 때 영유아의 가슴과 복부가 잘 움직이는지 관찰한다.

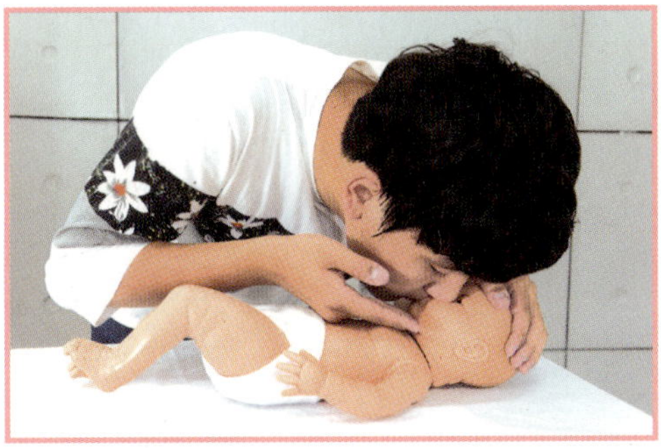

그림 12-3 호흡 확인

라. 순환 확인

- 어깨와 팔꿈치 사이의 상완동맥을 10초 이내에 빠르게 확인한다(그림 12-4).
- 맥박이 촉지되고 호흡이 없으면 인공호흡만 시행한다.
- 맥박도 촉지되지 않으면 즉시 흉부압박을 시행한다.

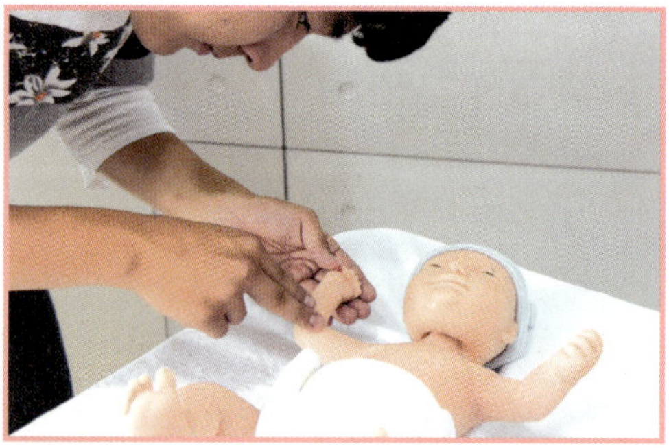

그림 12-4 순환 확인

마. 흉부 압박

- 영아의 양쪽 젖꼭지 연결선 바로 아래의 흉골을 두 손가락으로 1.5~2.5cm의 깊이로 들어가게 압박한다(그림 12-5).
- 1분에 100회의 속도로 30회 압박을 하며 중단하는 일이 없도록 한다.
- 시행자가 1명일 때는 30회 흉부압박과 2회 인공호흡을 5주기 반복하고 시행자가 2명일 때는 15회 흉부압박과 1회 인공호흡을 5주기 반복한다.

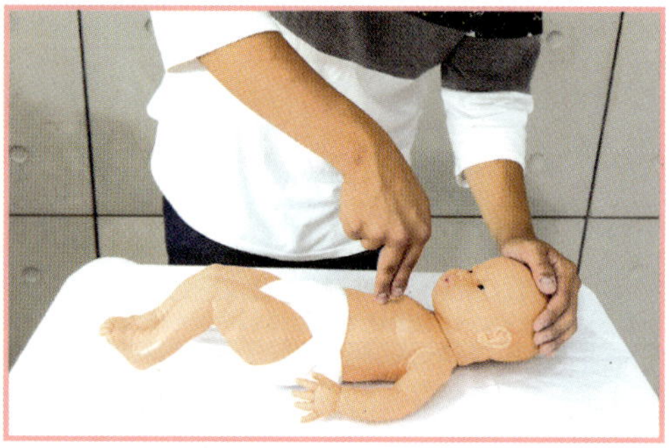

그림 12-5 흉부 압박

2) 유아의 심폐소생술

가. 의식 확인

- 유아를 흔들어 자극을 주어 반응이 있는지 확인한다(그림 12-6).
- 반응확인 후에 응급의료기관이나 119에 연락을 요청한다.

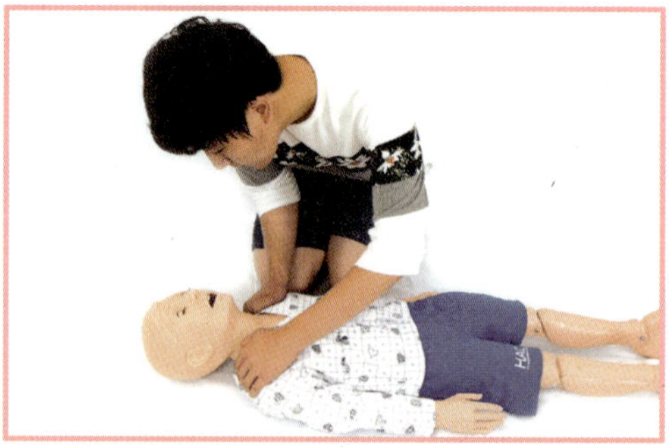

그림 12-6 의식 확인

나. 기도유지

- 평평한 바닥에 반듯하게 눕힌다.
- 이마를 뒤로 젖히고 턱을 들어올린다(그림 12-7).
- 가슴과 복부의 움직임을 보고, 호흡음을 듣고, 호흡음을 뺨으로 느낀다.

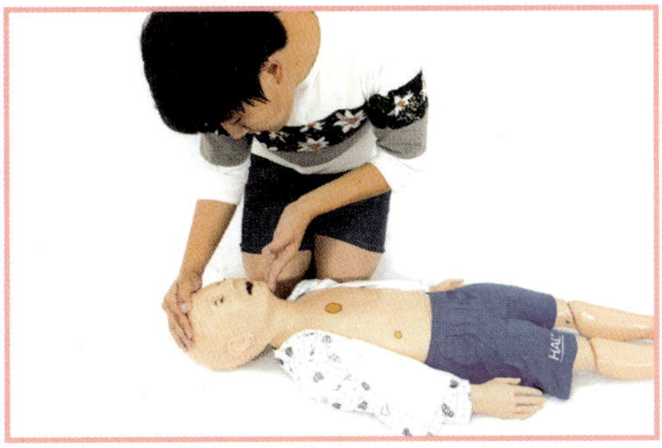

그림 12-7 기도유지

다. 호흡 확인

- 기도유지를 한 상태에서 엄지와 검지로 영유아의 코를 막는다.
- 구조자의 입으로 소아의 입을 덮고 공기를 불어 넣는다(그림 12-8).
- 손을 떼고 들어간 공기가 밖으로 배출되도록 한 후 다시 한 번 공기를 불어넣는다.
- 공기가 원활히 들어가고 저항감이 없는지 확인하며 눈으로 가슴의 움직임을 확인하다.

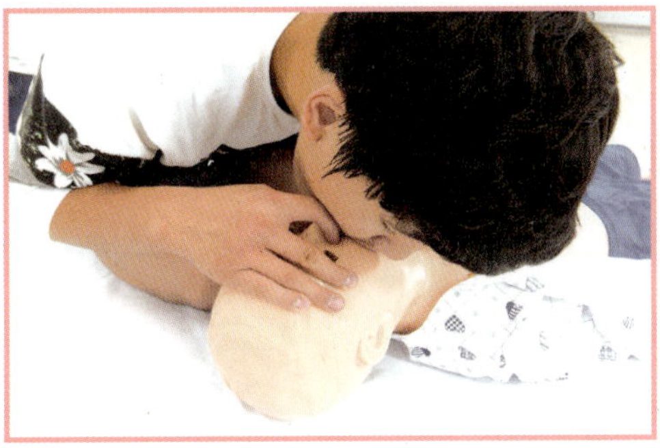

그림 12-8 호흡 확인

라. 순환 확인

- 경동맥을 10초 이내로 확인한다(그림 12-9).
- 맥박이 없으면 즉시 흉부압박을 실시한다.
- 맥박이 있고 호흡이 있으면 인공호흡만 실시한다.

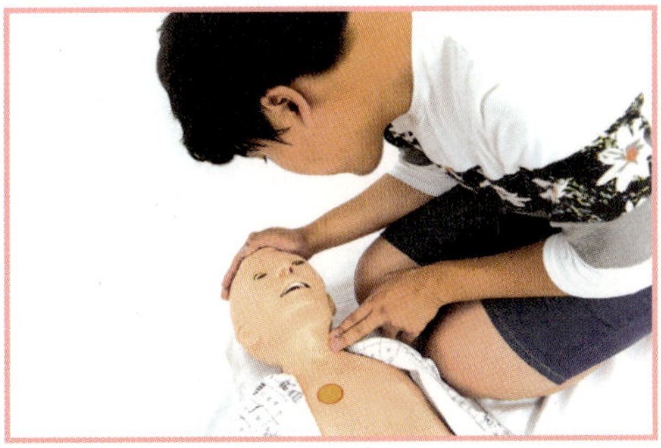

그림 12-9 순환 확인

마. 흉부 압박

- 구조자는 소아 옆에 앉아서 양쪽 젖꼭지 사이의 중앙 부위에 손목을 댄다.
- 1분에 100회 속도로 30회를 압박하며 도중에 중단하지 않는다.
- 구조자는 어깨에서 팔목까지 곧게 편 상태에서 흉부가 2.5~3.5cm 정도로 들어가게 압박한다. 영유아에 따라 한 손, 또는 두 손으로 압박하되 체중을 실어 압박하지는 않는다(그림 12-10).

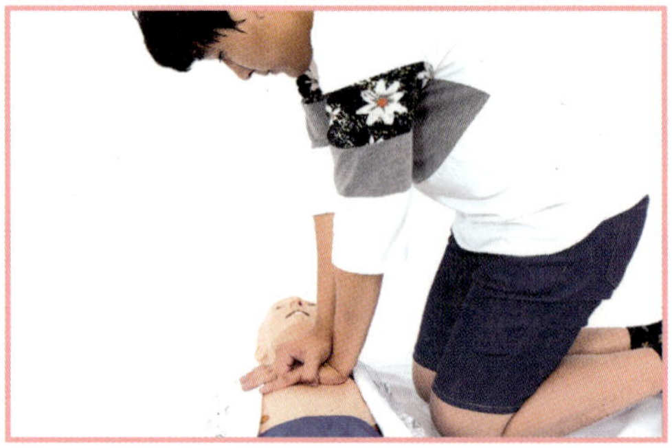

그림 12-10 흉부 압박

- 30회 흉부압박과 2회 인공호흡을 5주기로 실시한다.

4. 상황별 응급처치와 간호

1) 이물질에 의한 기도폐쇄

기도에 이물질이 들어가 기도를 막으면 호흡이 곤란하여 의식을 잃게 되기 때문에 조기발견이 치료에 매우 중요하다. 갑자기 호흡이 정지되고 청색증이 발생하며 의식이 소실되는 경우에는 이물에 의한 기도폐쇄일 가능성을 의심하여야 한다. 영아기도폐쇄의 가장 흔한 원인은 용액이며 소아기도폐쇄의 원인은 주로 사탕, 땅콩 등 딱딱하며 작고 동그란 음식이나 풍선, 장난감, 건전지, 옷핀 등 음식이 아닌 이물질에 의해서도 기도폐쇄가 일어날 수 있다. 이물에 의한 기도폐쇄는 기침, 구역, 호흡 시 고음의 시끄러운 소리나 쌕쌕거리는 천명음 등의 호흡곤란이 갑자기 발생할 때 의심할 수 있다. 기도폐쇄의 정도에 따라 경미한 부분 기도폐쇄와 폐쇄의 정도가 심한 완전폐쇄로 구분한다.

(1) 부분 기도폐쇄

환아가 의식이 있고 말을 할 수 있거나 기침을 하면 호흡곤란이 심하지 않은 경우이다. 스스로 세게 기침을 하여 이물질을 제거하도록 돕고 심한 기도폐쇄의 징후가 나타나는지 관찰한다. 심한 기도폐쇄의 징후가 보일 때 환아에게 "목이 막혔니?"라고 물어 심한 기도폐쇄 유무를 확인한다. 환아가 고개를 끄덕이거나 전혀 대답할 수 없다면 환아가 이물을 뱉어내거나 의식을 잃을 때까지 횡격막하 복부 밀어내기(하임리히 법)로 응급처치를 시행한다. 1세 미만의 영아에게는 횡격막하 복부 밀어내기(하임리히 법)을 사용해서는 안 되며 대신 5회 등 두드리기와 5회의 가슴 밀어내기를 교대로 실시하여 이물을 제거할 수 있도록 한다.

가. 등 두드리기

- 영아를 구조자의 두 전박 사이에 위치시켜 영아의 몸을 지지하고, 양 손으로는 영아의 머리를 앞 · 뒤로 지지하는 샌드위치 법으로 안는다. 영아의 얼굴은 아래를 향하도록 한다.
- 한 쪽 팔로 영아의 몸을 지지하고 얼굴과 턱 부위를 잡아 준다.
- 머리가 가슴보다 낮게 한다.
- 양 견갑골 사이를 강하게 등 아래에서 위로 밀어내듯 약 1초에 1회씩 5회 친다(그림 12-11).

그림 12-11 등 두드리기

나. 가슴압박

- 샌드위치 법으로 안고 영아의 얼굴이 위를 향하도록 한다.
- 한 쪽 팔로 영아의 등을 지지하고 손으로는 영아의 목 뒤의 윗부분을 잡아 준다.
- 머리가 가슴보다 낮게 한다.
- 심폐소생술의 가슴압박과 같은 방법으로 약 1초에 1회씩 5회를 압박한다(그림 12-12).

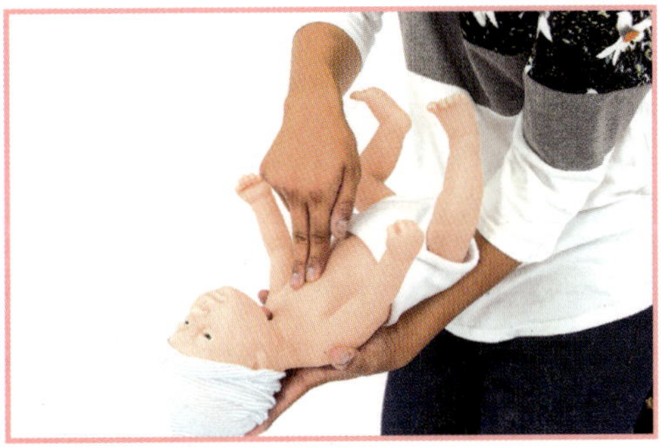

그림 12-12 가슴압박

(2) 완전 기도폐쇄

환아가 의식이 없거나 발성이나 기침이 불가능한 경우, 청색증이 발생하는 경우에는 기도가 완전 폐쇄되어 있거나 환기상태가 불량한 경우이다. 완전 기도폐쇄가 된 환아의 경우 전형적으로 양손으로 목을 감싸 쥐는 기도폐쇄 징후를 보이기도 한다. 환기상태가 나쁜 심한 기도폐쇄 환아는 완전 기도폐쇄 환아와 같은 방법으로 응급처치를 한다.

가. 하임리히 법

- 기도폐쇄 확인을 위해 "목이 막혔니?"라고 물어본다.
- 심한 기도폐쇄 또는 완전 기도폐쇄 확인 시에는 하임리히 법으로 횡격막하 복부 밀어내기를 시행한다. 환아의 등 뒤에서 한 손으로 주먹을 쥐어 주먹 쥔 손의 검지와 시지 부분을 환아의 배꼽 바로 위쪽에 위치하게 한 후 나머지 다른 한 손으로 압박점 위에 위치한 손을 감싼다. 약 1초에 1회씩 강하게 복부를 후 상방으로 밀쳐 올리는 것을 반복한다(그림 12-13).

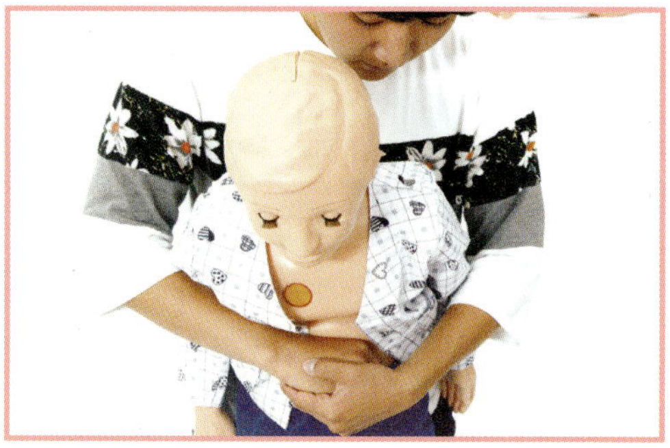

그림 12-13 하임리히 법

2) 상처

상처란 날카로운 물체에 베이거나 강타, 충격, 추락 등 여러 가지 원인에 의해 피부가 찢겨져 피가 나거나 피부 또는 피부 아래의 조직과 혈관이 파손되어 출혈이 생기는 신체조직의 손상을 의미한다. 상처는 개방성 상처와 폐쇄성 상처로 구분할 수 있다.

(1) 개방성 상처

개방성 상처는 일반적으로 피부가 찢겨지거나 벗겨져 피가 나는 상처를 말하며 상처의 형태나 상태에 따라 찰과상, 열상, 자상, 절단 등이 있다. 개방성 상처의 경우 출혈과 피부 표면이 상해서 세균이 침입하는 통로가 되며 감염의 우려가 있다.

개방성 손상의 응급처치로 작은 부위는 상처를 흐르는 물에 씻고 1회용 반창고나 거즈를 대준다. 공기가 잘 통하도록 하며 너무 조이지 않게 한다. 상처가 크고 깊거나 10분 이상 지혈을 해도 피가 멎지 않으면 위험할 수 있다. 상처를 깨끗한 손이나 거즈 등으로 꾹 누른 후 피가 멎으면 소독된 거즈를 덮고 그 위를 탄력붕대 등으로 단단히 묶어 압박한다. 드레싱은 상처를 덮어주어 균으로부터 보호하고 지혈과정을 돕는다. 가능하면 1회용 장갑을 착용하거나 처치 전 손을 깨끗이 씻은 후 상처부위에 직접 소독 거즈를 두텁게 덮어, 처치자의 호흡이나 손에서 상처부위로 균이 옮는 것을 최소화한다. 패드 위에 붕대로 감아 압력을 가하면서 고정하고, 만일 출혈이 새어 나오면 그 위에 다른 드레싱을 덧댄다. 이때 피가 잘 통하는지 확인한다. 상처가 크거나 깊을 때 또는 파상풍 예상주사를 맞지 않은 경우에는 응급처치를 한 후에 반드시 병원으로 데리고 가서 치료를 받도록 한다.

가. 찰과상

피부의 표면이 강한 외부의 힘과 마찰로 벗겨진 형태로 피부의 외피가 벗겨져서 출혈과 통증이 수반된다.

상처부위는 비누로 흐르는 물에 깨끗이 씻는다. 처치자의 손을 먼저 깨끗이 씻고, 의료용 장갑이나 일회용장갑을 끼고, 상처부위를 5분 동안 액체비누로 흐르는 물에 씻는다. 상처부위의 이물질을 제거하기 위해서 젖은 거즈나 천으로 여러 번 깨끗이 문질러 닦는다. 베타딘, 과산화수소 등의 소독약으로 상처 부분을 소독하고 멸균된 거즈로 상처를 보호한다. 상처가 심하면 거즈로 상처를 덮어 병원에서 치료를 받도록 한다.

나. 열상

예리한 물건에 의해 피부 표면이 갈라지는 것으로 피부와 혈관에 출혈이 있고 하부조직에도 손상이 있을 수 있다. 상처가 깊게 베이고 상처가 1cm 이상인 경우에는 봉합이 요구된다.

열상 시에는 오염이 되어있으면 비누로 흐르는 물에 상처를 깨끗이 씻고, 출혈 부위를 깨끗한 거즈로 세게 눌러서 압박하여 지혈하고 소독약을 바르고 일회용 밴드나 거즈로 덮어준다. 출혈이 계속되면 상처 부위를 거즈로 덮고 압박을 한 후에 병원으로 이송한다.

다. 자상

가시, 바늘, 유리, 칼, 압정, 핀이나 못에 찔린 경우, 유리나 못을 밟거나 친구와 장난치다가 가위에 찔리는 상처를 말하며, 주로 상처가 깊고 좁기 때문에 피부의 내부 조직에까지 상처가 생긴다. 자상의 상처 부위는 작아 보이지만 감염의 위험이 높고, 상처의 원인이 된다. 자상의 물질이 꽂혀 있기도 하고 베인 상처가 클 경우 출혈이 계속되기도 하기 때문에 세심한 관리를 해야 한다.

ㄱ) 가시에 찔렸을 때

막대기, 판자, 장미꽃 등에 스쳐서 가시에 찔렸을 때 족집게로 뽑는다. 가시 끝이 피부 밖으로 나와 있지 않을 때는 가시 주위를 누르거나 토큰 같이 구멍 뚫린 동전으로 눌러 가시끝이 보이면 족집게로 뽑는다. 그래도 빠지지 않을 때에는 소독한 바늘로 상처 입구를 넓혀서 족집게로 뽑는다. 가시를 뽑은 후에는 상처 부위를 소독하며 상처가 클 때에는 거즈 반창고를 대어 준다.

ㄴ) 바늘, 유리, 칼, 압정, 핀이나 못 등에 찔렸을 때

바늘이나 유리 끝이 부러져서 상처 속에 남아 있을 때는 외과의사의 진찰을 받는다.

칼, 유리조각에 깊숙이 찔렸을 때는 뽑아내지 말고 병원을 간다.

못이나 더러운 물건에 찔린 상처는 의사의 진찰을 받아야 한다. 상처가 작아도 곪거나 감염하는 수가 있다.

(2) 폐쇄성 상처

폐쇄성 상처는 강타, 충격, 추락이나 자동차 사고 등 둔탁한 물체가 몸에 부딪혀서 생긴다. 피부 표면은 상하지 않았으나 표피 아래의 조직과 혈관이 파손되어 폐쇄된 공간에서 출혈이 발생하며 연조직의 파괴, 내부조직의 손상, 출혈이 발생할 수 있다.

폐쇄성 상처로는 타박상, 압좌상 등이 있으며 내부 장기 손상으로 인한 심한 출혈을 초래할 수 있다. 폐쇄성 손상은 심하면 혈압이 저하되어 의식을 잃을 수도 있으며, 손상 직후에는 얼음물 찜질이나 상처 부위를 압박하여 조직 안의 출혈을 조절하고 부목으로 고정하여 심장보다 위쪽으로 상처를 올려 준다. 손상 부위를 높여 주고 찬찜질을 한다. 찬찜질을 할 때는 5~10분간 얼음주머니를 얹고 있다가 15~20분간 쉬는 과정을 3~5회 반복한다.

가. 타박상

심하게 부딪혀 모세혈관이 터져서 멍이 든 것으로 처음에는 붉은 색을 띠지만 시간이 흐를수록 검푸른 색이나 자주색으로 변한다.

상처 부위에 얼음주머니를 대어 주고 상처 부위를 심장보다 높은 위치에 둔다. 48시간 후에 혈액의 재흡수를 위해 온찜질을 하루 3회씩 10분간 한다.

3) 염좌, 탈구, 골절

유아들은 근육이나 몸의 균형능력이 미숙하여 활동하거나 놀이 시에 발목, 팔꿈치, 어깨관절 등이 삐거나, 뼈가 빠지거나, 부러지는 경우가 많다. 이러한 경우 움직이지 않게 하고 부목을 대어 곧바로 병원에 데리고 가서 치료를 받는 것이 좋다. 특히 유아의 경우 자신의 증상을 정확하게 표현하지 못하는 경우가 많기 때문에 전문의의 진찰이 필요하다.

가. 염좌

관절부위가 삐어서 근육, 인대, 건막 등이 손상된 상태이며 염좌부위에 부종과 통증이 있고 멍이 든 것처럼 시퍼렇게 된다.

먼저 삔 관절부위와 연결된 건강한 부위까지 부목을 대어 그 부위 관절이 움직이지 않게 한다. 움직이면 다친 곳의 혈액순환이 증가되어 심하게 부을 수 있다. 특히 손이나 발에 있는 혈액은 중력의 영향을 받아 아래로 가려고 하기 때문에 부종이 가장 심하다. 따라서 다른 부위보다 높여 주고 48시간을 냉찜질을 해 준다. 부종과 통증이 계속되면 병원으로 이송한다.

나. 탈구

관절 부위에 있는 뼈가 제자리에서 빠져나온 상태로 갑자기 격한 동작으로 잡아당기거나 운동을 할 때 탈구될 수 있다. 주로 손가락, 팔꿈치, 어깨, 고관절 등에서 탈구가 많이 발생되며 부위가 부어오르고 통증으로 움직일 수 없게 된다.

상처 부위가 움직이지 않도록 부목을 대고 냉찜질을 해주고 병원으로 이송한다. 손상된 부위를 주무르거나 비전문의가 제자리로 뼈를 밀어 넣으려는 시도는 손상을 심하게 하고 영구적인 상해를 초래할 수 있다.

다. 골절

뼈에 금이 가거나 부러진 상태로 유아의 뼈는 어른에 비해 부러지는 경우보다 휘어지거나 금이 가는 경우가 많다. 사지나 손가락에 손상이 있을 경우 발견될 당시의 상태로 손상된 부위에 부목을 대어 고정시킨다. 골절 부위가 어깨나 상지일 경우에는 삼각건으로 팔을 부동시키고 삼각건을 목에 묶는다. 둔부, 골반, 허벅지에 손상을 입은 경우 수건, 담요 또는 옷을 말아 다리 사이에 놓아 손상된 부분을 부동시키고 다리를 움직이지 않도록 조치한다.

골절은 피부가 손상되지 않고 골절 부위 근처에 전혀 상처가 없는 단순골절과 뼈가 부러져 피부 바깥으로 나오거나 골절 시 피부에 가해진 직접적인 충격으로 피부에 개방성 상처가 있는 복합골절이 있다. 골절 부위는 부어오르고 심한 통증으로 움직일 수 없고 시퍼렇게 된다.

복합골절인 경우에는 반드시 소독된 거즈로 넓게 덮고 붕대로 느슨하게 감고 부목을 대고 병원으로 이송하거나 119구조대에 연락한다. 뼈가 피부 바깥으로 나오지 않아 골절 여부가 정확하지 않은 경우에도 통증이 있거나 부어오르면 골절을 의심할 수 있으니 관절부위를 고정시키고 병원으로 이송한다.

부목의 종류에는 여러 가지가 있으나 신문, 나무판자, 우산 등 일상생활용품을 활용할 수도 있다. 부목을 댈 경우에는 다친 부위가 보여야 하며, 부목 대기 전에 다친 곳 아래를 만져 보아 감각이 있는지, 맥박을 만져 피가 잘 통하는지, 움직이게 하여 운동능력이 있는지 확인한다. 개방된 상처는 부목 대기 전에 소독된 거즈와 붕대로 감고, 부목은 개방상처의 반대편에 대어준다. 부목의 사용 시는 손상 받은 곳의 위, 아래의 관절을 함께 고정하여 움직이지 않도록 한다.

부목은 골절 부위에 의한 근육, 신경, 혈관의 손상을 방지하며, 골절 부위에 의한 피부의 열상을 방지하여 폐쇄성 골절이 개방성 골절로 이행되는 것을 방지한다. 또한 혈관이 압박되는 것을 방지하며, 손상 부위 조직에서 과도하게 출혈되는 것을 방지한다.

4) 쇼크

혈액량이 부족하거나 심혈관계의 이상으로 조직에 적절한 혈액순환이 안 되는 저관류 상태로 심장기능이상, 다량의 혈액손실, 혈관확장 등이 주된 원인이다. 세포로 적당량의 영양분과 산소 제공이 불충분하고 노폐물 제거가 되지 않아 저관류 상태를 초래하여 조직의 손상을 초래하게 되며 쇼크 상태로 빠지고 신속히 교정되지 않거나 이런 상태가 지속된다면 모든 세포가 기능을 상실하여 결국 사망하게 된다.

쇼크의 징후와 증상은 호흡과 맥박이 빨라지고, 피부, 입술과 손톱이 창백하고 차고 축축해지고, 식은땀이 나며 어지러움, 불안해지며 혈압이 떨어진다.

그림 12-14 쇼크

기도를 개방하고 유지하며 의식상태, 호흡과 맥박수를 평가한다. 맥박, 호흡, 혈압, 체온을 최소한 10분 간격으로 측정하며, 담요를 덮어 체온손실을 예방하고, 환아가 병원에 도착할 때까지 활력징후를 계속 측정한다. 입안에 침이나 구토물이 있으면 즉시 제거하고 필요시 심폐소생술을 실시한다. 출혈이 있으면 그 부위를 지혈한다. 만약 척추 손상 가능성이 없다면 장기에 관류를 유지하도록 다리를 20~30cm 정도 올려준다(그림 12-14). 단 머리에 상처를 입은 경우에는 편평한 바닥에 똑바로 눕힌다. 옷이 조이는 목, 가슴, 허리부분을 느슨하게 풀어 준다. 골절이나 관절의 손상이 의심되는 경우는 모두 부목을 댄다. 의식이 희미한 유아에게는 의식을 회복할 때까지 금식시킨다. 위장운동이 저하되어 있으므로 위 내용물을 토할 수 있기 때문이다.

5) 경련

영유아기에 경련은 인플루엔자와 같은 바이러스 감염에 의한 열성경련, 뇌막염이나 뇌염 등의 뇌의 이상으로 인한 경련, 감정적이 변화나 알레르기에 의한 경련 등이다. 영유아기의 경련은 대부분 열이 높을 때 나타나는 열성 경련이다. 열성 경련이란 감기나 기타 열이 나는 병에 걸려서 열이 많이 날 때 뇌에 다른 이상이 없는 상태에서 고열 때문에 경련을 하게 되는 것을 말한다. 열성 경련은 주로 생후 9개월에서 5세까지 잘 발생한다.

증상은 2~3분 동안 몸이 뻣뻣해지다가 팔다리를 떠는 경련을 일으키며, 안구가 돌아가고, 의식이 없으며 입술에 청색증이 나타나고 침을 흘리기도 한다. 경련을 하는 영유아가 열이 심할 경우 옷을 벗기고 편안하게 눕힌 후, 좌약을 넣어 주거나 미지근한 물로 전신을 닦아 열을 떨어뜨려준다.

경련을 하는 영유아를 혼자 두지 않고 주변에 위험한 물건 등을 치워서 경련하는 동안 부딪히지 않도록 하고 여유 있는 공간에서 영유아를 편안하게 눕히고 머리 밑에 얇은 방석을 대준다. 옷을 느슨하게 풀어주어 호흡을 편하게 할 수 있도록 돕고 혀를 깨물기 쉬우므로 거즈나 작은 손수건을 접어 치아 사이에 끼워준다. 경련을 하는 동안 영유아의 움직임에 제지를 가하지 않도록 하며 경련이 멈춘 후에 침이나 구토 물을 흡입하여 호흡곤란이 올 수 있기 때문에 머리를 옆으로 돌려 눕힌다. 경련이 10분 이상 지속되면 구조대에 도움을 요청하고, 경련이 멈춘 후에 영유아는 수면에 빠지게 되며 경련 중의 일을 기억하지 못하기 때문에 보호자에게 있었던 일을 자세히 알린다.

6) 화상

화상은 열에 의한 화상, 화학약품에 의한 화상, 전기에 의한 화상 등이 있으며 열에 의한 화상은 불에 직접 닿아서 생기는 경우 외에도 가연성 기체, 그리고 뜨거운 김이나 액체에 의한 경우 등이 있다. 화학약품에 의한 화상으로서 많은 종류의 화학약품은 피부에 닿았을 때 조직을 손상시키거나 괴사시키게 된다. 전기에 의한 화상은 피부에 작은 손상을 일으키지만 심한 내부 손상의 위험도 있다. 손상 정도에 따라 1도, 2도, 3도 화상으로 구분한다.

- 1도 화상은 피부 표면만 약간 덴 정도의 가벼운 화상으로 피부색이 발갛게 변하고 화끈거리며 약간씩 아프지만 물집은 잡히지 않는다. 보통 일주일 정도 지나면 화상 부위가 벗겨지면서 아물게 된다. 화상 부위를 찬물에 담그거나 물에 적신 차가운 천을 대어 고통을 덜어주며 고통을 느끼지 않을 때까지 계속한다. 냉기는 화상이 세포 깊숙이 진행되는 것을 막아 준다. 차가운 물이 없으면 찬 음료 등을 사용하여 화상 부위의 열기를 식힌다.
- 2도 화상은 피부 표피층과 내피층 모두에 화상을 입은 경우로 피부가 빨갛게 부어오르고 수포가 생기며, 통증이 심하다. 화상 부위를 찬물에 담그거나 물에 적신 차가운 천을 대어 고통을 덜어주는데, 화기를 제거하기 위한 경우를 제외하고 신체 표면의 10~20%이상은 차갑게 하지 않도록 한다. 팔다리에 화상을 입은 경우에는 상처를 올려 주어 중력에 의한 부종을 막는다. 그리고 병균의 침입을 막기 위해 화상연고를 얇게 바른다. 멸균 드레싱으로 상처를 감싸 주는데 이는 신경의 말단에 공기가 닿는 것을 막아 고통을 덜어준다. 수포는 절대 터뜨리지 않고 내버려두면 좋은 보호막이 된다. 화상부위의 열기가 식기 전에 연고, 항생연고, 기름, 버터, 크림, 분무기, 민간약제 등을 바르지 않는다. 이러한 것들은 살균되어 있지 않아 감염의 위험이 있고 열기를 내보내지 못해 상처를 악화시키고 또한 중증의 화상일 경우 상처 위에 바른 것을 긁어내야 하기 때문에 환아에게 상당한 고통을 주게 된다. 화상 부위에 젖은 드레싱은 사용하지 않도록 한다. 젖은 드레싱은 쉽게 말라버리고, 부위가 넓을 경우 저체온 증을 유발시킬 수 있다.
- 3도 화상은 피부조직은 물론 피하지방, 근육층까지 화상을 입은 경우로 신경까지 손상을 입어 만져도 아픔을 느끼지 못할 수 있다. 3도 화상인데도 불구하고 환아가 고통을 호소하면 1도, 2도 화상을 동반한 경우이므로 이 부위는 차갑게 하는 것이 좋다. 멸균 거즈로 화상부위를 덮어 주어 감염의 위험성을 감소시키고, 쇼크를 막기 위해 다리를 높여주고, 깨끗한 천이나 담요로 환아를 따뜻하게 하며, 전문적인 처치를 받아야 한다.

7) 곤충, 동물에 의한 손상

물림과 쏘임은 특징적으로 찌르는 유형의 상처나 열상을 일으킨다. 이러한 손상은 경미하나 어떤 경우는 심각한 알레르기나 아나필락시스 같은 반응을 일으킨다. 물림과 쏘임은 체중이 작고 대사율이 높은 영유아에게서 더 심각한 문제를 일으킨다.

가. 뱀에 물린 사고

뱀에 물렸을 경우에는 환아를 안정시키고 움직이지 않게 한다. 움직이게 되면 독이 몸으로 더 퍼질 수 있다. 물린 부위를 물로 씻어내고 깨끗한 넓은 천 같은 것으로 물린 부위의 위아래에 적당한 압력으로 묶는다. 이때 정맥피는 몸으로 되돌아가는 것을 막고, 동맥피는 어느 정도 흐를 수 있는 적당한 압력으로 묶는 것이 좋다. 손상부위를 심장보다 낮게 한 다음 빨리 병원으로 이송한다. 독사에게 물린 경우에는 4시간 이내에 항독소혈청을 투여해야 한다.

나. 동물에게 물린 사고

개한테 물린 사고는 겉보기에 작은 상처라도 좁고 깊은 상처가 생긴다. 개나 동물의 입안은 세균 등으로 파상풍 및 기타 감염에 걸릴 수 있어 주의해야 한다. 또한 파상풍 외에도 광견병을 유의해야 되는데 광견병 예방접종을 했는지 알아보고 만약 확인이 되지 않으면 의료기관에서 향후 치료를 상의한다.

입속에는 세균이 많으므로 심한 감염이 발생할 수 있으며 우선 환아를 안심시킨 후 비누나 물로 씻고 난 후 깨끗한 거즈로 덮어 주고 병원으로 이송한다. 출혈이 있는 경우 지혈한 후에 상처를 치료한다. 아기들은 피부 조직이 부드럽고 두께가 얇아 개에 심하게 물리면 목숨이 위험할 수도 있다. 따라서 현장에서 얼른 개와 격리하고, 단순히 상처만 보지 말고 숨 쉬고 맥박 뛰는 것을 확인하는 것이 우선적으로 중요하다. 또한 영유아를 문 동물을 동물병원에 보내 광견병 바이러스 보균 여부를 확인하도록 한다.

다. 벌에 쏘인 사고

벌에 쏘이면 그 부위는 붓고 아프다. 꿀벌은 침이 계속 살에 꽂히는 반면, 말벌은 그냥 찌르기만 한다. 어떤 벌이든 쏘인 자리가 붓고, 가렵고, 아픈 경우가 대부분이고 때로는 두통, 어지럼증, 구토, 호흡곤란 및 심하면 쇼크 증세까지 보인다. 물론 이러한 전신 증상까지 보이면 신속히 의료기관으로 이송하여야 한다.

처치는 벌에 쏘인 자리는 얼음주머니를 대어 주면 독에 의한 붓기를 가라앉히고, 아픔이 가시는 데 도움이 된다. 여러 곳을 쏘인 후에 온 몸이 붓고 가렵고 숨쉬기가 힘들어지면 빨리 병원으로 가서 치료를 받는 것이 좋다. 벌침이 박혔나 살펴 침을 제거해 주는 것이 좋으며, 벌침이 박힌 자리는 핀셋이나 손톱으로 제거하다 보면 벌침이 더 들어가는 경우가 많다. 바늘이나 칼로 긁어 주는 것이 좋으며 없으면 신용카드 등으로도 긁어서 제거할 수 있다. 박힌 침에서 2~3분간 계속 독이 나오기 때문이다. 꿀벌의 독은 산성임으로 벌에 쏘인 부분은 비누를 사용하여 깨끗한 물에 씻고, 암모니아수나 베이킹파우더와 같은 알칼리성 제제로 독을 중화시켜 가려움과 부종을 줄여준다.

8) 중독

중독은 흔히 일상생활에서 사용하는 물질로 우연히 발생되는데, 특히 집이나 직장에서 사고로 일어나기도 하고 변질된 음식이나 독성이 있는 음식물을 먹어서 일어나기도 한다. 약물도 잘못 사용되면 중독될 수 있다. 즉 중독은 독극물을 삼키거나 주사로 주입되거나 코, 피부, 눈을 통해 스며든다. 신체에 들어오면 일시적이거나 영구적인 손상을 가져온다.

피부에 묻은 화학물질은 물로 충분히 피부를 씻어내고 누출된 화학물에 대한 정보를 가지고 병원에 가거나 119를 호출한다. 독극물을 먹었거나 의심이 되면 어떤 독극물인지 알아내야 한다. 부식성 독극물(강산, 강알칼리, 휘발유 등)은 식도 등 내장기관의 조직을 손상시키므로 이런 종류의 독극물을 섭취했을 경우 토하게 해서는 안 된다.

환아의 나이와 몸무게, 독극물의 이름, 먹은 양(12알 등으로 구체적으로 표현), 먹은 시간 등 중요한 정보를 확인한다.

의사의 지시로 산이나 알칼리와 같은 부식성 물질을 삼킨 경우는 적어도 1~2컵의 물이나 우유를 먹여 독극물을 즉시 희석시킨다. 그러나 독극물에 따라 물이나 우유를 먹으면 더 빨리 녹이기 때문에 독극물이 위를 채우게 되고 이에 따라 위 내용물을 소장으로 이동시켜서 체내 흡수가 빨라질 수도 있다.

환아를 왼쪽으로 눕히면 소장과 연결되는 위의 끝부분이 똑바로 서게 되어 중력의 영향으로 위 안에 있는 독극물이 소장으로 가는 시간을 최대 2시간까지 늦출 수 있다. 또한 옆으로 눕히면 토할 때 구토물이 폐로 들어가는 것을 막아주는 효과도 있다. 독극물 용기, 독성 식물, 환아의 토사물 등은 보관하여 병원에 가져오도록 하여 나중에 독극물의 성분을 분석하여 신속하고, 적절한 치료를 할 수 있게 한다.

5. 상황별 응급 이압 요법·수지 요법

귀는 인체의 축소판으로 이압 요법은 귀 표면에 나타난 이혈에 여러 가지 방법으로 자극을 주어 질병예방 및 건강유지 증진을 위하는 자연치유건강법이다. 성인에게는 씨앗류나 중성약류 혹은 자철류 등을 활용해서 이혈 첩압을 하는 방법이 있지만, 유아에게는 이물질이 귀에 들어가는 것

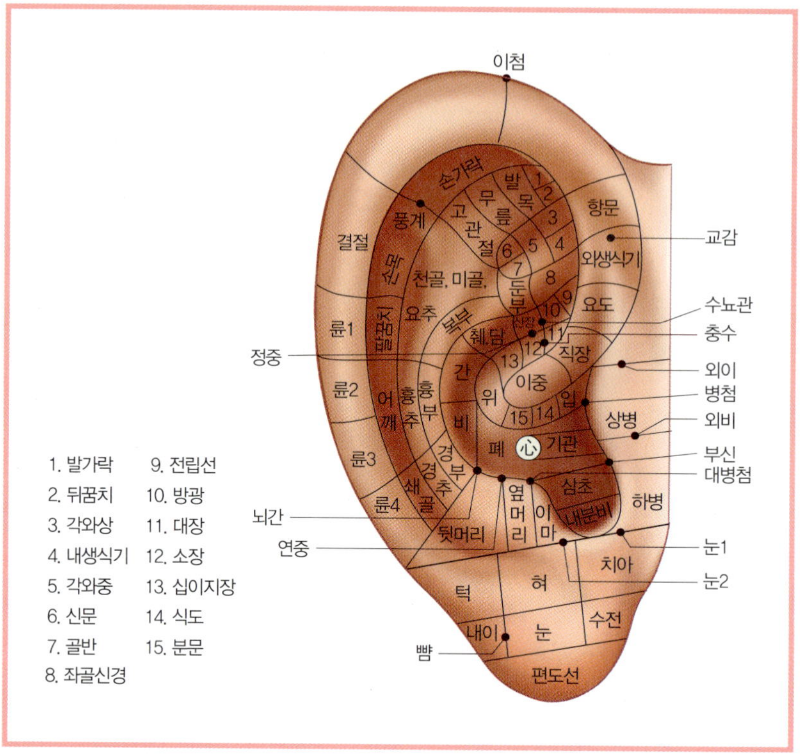

그림 12-15 이혈의 위치

을 우려하여 어떤 물질도 사용하지 않고 손가락으로 이혈의 양성 반응점을 누르고 자극하는 방법을 사용한다.

양성 반응점을 선택한 후 엄지손가락을 귀의 앞부분에 놓고, 검지손가락을 귀의 뒷부분에 놓는다. 두 손가락 동시에 양성 반응점을 힘을 주어 눌러 준다. 이때 손톱으로 인하여 유아의 피부가 상하지 않도록 주의한다. 이혈의 위치는 그림 12-15와 같다.

수지요법은 유태우(1975)에 의해 창안된 우리나라 고유의 의술이다. 손은 인체의 축소판이며 손 안에 14기맥과 345개의 정혈이 있어서 장부의 기능을 조절하여 질병의 근본을 치료한다. 다섯 손가락 각각에는 오장이 배당되어 있다는 기본 원리로 급성증상인 경우는 지정 부위를 손톱이나 볼펜 끝을 이용하여 눌러 주거나 알루미늄 호일 뭉친 것이나 압봉 등을 부착하여 장시간 자극을 주어 증상을 완화시킨다. 자극을 줄때 유아의 피부가 상하지 않도록 주의한다. 14기맥은 다음 그림과 같다(그림 12-16, 그림 12-17).

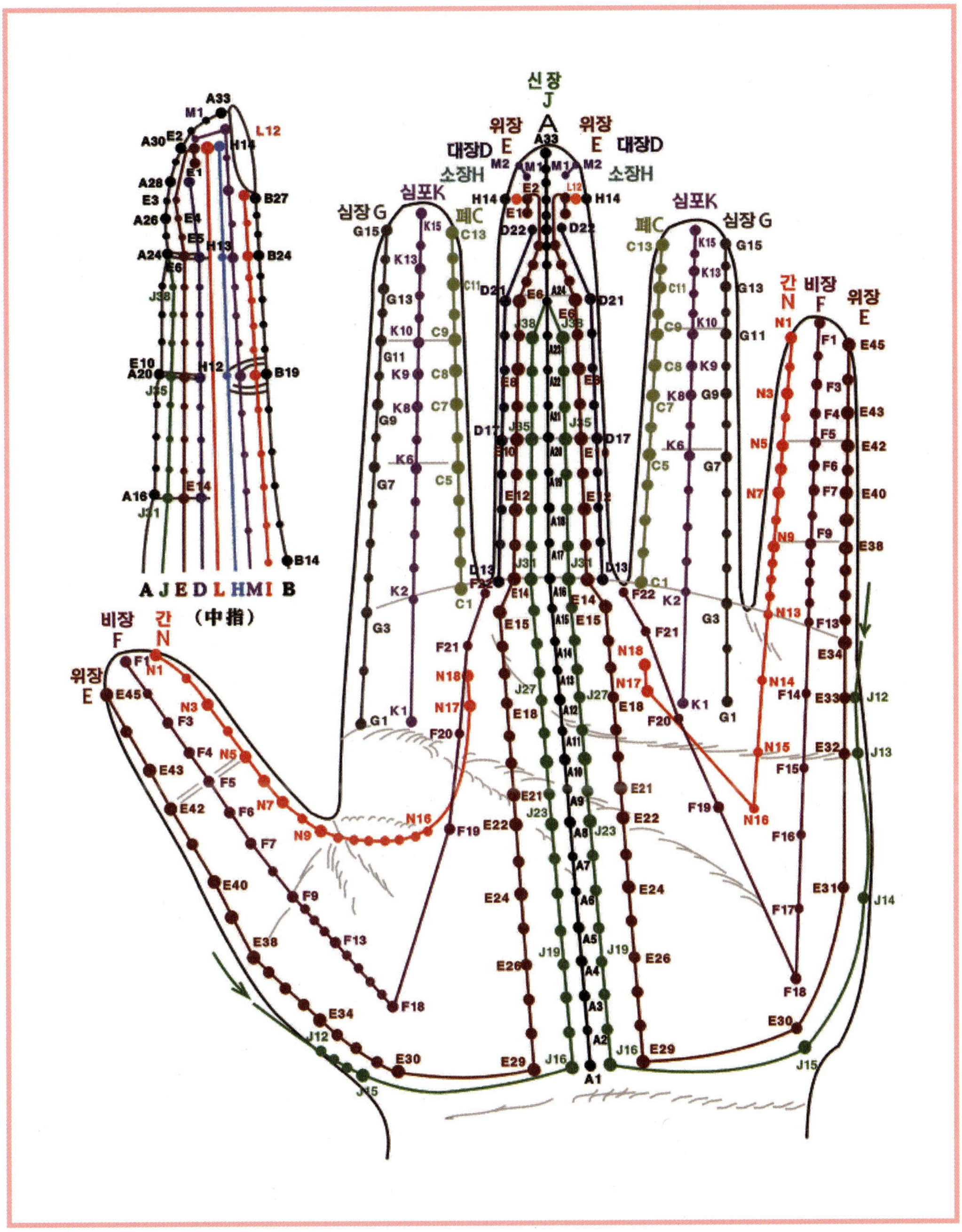

그림 12-16 14기맥(손바닥): 수장도. A: 임기맥, C: 폐기맥, K: 심포기맥, G: 심장기맥, N: 간기맥, F: 비기맥, E: 위기맥

〈출처〉 http://cafe.daum.net/rkwltks/EfX0/4

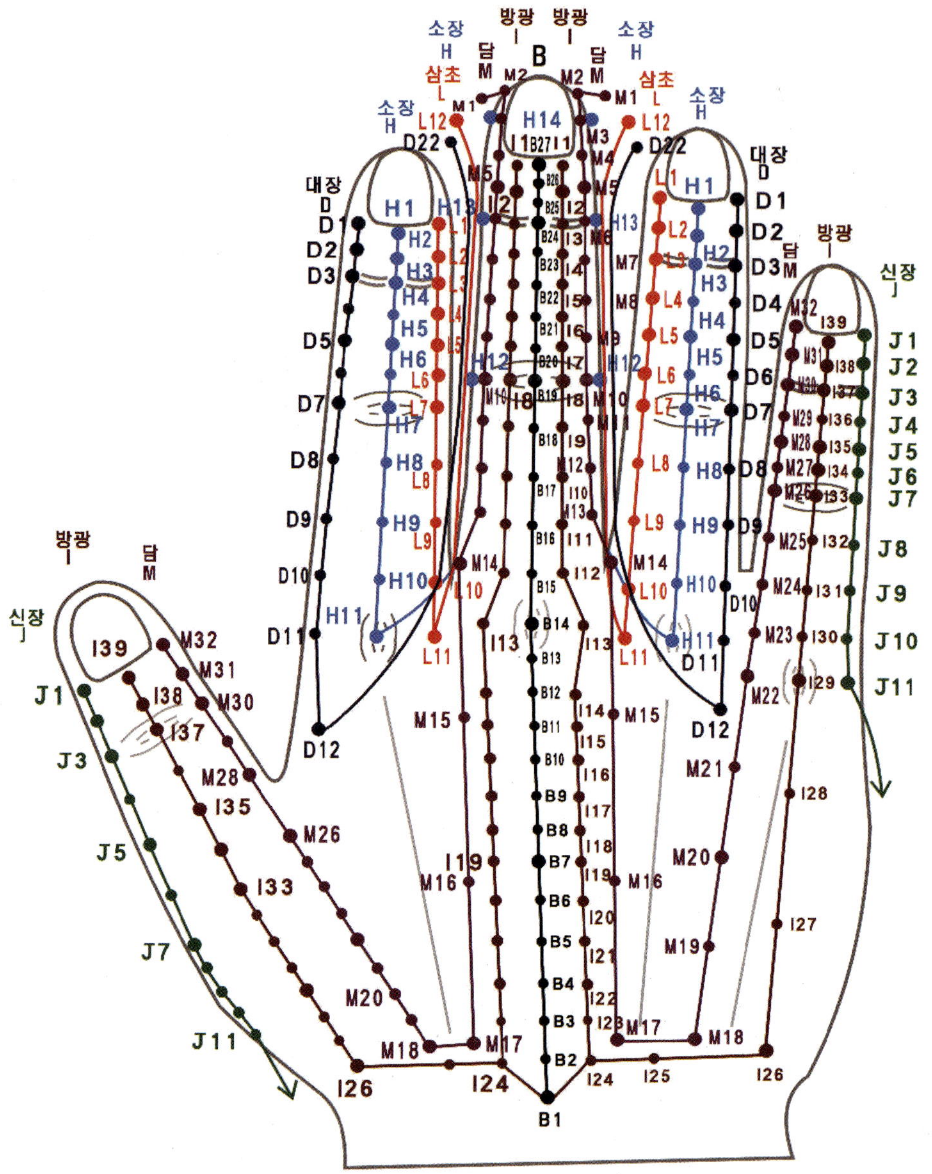

그림 12-17 14기맥(손등): B: 독기맥, J: 신장, I: 방광, M: 담, D: 대장, H: 소장, L: 삼초
〈출처〉 http://www.way413.ssz.kr

표 12-1 수지 요법과 이압 요법의 반응점

상황	수지 요법의 반응점		이압 요법의 반응점
고열	**J1**: 다섯째 손가락 손톱 뿌리 바깥쪽 지점 **D1**: 넷째 손가락 손톱 뿌리의 바깥쪽 지점 **A33**: 가운데 손가락 손톱 밑 중앙에서 2mm 내려온 지점	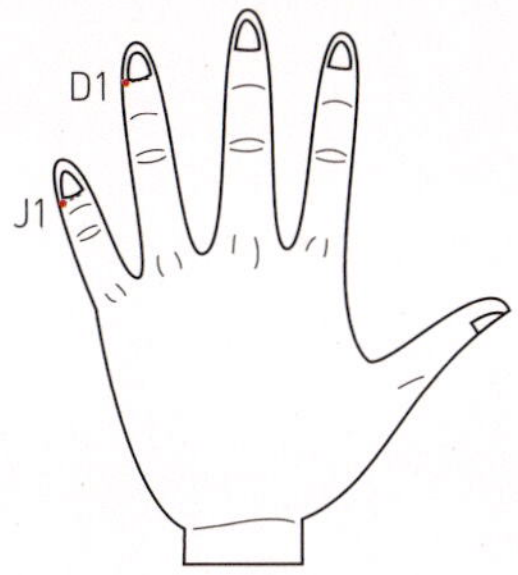 손등 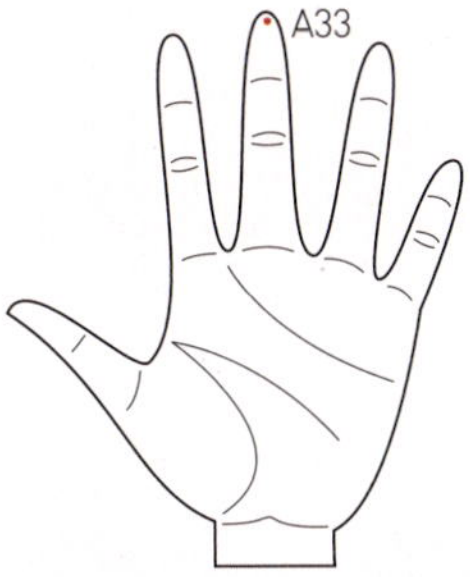 손바닥	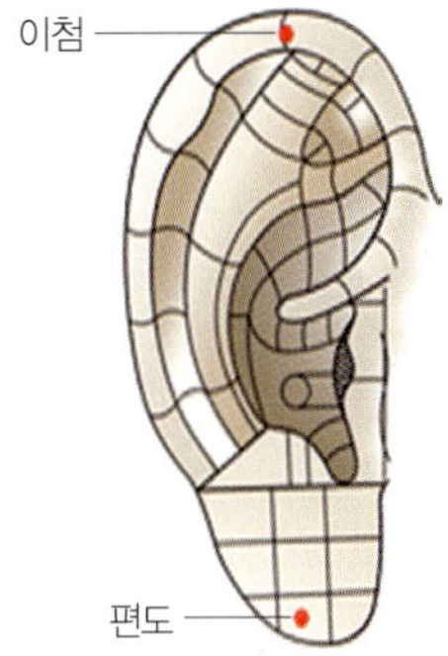
코피	**B24**: 가운데 손가락 등 셋째 마디 중앙 **A28**: 가운데 손가락 바닥면 셋째 마디 중앙(A24)과 셋째 손가락 손톱 밑 중앙에서 2mm 내려온 지점(A33)의 사이 중앙 지점 **A24**: 가운데 손가락 등 셋째 마디 중앙	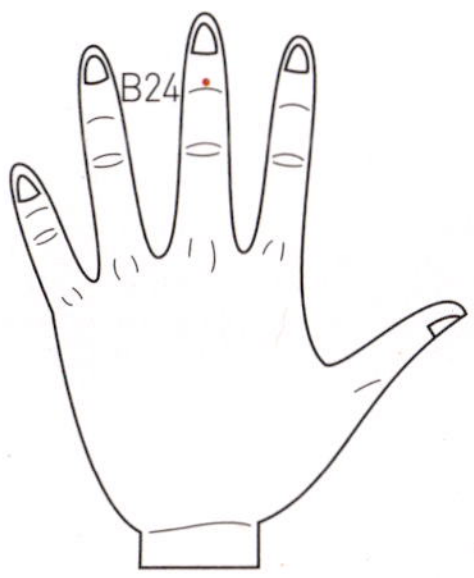 손등 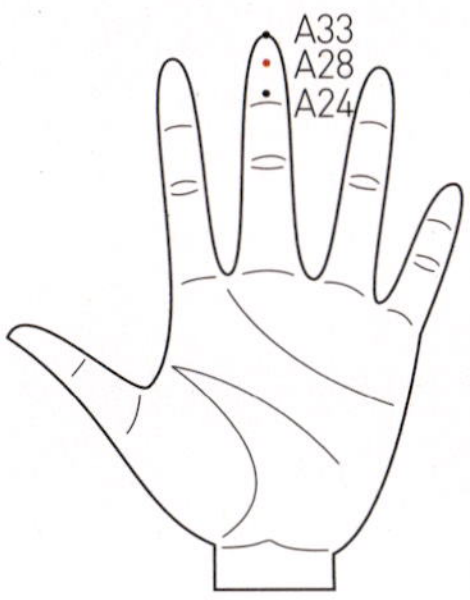 손바닥	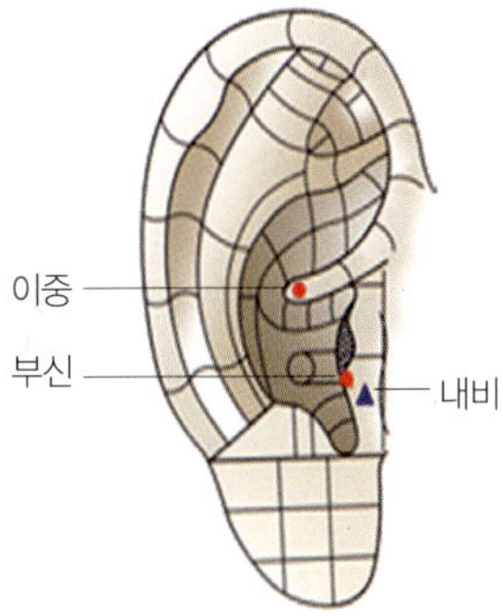 *내측

상황	수지요법의 반응점		이압요법의 반응점
콧물	**M3**: 가운데 손가락 손톱뿌리 수평선과 직각을 이루는 점(M4)과 손톱각에서 2mm 올라온 점(M2)의 사이 중앙 지점	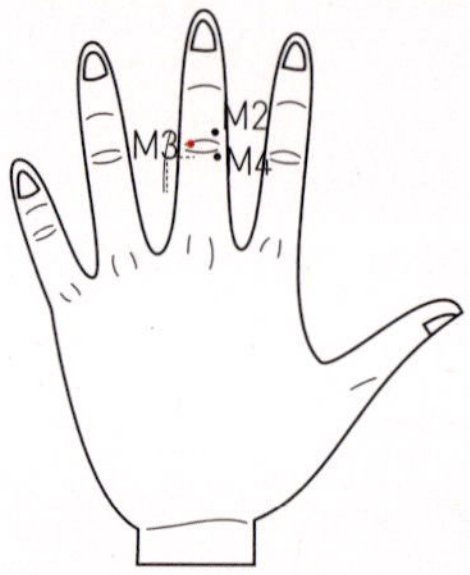 손등	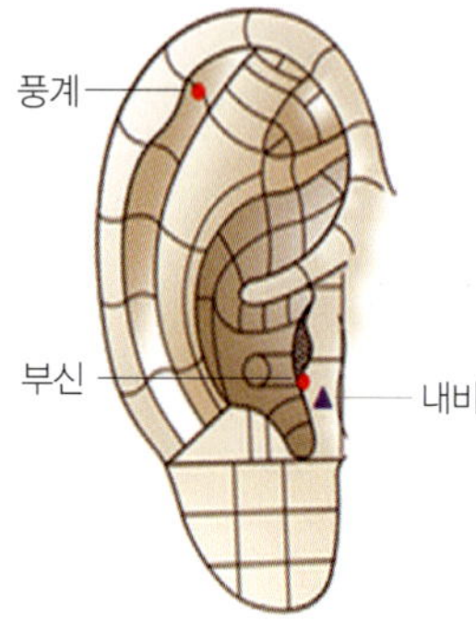
	A28: 가운데 손가락 앞면 셋째 마디 중앙(A24)과 가운데 손가락 끝마디 중앙에서 2mm 내려온 지점(A33)의 사이 중앙지점 **A30**: A28과 A33의 사이 중앙지점	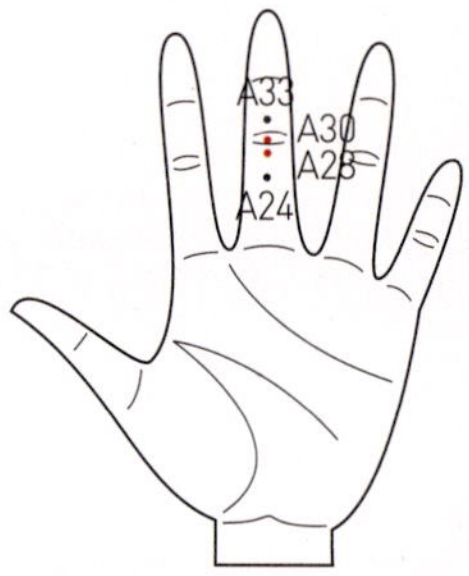 손바닥	
기침, 천식	**B24**: 가운데 손가락 등 셋째 마디 중앙	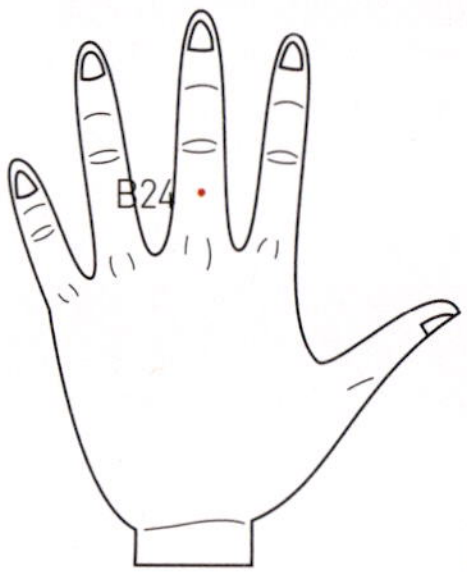 손등	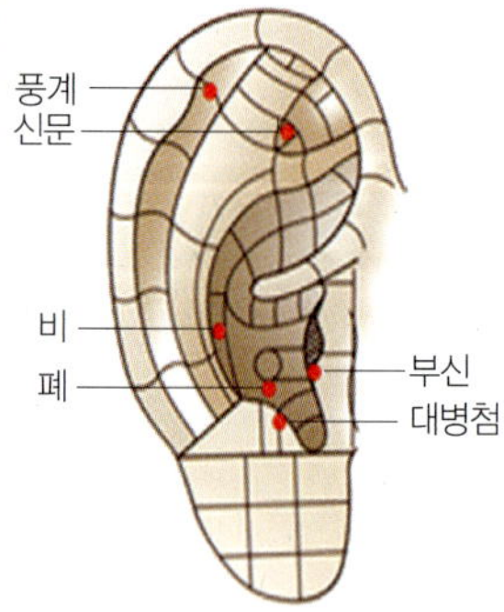
	A20: 가운데 손가락 바닥 둘째 마디 중앙 **A22**: A20~A24의 사이 중앙 지점 **A24**: 가운데 손가락 바닥 셋째 마다 중앙	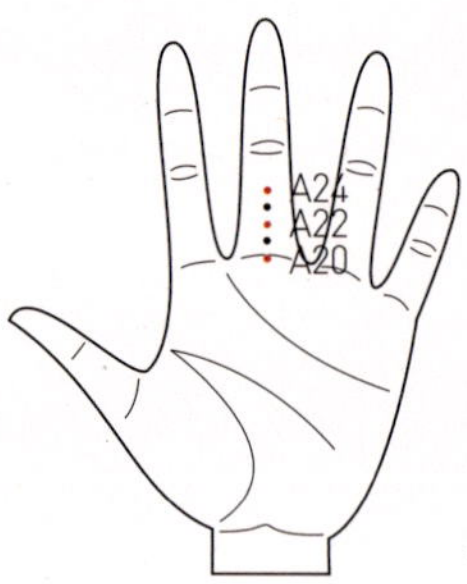 손바닥	

상황	수지요법의 반응점	이압요법의 반응점
감기	**A1**: 손바닥과 손목주름이 만나는 곳의 중앙에서 5mm 올라온 지점 **A8**: A1~A16의 사이 중앙점 **A12**: A8~A16의 사이 중앙 지점 **A16**: 손바닥과 가운데 손가락이 만나는 첫째 마디 중앙 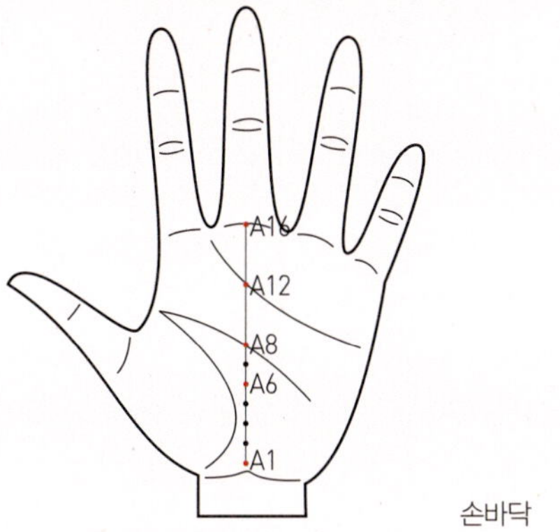	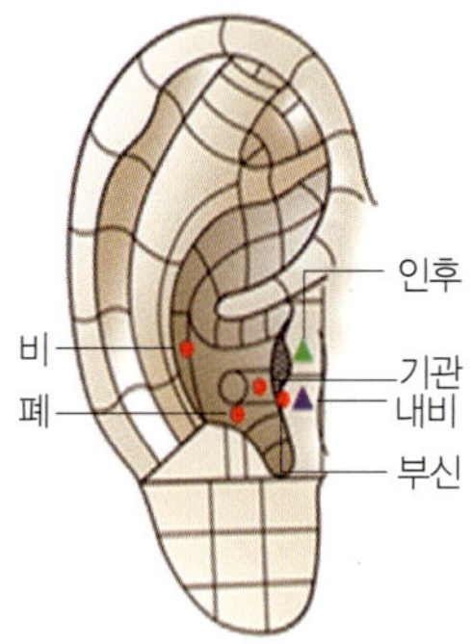
치통	**B24**: 가운데 손가락 등면 셋째 마디 중앙 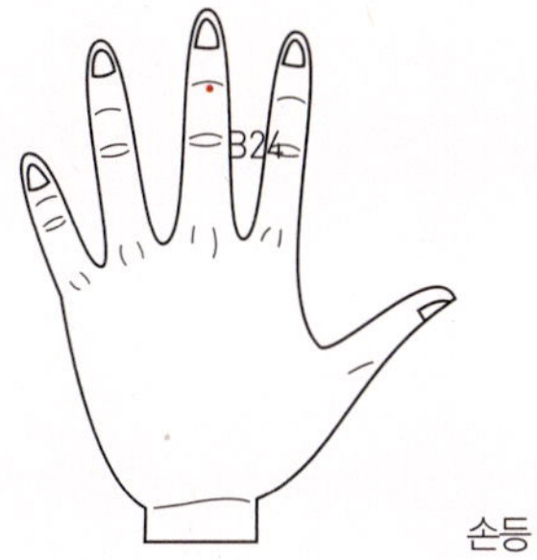 **A8**: A1~A16의 사이 중앙점 (감기 참조) **A24**: 가운데 손가락 앞면 가운데 마디 중앙 **A28**: 가운데 손가락 앞면 셋째 마디 중앙(A24)과 셋째 손가락 손톱 중앙에서 2mm 내려온 지점(A33)의 사이 중앙지점 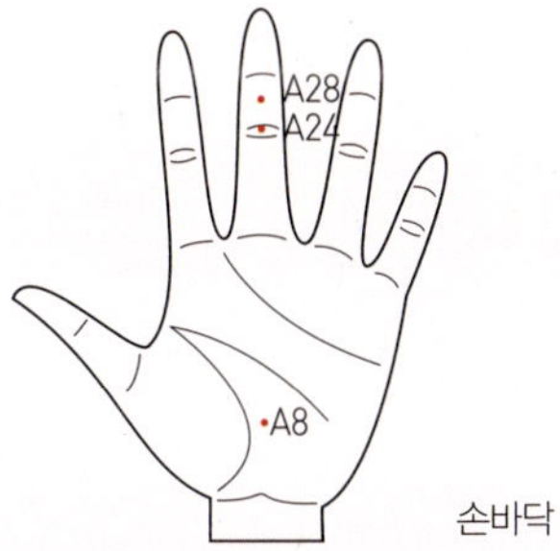	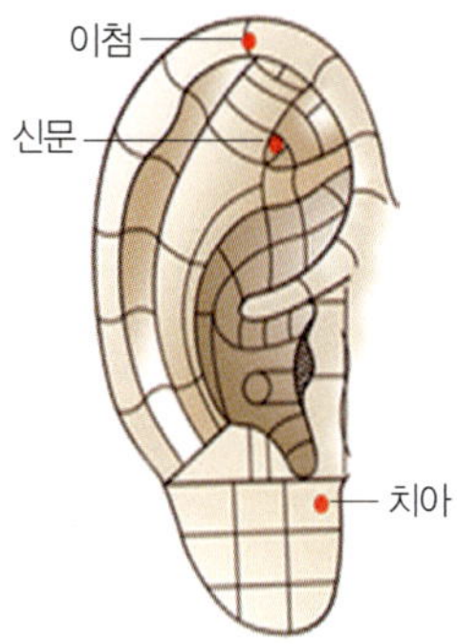
소화불량	**A1**: 손바닥과 손목주름이 만나는 곳의 중앙에서 5mm 올라온 지점 **A8**: A1~A16의 사이 중앙점 (감기참조) **K9**: 넷째 손가락 바닥면 둘째 마디 중앙에서(K6) 셋째 마디 중앙(K10)의 3/4 지점 **F4**: 다섯째 손가락 바닥면 중앙에서 2mm 지점(F1)에서 셋째 마디 중앙으로 3/4 지점 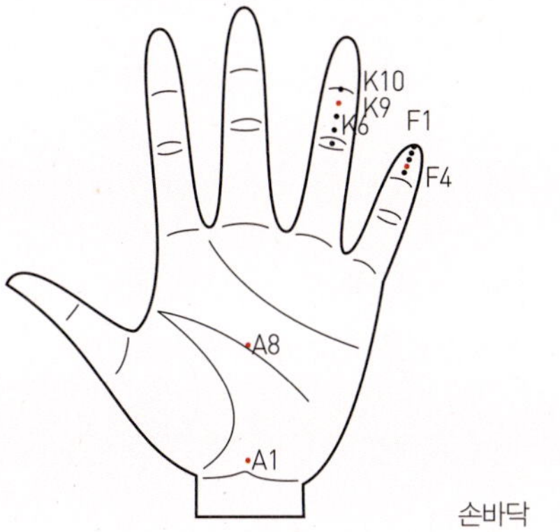	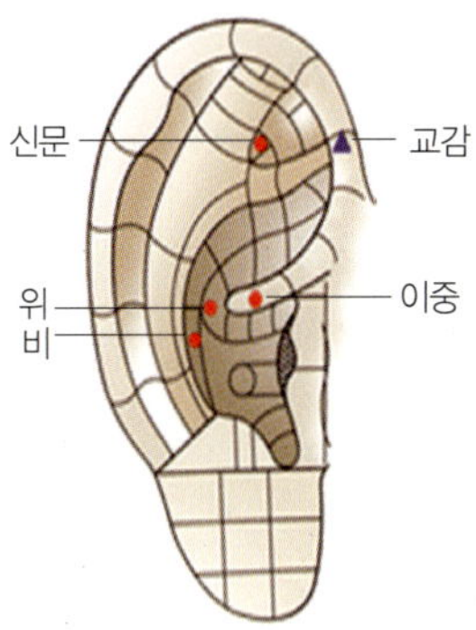

상황	수지요법의 반응점	이압요법의 반응점
딸꾹질	**F3**: 다섯째 손가락 바닥면 손톱 중앙에서 2mm지점(F1)에서 셋째마디 중앙(F5)의 중앙부위를 손톱으로 1분 정도 지긋이 누르기 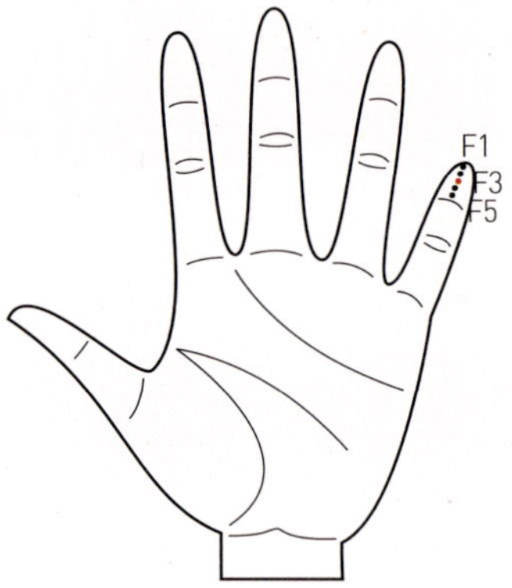	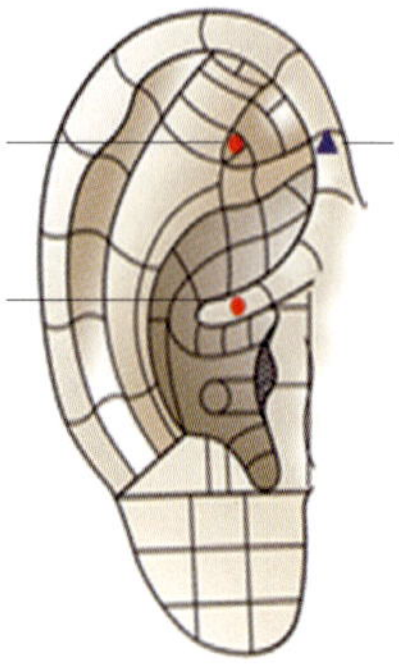
멀미	**A33**: 가운데 손가락 손톱 밑 중앙에서 2mm 내려온 지점 **A12**: A8~A16의 사이 중앙점 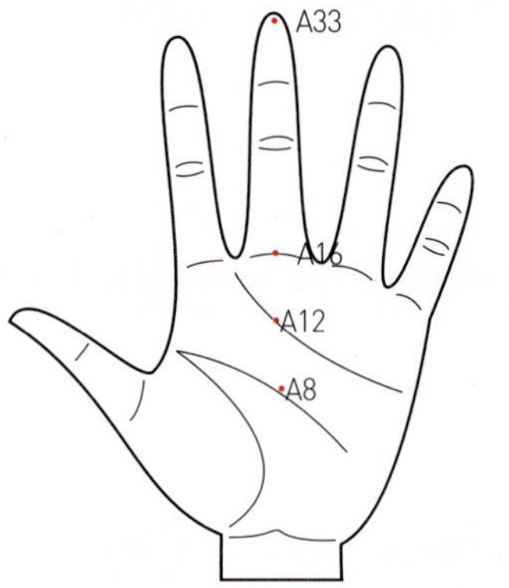	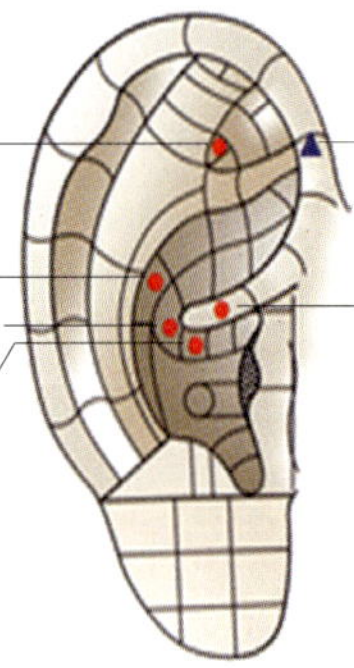

* ▲ 표시는 안쪽을 의미

13장

아동기 정신건강

13장 아동기 정신건강

1. 정신건강의 개념

정신이란 인간을 신체와 정신 두 면으로 나누어 볼 때 신체적 현상에 대응하는 인간 특유의 생각, 감정, 언어, 행동 현상을 말한다. 그러나 인간이란 통합된 상태로서 두 개로 구별하여 말할 수 없고 또 신체와 정신은 서로 상호 연관을 가지고 있다.

프로이드(Freud)는 사람이 사랑할 수 있고 놀이를 할 수 있고 일할 수 있으면 정신이 건강하다고 하였다. 이것은 사람이 다른 사람들과 어울릴 수 있고, 놀이나 취미생활 등 일상생활에서 즐거움을 느끼고, 자기가 해야 될 일이나 직업적인 임무를 해나갈 수 있다면 정신이 건강하다는 말이다. 정신적으로 건강한 사람은 우선 자신에 대한 자존감과 자신감이 있고, 자신의 욕구와 충동을 조절할 줄 알며, 어떤 상황에서 문제가 발생했을 때 이를 해결할 수 있는 적응능력이 있다.

정신건강을 평가할 때는 항상 신체적인 요소, 심리적인 요소, 그리고 사회적인 요소가 같이 생각되어야 한다. 인간의 행동이나 감정, 생각은 주위 환경으로부터 영향을 받고, 신체적인 발달이나 심리적인 발달도 항상 환경으로부터 영향을 받기 때문에 이 세 가지 면을 반드시 함께 고려하여야 한다.

1) 아동의 정신건강

영유아들의 정신건강은 나이와 성별(性), 그 아동의 발단단계에 따라서 이해하여야 한다. 아동기는 정신건강에 필요한 여러 가지 능력을 기르는 시기이므로 발달단계를 고려하여 그 발단단계에 맞는 행동을 보이는 아동은 정신적으로 건강하다고 할 수 있다. 즉, 신체적으로, 행동적으로, 정서적으로 그 나이에 맞는, 대부분의 또래가 보이는 행동을 하면 정신적으로 건강한 아동이라고 할 수 있다. 따라서 정신적으로 건강하지 않은 아동이란 그 나이와 성별, 발달단계에 맞지 않는 생각이나 행동, 감정을 보이는 경우를 말한다.

2) 정상과 비정상

발달이나 정신건강에 있어서 정상이란 다음의 몇 가지 의미로 사용된다.

첫째, 질병이 없는 상태를 정상이라고 한다.

둘째, 세계보건기구(WHO)는 건강을, '단순히 질병이 없는 상태가 아니고 인간의 신체적, 정신적, 사회적 안녕의 상태'라고 정의하였다. 그러므로 발달이 신체적, 정신적, 사회적 모든 분야에서 골고루 잘 이루어지고 있으면 정상이라고 한다.

셋째, 그 문화권에서 받아들일 수 있는, 상식적인 생각이나 행동이 아닌 경우는 비정상적이라고 한다.

넷째, 어떤 행동이 나타나는 발달적 시기의 적절성이 중요하다. 어떤 행동이 언제, 얼마나 나타나는가에 따라서 정상이냐 정상이 아니냐를 가늠할 수 있다. 예를 들면 2~3살 유아가 보이는 분노발작(생떼, temper tantrum)이 가끔 일어나는 것은 이 시기 아동의 행동특성상 정상적이라고 할 수 있다. 그러나 초등학생에게 생떼 쓰는 행동이 자주 나타난다면 비정상적이라고 할 수 있다.

정신장애(mental disorder)는 정상과 다르거나 정도가 지나친 증상들을 보일 때를 의미한다. 연구에 의하면 30% 이상의 아동들이 공포, 불안, 악몽, 과잉행동, 분노, 발작, 손가락 빨기, 손톱 물어뜯기 등을 보이는데 이 중 한두 증상을 가졌다고 해서 정신장애를 가졌다 할 수는 없다. 그 아동의 나이와 발달단계, 환경들을 고려하여 그것이 정상인가 혹은 정신장애인가를 결정하여야 한다.

어떤 행동이 정신적으로 정상이냐 아니냐를 결정하는 데는 다음 몇 가지 점을 고려해야 한다(Rutter, 1974).

① 그 행동이 그 나이와 그 성(남자, 여자)에 적합한가.

② 특정한 행동이 얼마나 오래 계속되었는가.

③ 아동이 발달상 어느 단계에 있는가 – 예컨대 2, 3세 유아는 동생이 태어나면 심한 질투와 경쟁을 유발하나, 5, 6세 아동은 동생의 출산을 환영하고 엄마를 기꺼이 도와줄 수도 있다.

④ 생활변화와 스트레스로 인한 일시적 증상인가 – 어린이집이나 학교 입학 등 변화의 시기

에 일시적으로 정서 · 행동상의 증상이 있는 것은 비교적 정상이다. 또 특정한 스트레스가 있을 때 일시적으로 정서 · 행동상의 이상반응을 보이는 것도 흔히 있을 수 있다.

⑤ 사회 · 문화적 배경 – 아동의 행동이 그가 살고 있는 사회 · 문화적 환경에 적합한 것이냐 아니냐를 고려해 보는 것이 중요하다. 즉 경제적, 사회적으로 낮은 층 아동들의 행동은 고등 교육을 받고 경제적으로 풍부한 부모를 가진 아동들과 다를 수 있다.

⑥ 문제의 빈도, 정도와 종류 – 어떤 증상이나 문제가 가끔 한 가지씩 나타났다면 별로 중요하지 않다. 그러나 자주 나타나며 그 정도가 심하면 문제가 된다. 또한 증상의 종류에 따라서 엄지손가락을 빤다거나 손톱을 깨무는 버릇은 좀 심하더라도 정신과적인 질환이라 할 수 없고, 반면에 '친구와 못 사귄다, 친구와 자주 싸운다' 또는 '사람과의 접촉을 피한다' 등은 정신과적 질환의 존재를 의미하므로 좀 더 관심을 주어야 한다.

⑦ 장해의 정도 – 어떤 행동이 비정상적이라 하더라도 그것이 본인이나 혹은 주위 사람에게 해를 끼치느냐 아니냐를 살펴볼 필요가 있다. 아동과 그 가족이 고통을 받고 있는가? 이 증상으로 사회적 제약을 받는가– 공포증 때문에 도무지 집을 나가지 못하여 아동이 자기가 하고자 하는 일을 못하고 있는지를 살펴보아야 한다. 이 증상이 발달을 저해하는가? 다른 사람에게 어떤 영향을 끼치는가?

2. 아동의 발달과 정신장애를 이해하는 이론적 관점

1) 생물학적 이론

생물학적 이론은 발달과 정신질병의 원인을 생물학적 기능상의 문제로 보는 것이다. 최근에는 발달과 정신질병의 밑바탕에는 반드시 생물학적 요소가 관여한다는 전제에 초점을 맞추고 있다. 인간의 발달에는 유전적 요소가 큰 비중을 차지하며, 뇌와 중추신경계의 구조와 잘못된 기능이 정신 장애의 원인 요소가 된다고 보는 것이다. 뇌의 신호전달체계와 신경전달물질이 정상적으로 제 기능을 해야 한다는 신경전달물질 논리로 설명하고 있다. 이 이론은 뇌 기능에 대한 자세한 정보를 제공하는 뇌 영상학(brain imaging) 등으로 지난 30여 년간 획기적인 발전을 하였다.

2) 정신분석이론

정신분석은 인간 내면의 심리발달과정을 중요시하고 인간의 심리구조가 어떻게 성격형성과 행동에 영향을 미치는가에 대한 이론이다.

프로이드는 인간의 행동과 성격형성에 관한 이론에서, 인간정신을 무의식 세계와 의식 세계로 나누고, 의식 세계는 극히 일부분을 차지하고 깨어있을 때의 현실감각과 문제 해결, 임무실행을 담당한다고 하였다. 무의식은 인간의 본능적인 면과 과거의 경험, 억압된 생각, 감정 등으로 이루어진다. 무의식 속에 감추어진 여러 가지 본능적 요소와 억압된 감정, 비밀스런 바람은 의식에 압력을 가하며 의식세계는 이들을 적절히 다룰 수 있게 성격구조와 실행능력이 개발되어야 한다.

성격은 구조상 본능(원초아, id)과 자아(ego) 및 초자아(superego)의 세 가지로 나뉘고 자아는 주로 의식의 세계에 속하며 본능과 초자아는 무의식에 속한다. 인간의 행동과 생각은 이러한 본능, 자아 및 초자아의 상호 견제에 의해서 결정되는 것으로 보았다.

프로이드 이론(구강기부터 생식기)은 인간의 성적 에너지를 리비도(libido)라 하고 리비도가 각 발달 단계마다 특정한 신체부위에서 강하게 느껴진다고 하였다. 구강기의 갈등은 이후 아동기나 성인기에도 영향을 미쳐, 의존적이거나 성격적 불안정성으로 남는다. 항문기적인 갈등 즉, 공격성이나 배설의 배출과 보유의 갈등도 강박성격과 고집, 완벽주의 등의 성격 특성과 관계된다. 오이디프스 갈등의 문제는 신경증, 특히 불안과 히스테리 등의 정신질병을 일으킨다고 주장한다.

에릭슨(Erikson, 1963)은 정신성적 발달형태가 사회환경과 어떤 관계를 가지며 사회적인 여건이 어떻게 정신성적 발달에 영향을 미치는가에 관한 정신 사회적 발달이론을 주장하였다. 에릭슨은 인간의 생애 전체를 발달과정으로 보았고 인생을 8단계로 나누고 사회적인 영역으로 확장하였다. 특히 대인관계에서 이루어야 할 과업과, 인생주기마다 일어날 수 있는 심리사회적 문제를 이해하고 치료적 방향을 제시하는데 크게 도움이 되는 학설이라 하겠다.

피아제(Piaget)는 아동의 생각(사고)과 문제해결 능력, 즉 인지발달(Cognitive Theory)은 성인과 매우 다르며, 일련의 단계적 발달과정을 거쳐서 변화해 간다는 것을 자신의 세 딸을 세밀히 관찰함으로써 증명하였다. 인간이 세상을 보는 관점이나 사고방식, 정보 처리하는 능력 등 인지 발달도 단순한 데서 시작하여 더욱 복잡하게 분화되어 간다는 것이다.

콜버그(Kohlberg)는 피아제 이론에 근거를 두고 도덕적 사고(moral reasoning)에 관한 도덕적인 판단과 사고가 일생을 통하여 6단계로 발달하는 것으로 기술하였다. 콜버그에 의하면 사람들의 도덕 발달수준은 차이가 많으며, 일반적으로 대부분의 성인은 4단계나 5단계에 많이 이르고 6단계에 다다른 사람은 극히 적은 것으로 조사되었다. 도덕적 사고의 발달수준은 문제 청소년이나 비행 청소년의 행동을 이해하는 데 도움이 된다. 이들의 도덕발달 수준은 제2단계나 1단계에 머물러 있는 것으로 보이며 그렇기 때문에 벌을 받지 않는 한, 잡히지 않는 한, 비행을 저지르면서도 남에게 해를 끼치는 데 대한 죄책감은 별로 없는 것을 이해할 수 있다.

3) 동물행태학-애착이론

동물행태학(ethology)은 동물의 행동을 자연환경에서, 진화론적인 맥락에서 관찰 연구하는 학문이며, 인간에게 적용하여 인간의 행동을 관찰 기술한 것이 인간 행태학(human ethology)이다. 동물행동학의 시조는 다윈(Darwin)이라고 할 수 있다. '다윈의 진화론'은 인간을 포함한 모든 동물의 생존전략과 행동의 진화에도 적용되는데, 예를 들어서 인간의 지능이 타 동물에 비하여 매우 발달한 것도 생존에 도움이 되며 신체적 불리함을 이겨나갈 수 있는 강점으로 발전된 것이다.

현대에 와서 이것을 인간행동의 이해에 적용한 사람이 로렌츠와 틴버겐(Lorenz와 Tinbergen)이며, 이들은 동물들을 자연환경 속에서 관찰하여 동물의 본능적 행동의 중요성을 발견하였다. 특히 사회적인 본능이라고 할 수 있는 어머니와의 유대는 각인현상(imprinting)에서 잘 나타나고 있다. 오리가 어미를 따라 다니는 행동은 결정적 시기에 어미에게 노출되었을 때 일어나는 현상으로 일생 지속된다. 인류와 가까운 침팬지, 고릴라 등 영장류에 관한 연구는 모아애착, 공격성, 성행동 등의 이해에 큰 도움을 주었으며 인간행동과의 유사성을 잘 증명해 주고 있다.

(1) Bowlby의 애착이론

존 볼비(John Bowlby)는 제2차 세계대전 후 고아원에서 성장한 아동들에게는 다른 사람과 친밀하고 지속적인 관계를 형성하지 못하는 등 여러 가지 정서적 문제가 있음을 발견하였다. 볼비는 이 아동들이 일생의 초기에 어머니에게서 확고한 애착을 형성할 기회가 없었기 때문에 친밀한 인간관계를 맺지 못하는 것으로 해석하였다. 또 정상적인 가정에서 성장했지만 어머니와 장기간 떨어져 지낸 아동들도 유사한 증상을 보인다는 것을 알았다. 볼비는 특히 어머니와 영유아 간의 모자관계 애착행동에 적용하여 애착이론 (attachment theory)을 제시하였다. 애착은 자신의 생존뿐만 아니라 어머니와의 상호작용을 통해 신체적, 언어적, 행동적, 정서적 발달을 촉진시키고 발달에 없어서는 안 되는 매우 중요한 행동패턴이라고 할 수 있다.

아기가 태어나면 자신을 돌보는 사람, 특히 어머니와 강한 정서적 관계를 맺게 되는데 이것이 애착관계이다. 아기의 애착 행동 – 미소짓기, 옹알이 하기, 잡기, 매달리기, 울기 등 – 은 선천적인 사회적 신호라고 주장한다(Bowlby, 1969). 이러한 행동들은 부모들이 아기를 보살피고, 아기를 먹이고, 위험으로부터 보호하고, 성장에 필요한 자극과 애정을 기울여 상호작용하도록 해 준다.

(2) 민감한 시기

아동발달에는 결정적 시기가 있다. 민감한 시기는 특정한 능력이나 행동을 보이는 적합한 시기로서, 아동은 이 시기에 환경의 자극에 민감한 반응을 보인다. 민감한 시기가 지난 후에도 발달이 이루어질 수는 있지만, 그때는 시간이 더 오래 걸리고 더 어렵기도 하다.

볼비는 일생에서 첫 3년이 사회정서발달의 민감한 시기라고 하였다. 즉, 출생해서 첫 3년간이 친밀한 정서적 유대를 형성하는 데 매우 민감한 시기이며, 만약 이 기간 동안 그런 기회를 갖지 못한다면, 나중에 친밀한 인간관계를 형성하는 것이 어렵게 된다고 하였다.

(3) 애착형성의 단계

영아가 어머니와 어떻게 애착을 형성해나가는가에 대해 볼비는 애착의 발달단계를 4단계로 분류하고 있다.

① 제1단계(0~3개월), 전 애착단계(preattachment phase: 출생 후~6주) 사람에 대한 비선택적 반응: 처음 2~3개월의 영아는 사람에 대한 반응을 보이기 시작하나 아무에게나 같은 반응을 보이고 특히 사람 얼굴 모습을 보았을 때 미소를 띠며 안기기를 원한다. 영아는 붙잡기, 미소 짓기, 울기, 눈 맞추기 등 다양한 방법으로 주위 사람들과 가까운 관계를 유지한다. 그러나 이 단계에서는 아직 애착이 형성되지 않는다.

② 제2단계(3~6개월), 애착형성단계(6주~8개월), 낯익은 사람에게 초점을 맞추기 시작: 어머니나 자신을 돌보아 주는 낯익은 사람을 보면 미소를 띠고 옹알이를 하고 안기려고 하며, 낯선 사람을 보면 무서워한다. 이 단계에서 영아는 친숙한 사람과 낯선 사람에게 다르게 반응하기 시작한다. 예를 들어, 영아는 어머니와의 상호작용에서 더 많이 웃거나 미소 지으며, 옹알이를 더 자주 한다. 영아는 자신의 행동이 다른 사람에게 영향을 미친다는 것을 알게 되고, 자신이 필요할 때 어머니가 언제든지 반응할 것이라는 신뢰감을 발달시키기 시작한다. 그러나 낯선 얼굴과 친숙한 얼굴을 구별할 수 있음에도 불구하고 부모가 자기를 혼자 남겨 놓고 자리를 떠나도 아직 이 단계에서는 분리불안을 보이지 않는다.

③ 제3단계(6개월~2세), 애착단계(8~18개월), 능동적 접근: 6개월부터 아기는 어머니나 자기를 돌보아 주는 특정한 애착대상에게 달라붙고 어머니와 같이 있으려 하고 떨어지면 울고(분리불안), 어머니와 다른 사람을 분명하게 구별하여 무서워한다(낯가림). 이 단계에서는 영아가 이미 애착이 형성된 사람에게 적극적으로 접근한다. 따라서 애착대상이 떠나면 분리불안을 보인다. 분리불안은 모든 문화권에서 일반적인 현상으로 돌 전후에 나타나기 시작해서 15개월까지 계속 된다. 분리불안은 애착대상이 눈 앞에서 사라져도 계속 존재한다는 대상영속성의 개념을 영아가 알고 있다는 증거이기도 하다.

④ 제4단계(2, 3세~아동기 말까지), 동반자 행동(18개월~2세): 2~3세부터 어머니와 아동은 동반자적 관계를 가지고 자신에게 필요한 목적 달성을 위하여 어머니와 같이 협력하는 관계가 된다. 2세 말경이 되면 영아는 어머니가 언제 다시 돌아올지 예측할 수 있으므로 분리불안이 감소된다. 이 단계에서 영아는 어머니와 협상하고, 자신이 원하는 대로 그 사람의 행동을 수정하고자 한다. 예를 들어, 어머니가 어디로 가고 언제 돌아올 것인지를 물어보고, 빨리 다녀와서 이야기책을 읽어달라고 부탁한다.

볼비는 이상과 같은 네 단계를 거쳐 부모-자녀 간에 형성되는 애착관계는 개인의 성격발달에 큰 영향을 미친다고 하였다. 어머니와 아동 간 애착의 형성은 아동의 언어, 정서, 행동발달의 기초를 이룬다. 애착이 안정되게 이루어지면, 유아는 더 잘 놀고, 탐색을 많이 하며 부모에게서 잘 독립할 수 있게 된다. 애착 형성을 위해서는 어머니가 안아주기, 눈 맞추기 등을 포함하여 밀착된 신체적, 언어적, 감성적 상호 작용이 필요하며 어머니의 애정에 찬 보살핌이 매우 중요하다. 만약 어머니가 이러한 노력을 하지 않거나 또는 태어날 때부터 기형 등 다른 요인 때문에 어머니와의 애착관계가 이루어지지 않을 때는 발달장애 혹은 반응성 애착장애, 자폐장애(autistic disorder) 등 발달에 심각한 이상이 올 수 있다(Rutter, 1974).

(4) 애착의 유형

아인스워스(Ainsworth, 1983)는 8가지 에피소드(표 13-1 참조)로 구성된 낯선 상황 실험을 실시하여, 애착형성을 안정애착, 회피애착, 저항애착의 세 가지 유형으로 제시하였으며, 마인(Main)은 혼란애착 유형을 추가하여 네 가지 유형으로 구분하였다(Main & Solomon, 1990).

가. 안정애착(secure Attachment)

연구대상의 65% 정도를 차지하는 안정애착 유형은 주위를 탐색하기 위해 어머니로부터 쉽게 떨어진다. 그러나 낯선 사람보다 어머니에게 더 확실한 관심을 보이며, 어머니와 함께 놀 때 밀접한 관계를 유지한다. 또한 어머니와 떨어져 있을 때도 어떤 방법으로든 적극적으로 위안을 찾고 다시 탐색과정으로 나아간다. 이들은 어머니가 돌아오면 반갑게 맞이하며, 쉽게 편안해진다.

나. 회피애착(Avoidant Attachment)

연구대상의 20% 정도를 차지하는 회피애착 유형은 어머니에게 반응을 별로 보이지 않는다. 이들

표 13-1 Ainsworth의 낯선 상황 실험

에피소드	내용	관찰되는 애착행동
1	실험자가 어머니와 영아를 실험실로 안내하고 떠난다.	
2	영아가 장난감을 가지고 노는 동안 어머니는 그 곁에 앉아 있다.	안전기지로서의 어머니
3	낯선 이가 들어와 앉아서 어머니와 이야기를 나눈다.	낯선 이에 대한 반응
4	어머니가 방을 나간다. 낯선 이가 영아와 상호작용하고, 영아가 불안반응을 보이면 진정시킨다.	분리불안
5	어머니가 돌아와 영아를 반기고 필요하다면 영아를 진정시킨다. 낯선 이가 방을 나간다.	재결합 반응
6	어머니가 방을 나간다.	분리불안
7	낯선 이가 들어와서 영아를 진정시킨다.	낯선 이에 의해 진정되는 정도
8	어머니가 돌아와 영아를 반기고 필요하다면 영아를 진정시킨다. 영아의 관심을 장난감으로 유도한다.	재결합 반응

은 어머니가 방을 떠나도 울지 않고, 어머니가 돌아와도 무시하거나 회피한다. 어머니와의 관계에서 친밀감을 보이지 않고 무관심하게 보이며, 낯선 사람에게나 어머니에게 비슷한 반응을 보인다.

다. 저항애착(Resistent Attachmen, **양가적 애착**, ambivalent attachment)

연구대상의 10~15%를 차지하는 저항애착 유형은 어머니가 방을 떠나기 전부터 불안해하고, 어머니 옆에 붙어서 탐색을 별로 하지 않는다. 어머니가 방을 나가면 심한 분리불안을 보인다. 어머니가 돌아오면 접촉하려고 시도는 하지만, 안아주어도 어머니로부터 안정감을 얻지 못하고, 분노를 보이면서 내려달라고 소리를 지르거나 어머니를 밀어내는 양면성을 보인다.

라. 혼란애착(Disorganized Attachment, **비조직화 애착**)

연구대상의 5~10%를 차지하는 혼란애착 유형은 불안정애착의 가장 심한 형태로 회피애착과 저항애착이 결합된 것이다. 어머니와 재결합했을 때에도, 얼어붙은 표정으로 어머니에게 접근하거나 어머니가 안아줘도 먼 곳을 쳐다본다.

(5) 애착반응: 낯가림과 분리불안

영아가 특정 인물과 애착을 형성했다는 증거로 나타나는 현상이 낯가림과 분리불안이다.

① 낯가림(stranger Anxiety)

영아가 돌보아 주는 사람과 애착을 형성하게 되면 낯선 사람이 다가오거나 부모가 낯선 사람에게 자신을 맡기면 큰 소리로 우는데, 이런 반응을 낯가림이라고 한다. 낯가림은 6~8개월경에 나타나기 시작해서 첫돌 전후에 최고조에 달했다가 서서히 감소한다.

정신분석이론이나 사회학습 이론에 의하면, 낯가림은 유아가 애착을 이룬 사람과 헤어지게 되지 않을까 또는 그 사람을 잃어버리지 않을까 하는 두려움을 표현하는 것이라고 한다. 이런 견해는 낯가림이 누군가에게 애착을 이룬 후에 발생한다는 것과 애착을 이룬 유아는 낯선 사람이 접근하면 어머니나 다른 친근한 사람에게 꼭 달라붙는 경향이 있다는 것으로 알 수 있다.

인지발달이론에 의하면 낯가림은 유아의 인지적 발달의 자연스러운 결과다. 낯가림은 영아가 익숙해 있는 얼굴과 낯선 얼굴에 대해 보이는 반응이다.

대부분의 영아는 낯선 사람에 대한 불안반응을 보이지만, 낯가림의 정도는 영아의 기질이나 환경요인에 따라 다르게 나타난다. 부모나 친숙한 어른이 함께 있는 상황에서는 낯가림이 덜 나타나고, 기질적으로 순한 영아가 까다로운 영아보다 낯가림을 덜 하는 편이다. 그러나 낯가림을 전혀 하지 않는 것도 바람직한 것은 아니다.

생후 3개월에서 5세 사이에 있는 우리나라 유아의 낯가림 및 분리불안과 어머니의 양육태도와의 관계를 연구한 보고(이주혜, 1981)에 의하면, 어머니의 양육태도가 수용적일수록 낯가림과 분리불안 현상이 일찍 나타났다고 하였는데, 이 결과는 어머니가 수용적인 태도일 때 어머니와의 애착이 잘 이루어지고, 애착형성이 잘 될수록 유아의 대상에 대한 개념형성이 빨라져서 나타난 현상으로 해석되었다.

② **분리불안**(Separation Anxiety)

분리불안은 영아가 부모나 애착을 느끼는 대상과 떨어질 때 느끼는 불안을 의미한다. 분리불안은 돌 전후에 나타나기 시작해서 20~24개월경에 없어진다.

안정애착을 형성한 영아는 불안정애착을 형성한 영아보다 분리불안 반응을 덜 보이며, 어머니를 안정 기지로 삼아 주변 환경에 대한 탐색활동을 하게 된다.

정신분석이론과 학습이론에 의하면, 어머니가 옆에 없을 때에 강한 불쾌감(예를 들면, 배고픔, 젖은 기저귀, 통증 등)을 경험한 유아들은 어머니와 헤어지는 것을 두려워하게 된다고 한다. 유아들은 낯선 사람, 낯선 장면, 친숙한 사람과 헤어지는 상황에 대한 공포를 가지고 있다. 그러나 유아의 탐색활동이 점점 증가하고 어머니를 안전기지로 삼아 탐색활동을 하면서 어머니와 잠깐 떨어지는 경험을 하게 되면서 2세경에 분리불안은 사라진다.

인지발달이론에서는 유아들은 친숙한 사람들이 어디로 갔는지 또는 그들이 언제 돌아올 것인지 알 수 없을 때 분리불안을 보이는 경향이 있다.

우리나라 영아의 낯가림, 분리불안과 어머니의 양육태도를 알아본 연구(박은숙, 1982)에서 12~13개월된 영아의 92%가 분리불안을 보인 것으로 나타났다. 분리불안은 평균 9개월경에 시작되었으며 첫돌 무렵에 가장 심한 것으로 나타났다.

(6) 애착의 전 생애 발달

영아기에 형성된 애착은 전생애를 통하여 계속되고 가족 이외의 다른 사람과의 관계에서도 애착이 형성될 수 있다는 연구결과들(Ainsworth, 1989; Hazen & Shaver, 1987)이 제시되고 있다.

영아기에 형성된 돌보아 주는 사람에 대한 애착이 아동기와 청년기를 거쳐 성인기까지 계속될 수 있다는 근거는 볼비(Bowlby, 1969)가 제안한 애착의 내적 작동모델(internal working model)에서 찾을 수 있다. 애착의 내적 작동모델은 특히 초기 환경에서 애착 대상과의 상호작용의 패턴에 의해 구성된다. 애착 대상으로부터 거절당한 경험이 있는 아동은 그 애착 대상에게 부정적인 내적 표상을 가지게 되며 자신을 가치 없는 존재로 자신에 대한 내적 작동모델을 형성하게 된다는 것이다. 반면에 애착 대상이 자신을 정서적으로 지지하며 도와준다고 느낄 때, 영아는 애착대상에 대해 긍정적인 표상을 갖게 되고 자신에 대해서도 능력 있고 사랑받는 존재로서의 작동모델을 형성하게 된다(Bretherton, 1992).

자신과 돌보아 주는 사람 사이에 반복된 상호작용의 경험을 통하여 내적 작동모델을 형성한 영아는 안정적 애착을 형성하게 되고, 새로운 도전에 잘 대처할 수 있는 자신감을 갖게 되며, 이후 인생에서 친구나 배우자와 안전하고 상호 신뢰적인 관계를 형성하는 경향을 보인다. 영아기에 형성된 부모에 대한 애착은 내적 작동모델의 형태로 계속되고 그것은 후천적 관계형성 방식에 지속적으로 영향을 미치게 된다는 것이 내적 작동모델의 기본개념이다(Bartholomew와 Horowiz, 1991). 내적 작동모델이론의 발전은 영유아기뿐만 아니라 아동기, 청년기, 성인기, 즉 전 생애에 걸쳐 개인의 발달과 함께 애착대상이 어머니에서 아버지, 교사 그리고 연인과 배우자로 다양하게 확대된다.

애착의 전 생애 발달을 연구한 결과 중에서 영아기 동안 안정애착을 형성한 아동들이 또래들 간에 인기가 있고 사회적 유능성이 높다는 사실이 확인되었으며(Sroufe, 1985), 부모와의 안정애착은 또한 가족 이외의 다른 사람과의 관계에서도 자신감을 갖게 해 준다.

우리나라 중, 고등학교 청소년들과 대학생을 대상으로 연구한 장휘숙(1997)은 부모에 대한 애착이 중, 고등학교 및 대학 시기에도 여전히 계속되고 있기는 하지만, 남녀 모두 연령증가와 함께 친구에 대한 애착은 증가하고, 부모에 대한 애착은 다소 약화되는 경향을 나타낸다고 밝혔다. 그럼에도 불구하고 부모에 대한 애착은 여전히 자아존중감과 직업적 자기효능감에 중요한 역할을 하고 있어 청년기에도 부모에 대한 애착이 중요하다는 것을 확인할 수 있다.

유아기에 안정애착을 체험하느냐 못하느냐 하는 것은 성인이 되어서 누군가를 사랑할 수 있는 능력에도 영향을 미친다. 사랑의 애착이론(Hazen & Shaver, 1987; Simpson,1990)에 의하면 사랑하는 두 남녀의 관계는 세 가지 유형으로 나눌 수 있는데, '안정애착'을 체험한 사람들은 쉽게 친밀한 관계를 유지하고 상호의존적이 된다. 그리고 상대방으로부터 버림받을까 두려워하지 않는다. '회피애착'을 체험한 사람들은 너무 가까워지는 것을 두려워하고, 쉽사리 상대방을 믿지 못한다. '불안애착'을 체험한 사람들은 자신은 상대방과 가까워지기를 간절히 원하는데 상대방은 그렇지 않다고 생각하며, 그래서 상대방이 자신을 진심으로 사랑하지 않을까봐 걱정하기 때문에 관계유지에 대해 자신이 없다.

(7) 애착을 이루기 위한 요건

불안정한 애착을 이룬 아동들은 출생했을 때부터 기질적으로 다루기 어려운, 불규칙한 아이일 가능성이 많은데, 더 중요한 것은 어머니가 어떤 행동을 보여 주느냐 하는 것이다. 어머니와 자주, 오랜 시간 동안, 또 재미있게 상호작용을 나눈 아이들이 기계적이고 필요한 접촉만을 받는 아이들보다 훨씬 안전하게 애착을 이룬다. 불안정 애착을 이룬 아기들의 어머니는 아기들을 안아주지만 짧은 기간 동안 안아 주며 기저귀를 간다든가 우유를 주는 것 등 꼭 필요한 접촉만을 하는 경우가 많으며 아이를 사랑스런 마음으로 돌보지 않는다. 아기와 안정된 애착을 이룬 어머니는 긍정적이며, 행복하고, 아기에게 민감하게 반응을 보이는 데 비해 불안정 애착을 보이는 아기들은 대부분 학대와 방임을 경험하였거나 적어도 애정 없이 보살핌을 받은 경우다(Thompson, 1996).

〈부모의 양육방법과 발달〉

부모의 양육태도와 방법에는 부모 자신의 자라온 경험, 교육, 사회/경제적 계층, 문화와 전통 등 여러 가지 요인들이 관여한다.

가. 애정(양육)차원

아동을 돌보는 데 애정이 충분해야 신체적으로나 정서적, 행동적으로 잘 발달하며 부모와 자녀 간에 애착이 잘 형성된다. 애정이 있는 부모는 아기의 정서상태나 신체적 상태에 민감하게 반응하고 도와줌으로써 아동은 안정감과 신뢰감을 형성할 수 있다. 안정된 애착이 형성되면 어머니와 아기 관계는 협조적이고 아기는 긍정적으로 잘 발달할 것이다. 이러한 애정적인 관계는 훈육의 방법으로 이용되기도 하는데 예를 들어, 칭찬과 관심을 표시하는 것은 부모의 지시대로 하면 좀 더 사랑을 받을 것이라는 암시와 또 말을 듣지 않으면 예뻐하지 않을 거라는 위협만으로도 대다수의 아동들은 부모의 지시와 요구에 따르는 경향이 있다. 그러므로 중요한 것은 어머니와 아동 간의 안정된 애착형성이라고 할 수 있다.

또한 부모의 과거 애착에 대한 경험에 따라서 자신의 아기에 대한 애착형태가 결정이 된다고 알려져 있다. 어머니나 아버지가 과거 자신들의 부모와 어떠한 애착관계였는지 그 경험과 기억이 자신의 아기에게 영향을 미치므로 부모들의 양육태도를 알기 위해서는 부모들의 과거 경험을 아는 것도 중요하다.

나. 통제(훈육) 차원

훈육과 관련된 부모의 태도는 맥코비와 마틴(Maccoby&Martin, 1983)이 제시한 통제와 수용의 두 변인에 의한 분류이다. 그들에 의하면 부모의 양육행동 패턴은 얼마나 아동을 통제하고 요구가 많으냐와 얼마나 아동의 상태와 그들의 요구를 배려하고 받아들이느냐 차원에서 나누어 볼 때 권위형(authoritative)과 권위주의형(독재형, authoritarian), 허용형(permissive), 방임형(neglectful)으로 나눌 수 있다.

- 권위있는 부모는 성숙한 행동의 표준을 설정해 주고 아동이 복종할 것을 기대하지만 이들은 자녀들에게 관심이 많고 일관성이 있고 애정적이며 자녀들의 말에 귀를 기울이고 의견을 존중해 주는 부모다. 아동은 안정적이며 쾌활하고 호기심이 많고 자기통제능력과 자기신뢰감이 높은 아동이 될 가능성이 높다.

- 권위주의적 부모는 권력 지향적이어서 요구가 많고 통제적이며 무조건의 복종과 규칙을 지킬 것을 강요한다. 훈육은 처벌적이고 아동들은 처벌을 두려워하며 공격적이 되고 비협동적이 될 가능성이 높다. 자기존중감과 자기통제력이 낮고 부모에 대한 분노의 감정과 불만이 많으며, 자신을 불행하게 여긴다.
- 허용적 부모는 무조건 들어주고 통제나 제한을 두지 않으므로 아동은 자기중심적이고 스스로의 통제력이 없으며 의존적이고 이기적이며 책임감이 없다. 버릇 없는 아동이 되고 심한 경우는 품행장애나 비행으로 이어질 수 있다.
- 방임적 부모의 경우에는 신체적인 방임과 정서적 방임이 심하면 신체적인 성장과 발육이 방해되기도 하고 애착의 결핍이나 심각한 사회성 문제, 지능발달의 문제 등이 생긴다. 애정의 결핍을 경험한 아동은 만성 우울감과 버려진 느낌을 갖게 되며, 대인관계에 있어서 사회적인 기술이 부족하게 되기 쉽다.

다. 모델링(양육) 차원

양육의 중요한 또 하나의 측면은 부모의 모델링(Modeling)이다. 양육이 단순히 언어적인 지시나 강요, 훈육만으로 이루어지는 것이 아니고 아동은 항상 특히 유아기나 학령기에 이르면, 부모의 행동자체를 관찰하고 부모의 태도를 모방하게 된다. 부모의 부부관계, 성 가치관, 이웃과의 관계, 돈에 대한 태도, 사회의 참여도 등등 여러 가지 실제적인 부모의 행동을 관찰 학습함으로써 일반적인 인간관계와 사회생활에 필요한 예의와 범절, 전통과 관습 등을 배우게 된다. 부모의 행복하고, 열성적이고 적극적인 태도는 아동의 인생의 목표수립과 가치관 형성에 결정적인 역할을 한다. 부모의 성에 대한 태도와 표현은 성 역할과 성 가치관에 중요한 영향을 준다. 부모의 태도가 부정적이고 회피적이거나 위선적이라면 자녀들의 성 가치관과 성에 대한 태도는 부정적이거나 양가적 내지 죄악감과 불안, 공포, 혐오감 등으로 나타날 가능성이 높다.

부모의 양육방식은 자녀들의 특성과 행동에 대한 반응일 수 있다. 예를 들어, 주의력 결핍 과잉행동장애를 가진 아동은 어려서부터 기르기 힘들고 과잉활동적이며 충동적이어서 부모가 부정적인 감정을 갖기 쉽고 대화나 가벼운 훈육방법 보다는 신체적인 벌을 사용할 가능성이 높다. 효과적인 양육방법은 아동 각자의 발달단계를 고려하여야 된다. 아동들의 지적인 능력과 자기통제능력이 생기면 대화와 스스로의 결정을 돕는 방향으로 바뀌어야 할 것이다. 양육방법은 부모의 사회,경제적인 계층과 교육정도에 상당한 영향을 받으며 문화적인 가치관과 전통도 중요하므로 이들을 고려하여야 한다.

3. 발달과 정신장애의 환경, 경험적 요인

어렸을 때의 불행한 경험들이 정서적, 행동적 문제와 관련된다는 것은 이미 잘 알려져 있다. 결손가정, 부모 없이 자람, 부모와의 사별, 학대와 방임, 부적절하고 일관성 없는 양육태도, 부모의 불화 등 환경적, 경험적 요소가 아동의 정서적, 행동적 문제와 연관이 많다는 것이다.

1) 가정

영유아뿐만 아니라 성인을 포함한 모든 인간에게 가장 중요한 환경은 가정이다. 가정은 단순히 몇 사람이 모인 집단이 아니고 하나의 체계적 집단으로서 정신 사회적 기본단위로 본다. 가족의 한 구성원이 문제가 있는 것은 가정 전체의 문제의 표현일 수 있고 또 그 가정의 문제성 때문에 개인의 신체적, 정신적, 행동적 문제가 발생되는 수가 흔히 있으므로 문제를 해결하기 위해서는 한 개인만을 도와주어서는 의미가 없고 가족구성원 전체를 대상으로 해야 된다.

가정의 역할 중 특히 부모의 역할은 정서적 유대관계와 애정의 공급, 안전한 기지, 행동과 태도의 모델, 생활경험의 공급, 훈육과 행동의 조성, 의사소통학습 등으로 설명할 수 있다.

부모의 태도 중 아동의 발달에 좋지 않은 영향을 미치는 경우에는 부모의 무관심과 애정 결핍, 부모의 거절적 태도, 과잉보호적 태도, 과잉통제, 미성숙한 부모, 부모의 정신장애 문제 등이 있다.

2) 또래-친구관계

1~3세의 유아만 해도 또래의 존재를 인식하고 또래에 관심을 보인다. 그러나 같이 놀 줄은 모르며 그저 같이 있는 것을 즐기는 경향이다. 유치원 수준이 되면 서로 협동적으로 놀이를 할 수도 있고 같은 목적을 위한 활동에 참여하기도 한다. 또래와 싸우기도 하고 양보하기도 하는 경험을 통하여 사회화(socialization)가 일어나고 자기 외에 다른 사람의 의견도 존중받고 존중해야 된다는 것을 배우게 된다. 따라서 대인관계의 기술과 능력이 또래와의 접촉을 통하여 많이 향상된다고 볼 수 있다. 최근 우리나라처럼 자녀의 수가 줄고 핵가족화된 상황에서는 형제, 자매 간의 질투와 경쟁경험을 유아원이나 유치원에서 또래와의 접촉을 통해 경험한다고 볼 수 있다.

친구를 사귀고 친구들에 의하여 받아들여지는 것이 자신의 평가와 자아상에 큰 영향을 미치게 된다. 가까운 친구를 사귀고 그들과 운동이나 게임을 같이 함으로서 우정을 느끼고 적절한 경쟁을 해본다는 것은 대인관계와 성격발달에 중요한 요소가 된다(Cosaro와 Eder, 1990). 그러므로 친구들로부터 소외되고 '왕따' 당하는 것은 자신감의 유지와 자아감 형성에 매우 부정적인 영향을 미치고 학교 적응 실패의 원인이 되기도 한다. 거부당하고 소외당하는 아이들은 사회성의 결함이 있거나 공격적이고 파괴적일 때가 많고 또는 심하게 위축되어 있는 아동으로서 놀림의 대상이 되거나 따돌림당한다. 부모로부터 충분한 애정을 받고 인정을 받고 자란 아동은 자신감이 있고 대인관계도 좋으며 부모가 권위적이고 민주적이었을 경우 친구와의 관계도 긍정적으로 작용할 것이다.

3) 사회계층과 문화

가정이나 학교(어린이집, 유치원)는 더 큰 환경 즉 사회, 문화권이라는 환경 안에 속하게 되며 가정과 학교가 이 문화와 사회적인 여건에서 영향을 받고 영향을 주는 상호 작용의 관계를 갖는다. 가정의 사회경제적 지위는 가족의 수입, 교육수준, 직업을 결정하는 가장 중요한 요인이 되며 이에 따라 환경 조건, 사회활동참여, 가치관, 직업, 사회진출의 기회 등에 큰 차이를 보이게 된다.

가장 흔히 연구되는 사회환경 요소는 빈곤으로, 빈곤층의 자녀들은 여러 가지 불리한 입장에서 자라게 되며, 사회, 문화적인 자극과 교육의 기회도 결핍되어서 결과적으로 여러 가지 좋지 못한 결과를 갖게 된다. 빈곤계층의 아동들은 신체적으로도 질병에 많이 걸리며 사망의 가능성, 특히 유아 사망률이 높고 장애의 발생 가능성도 높다. 빈곤계층의 부모들은 아동을 보살피는 데 있어서도 부적절하거나 공격적인 훈육방법 등으로 인하여 빈곤계층의 아동들은 지능이 낮은 경향이 있고, 공격적이고 반사회적인 행동이 많으며 여러 가지 행동문제를 나타내는 경향이 있다.

또한 사회계층에 따라 부모의 역할과 양육방식이 다르게 나타나는 경향이 있는데, 사회계층이 낮은 부모일수록 신체적인 체벌을 많이 사용하며 통제하는 경향이 있고 야단을 많이 치고 지나치게 엄하다. 반면에 중산층이상의 부모는 아동과 시간을 많이 보내며 대화를 많이 하고 아동의 의사를 존중하는 경향이 있어서 아동자신의 자율성과 독립성 발달에 좋은 영향을 주고 준법정신이나 시민정신, 남에 대한 배려 등을 습득할 가능성이 높다(Hart와 Risley, 1992).

4. 영아기의 정신건강 문제

1) 모성 박탈

모성박탈은 공식진단명은 아니지만 유아의 발달에 절대적으로 필요한 어머니나 그 대리인에 의한 보살핌을 충분히 받지 못한 경우를 말한다. 모성의 박탈은 과거 부모로부터 완전히 격리되어 수용되는 고아원에서 많이 관찰되었는데 스피츠(Spitz)는 고아원이나 수용소의 아이들이 집에서 자란 아이들에 비해 병에 잘 걸리고 사망률도 높으며, 키와 체중이 또래에 비해 적은 신체발육장애와 정서적 불안정을 겪고 지능지수가 낮음을 관찰하였다. 그 후 볼비(Bowlby)는 어머니가 유아의 성장발달에 필수조건임을 밝혔고 모성결핍의 중대한 문제점을 지적하였다. 루터(Rutter)는 모성결핍으로 오는 증상은 다양하며 단순히 어머니를 잃었다고 해서 오는 것이 아니고 어머니와 같은 모성의 보살핌이 없거나 혹은 왜곡되었을 때 오는 결과라고 하였다.

청소년 비행이나 반사회적 인격은 단순한 모성의 결핍에서 온다기보다는 가정불화로 인한 부모의 공격성, 가정폭력, 잦은 싸움과 더 관계가 있지만, 영아기에 경험한 모성박탈이 청소년기와 성인이 되어서 청소년비행이나 반사회적 성격으로 나타날 수도 있다.

2) 모자(어머니와 자녀)관계 이상

이 시기에 가장 흔한 발달상의 혹은 행동상의 문제는 모자관계 이상이라고 할 수 있다. 모자관계의 이상은 신체적 질병이 없는 데도 수유상의 문제나 수면장애 그리고 극심한 낯가림이나 분리불안 등으로 나타난다. 원인으로는 영아 자신의 원인과 주위 환경으로부터의 요인을 들 수 있으나 대부분 두 요소가 합쳐서 원인이 된다. 영아 자신이 원인이 되는 경우는 영아들 중 기질적으로 기르기 힘든 영아들이 있다. 잘 먹지 않고 잘 자지도 않으며 조그만 환경의 변화에도 민감하게 반응하는 다루기 힘든 기질을 가진 경우다. 또 신체적인 결함, 뇌손상, 선천적 기형 그리고 정신지체(지능박약아)의 영아들은 그들이 가지고 있는 문제뿐만 아니라 이에 적응하는 어머니의 태도와 감정의 문제점 때문에 모자 간의 관계에 이상이 생길 수 있다. 모자관계에 이상을 초래하는 환경적인 요소로는 부모의 정서적인 상태가 불안정하거나 정신적인 질환을 가지고 있거나 과거에 자식을 잃었기 때문에 이 아이에 대한 불안이 크거나 어머니 자신이 미숙하고 어머니로서의 역할에 대해 불안하여 아이를 어떻게 기를지 모르거나 결혼관계의 불화로 인한 정서적 불안정 등이 있다. 따라서 자주 불안하고 칭얼대며 잠을 못 자고 잘 먹지 못하는 영아들은 신체뿐만 아니라 어머니와 영아와의 관계를 조사하는 것도 중요하다.

3) 아동학대와 방임

부모가 신생아에 대한 애착이 생기지 않고 신생아를 의식적으로나 무의식적으로 귀찮게 여기며 아기를 보살피는 것을 기피하거나 태만(아동을 잘 돌보지 않는 것), 심지어 구타, 학대로 생명까지 위험한 경우를 말한다. 아동학대는 1960년대부터 미국과 서구에서 가장 큰 사회적 문제로 등장하였으며 우리나라도 아동학대와 유기(버리는 것), 태만이 심각한 문제로 조사되고 있다. 아동학대의 원인으로는 여러 가지가 있지만 공통적으로는 학대를 하는 부모자신이 어렸을 때 학대를 받아온 사람에게서 많다. 육아지식과 능력이 부족하며 주위로부터의 스트레스가 심하고 결혼관계의 문제 그리고 자신의 정서적인 불안정, 의존적인 욕구 등으로 인하여 아기를 오히려 귀찮은 존재로 생각하기 때문에 일어나는 현상으로, 이는 가장 심각한 모자관계이상이라 할 수 있다. 아동학대는 특히 신체적인 질병, 신체적 기형, 조산아에 많은 것으로 보아 이러한 장애를 가진 아기가 태어났을 때 부모가 잘 적응 할 수 있도록 도와주는 것이 중요하다.

4) 뇌손상

물리적 타격, 약물복용, 감염, 영양부족 등으로 인하여 중추신경에 손상을 입으면 발달에 큰 영향을 미친다. 특히 임신 중인 태아기와 생후 1, 2년 사이에는 뇌신경계가 급성장하는 시기이므로 이 시기에 뇌손상을 입으면 발달장애가 발생하기 쉽다. 뇌성마비, 경련성질환 등은 임신이나 출생 당시 입은 뇌의 상처 때문일 경우가 많으며, 지능이 정상아보다 낮은 경우가 많다.

5. 유아기의 정신건강 문제

1) 엄지손가락 빨기 (Thumb-sucking)

영아기에 주먹이나 손가락, 그 중에도 특히 엄지손가락을 빠는 것은 정상으로 있을 수 있다. 영아기에 입에 들어온 손가락을 빨다 보면, 빠는 본능을 충족시킬 뿐만 아니라 안정감과 만족감을 맛보고 이를 반복하게 되며 손가락을 빠는 버릇이 생긴다. 유아기에도 잠이 들려고 할 때, 혼자서 외롭거나 배가 고플 때에 가끔 그 버릇이 나오는 것은 정상적인 현상이다. 대체로 3~4세가 되면 이 버릇은 자연적으로 없어지지만, 일부에서는 5~6세까지 지속되는 경우가 있다. 그러나 3~4세가 지나서도 계속 심하면 유아의 정서 가운데 심리상태를 관찰해 보아야 하고, 정서가 매우 불안정하거나 너무 의존적이라든가 다른 증상이 같이 있다면 전문가의 상담이 필요하다.

2) 호흡정지발작 (Breath Holding Spells)

6~24개월 된 영아에게 많고 4~5세 미만 아동에서 볼 수 있는 증상이다. 심하게 울다가 갑자기 호흡이 정지되고 30~60초 가량 숨을 쉬지 않는다. 산소부족으로 입술이 파래지고, 사지가 축 늘어지며, 호흡정지가 좀 더 오래 지속되면 의식을 잃고 쓰러지며, 심하면 경련이 일어나기도 한다. 내버려두어도 다시 숨을 쉬기 시작하며, 그때 다시 우는 소리를 내기도 한다. 부모는 이를 간질로 잘못 알고 놀라는 일이 많은데, 뇌파검사(EEG)나 신경학적 검사를 해도 정상이며 후유증도 없다.

잦은 호흡정지발작의 원인은 부모와 어린이의 관계가 원만하지 못함을 의미한다. 아동이 참을성이 적고 급하고 다루기 힘든 기질일 수 있다. 이런 아동은 부모가 약간만 제약을 가하거나 꾸중을 하면 화를 내고 호흡정지를 일으킨다. 더구나 유아의 감정과 행동특성은 무시한 채 자기가 원하는 것을 강요하는 부모를 만나면 호흡정지발작은 더 자주 일어난다. 유아의 상태를 무시한 채 규칙적인 수유시간표를 고집하거나 너무 일찍 가혹하게 대소변 훈련을 시키는 경우에 유아는 부모에 대한 반항심이 일어나게 된다. 이 증세가 처음 시작할 때, 부모는 놀라서 아기를 품에 안고 어르거나, 얼굴에 물을 뿌리거나, 뺨을 치거나 하는데, 가만히 두어도 유아는 잠시 후에 깨어나게 된다. 부모와 유아 간에 서로 악화시키는 감정요소가 있으므로 어머니와 유아관계를 개선하는 것이 중요하다. 부모의 불안의식을 완화시키고, 잘못된 양육관을 고치도록 알려 주고, 아동에게는 자신의 요구대로 되지않을 때 호흡정지나 발작 대신 다른 방법으로 분노를 표현하도록 교육한다.

3) 분노발작, 생떼 (Temper Tantrum)

분노발작은 1~4세의 유아에게서 잘 나타나는데 장소나 시기, 주위 환경에 상관하지 않고 아무 곳에서나 넘어져서 큰 소리로 울고 발길질을 하는 것을 말한다. 부모가 자기 요구를 들어주지 않는 경우라든가, 자신의 요구대로 되지 않을 경우 흔히 발생된다. 부모가 이럴 때마다 아동이 '다칠까봐', '이웃 보기가 민망해서', '창피해서' 등등의 이유로 요구를 들어준다면, 유아는 자기의 요구를 관철시키는 수단으로 이 방법을 쓰는 것이 습관이 되어 이 같은 행동이 지속될 수 있다. 영아기나 유아기 초기에 분노발작을 보이면 우선 안아주든가 달래야 한다. 그러나 좀 더 자라서 언어를 이해하고 의사소통이 가능해지면 자신의 좌절감이나 분노를 말로 표현하도록 하고 분노발작을 무조건 받아주면 안된다. 이 행동이 나이가 들어서도 반복적이고 잦으면, 모자관계의 문제나 아동의 지나친 불안 · 분노 등 정서적인 문제, 참을성 부족이나 과보호나 훈육의 실패가능성을 고려하여 전문가와 상담하여야 한다.

4) 식욕부진 및 음식거부

부모가 아기가 잘 먹지 않는다고 이야기할 때는 항상 아동의 성장, 발육 전체를 고려하여야 한다. 부모가 보기에는 적게 먹지만 체중과 신장이 정상적인 속도로 증가하고 있으면 부모를 안심시켜야 한다. 특히 2~3세의 유아는 정상발육과정의 일부로서 그 전에 비해 음식을 많이 먹지 않는다. 이것은 돌을 지난 유아는 그 성장률이 영아기보다 느려지므로 체중당 필요한 칼로리량이 적기 때문이다. 또한 2~3세된 유아는 독립심이 생기고 모든 것을 자기 마음대로 해보고 싶은 의지가 생기며 때로는 어른의 뜻도 거역함으로서 자신의 존재감을 나타내려고 한다. 이러한 심리적 영향이 식탁에서도 나타나 어른이 주는 음식을 거부하게 되는데 이때에 부모가 억지로 먹이려고 한다면 오히려 더 안먹음으로서 저항한다. 식사거부는 이러한 악순환의 현상을 거쳐 나중에는 고질이 되기도 한다. 때로는 아동 자신의 정서장애로 인하여 특히 소아우울증의 한 증상으로 식욕부진이 나타날 수도 있으므로 세심한 관찰이 필요하다.

5) 과식과 비만증

이 시기의 비만은 내분비장애, 중추신경계 질환과 같은 기질적인 원인이 있을 수 있으나 대부분은 칼로리를 많이 섭취하는 데서 온다. 유전 요소와 지방세포 수의 증가가 중요한 원인으로 보인다. 유아는 흔히 정신적 긴장을 해소하기 위한 하나의 수단으로서 또는 부모나 다른 사람과의 관계에서 애정이 부족할 때 이를 음식물로 대치하고자 많이 먹는다. 비만아는 같은 또래 아동들과 어울리려고 하지 않고 혼자 외롭게 앉아서 먹는 경우가 많다. 부모 자신도 음식을 잘 먹이는 것을 애정표현의 중요한 수단으로 보고 많이 먹는 것을 의식적, 무의식적으로 강요하는 경우도 있다. 과식을 하는 원인은 다양하므로 아동 개개인마다 그 근본적인 원인을 알아내 그에 대한 상담과 치료가 필요하다.

6) 이식증

이식증은 음식물이 아닌것을 먹는 것을 말한다. 1~2세의 영아는 정상적으로도 가끔 이물질을 입에 넣고 빨거나 삼킨다. 새로운 사물에 대한 호기심이 강하고 무엇이든지 입을 통해 경험하려고 하는 구강기적 행동 때문이다. 1세 이하의 아기는 종이, 단추, 머리카락, 비누, 헝겊조각, 벌레, 나뭇조각, 나뭇잎 등을 입에 넣을 수 있다. 특히 페인트를 칠한 장난감을 빨거나 침대난간을 빠는 아기들은 납중독이 될 위험이 있다. 2~3세 이후에도 이식증이 계속되면 영양실조나 부모의 애정결핍, 아기 돌보기 소홀, 정신발달지연, 기타 어머니와 아기관계의 이상을 생각해 보아야 한다.

7) 과잉보호

이 시기에 가장 흔히 일어날 수 있는 문제는 부모의 과잉보호다. 과잉보호는 어머니가 아기를 과도하게 보호하여 자녀의 독립성 발달을 방해하고 유아기가 오래 계속되는 상태라고 할 수 있다. 익애형의 과보호는 '과잉보호'가 되며 부모가 자녀를 너무 사랑하는 나머지 무엇이건 들어주고 행동적 제한을 두지 않으며 항상 걱정하고 유아가 하자는 대로 끌려가는 형이다. 이렇게 자란 아이는 행동의 한계를 모르며 공격적인 충동을 억제하지 못하고 말을 안 듣고 자기만 알며 분노발작이 흔한 자기통제의 결핍을 보인다. 자라면서 친구와 사귀지 못하고 단체활동이 힘들고 품행장애가 될 가능성이 높다. 지배형의 과보호는 '과잉통제'가 되며, 어떤 부모들은 아동의 독자성과 자율성을 인정하지 않고 행동을 일일이 간섭하고 명령하면서 정도 이상의 통제를 한다. 이런 부모 밑에서 자란 아동은 겉으로는 말 잘 듣는 모범 아동처럼 보이나 실제로는 복종적이고 의존적이며 독립성 및 자기주장을 하지 못하는 아동이 된다. 이들은 자신감이 없고 의존적이며 시키는 대로 따라하는 피동적이며 위축된 아이들이 되기 쉽다. 이런 아동의 표정은 어둡고 우울하며 내면에 억압된 분노 및 증오를 가지게 된다. 이런 아동의 대부분은 지나친 긴장으로 인해 스트레스 증상이 자주 나타나며, 좀 더 자라서는 공부 거부, 말 안듣기, 골탕 먹이기 등 공격적 행동으로 불만을 표현하는 성격이 되기 쉽다.

또한 사회 · 문화적 요소가 과잉보호와 관계가 있다. 우리나라와 같이 급속도로 현대화가 되는 사회는 대가족 제도가 붕괴되면서 핵가족화 되는 과정에서 자녀의 수가 감소되어 한두 명만의 자녀를 갖게 되었다. 반면 경제적 상태는 좋아지고 생활수준은 향상되어 어머니가 시간적, 정신적 여유를 갖게 되었고 결과적으로 어머니는 자녀에 대한 기대와 열성이 높아져서 자연히 과잉통제 현상이 일어난다고 할 수 있다(홍강의, 1995).

이러한 과잉통제와 간섭은 경쟁적인 사회적 여건, 교육제도, 부모가 적극적으로 개입하지 않으면 잘 기를 수 없다는 사회적 인식과 불안감 때문에 더 악화되는 경향이 있다.

8) 유뇨증(Enuresis, 오줌싸개)과 유분증(Encopresis)

아동이 만 4세 이후까지도 특별한 신체적 원인이 없는데도 불구하고 대소변을 못 가리면 이상이 있는 것으로 보아야 한다. 유뇨증은 소변을 가리지 못하는 것이고, 유분증은 대변을 가리지 못하는 것이다. 생후 한 번도 가린 적이 없는 일차성 유뇨증과 6개월 이상 소변을 가렸다가 다시 가리지 못하는 이차성 유뇨증으로 나누는데 일차성인 경우는 생리적인 미성숙이나 수면과 관련된 것으로 보인다. 반면 유분증은 대소변 가리기 훈련을 받지 못하였거나 부적절하게 받은 경우 그리고 모아관계 이상 즉 갈등 상황이 원인이 될 수 있으므로 치료에서도 부모와 아동을 함께 도와주어야 한다.

9) 발달성 언어장애(Developmental Language Disorder)

정신지체나 자폐장애가 아닌데도 불구하고 언어발달이 늦어지거나 전혀 말을 하지 않는 아동이 있다. 이런 아동은 지능, 신체발육 및 사회성도 정상인데 말을 못 알아듣고 말을 못 하는 아동(수용성 언어장애)과 말을 이해하나 말을 못하는 아동(표현성 언어장애)으로 나눌 수 있다. 이 아동들은 저능아나 자폐아동으로 잘못 진단되기도 하는데 사회성에 심각한 이상이 없고, 비언어적 수단으로 의사소통이 가능하다는 점에서 구별된다. 표현성 언어장애아동은 특히 '말이 늦게 트이는 아이'로 '말 못하던 아이가 갑자기 말을 시작'하기도 한다.

그러나 수용성 언어장애 아동은 언어발달이 쉽게 이루어지지 않으며 시작하더라도 발음이나 이해에 문제가 지속되어 학교생활이나 대인관계도 어려워질 수 있으므로 조기발견과 언어치료가 필요하다.

10) 불안장애와 공포

유아기 아동은 새로운 경험도 많이 하고 상상력도 생겨 새로운 것에 대한 두려움과 미지의 존재에 대한 공포가 많다. 그러나 이들이 정도 이상 지나치다면 정서적 안정과 심리적 방어 능력에 문제가 있음을 시사한다. 즉 부모의 관계가 불안정하든지, 부모의 불화나 이와 관련된 자신의 비밀스런 생각과 감정, 이에 수반되는 죄책감 등이 있을 가능성도 있다. 이런 아동은 어두움, 화장실, 낯선 사람, 귀신, 도깨비, 괴물 등에 심한 공포를 보이며 혼자 있지 않으려 한다. 밤에 혼자 자지 않으려하고 자면서 악몽에 시달린다. 이 시기의 심한 불안증과 공포증은 저절로 사라지기도 하지만 아동기나 성인기의 불안장애로 지속될 수 있으므로 정신과 전문의 상담과 부모상담, 아동을 위한 놀이치료가 필요하다.

11) 악몽(Nightmare)

유아들은 자주 악몽을 꾼다. 악몽은 불안한 내용의 꿈이다. 수면을 통해 새로운 경험을 소화하고 정리하는 과정에서 그 내용이 감당하기 어려울 정도의 장면이나 감정이 노출되는 경우 아동은 악몽에서 깨어난다. 따라서 가끔 꾸는 악몽은 정상적이며 그래서 통상 '자라는 꿈'이라 한다. 악몽을 꾸는 아이는 부모가 달래면 대부분 안심하고 다시 잠이 든다. 그러나 악몽을 매일 꾼다거나 그 정도가 심하면 그 아동이 최근 심한 충격을 받아 외상후 스트레스 장애가 아닌지, 혹은 불안장애가 아닌지 살펴야 한다. 견디기 힘든 스트레스나 심리적 갈등, 죄책감에 시달리고 있음을 암시하므로 집안 분위기와 부부불화 기타 불안 원인을 찾아 시정해 주고 놀이치료, 때로는 약물치료가 필요하다.

6. 영유아기 정신장애 문제

1) 애착 장애

(1) 애착 장애의 정의

애착 장애(Attachment Disorder)에 대한 정의는 "애착에 문제가 있을 때 그것이 정신과 질환이 되는 기준은, 유아가 애착관계에서 보여지는 감정이나 행동이 매우 비정상적이어서 유아에게 지속적인 고통과 장애가 있음이 암시되거나 혹은 실질적으로 그럴 위험성이 높을 때"이다(Zeanah, Mammen, & Lieberman, 1993). 애착 장애는 생후 5년 이전에 증상이 나타나는 것으로 알려져 있다.

반응적 애착 결핍(Reactive Attachment Deprivation)의 진단 기준은 "장기간의 입원, 양육자의 잦은 교체, 우울증이나 약물 중독이 있는 부모"와 같이 "부모 결핍" 혹은 "학대" 차원에서 다루고 있으며 학대받은 아동이 모두 이 질환에 걸리는 것은 아니고 환경이 나아지면 증상도 좋아질 수 있다.

(2) 애착 장애의 경과와 예후

고아원 등 육아시설 아동들을 몇 년간 계속 연구한 결과를 보면, 모성 결핍이 대인 관계, 행동 문제, 지능에 영향을 미친다는 볼비(Bowlby)의 주장을 지지하고 있다. 어렸을 때 양육자에게 애착을 형성하지 못하면 기능장애에 심각한 위험 요인이 된다. 어린이집(학교) 적응에 대한 연구를 보면, 부모 모두에게 안정적으로 애착된 아동들이 가장 좋고, 부모 모두에게 불안정적으로 애착된 아이들이 가장 나쁘며, 한쪽 부모와는 안정적으로 다른 쪽 부모와는 불안정적으로 애착된 아이들이 중간 정도로 나타났다(Suess 등, 1992). 가장 많은 영향을 미치는 영역은 사회적 적응, 행동 문제, 인지 영역의 순위였다. 애착이 영향을 미치는 영역은 아동의 자기 가치감, 정서적 친밀성, 대인관계의 자신감이다. 애착이 잘못 형성된 좋지 않은 어린 시절은 배우자 선택에도 영향을 미치고, 성인이 되었을 때 정신건강에도 영향을 주는 것으로 보인다(Quinton 등, 1984).

(3) 치료

애착 장애는 돌보아 주는 사람이 자주 바뀌어서 지속적인 관계를 맺을 수 있는 기회가 없었거나 극단적으로 비정상적인 관계를 가졌던 아동에게서 나타나는 경우가 많다. 그러므로 애착 장애에 대한 개입은 일반적인 치료적 접근뿐만 아니라 각 상황에 맞는 특수한 접근으로도 이루어져야 한다. 회복의 정도는 결핍의 기간, 심한 정도, 나이, 환경의 변화에 따라 다르다.

극단적으로 방치되어 자랐거나 학대받은 아이들을 관찰할 때 첫 번째로 고려할 점은 아동의 안전성이다. 아동 보호 기관과의 연계가 필요하고, 양육자와 아이를 다시 살게 할지 여부를 평가해야 한다. 그래서 영속적이고 일관적으로 양육해 줄 수 있는 성인을 찾는 것이 첫 번째 단계이다. 때로는 아주 어린 아이들의 입양 가정이 자주 교체되는 것이 애착 장애의 위험율을 높이기도 한다(Rosenfeld 등, 1997).

일단 아동이 비교적 안전한 곳에 있고 신체적으로 건강하다면 정신과 치료가 집중적으로 이루어져야 한다. 어떤 형태의 치료가 이루어지든지 애착 장애를 치료할 때 중요한 몇 가지 원칙은 다음과 같다.

① 아이가 자신감 있게 양육자로부터 떨어져 외부 세상을 탐색할 수 있도록 양육자가 안정적 기반으로 작용하려면 아이가 필요할 때 옆에 있어주고 안심시켜줄 수 있어야 한다.

② 어린아이에게 애착을 방해하는 어떤 장애물이 있든지 변화에 대한 책임 부담은 양육자가 가져야 한다. 즉, 아이가 기질적으로 까다로울 수도 있고, 아이의 신호가 불분명할 수도 있고, 애정을 주는 것을 거부할 수도, 반항적일 수도, 양육자를 화나게 할 수도 있다. 하지만, 민감하게 양육하는 것은 아동의 개개인의 특징에 양육자가 맞추는 것을 의미한다.

③ 세대를 통하여 전달된 애착 장애의 경우는(잘못 키워진 부모가 자신의 아이를 잘못 키우는 경우) 겉으로 드러나는 유아와 양육자 간의 상호 행동뿐 아니라 양육자의 변화가 이루어져야 한다.

치료 방법에는 아동과 부모의 개인 정신치료, 아동의 발달상태를 고려한 부모 훈련, 가족 치료, 부모-아이를 함께 치료하는 방법이 있다. 이 중에서도 부모만 따로 만나는 것 보다, 아이가 함께 있는 상황에서 치료하는 방법이 더 좋다. 왜냐하면 치료자가 아이를 직접 봄으로써 아이가 어떤 특성을 지니고 있는지 이해하기 더 쉬워지고, 부모의 갈등을 잘 관찰할 수 있기 때문이다.

2) 아동기 공포증

두려움은 아이들이 흔히 겪는 경험이다. 아동은 발달단계에 따라 어두움, 상상의 인물, 특정 동물, 폭풍우나 회오리바람과 같은 자연현상 등에 대해 두려움을 느낀다. 대부분의 경우 이와 같은 두려움은 일시적이며 아동의 일상생활을 방해하지 않는다.

공포증(phobias)이란, 실제로는 위험하지 않으면서 대부분의 사람들이 두려움을 느끼지 않는 어떤 대상이나 사건에 대하여 정도가 지나친 두려움이다. 공포증이 있는 아동은 거미, 천둥소리, 엘리베이터 등과 같은 사물 또는 현상에 대해 과민반응을 보인다. 공포의 대상이 보이지 않을 때에는 정상적인 행동을 한다.

공포증은 주로 성적 또는 공격적 감정과 관련된 정신적 갈등에서 초래되는 것으로 이러한 갈등과 관련된 부정적인 감정이 특정 대상이나 사건에 옮겨지는 것이다. 아동의 불안감은 이러한 대상이나 사건을 피함으로써 감소될 수 있다.

공포증을 치료하기 위한 기법은 두려움이 조건반사에 의한 것인지 아니면 인지의 문제인지에 따라 달라진다. 인지의 문제로 아무런 해가 없는 대상을 잘못 알고 위험하다고 믿는 것은 그 믿음을 없애 주는 치료방법이 필요하다.

조건반사적으로 학습된 공포증은 과거에 익힌 복잡하고도 지속적인 습관을 변화시킴으로써 해소시킬 수 있다. 아동의 공포증을 치료하기 위해서는 긍정적인 이미지나 자극을 활용하는 방법, 모델링(modeling) 및 인지행동기법 등을 이용한다.

학령기 아동에게는 학교공포증이 있으나 요즘은 일찍부터 어린이집, 유아원에 다니므로 이와 비슷한 형태의 두려움이 나타날 수 있다. 이러한 아동에게 등원이나 등교를 강요할 경우에는 히스테리 또는 광적인 행동을 보인다. 어린이집에 가기 싫어서 무단결석하는 아동과는 달리 공포증이 있는 아동은 어린이집에 가고 싶어하지만 등교 시간이 되면 어린이집에 갈 수가 없다.

한 이론에 의하면 어린이집(학교)공포증이란 분리불안의 한 형태로 아동이 가정이라는 환경을 떠나는 것에 대한 극심한 불안감을 느끼기 때문에 생긴다는 것이다. 어머니의 과잉보호가 커질수록 아이의 의존심도 증가하며 어린이집(학교)생활과 같은 정상적인 활동에 참여하는 것을 싫어하게 된다.

또 다른 이론에 의하면 평소 어린이집(학교)에 잘 다니던 아동이 갑자기 등교 거부를 하는 경우, 아동은 또래관계나 선생님과의 관계에서 자존심을 잃거나 자아개념이 손상되어 등교를 거부하는 경우도 있다.

(1) 증상

어린이집(학교)공포증은 그 강도에 따라 다양한 신체적 증상을 보인다. 복통, 두통, 전체적인 피로감과 같은 보편적 증상과 더불어 구역질, 구토, 식욕부진, 근육통 및 미열 등도 동반한다. 보통 아동은 어린이집(학교)에 대한 두려움에 대해 이야기하지 않는다. 그리고 학교공포증의 경우 증상이 매우 다양하고 불분명하기 때문에 근본적인 문제를 파악하는 것이 매우 어렵다. 아동이 의학적인 질병 없이 자주 '복통'이나 '두통'을 호소하는 경우 등교 거부 문제를 중심으로 원인을 깊이 있게 살펴볼 필요가 있다.

영아나 유아와 면담할 경우에는 반드시 어린이집에 관해 물어보고, 그에 대한 아동의 태도를 주의 깊게 관찰해야 한다. 또한 친구나 어린이집에서 일어나는 여러 가지 일에 관한 아동의 견해를 파악해야 한다.

한편 최근에 아동이 경험한 사건들에 관심을 가질 필요가 있다. 동생의 탄생, 부모 또는 다른 가족구성원의 사망 또는 별거 등도 어린이집공포증을 일으킬 수 있기 때문이다.

대부분의 경우 아동이 반복되는 두통 또는 복통과 같은 신체 증상을 호소하기 때문에 병원을 방문하여 신체적 이상이 없는지를 확인할 필요가 있다.

(2) 간호와 치료적 관리

가족을 대상으로 분리양상을 비롯하여 자녀 양육 기술과 의사소통 유형을 알아본다.

어린 자녀와 떨어지는 것을 두려워하는 부모에게는 지지를 제공함으로써 미래에 발생할 수 있는 분리불안 문제를 예방할 수 있게 한다. 어린이집공포증 아동의 가족은 대부분의 경우 복합적인 문제를 안고 있으며 치료가 오래 걸릴 수도 있다. 아동은 일반적으로 정신과의사 또는 아동심리치료 간호사가 치료를 담당한다. 치료의 우선 목표는 가능한 한 빨리 아동을 등교시키는 것이다. 아동이 집에 있는 경우 정상적으로 성장하는 데 필요한 경험을 못하게 되며, 집에 있는 시간이 길어질수록 등원이 더욱 어려워질 것이다.

아동기에 발생하는 대부분의 문제와 마찬가지로 어린이집공포증 역시 예방이 가장 효과적이다. 유아원이나 유치원 입학을 앞둔 아동과 부모와 함께 입학에 대해 서로의 느낌을 이야기하도록 기회를 제공하는 것도 필요하다.

3) 주의력 결핍 과잉행동장애

주의력 결핍 과잉행동장애(attention deficit hyperactivity disorder, ADHD)는 주로 7세 이전에 발병하며 학령기 아동의 20%가 이 문제를 갖고 있는 것으로 추정된다. 여아보다는 남아에게 더 많이 나타나며 중산층 가정에서 많이 발견된다. 과거에는 이 장애가 사춘기에 자연히 없어지는 것으로 생각하였으나 최근 연구결과에 의하면 청소년기 이전에 진단받은 경우 약 30%는 성인 초기까지 남아 있는 것으로 밝혀졌다. 과잉행동 경향은 청소년기에 대부분 감소되나 학습장애, 친구관계 문제, 자존심 저하, 충동적인 행동 등으로 문제가 지속될 수 있다.

(1) 원인과 발생빈도

주의력 결핍 과잉행동장애 증후군의 정확한 원인은 아직 밝혀지지 않고 있으나 최근에는 뇌의 중추신경계에 이상이 있는 것으로 보인다. 그밖에도 유전적 요인과 환경적 요인이 모두 영향을 미치는 것으로 보인다. 즉, 일란성 쌍둥이 중 하나가 ADHD이면 다른 하나도 ADHD일 가능성이 높고, 부모 중 한 사람이 어린 시절에 학습장애 또는 과잉행동장애가 있었던 경우가 많고, 유아기에 뇌손상이 있었거나 미숙아로 태어났거나 분만 시 무호흡상태에 있었을 경우, 부부관계가 원만하지 못하고 가족 간의 갈등이 심한 경우 이와 같은 행동장애가 나타날 확률이 높아진다.

(2) 증상

주의력결핍 과잉행동장애는 주의력결핍, 과잉행동, 충동성의 3대 핵심증상을 보이는 대표적인 소아 정신질환 중의 하나이다. ADHD 아동들은 유치원 때부터 또래 아이들에 비해 부산하고 통제가 어려우며, 다른 아이보다 시끄럽게 놀거나 놀이를 할때도 자신의 순서를 기다리지 못해 무례하게 보이는 돌발적인 행동을 종종 한다. ADHD 아동은 몸을 한시도 가만히 있지 못하고, 하는 일에 집중하지 못하며, 충동적으로 행동하는 경우가 많다. 주의력 결핍을 보이는 아동은 부주의한 실수를 많이 하고, 다른 사람의 말에 귀를 기울이지 않고, 어느 한 가지 일에 열중하는 것을 힘들어 하고, 아는 문제도 실수로 틀리는 경우가 많고, 어떤 일을 하다가도 몇 분 이내에 곧잘 싫증을 내는 경향이 있다. 과잉행동적인 아동은 안절부절못하고 지나치게 움직이거나 말을 많이 하거나, 한시도 가만히 있지를 못한다. 충동적인 아동은 생각 없이 행동하고, 자기 순서를 기다리지 못하고, 질문에 대한 답을 생각해보기도 전에 불쑥 말해버린다(Santrock, 2001).

부모들은 아동이 집에서 부모의 요구나 지시대로 행동하지 않고, 놀이 등 그 연령에 적합한 여러 활동을 잘하지 못한다는 것을 발견하게 된다. 어린 아동의 과잉행동은 뛰고 올라가며 끊임없이 움직이는 신체활동을 통해 나타난다. 좀더 성장하면 불안해 하고 안절부절 못하는 경향이 있다. 행동은 계획성이 없고 정돈되지 않았으며 목표가 없는 경우가 많다.

이들 가운데에는 운동-지각 기능장애(예: 눈과 손의 조절기능장애) 및 비정상적인 뇌파 증상을 보이는 아동도 있다. 또한, 눈에 잘 띄지 않는 미세한 증상으로 아동이 왼쪽 손과 오른쪽 손을 잘 구분하지 못하거나 한쪽 발로 서지 못하는 경우에 해당된다.

부모들은 대개 이들이 매사에 서투르다고 생각한다.

ADHD의 증상은 보통 3세이전에 나타나는데, 이러한 영아들은 전반적으로 또래에 비해 미성숙하고 서투른 경향이 있다. 그러나, ADHD로 진단되는 것은 보통 초등학교 시기로 8~10세이다. 학교에서는 45분간의 수업 시간 동안 의자에 앉아 있어야 하며, 받아쓰기와 읽기 등 집중력을 요하는 과제를 수행해야 된다. 주의력 결핍 과잉행동장애 아동은 학교에서 주의가 산만하고 정리정돈을 못하며 과제를 마무리짓지 못한다. 또한 실수를 잘하고 충동적이며 다른 사람이 이야기할 때 듣고 있지 않다는 인상을 준다. 이러한 장애아동은 지속적으로 주의집중을 해야 하는 집단행동을 하기 곤란하다. 교사들에 따르면 ADHD 아동들은 수업시간에 독립적으로 작업을 하거나 앉아서 하는 작업을 잘 하지 못하고, 가만히 있지 못하며 행동이 매우 산만하다고 한다. ADHD 아동들은 친구가 없으며, 교우관계 측정도에서 친구들이 가장 싫어하는 유형으로 나타나기도 한다. ADHD 아동의 부모들은 양육 스트레스를 더 많이 경험하는 것으로 보인다.

(3) 간호와 치료적 관리

주의력결핍 과잉행동장애는 일찍 진단해서 일찍 치료를 시작해야 장기적인 심리적 영향을 방지할 수 있다. 이 장애의 치료를 위해서는 소아 정신건강의학과 전문의사의 진단과 전문가들의 협동이 필요하며 대체로 약물 사용, 행동수정 기법과 특수교육이 복합적으로 적용된다.

약물치료가 단기적으로는 도움이 되며, 약물치료와 더불어 적절한 학업적, 사회적 행동을 강화해 주는 중재 프로그램이 가장 효과적인 방법으로 보인다(Barkley, 1990).

약물은 아동이 일상적인 학교 및 사회생활에 적절히 반응하도록 도와주고, 흥분을 억제시키고 주의집중력을 향상시킨다. 아동이 식사 전 또는 잠자기 3시간 이전에 약을 복용하는 경우 식욕부진 및 불면증과 같은 부작용이 나타날 수 있다. 그러므로 약물은 일반적으로 오전이나 이른 오후에 복용하도록 처방된다.

비약물요법 가운데 가장 효과적인 방법은 다양한 행동수정 기법과 인지-행동접근법을 함께 적용하는 것이다. 토큰과 같은 것을 활용하는 조건부의 보상방법이나 계약행동프로그램의 효과가 좋으며 인지-행동접근법은 아동들로 하여금 자신의 치료에 적극 참여하도록 장려한다.

주의력결핍 과잉행동장애 아동에게는 일관성 있는 훈육과 구조화된 환경이 매우 중요하다.

규칙적인 식사와 수면, 그리고 숙제 시간을 정해 놓고 하기가 도움이 되며, 흥분이나 피곤하지 않게 한다. 학교나 가정에서 지시사항을 전달하거나 과제를 맡길 경우 한 가지씩 전달하고 한 번에 적은 분량만 시킨다.

4) 자폐증

자폐증(autism)은 발달속도, 감각의 느낌과 표현, 의사소통, 그리고 사회적 관계에서 이상을 나타내는 발달장애이다. 이 질환은 대개 생후 36개월 이전에 진단된다. 자폐아는 언어적 · 비언어적 의사소통의 문제나 상호적 사회작용의 문제 또는 활동과 관심의 제한을 가지고 있다. 이 아동들은 사람들과의 관계가 어려우며, 비사회적 행동을 보일 수 있다.

(1) 원인과 발생빈도

가장 최근의 자료에 의하면 자폐질환은 10,000명에 4~5명이 진단받으며, 남아에게 더 흔하다. 자폐증의 원인 요소나 상황에 대해서는 잘 알려져 있지 않다. 일부 아동에게서 간질, 정신지체, 생화학적 불균형 등이 나타나고, 신경계의 이상으로 간주하기도 한다.

(2) 증상

자폐증은 두 가지 뚜렷한 유형이 있다. 영아 자폐증은 생후 처음 몇 개월 동안 발달이 느린 것이 관찰되며 미소를 보이지 않거나 신체적 접촉을 꺼려하여 안아줘도 싫어하고 비정상적으로 조용하며 울거나 소리를 내지 않는다. 수면과 식사시간도 규칙적이지 않으며, 유아인 경우는 말이나 행동을 흉내내지 못한다.

두 번째 유형은 12~18개월까지 정상발달을 보이다가 그 이후 퇴보하여 말을 안하고 사회접촉을 안하고 반복적인 운동행위를 보이기 시작한다. 어린이집에 다니는 4~6세 자폐아는 의식적(ritualistic)인 행동을 보이며 규칙적으로 정해진 시간에 식사하기 또는 정해진 자리에 앉기를 고집부리고 충동적인 행동을 보인다.

의사소통할 수 있는 능력이 심하게 손상되고, 언어적 명령이나 소리에 반응하지 않으며, 매우 크고 갑작스런 소음 또는 새로운 사람이나 물건에 아무런 반응도 보이지 않을 수도 있다. 눈 맞추기도 하지 않고, 말하기와 언어는 지연될 수 있고 메아리처럼 끝말만 따라하는 경우도 흔하다. 장난감을 비틀고 때리며, 또래와의 상호작용이 거의 없고 사회적 미소가 지연되거나 없다. 사람들과 주위에 무관심하나 무생물체에는 이상한 관심을 보이고, 두 가지 일을 동시에 수행할 수 없다. 시력은 중심적이라기보다는 좀 더 주변적으로 보이고, 머리는 옆으로 기울어 있고 발꿈치로 걷기도 하고 자주 습관적으로 손뼉을 친다.

(3) 간호와 치료적 관리

자폐아는 진단적 평가를 위해 병원에 입원할 수 있으나 현재의 간호와 치료 경향은 부모 상담과 교육을 통해 최대한 정서적 애착관계를 형성하고, 특수 교육을 통해 전체적 발달을 도와주기 위한 지역사회 프로그램에서 치료하는 것이다. 이것은 증상이 진단되면서 곧바로 시작해야 한다. 아동이 적절하게 반응할 때 좋아하는 음식이나 안아주기 등 긍정적인 강화가 즉각적으로 이루어져야 한다. 행동변화는 정확하고 자세하게 기록해야 한다.

따뜻하고 자상한 교사의 도움이 아동의 신체적 발달과 충동조절, 운동조절, 그리고 언어발달에 도움이 될 것이며, 약물치료도 같이 한다. 많은 아동들이 치료를 받음에도 불구하고 자폐아의 거의 2/3가 평생 동안 다른사람의 도움을 필요로 한다.

5) 아동학대 및 방임

(1) 아동학대 및 방임(Child Abuse and Neglect)의 정의와 범위

2000년 1월 개정된 아동복지법에 의하면 "아동학대는 보호자를 포함한 성인에 의하여 아동의 건강 · 복지를 해치거나 정상적 발달을 저해할 수 있는 신체적 · 정신적 · 성적 폭력 또는 가혹행위 및 아동의 보호자에 의하여 이루어지는 유기와 방임을 말한다"고 규정하고 있다. 다음 4가지를 일반적인 학대 유형으로 구분하고 있다.

① 신체학대는 "아동의 신체에 손상을 주는 학대행위"라고 규정하고 있으며, 보호자가 아동에게 고의적으로 신체적 손상을 입히거나 또는 불가피하게 발생한 우발적 사고를 제외하고 아동에게 신체적 손상을 입힌 모든 행위를 포함한다. 신체적 손상이란 구타나 폭력에 의한 멍이나 화상 · 찢김 · 골절 · 장기 파열 · 기능의 손상 등을 말하며 또한 충격 · 관통 · 열 · 화학 물질이나 약물과 같은 다른 방법에 의해서 발생된 손상을 모두 포함한다.

② 성학대는 "아동에게 성적 수치심을 주는 성희롱, 성폭행 등의 학대행위"라고 규정하고 있으며, 성기나 기타의 신체적 접촉을 포함하여 강간 · 성적 행위 · 성기 노출 · 자위행위 · 성적 유희 등 성인의 성적 충족을 목적으로 아동에게 가해진 신체적 접촉이나 상호작용 모두를 말한다.

③ 정서적 학대는 "아동의 정신건강 및 발달에 해를 끼치는 정서적 학대행위"로 아동에게 가해진 신체적 구속, 억제 혹은 감금, 언어적 또는 정서적 위협, 기타 가학적 행위를 포함한다. 아동의 인격, 존재, 감정이나 기분을 심하게 무시하거나 모욕하는 행위, 명백하게 아동에게 가해진 잔혹하고 학대적인 부당한 대우를 포함하며 신체적 혹은 성적 학대에 대한 위협이나 위해 행위, 고의적 반복적으로 아동에게 의식주를 제공하지 않는 행위, 아동에게 부당한 노동을 강요하거나 상업적으로 아동을 이용하는 행위를 말한다.

④ 방임은 "자신의 보호 · 감독을 받는 아동을 유기하거나 의식주를 포함한 기본적 보호 · 양육 및 치료를 소홀히 하는 방임행위"로 규정한다. 즉, 보호자가 고의적, 반복적으로 아동에 대한 양육 및 보호를 소홀히 함으로 인하여 아동의 건강이나 복지를 해치거나 혹은 정상적인 발달을 저해할 수 있는 모든 행위를 말하며 방임에는 의료적 처치의 거부 등 신체적 방임, 유기, 장시간 아동을 위험한 상태로 방치하는 등의 부적절한 감독, 교육적 방임, 정서적 방임 등이 있다.

그 외에 아동복지법에서는 "아동을 타인에게 매매하는 행위", "아동에게 음행을 시키거나 음행을 매개하는 행위", "장애를 가진 아동을 공중에 관람시키는 행위", "아동에게 구걸을 시키거나 아동을 이용하여 구걸하는 행위", "공중의 오락 또는 흥행을 목적으로 아동의 건강 또는 안전에 유해한 곡예를 시키는 행위", "정당한 권한을 가진 기관 외의 자가아동의 양육을 알선하고 금품을 취득하는 행위", "아동을 위하여 증여 또는 급여된 금품을 그 목적 외의 용도에 사용하는 행위" 등도 넓은 범위의 아동 학대 범주에 포함시키고 있다.

(2) 아동학대의 발생 및 현황

가. 발생빈도

아동복지법의 개정에 따라 2000년 10월부터 전국적으로 20개 아동학대예방센터가 설립되어 운영되고 있다. 중앙아동보호전문기관이 공개한 '2014년 시도별 아동학대 현황'에 따르면 2013년 아동학대 판정 건수는 1만 27건으로, 1만 건을 넘어섰으며, 1년 사이 47.5%나 증가한 것으로 나타났다. 이는 아동 학대 사건에 대한 사회적인 관심이 늘어난 데다 시민, 교사, 의료인의 인식이 고조되었기 때문이며, 2014년 9월 '아동학대범죄의 처벌 등에 관한 특례법' 시행 이후 아동학대에 대한 처벌이 강화된 데 따른 것으로 보인다.

2009년 신체적, 성적, 정서적 학대나 방임으로 보고된 피해 아동 숫자는 약 70만 명에 달했다. 이중 78.3%가 방임이었고, 17.8%가 신체적 학대, 9.5%가 성적 학대, 7.6%가 정서적 학대였다. 2009년, 약 1,500명이 학대로 사망했으며, 사망 아동의 80%가 4세 미만이고, 46.2%는 1세 미만이었다. 안동현과 홍강의(1987)는 아동 학대의 양상에서 심한 손상의 학대는 0~2세 사이, 경한 손상의 학대는 5~6세와 10세 경에 발생하고 있는 것으로 보고하였다.

2013년에는 아동학대 중 신체 학대의 증가세가 특히 컸다. 2013년 신체학대 판정 건수는 1,453건으로 전년도 753건보다 급증했다. 정서 학대도 43.7%나 증가했으며 성학대와 방임은 각각 27.3%, 5.2% 늘어났고, 두 가지 이상의 학대가 함께 가해진 중복 사례는 전년보다 64.8% 늘었다. 2009년 발생 건수에서 학대자는 '친부 · 모'가 가장 많으며 특히 친부에 의한 학대가 높은 것으로 나타났는데, 2013년 아동학대의 가해자 중에도 친부모(77.2%), 계부 · 계모(4.3%), 양부 · 양모(0.3%)인 경우가 81.8%나 되었다. 아동학대가 발생한 장소 역시 83.8%가 아동이 사는 가정이었다.

우리나라는 9~11세, 12~14세에 신고 건수가 가장 많고 남 · 여 성별에서는 비슷하였다.

우리나라에서 신고자는 사회복지전담 공무원, 교사, 아동복지시설 종사자들에 의해 대부분 신고되고 있으며 의료인에 의한 신고는 아직 낮은 수준이다.

나. 역사 및 현황

우리나라에서 학대받는 아동들에 대한 관심은 1979년 UN에서 '세계 아동의 해' 선포에 힘입어, '한국사회복지협의회'가 서울에 '아동학대고발센터'를 개설하면서 시작되었고, 1983년 '한국어린이보호회'가 '어린이 상담전화'를 개설하였으며, 1985년 '서울시립아동상담소'가 '아동권익보호신

고소'를 개설하였으나 기대만큼 활성화되지 못하였다. 1989년 여러 분야의 전문가들이 모여 '한국아동학대예방협회'를 창설하면서부터 실질적인 아동학대 예방활동이 시작되었으며 1990년대 말 협회와 한국복지재단이 협력하여 전국 22개 아동학대신고센터와 9개 지역협회를 운영하기 시작하였고, '한국이웃사랑회'가 전국 18개 지역에 아동학대 상담센터를 개설하였으며, '한국어린이보호재단'이 24시간 아동학대 상담 신고전화와 피학대아동 일시보호시설을 운영하는 등 활기를 띠기 시작하였다. 2002년 1월 아동복지법이 개정되고, 그해 10월부터 아동학대예방센터가 각 시 · 도에 1개씩 전국에 17개(서울특별시만 2개소)소가 설립되어 활동을 시작하였으며, 2001년 중앙아동학대신고센터가 설립되어 총 20개소가 있다.

다. 아동학대의 원인

학대 부모의 특성으로 부모 자신이 어린 시절 학대받았던 과거력을 갖는다는 사실이 밝혀지면서, "폭력이 폭력을 낳는다"라는 사실이 아동학대의 원인으로 받아들여져 왔다. 학대하는 많은 부모들이 자신이 어린 시절 학대받았던 경험이 있다는 사실에서 이들은 자신이 겪었던 방법을 훈육의 방법으로 사용하고 있는 경우가 많다고 할 수 있다.

가족에서는 가족 간의 상호 작용이 적거나, 부부 갈등이나 불화가 높고, 부부 논쟁의 해결을 위해 신체적이나 언어적, 공격적 방법을 사용하기도 한다. 부모의 이혼이나 별거, 재혼 등도 아동학대의 원인이 되고 있다(Bernet, 2000; 곽영숙과 홍강의, 1987). 또한, 아버지의 실직 등 경제적으로 어렵고 사회적 스트레스가 높을 때 아동 학대가 증가하는 것으로 보아 사회문화적 요인이 관련이 있으며, 사회적으로 훈육을 위한 체벌, 폭력에 대한 일반 사회의 허용도도 관련이 있다. 안동현(1997)은 부모가 자살하기 전 자녀를 살해하는 "부모-자녀 동반자살" 문제를 제기하면서 이 같은 현상은 한국과 일본에서 자주 발견되는 독특한 현상으로 극단적인 아동 학대와 관련이 있다는 주장을 하고 있다.

아동의 특성이 부모로 하여금 학대를 유발할 수 있다는 관점도 제시되고 있다. 학대받는 아동들의 상당수가 미숙아나 다루기 힘든 고집스런 울음, 사회적 반응의 결핍, 기형이나 장애 등 학대를 초래할 수 있는 위험 요인이 된다는 것이다.

(3) 증상

가. 신체적 학대

신체적 학대의 의심을 불러일으키는 증상으로는 피멍, 특히 여러 종류의 피멍, 물린 자국 등이나 엉덩이 등 보이지 않는 부위에 화상, 또는 골절 등이다. 아동은 상처의 원인을 말하지 않으려고 하거나, 설명할 수 없거나, 겁을 내기도 한다. 아동은 성인에 대한 두려움이나 눈치를 보기도 하

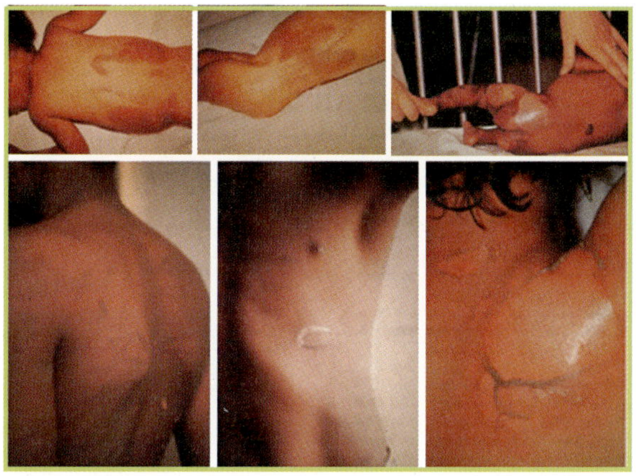

그림 13-1 아동학대의 신체적 징후, 어린이집 교사는 학대의 전형적인 행동적 표시를 알려야 한다.

며, 집으로 가려고 하지 않는다. 어떤 아동은 상처를 설명하기도 하는데, 어떻게 상처가 생겼는지에 대한 이야기가 일관되지 않는다.

부모는 아동과 상호작용 시 과도하게 엄격하거나 일관되지 않은 훈육 방법을 보일 수도 있다.

나. 방임

아동에게서 가장 흔하게 보이는 방임(neglect)의 증상은 나이에 비해 적은 체중, 성장지연, 영양부족 등이다. 지속적인 굶주림, 위생불량으로 매우 마른 모습을 볼 수 있고, 머리가 빠져 있기도 하고, 계절에 맞지 않는 옷을 입고 있을 수 있다. 상처가 있는 팔 다리를 안 보이려고 여름에도 긴 소매와 긴 바지를 입기도 하고 또 겨울에도 외투나 신발을 신지 않고 얇은 여름 옷이거나 맨발로 있다. 아동은 예방접종 같은 정규적인 건강간호가 안 되어 있고 시력 장애가 있어도 안경이 없을 수 있다. 아동에 대한 관심이 없고 위험한 활동도 내버려 두며, 학교에 무단결석을 하고 버려지는 것도 방임의 표시다. 아동은 돈을 구걸하기도 하고 음식을 훔치기도 한다. 부모와 아동 상호작용을 관찰할 때 부모가 아동의 요구를 알라차리지 못하거나 무관심한 것을 발견할 수 있다.

다. 정서적 학대

정서적 학대는 신체적인 발달과 정서적 발달에 지연을 포함한다. 정서적으로 학대받은 아동의 특징은, 연령대에 비해 너무 성숙하게 행동하거나(예: 다른 사람을 보호하는) 반대로 너무 미성숙하게 행동하는 것을 들 수 있다.

과도하게 공격적이거나 과도하게 순종적인 행동적 극단화가 흔히 나타난다. 머리를 벽에 부딪치거나 몸을 흔들기, 물기, 빨기와 같은 반복적 습관을 보인다. 부모와 아동 관계는 따뜻함이나 애착이 부족해보이고 부모는 과도하게 비판적인 태도를 보인다. 정서적으로 학대받은 아동은 자살의 위험이 높다.

라. 성적 학대

성학대(sexual abuse)를 받은 아동은 걷거나 앉는 행동을 불편해하고 소변을 볼 때 또는 성기 주위에 통증을 호소한다. 속옷이 찢기거나 얼룩이 지거나 혈액이 있으며, 성기의 통증 · 부종 · 가려움이 있다. 신체 검사 시에 외부성기, 질, 항문의 멍, 출혈, 찢어진 상처, 그리고 여자아이들의 질이나 남자아이들의 음경에서 분비물이 있다. 과도한 자위행동도 보일 수 있다. 성학대 아동은 체육시간에 옷을 갈아입거나 체육활동을 하는 것을 싫어하고, 움추려 있거나 아기행동을 보이거나 이상한 행동을 보이기도 하고 예민하거나 나이에 맞지 않는 특이한 성적 언어, 성적 행동을 보인다. 친구관계 부족, 문제행동, 도망가기, 우울 행동도 종종 관찰된다. 이런 행동은 공격성, 학습 성적이 낮아지고, 수면장애, 악몽 등과 함께 나타날 수 있다. 또한 음식섭취 문제로 비만 · 식욕부진 · 폭식이 나타나기도 하고, 자기파괴적 행동(자기학대), 어린 아동을 향한 성적 행동이 관찰되기도 한다.

부모는 아동을 과잉보호하거나 다른 아동으로부터 아동을 격리하려는 행동을 보이기도 한다.

성적으로 학대받은 아동은 학대를 보고할 수도 있고, 하지 않을 수도 있고, 학대가 발생했다는 사실을 부인할 수도 있다. 아동은 가족이나 타인들로부터 소외될지 모른다는 두려움이나 당혹감, 수치심 때문에 학대 사실을 폭로하는 것을 꺼릴 수도 있다. 아동 또는 아동이 사랑하는 사람이 벌을 받게 된다는 두려움과 직접 연관되기도 한다. 섬밋(Summit)은 학대와 관련해 법의학적 면담을 받은 아동과 아동기에 학대받은 경험이 있는 성인들을 분석한 결과, 그들은 아동이 7세 이전이거나 남아일때, 가족 내 학대가 발생하였을 경우 공개를 지연하는 경향이 있다고 하였다.

성적 학대의 폭로가 어떻게 발생하는지는 중요한 법적 의의를 가지는데, 신체적 징후에서 신뢰도는 아동의 보고에 따라 좌우되기 때문이다.

마. 기타 학대 상황

① 영아 흔들기 증후군(shaken infant syndrome)

영아 흔들기 증후군은 영아의 사지나 어깨를 잡고 심하게 흔드는 신체 학대로 알려져 있다. 이런 학대는 뇌실내 출혈, 눈의 망막출혈로 이어진다.

뇌의 손상은 대개 외부 증상이 없기 때문에 발견하기도 어렵다. 아동을 흔드는 가장 흔한 원인은 아주 심하게 우는 울음이다. 심하게 흔들린 아동은 성장이 안되고, 망막출혈, 경련, 뇌수종, 두개골 골절, 무호흡, 불규칙한 호흡, 혼수, 구토, 축 늘어짐의 증상을 보인다.

바. 학대아동의 후유증

학대의 결과는 경한 일시적 신체 손상에 그치는 것이 아니라, 심각한 뇌 손상이나 사망을 초래하기도 한다. 부적절한 양육으로 성장이 안 되고, 심리적 · 정신적 후유증을 남기기도 하는데, 지능이 낮거나 발달 지연, 과잉행동, 충동적, 공격적 행동이 많이 발생한다. 그 외에도 심한 불안, 사람에 대한 믿음을 갖지 못하는 병적인 대인관계 등의 심리적 후유증을 남긴다. 우울감, 낮은 자존감, 지능 손상, 중추신경계 손상, 감정 조절 기능의 이상, 기운 없음, 또래 관계 곤란, 학교 부적응의 문제가 나타나기도 한다. 안동현 등(2000)은 학대받은 아동들의 후유증에 관한 조사 결과, 학대의 지속 정도가 매우 중요하다는 의견을 제시하였다.

사. 아동학대 신고

아동학대에 관한 신고는 법률(아동복지법)에 명시되어 있다. 아동학대를 신고하는 목적은 아동을 더 이상의 학대로부터 보호하기 위한 것이다. 따라서 법에는 아동학대 상황을 발견하거나 피해아동을 알고 있다면 누구나 신고할 수 있도록 규정하고 있다. 아동과 함께 생활하거나 관련이 있는 전문가로 아동복지법에 규정된 유치원 교사, 어린이집 교사, 초등학교 교사, 의료인, 상담 관련 기관 종사자, 아동복지원 등은 아동학대 사례를 반드시 신고해야 할 법적 강제의무를 갖는다. 우리나라에서는 아동보호전문기관 1577 - 1391(24시간 운영), 보건복지콜센터 129(24시간 운영), 중앙아동학대예방센터 www.korea1391.org에서 아동학대 예방교육과 신고, 상담업무를 하고 있으며 전국 16개시, 도에도 상담센터가 있다.

(4) 간호와 치료

치료는 두 가지로 나누어 생각할 수 있다. 먼저 아동 · 가족들 · 가학자가 갖는 신체적 · 정신적 후유증이나 문제에 대한 직접적인 개입이다. 두 번째는 학대의 재발 방지와 후유증의 최소화, 예방적 차원의 지역 사회 계몽이나 자원의 활용 측면이다.

① 격리 · 입원치료

아동 학대는 가족 및 양육의 역기능에 의한 것이기 때문에, 아동에 대한 직접적인 접근보다는 가정환경이나 역할을 변화시켜 주는 것이 강조되어 왔다. 아동을 부모로부터 격리하는 것이 중요하지만, 부모로부터 아동을 격리하여 보호시설에 배치할 경우에는 부모 혹은 가족과의 이별에서 초래되는 또 다른 스트레스가 가중될 수 있다.

학대 아동의 치료에서 가장 중요한 것은 안전함과 편안함을 보장해 주는 것이며, 필요한 경우에는 부모로부터 분리시켜 보호시설에 수용하거나 혹은 병원에 입원시키는 것이 필요하다.

② 놀이정신치료

놀이정신치료의 목표는 반복된 학대와 방임의 누적된 스트레스를 극복하고, 사회심리적인 발달의 왜곡 · 지연 · 일탈을 교정하거나 예방하는 것이다. 연령이 어린 경우 자신의 내적 감정이나 상상을 말로 표현하기보다 행동을 통해 나타내기 때문에 놀이나 그림 등의 매체가 치료에 매우 유용하다. 상징물을 이용하여 괴로웠던 기억이나 부모에 대해 표현할 수 있기 때문이다.

놀이 치료를 통하여 부모나 가정과는 다른 외부 세계에 다른 안전한 환경에 대한 경험을 가질 수 있다. 위탁 부모들을 교육하거나 보호 시설에서 좋은 환경을 제공하며, 개별적인 놀이정신치료를 제공한다. 많은 학대 아동들이 주의산만과 충동조절 문제를 갖고 있고, 폭력경험에 대한 감정을 행동화하는 경향이 높으므로 별도의 놀이 치료실을 사용하는 것이 좋다. 또한 충분한 공간과 안전을 위협할 정도의 가구나 물건은 치워져야 한다.

장난감의 선택은 아동의 연령, 치료 단계에 따른다. 가족갈등을 다루어야 하기 때문에 인물 인형과 인형의 집(doll house)세트를 갖추어야 한다. 공격성을 표현할 수 있는 군대, 총, 탱크와 같은 장난감이 많이 이용된다. 아동과 성인 치료자 사이에 약간 거리를 두고 안전을 유지하는 것이 필요한 경우가 많으므로 장난감 전화기로 대화하는 것도 매우 유용하다.

(5) 성학대의 예방

아동에게 직접 예방을 강조하기에는 많은 어려움이 있으므로 교통사고 · 유괴 · 성폭행 등에 관한 전반적인 예방 프로그램의 일환으로 소개될 수도 있다. 예방 프로그램에서는 아동에게 어떤 시도가 있을 때 그 시도를 아동이 어떻게 피하고, 예방할 것인가에 대한 지식과 대처 방안과 기술을 가르치는 것이 목표이다. 프로그램에 따라 제공하는 범위, 대상 아동의 연령 범위와 대상 시기, 연관된 개념을 설명하는 언어 표현, 가르치는 장소(집 · 학교 · 기타), 제공되는 자료(책 · 비디오 · 강의)와 교육에의 참여 형태(책을 읽음 · 강의를 들음 · 비디오 관람 · 실습 참여), 교육 담당자 등에 따라 달라질 수 있다.

한국성폭력상담소(1991)에서도 비슷한 원칙에서 자료를 제공하고 있다.

먼저 지식을 획득시키는 전략은 '성학대 또는 성폭행이 무엇인가?'–"옷속의 네 몸은 중요한 부분이니까 다른 사람에게 함부로 만지게 하거나 보여주는 것이 아니다"를 알려주는 것이다. 또한 '부당하게 취급받았을 때, 즉시 믿을 만한 어른에게 이야기하고 숨기지 말라'고 가르친다. 둘째로 다른 사람이 내 몸을 만져도 되는 부위와 '안 되는, 부당한' 접촉을 구별하여 부당한 접촉은 거부하도록 가르치는 것이다. 셋째는 "싫어요"라고 말하고–피하고–다른 어른에게 이야기하도록 가르친다. 즉 아동은 무섭거나 불쾌하거나 부당하다고 느끼면 "싫어요"라고 이야기하고, 피하거나 도망하도록 한다. 그리고 나서 믿을 수 있는 어른에게 그 일을 이야기하도록 가르치는 것이다.

가. 예방 프로그램의 실제 예

예를 들면 미국 소아과 학회에서 계몽용으로 제시하는 다음과 같은 지침들이 있다.

① 아이에게 자기 몸의 소중함을 가르쳐라.

② 아이가 무엇인가 이야기하려고 할 때, 특히 이야기하기를 어려워 할 때, 기꺼이 들어라.

③ 아이에게 충분한 시간과 관심을 주어라.

④ 아이가 누구와 시간을 보내는지 알아두라. 아이가 어른이나 더 나이든 아이들과 규정된 장소 이외에서 시간을 보낼 때 주의하라. 아이를 돌봐주는 사람을 예고 없이 방문하라.

⑤ 아이가 다니는 어린이집에 학대 예방 프로그램, 성 학대 예방 프로그램이 있는지 여부를 알아보고, 만일 없다면 시행할 수 있는지 요청하라.

⑥ 당신 아이나 혹은 다른 아이라도 학대가 의심되면 책임 있는 사람에게 이야기하라.

참고문헌

- 강문희(2005), 유아생활지도, 교문사.
- 곽순애(2001), 행복을 지키는 과학 수지침 30분, 넥서스BOOKS.
- 곽순애(2012), 혼자서 쉽게 하는 건강 수지침, 넥서스BOOKS.
- 곽영숙과 홍강의(1987): 아동학대의 개념과 원인, 정신건강연구, 6: 37-52.
- 국가건강정보포털(2010), http://health.mw.go.kr.
- 김매자, 송미순, 김현아(2000), 영양과 식사요법의 간호적용, 정문각.
- 김숙이, 손수민, 고선옥, 신리행(2014), 영유아기건강교육, 정민사.
- 김연진, 송주미(2010), 유아건강교육, 동문사.
- 김영경, 김희순, 소향숙, 정승은, 정복례 외(2012), 영양과 식이요법, 현문사.
- 김영심, 강영욱, 조남숙, 한국선, 이춘희, 이숙희, 김진아, 김현옥(2013), 영유아건강교육, 창지사.
- 김일옥, 김경애, 김영애, 김종석, 김호년, 손현숙(2013), 영유아기건강교육, 양서원.
- 김일옥, 김경애, 김영애, 김종석, 김호년, 손현숙(2012), 아동건강교육, 양서원.
- 김태임, 김혜금, 최용득(2012), 영유아기간호학, 정민사.
- 김태임, 김희순, 신영희, 심미경, 오원옥(2007), 성장발달과 건강, 교문사.
- 김혜경(2012), 영유아건강교육, 공동체.
- 대한비만학회(2006), 소아 · 청소년 비만관리 지침서.
- 대한치과의사협회(2010), 연령별 치아관리 유의사항.
- 문혁준, 권희경, 김명애, 김상희, 김정희, 김혜금, 김혜연, 안효진, 이경옥, 이윤경, 이희선(2013), 이동건강교육, 창지사.
- 민순, 하윤주(2008), 간호와 영양, 청구문화사.
- 박은숙(1982), 어머니의 양육차원의 한국유아의 낯가림, 격리불안, 및 대물애착 발달에 미치는 영향에 관한 연구, 이화여자대학교.
- 박은숙, 박인숙, 박호란 외(2014), 근거기반실무 중심의 아동간호학, 현문사.
- 박현진, 이철호(2008), 식품저장학, 고려대학교출판부.
- 방경숙 외(2014), 아동간호학, 정담미디어.
- 변영순 외(2010), 임상간호와 영양 2판, 정담미디어.
- 보건복지부(2004), 한국인을 위한 연령층별 식생활 실천지침, www.mw.go.kr.
- 보건복지부(2013), 제3차 어린이집 표준보육과정 개정 고시 공포.
- 서울특별시육아종합지원센터.
- 송지호, 조결자, 박인숙 외(2012), 원리와 실무중심의 아동간호학 현문사.
- 식품의약품안전청(2008)
- 식품공전(2008)
- 신순식(2014), 영유아교사와 엄마를 위한 영영과 건강교육, 공동체.
- 신은수, 강금지, 유희정(2008), 영유아를 위한 영양과 건강교육, 창지사.
- 아영수, 이경혜, 김계숙, 고효정 외(2013), 모성신생아 · 여성건강간호학, 신광출판사.
- 안동현(1997): 부모-자녀 동반자살, 아동권리연구 1(2): 83-94.
- 안동현, 장화정, 이영애(2000): 신고된 아동에서 학대후유증 연구, IN: 아동학대의 실태 및 후유증 연구(정책과제 연구개발 보고서), 보건복지부, pp173-222.
- 어린이 급식관리지침서(2013), 식품의약품안전청.
- 유태우(1987), 大增補 高麗手指鍼講座, 음양맥진출판사.
- 이기현, 이은상(2002), 영 · 유아를 위한 건강 · 안전 · 영양, 정민사.

- 이상일(2002). 영유아영양. 교문사.
- 이서래(2008). 식품안전성. 자유아카데미.
- 이선경, 고은님(2009). 아동건강교육. 교육아카데미.
- 이재온, 김성주, 김정숙, 박형훈(2010). 이압요법. 한중자연치유능력협회.
- 이종숙, 김연진, 박근주, 강지현, 황선명, 이영민, 이미화, 최 진(2009). 현장교사를 위한 영유아 영양과 활동. 양서원.
- 이주혜(1981). 유아의 낯가림 및 격리불안과 어머니의 양육태도와의 관계. 성균관대학교.
- 이철호(1997, 2007). 식품위생사건백서. 고려대학교출판부. I 및 II.
- 이철호, 이효민, 박용호, 박경진, 김형진, 권중호(2009). 식품의 안전성평가. 한국과학기술한림원출판부.
- 이희선(2013). 아동건강교육. 창지사.
- 임미혜, 채혜선, 이순자, 안경일, 심은희(2013). 아동건강교육. 양서원.
- 임미혜, 채혜선, 이순자, 안경일, 심은희(2013). 영유아기건강교육. 양서원.
- 장휘숙(1997): 애착의 전생에 모델과 대물림. 한국심리학회지. Vol 16. p80-97.
- 정미라, 배소연, 이영미(2007). 영유아를 위한 건강 및 영양교육. 양서원.
- 정미라, 배소연, 이영미(2012). 영유아를 위한 건강 및 영양교육 개정판. 양서원.
- 정미라, 배소연, 이영미(2012). 영유아를 위한 건강 및 영양교육. 양서원.
- 정미라, 배소연, 이영미(2013). 영유아를 위한 건강 및 영양교육. 양서원.
- 정옥분(2007). 전생애 인간발달의 이론. 학지사.
- 조결자, 송지호, 박인숙 외(2005). 가족중심의 아동간호학 Ⅰ, Ⅱ. 현문사.
- 조경자, 이현숙(2010). 유아건강교육. 학지사.
- 조경자, 이현숙(2012). 유아건강교육. 학지사.
- 조복희, 도현심, 유가효(2012). 인간발달. 교문사.
- 조성연, 이정희, 천희영 외(2012). 아동발달. 도서출판 신정.
- 조연정(2013) 네이버 매거진캐스트. 리빙/육아. bestbaby. 유아 치약의 진실 혹은 거짓. http://navercast.naver.com/magazine_.
- 조운주, 최일선(2013). 유아교육기관에서의 유아생활지도. 창지사.
- 조정숙(2002). 도와주세요-모유수유. 랜덤하우스.
- 조형숙, 유은영(2011). 멀티미디어를 활용한 유아건강교육 프로그램이 유아의 건강소양에 미치는 영향. 유아교육학논집. 1(5). 599-624.
- 주영은, 성영화, 이숙자(2011). 영유건강교육. 공동체.
- 질병관리본부(2014). 손 씻기 캠페인. 질병관리본부.
- 질병관리본부. 예방접종 도우미.
- 최민수, 정영희(2007). 아동건강교육. 학지사.
- 최지영(2012). 영유아기건강과 안전. 동문사.
- 최지영(2008). 영유아기건강교육. 동문사.
- 최지영(2012). 아동건강과 안전. 동문사.
- 최희진, 김시헤(2005). 우리 아기에게 주는 최고의 건강식 모유 먹고 이유식 먹고. 새빛그래픽.
- 한국성폭력상담소(2014). 2014년 통계.
- 한국식품공업협회(2008)
- 한국영양학회(2000). 한국인 영양 권장량(7차 개정판). 중앙문화사.
- 한국영양학회(2010). 2010 한국인 영양섭취기준 1차 개정판.
- 한국영양학회. www.kns.or.kr/FileRoom.
- 한국영양학회, 보건복지부, 식품의약품안전청(2010). 한국인 영양섭취기준 개정판.

- 한정순, 최은숙, 이영미, 문소현, 김향미, 강광순(2010). 간호와 영양. 메디시언.
- 홍강의 외(2005년). 소아정신의학. 중앙문화사.
- Ainsworth MDS(1973, 1983, 1989): The development of infant-mother attachment. In: Caldwell BM, Ricciuti H(eds): Review of Child Development Research(Vol 3). Chicago, University of Chicago Press, pp1-94.
- Barkley RA(1990): Attention-Deficit Hyperactivity Disorder: A Handbook for Diagnosis and Treatment. New York, The Gulford Press.
- Bartholomew Kim, Horowitz(1992): Attachment styles among young adults: A test of a four-category model: Vol.13, American Psychological Association.
- Bernet W(2000): Child Maltreatment. IN: Kaplan and Sadok's Comprehensive Textbook of Psychiatry, 7th ed., ED. by Sadock BJ and Sadock VA, Philadelphia, Lippincott williams & Wilkins, pp2878-2889.
- Bowlby J(1969): Attachment and Loss. Vol 1: Attachment. New York, Basic Books(second edition Published 1983).
- Bratherton I(1992): Internal Working Models of Attachment Relationships as Related to Resilient Coping. Vol 5: p3-28 Erlbaum, JEAN PIAGET SYMPOSIUM SERIES.
- Corsaro WA, Eder D(1990): Children's peer cultures. Annual Review of Sociology 16: 197-220.
- Darwin C(1895): The Origin of Species, New York: Modern Library.
- EBS 다큐프라임〈아이의 밥상〉 제작팀(2011). 아이의 식생활. 지식채널.
- Erikson EH(1963): Childhood and Society. Norton, New York.
- Freud S(1905): Three essays on the theory of sexuality. In Standard edition of The complete psychological works of Sigmond Freud(Vol 7) Hogarth Press, London, 1953, 1966.
- Hart B, Risley TR(1992): American Parenting of language-learning children: persisting differences in family-child interactions observed in natural home environment. Developmental Psychology 28: 1096-1105.
- Kohlberg, L(1963): The development of children's orientations toward a moral order: I. Sequence in the development of moral thought, Vita Humana 6: 11-33.
- Lorenz K(1965): Evolution and Modification of Behavior. Chicago: University of Chicago Press.
- Lynn R. Marotz(2012). Health, Safety, and Nutrition for the Young Child. 8th ed. Wadsworth.
- MacCoby EE, Martin JA(1983): Socialization in the context of the family: parent-child interaction. In P.H. Mussen(Ed.), Handbook of Child Psychology, Vol.IV.New York: Wiley.
- Main M, Solomon J(1990): Procedures for identifying infants as disorganized/disoriented during the Ainsworth strange situation. In M.T. Greenberg, D. Cicchetti, & E.M. Cummings(Eds.), Attachment in the preschool years: Theory, research, and intervention(pp121-160). Chicago: University of Chicago Press.
- Marotz, L.(2013). Health, safety, and nutrition for the young child. Belmont, CA: Wadsworth Publishing Company.
- Piaget J(1963): The Origins of Intelligence in Children(M. Cook, trans). New York: International Universities Press, 1974.
- Quinton D, Rutter M, Liddle C(1985) L Institutional rearing, parenting difficulties and marital support. Psychological Medicine 14: 107-124.
- Rosenfeld AA, Pilowsky DJ, Fine P, Thrope M, Fein E, Simms MD, Halfon N, Irwin M, Alfaro J, Saletsky R, Nickman S(1997): Foster care: An update, Journal of the American Academy of Child and Adolescent Psychiatry 36: 448-461.
- Rutter M(1974): Helping Troubled Children, Plenum Press.
- Spitz RA(1946): Anaclitic depression. In The psychoanalytic study of the child, Vol.2. New York: International University Press.

- Sroufe LA(1983, 1985): Infant caregiver attachment and patterns of adaptation in preschool: The roots of maladoptation and competence. In M. Perimutter(Ed) Minnesota Symposium Child Psychology vol 16: 41-83.
- Suess G, Grossman KE, Sroufe LA(1992): Effects of infant attachment to mother and father on quality of adaptation on preschool: From dyadic to individual organization of self. International Journal of Behavioral Development 15: 43-65.
- Thompson RA(1966): The lessons of early relationships Kendon Smith Lecture, University of North Carolina-Greensboro.
- Tinbergen N(1951): The Study of Instinct. Oxford: Clarendon Press.
- Zeanah CH, Mammen O, Lieberman A(1993): Disorders of attachment. In C.H. Zeanah(Ed.), Handbook of infant mental health. New York: Guilford., p332-349.

찾아보기

ㅇ

ㅈ

ㅊ

T

U, V, W, Z

기타

저자 소개

박인숙 충남대학교 간호대학 교수
이은주 신성대학교 유아교육과 교수
노승옥 전 신흥대학교 간호학과 교수
류혜숙 광주보건대학교 유아교육과 교수
박혜숙 동양대학교 간호학과 교수
이혜영 두원공과대학교 간호학과 교수
조은미 서정대학교 유아교육과 교수

저자와의
협의로
인지생략

| 아동건강교육 |

발 행 일 2015년 8월 15일 초판 인쇄
2015년 8월 25일 초판 발행
저 자 박인숙 · 이은주 · 노승옥 · 류혜숙
박혜숙 · 이혜영 · 조은미
발 행 인 김재민
발 행 처 J M K(정문각)
서울특별시 마포구 백범로 104, 봉화빌딩 4층
출판등록 2011년 1월 19일 제 313-2011-35호
전 화 02)713-0421~3
팩 스 02)704-6265
전자우편 jungmunk@unitel.co.kr
홈페이지 www.jungmunkag.co.kr

정 가 **19,000원**

ISBN 979-11-85210-46-9 93510

도서출판 JMK는 정문각 출판사의 자회사입니다.